한 번에 합격,
자격증은 이기적

이렇게
기막힌
적중률

자격증 독학, 어렵지 않다!
수험생 합격 전담마크

이기적 스터디 카페

 스터디 만들어 함께 공부

 전문가와 1:1 질문답변

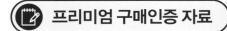 프리미엄 구매인증 자료

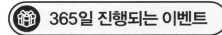 365일 진행되는 이벤트

이기적 스터디 카페 🔍

인증만 하면, **고퀄리티 강의가 무료!**

100% 무료 강의

영진닷컴 이기적

1년 365일 이기적이 쏜다!

365일 진행되는 이벤트에 참여하고 다양한 혜택을 누리세요.

EVENT ❶

기출문제 복원

- 이기적 독자 수험생 대상
- 응시일로부터 7일 이내 시험만 가능
- 스터디 카페의 링크 클릭하여 제보

이벤트 자세히 보기 ▶

EVENT ❷

합격 후기 작성

- 이기적 스터디 카페의 가이드 준수
- 네이버 카페 또는 개인 SNS에 등록 후
  이기적 스터디 카페에 인증

이벤트 자세히 보기 ▶

EVENT ❸

온라인 서점 리뷰

- 온라인 서점 구매자 대상
- 한줄평 또는 텍스트 & 포토리뷰 작성 후
  이기적 스터디 카페에 인증

이벤트 자세히 보기 ▶

EVENT ❹

정오표 제보

- 이름, 연락처 필수 기재
- 도서명, 페이지, 수정사항 작성
- book2@youngjin.com으로 제보

이벤트 자세히 보기 ▶

N Pay
네이버페이
포인트 쿠폰
20,000원

영진닷컴 쇼핑몰
30,000원

- N페이 포인트 5,000~20,000원 지급
- 영진닷컴 쇼핑몰 30,000원 적립
- 30,000원 미만의 영진닷컴 도서 증정

※ 이벤트별 혜택은 변경될 수 있으므로 자세한 내용은 해당 QR을 참고하세요.

이기적 크루를 찾습니다!

WANTED

저자 · 강사 · 감수자 · 베타테스터 상시 모집

저자 · 강사

분야 수험서 전 분야
수험서 집필 혹은 동영상 강의 촬영

요건 관련 강사, 유튜버, 블로거 우대

혜택 이기적 수험서 저자 · 강사 자격
집필 경력 증명서 발급

감수자

분야 수험서 전 분야

요건 관련 전문 지식 보유자

혜택 소정의 감수료
도서 내 감수자 이름 기재
저자 모집 시 우대(우수 감수자)

베타테스터

분야 수험서 전 분야

요건 관련 수험생, 전공자, 교사/강사

혜택 활동 인증서 & 참여 도서 1권
영진닷컴 쇼핑몰 30,000원 적립
스타벅스 기프티콘(우수 활동자)
백화점 상품권 100,000원(우수 테스터)

◀ 모집 공고 자세히 보기

이메일 문의하기 ✉ book2@youngjin.com

기억나는 문제 제보하고 N페이 포인트 받자!

기출 복원 EVENT

성명	이기적	수험번호	ㄴ 0 ㄴ 4 1 1 1 3

Q. 응시한 시험 문제를 기억나는 대로 적어주세요!

① 365일 진행되는 이벤트   ② 참여자 100% 당첨   ③ 우수 참여자는 N페이 포인트까지

영진닷컴 쇼핑몰
30,000원

N Pay

네이버페이
포인트 쿠폰   **20,000원**

적중률 100% 도서를 만들어주신 여러분을 위한 감사의 선물을 준비했어요.

신청자격 이기적 수험서로 공부하고 시험에 응시한 모든 독자님

참여방법 이기적 스터디 카페의 이벤트 페이지를 통해 문제를 제보해 주세요.
※ 응시일로부터 7일 이내의 시험 복원만 인정됩니다.

유의사항 중복, 누락, 허위 문제를 제보한 경우 이벤트 대상에서 제외됩니다.

참여혜택 영진닷컴 쇼핑몰 30,000원 적립
정성껏 제보해 주신 분께 N페이 포인트 5,000~20,000원 차등 지급

이벤트 페이지 확인하기 ▶

이기적이
다 드립니다

여러분은 합격만 하세요! **이기적 미용사** `갓성비세트` BIG 4

이론 + 기출 + 핵심요약
초심자라 아무것도 몰라서, 미용사 준비가 처음이라 걱정되시나요?
개념부터 예시까지 상세히 알려드려요. 이기적만 믿고 따라오세요.

권쌤TV 무료 강의
혼자서 준비하시기 힘드시나요?
[권쌤 × 이기적]의 핵심만 짚어 주는 강의로 혼자서,
이기적 한 권이면 충분합니다.

이기적인 Q&A
이기적은 여러분과 시험의 처음부터 끝까지 함께 합니다.
이기적이 준비한 시험 가이드를 따라 합격길만 걸으세요!

맛보기 모의고사
이론학습이 모두 끝났다면!
실전 모의고사 3회분으로 실전처럼 제대로 준비해 보세요.

※ 〈2025 이기적 권쌤TV 미용사 일반(헤어) 필기〉를 구매하고 인증한 회원에게만 드리는 자료입니다.

이 모든 혜택 한 번에 보기 ▶

시험 환경 100% 재현!
CBT 온라인 문제집

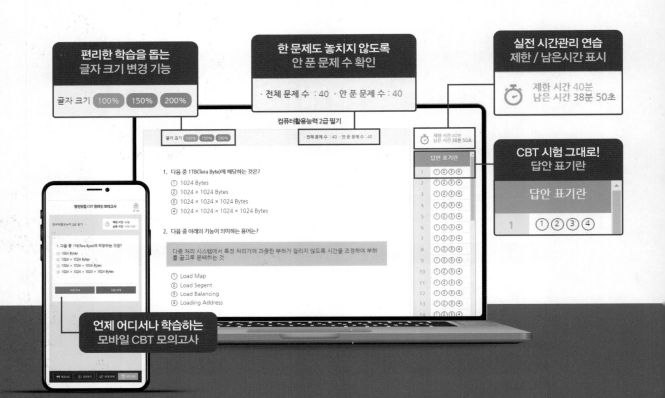

편리한 학습을 돕는 글자 크기 변경 기능
글자 크기 100% 150% 200%

한 문제도 놓치지 않도록 안 푼 문제 수 확인
· 전체 문제 수 : 40 · 안 푼 문제 수 : 40

실전 시간관리 연습 제한 / 남은시간 표시
제한 시간 40분
남은 시간 38분 50초

CBT 시험 그대로! 답안 표기란
답안 표기란
1 ① ② ③ ④

언제 어디서나 학습하는 모바일 CBT 모의고사

이용 방법

STEP 1
이기적 CBT
cbt.youngjin.com
접속

STEP 2
과목 선택 후
제한시간 안에
풀이

STEP 3
답안 제출하고
합격 여부
확인

STEP 4
틀린 문제는
꼼꼼한 해설로
복습

이기적 CBT 🔍

이렇게
기막힌
적중률

권쌤TV 미용사 일반(헤어) 필기

"이" 한 권으로 합격의 "기적"을 경험하세요!

YoungJin.com Y.
영진닷컴

차례

출제빈도에 따라 분류하였습니다.
- 상 : 반드시 보고 가야 하는 이론
- 중 : 보편적으로 다루어지는 이론
- 하 : 알고 가면 좋은 이론

▶️ 표시된 부분은 동영상 강의가 제공됩니다.
이기적 홈페이지(license.youngjin.com)에 접속하여 시청하세요.

▶ 제공하는 동영상과 도서의 내용은 2026년까지 유효합니다.

구매 인증 PDF

실전 모의고사 3회분
암호 : hair7692

시험장까지 함께 가는 핵심 요약
이기적 스터디 카페에서 제공

※ **참여 방법** : '이기적 스터디 카페' 검색 → 이기적 스터디 카페(cafe.naver.com/yjbooks) 접속 → '구매 인증 PDF 증정' 게시판 → 구매 인증 → 메일로 자료 받기

혹시라도 오타/오류가 있을 수 있습니다.
QR 코드를 찍어서 정오표를 확인해 주세요. ▶

이 책의 구성

STEP 01

핵심 키워드 & 다양한 학습도구

핵심 키워드
미용사(일반) 국가자격시험의 출제 기준을 저자가 손수, 철저히 분석하여 핵심적인 내용만 담았습니다.

다양한 학습도구
도서에 수록된 합격강의, 출제빈도, 빈출태그, 용어설명, 권쌤의 노하우, 올컬러 삽화 등의 다양한 학습도구는 여러분의 합격에 날개를 달아 줄 것입니다.

개념 체크
핵심 키워드 옆 개념 체크로 이론을 복습하고 유형을 파악할 수 있습니다. 개념 체크로 이론의 이해도를 바로바로 점검해 보세요!

STEP 02

자주 출제되는 기출문제 120선

자출이론 & 기출문제
이 개념엔 요런 문제! 자주 출제되는 기출문제를 과목별·개념별로 묶어 담았습니다.

오답 피하기
해당 문제 유형은 어떻게 접근하는 것이 좋은지, 어떤 선택지가 함정인지 등에 대한 자세한 설명이 담겨 있습니다.

권쌤의 노하우
자출이론 & 기출문제에 권쌤의 노하우를 수록하였습니다. 권쌤만의 꿀팁으로 개념의 빈틈을 메워 보세요!

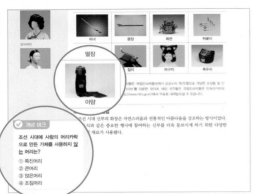

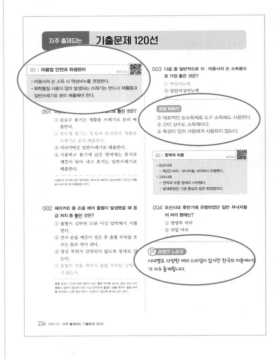

공개 기출문제

미용사(일반) 필기시험에서 그동안 실제로 출제되었던 문제들을 모아 4회분으로 수록하였습니다. 그와 더불어 문제를 다각도에서 이해할 수 있도록 권쌤만의 해설을 담았으며, 정답과 해설을 한 페이지 안에 담았지만 정답만 아랫부분에 모아 놓아서 학습의 효율을 더욱 높였습니다.

최신 기출문제 + 정답 & 해설

최신 기출문제 6회

혼자서도, 실전처럼! 여러분들은 해낼 수 있습니다. 6회분의 문제로 실제 시험장에서 시험을 치르듯 정답 없이 자신의 실력을 점검해 보세요.

정답 & 해설

채점은 빠르게, 해설은 확실하게! 회차별 초반부에 정답만 모아모아 학습의 효율을 기했습니다. 그와 더불어 권쌤만의 꼼꼼한 해설로 어떤 문제가 어떻게 나왔는지, 이런 문제는 어떻게 해결하는지 확실하게 파악할 수 있습니다.

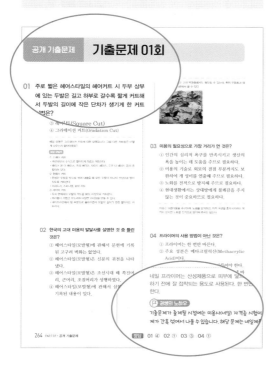

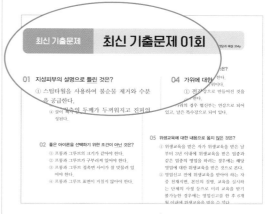

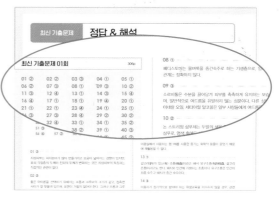

01 응시 자격 조건

남녀노소 누구나 응시 가능

02 원서 접수하기

- www.q-net.or.kr에서 접수
- 상시 검정 : 시험 시간 조회 후 원하는 날짜 와 시간에 응시

03 시험 응시

- 신분증과 수험표 지참
- 필기시험은 컴퓨터로만 진행되는 CBT (Computer Based Test) 형식으로 진행됨

04 합격자 발표

www.q-net.or.kr에서 합격자 발표

01 미용사(일반, 헤어)란?

• **자격개요**

아름다운 헤어스타일 연출 등을 위하여 헤어 및 두피에 적절한 관리법과 기기 및 제품을 사용하여 일반미용을 수행할 수 있는지 평가하는 자격

• **업무범위**

파마, 머리카락 자르기, 머리카락 모양내기, 머리 피부 손질, 머리카락 염색, 머리 감기, 의료기기와 의약품을 사용하지 아니하는 눈썹 손질 등

• **필요성**

공중위생관리법(제6조)에서 미용사가 되려는 자는 미용사 자격을 취득한 뒤 시장·군수·구청장의 면허를 받도록 규정함

02 미용사(일반, 헤어)의 취득 후 전망

• 미용실 취업 및 운영 가능
• 미용업계가 과학화, 기업화됨에 따라 미용사의 지위와 대우가 향상되고 작업조건도 양호해질 전망
• 남자가 미용실을 이용하는 경향이 두드러지고, 많은 남자 미용사가 활동하는 미용업계의 경향으로 보아 남자에게도 취업의 기회가 확대될 전망

03 시험 정보

• **실시기관**

한국산업인력공단

• **훈련기관**

대학 및 전문대학 미용관련학과, 노동부 관할 직업훈련학교, 시·군·구 관할 여성발전(훈련)센터, 기타 학원 등

• **검정방법 및 합격기준**

구분	필기	실기
응시료	14,500원	24,900원
시험 과목	헤어스타일 연출 및 두피·모발 관리	미용실무
검정 기준	객관식 4지 택일형, 60문항(60분)	작업형, (2시간 45분, 100점)
합격 기준	100점을 만점으로 하여 60점 이상	

Q&A

Q 필기시험은 합격했는데 실기시험에서 떨어졌어요.

A 당해 필기시험일로부터 2년간 필기시험이 면제됩니다. 연간 약 20회(2024년 기준 22회) 정도의 실기시험이 있으니 2년 안으로 재응시하시면 됩니다.

Q 자격증을 취득하면 학점을 취득한 것으로 인정되나요?

A 미용사는 '미용장'과 달리 학점으로 인정되지 않습니다.

Q 보통 몇 명 정도가 합격하나요?

A

연도	필기			실기		
	응시자	합격자	합격률(%)	응시자	합격자	합격률(%)
2023	50,530	14,969	29.6	26,648	10,188	38.2
2022	45,168	15,226	33.7	29,585	11,495	38.9
2021	55,039	19,907	36.2	35,799	13,613	38
2020	49,441	17,885	36.2	28,474	11,268	39.6
2019	65,605	20,879	31.8	36,308	14,780	40.7

Q 보통 얼마 동안 공부하나요?

A

분류	접수자	응시자	응시율(%)	합격자	합격률(%)
3개월 미만	38,551	31,715	82.3	9,881	31.2
3개월~6개월	16,391	13,286	81.1	3,735	28.1
6개월~1년	4,529	3,594	79.4	886	24.7
1년~2년	1,381	1,050	76	273	26
2년~3년	324	244	75.3	54	22.1
3년이상	605	479	79.2	109	22.8

※ 본 통계는 한국산업인력공단에서 2023년 기준으로 발표한 것입니다.

Q 시험에는 어떤 것이 출제되나요?

A ▶ 미용사(일반) 필기시험 출제기준(2022.1.1.~2026.12.31.)

주요항목	세부항목	
1. 미용업 안전위생 관리	• 미용의 이해	• 피부의 이해
	• 화장품 분류	• 미용사 위생 관리
	• 미용소 위생 관리	• 미용업 안전사고 예방

2. 고객응대 서비스	• 고객 안내 업무	
3. 헤어샴푸	• 헤어샴푸	• 헤어트리트먼트
4. 두피 · 모발관리	• 두피 · 모발 관리 준비 • 모발관리	• 두피 관리 • 두피 · 모발 관리 마무리
5. 원랭스 헤어커트	• 원랭스 커트	• 원랭스 커트 마무리
6. 그래쥬에이션 헤어커트	• 그래쥬에이션 커트	• 그래쥬에이션커트 마무리
7. 레이어 헤어커트	• 레이어 헤어커트	• 레이어 헤어커트 마무리
8. 쇼트 헤어커트	• 장가위 헤어커트 • 쇼트 헤어커트 마무리	• 클리퍼 헤어커트
9. 베이직 헤어펌	• 베이직 헤어펌 준비 • 베이직 헤어펌 마무리	• 베이직 헤어펌
10. 매직스트레이트 헤어펌	• 매직스트레이트 헤어펌	• 매직스트레이트 헤어펌 마무리
11. 기초 드라이	• 스트레이트 드라이	• C컬 드라이
12. 베이직 헤어컬러	• 베이직 헤어컬러	• 베이직 헤어컬러 마무리
13. 헤어미용 전문제품 사용	• 제품 사용	
14. 베이직 업스타일	• 베이직 업스타일 준비 • 베이직 업스타일 마무리	• 베이직 업스타일 진행
15. 가발 헤어스타일 연출	• 가발 헤어스타일	• 헤어 익스텐션
16. 공중위생관리	• 공중보건 • 공중위생관리법규(법, 시행령, 시행규칙)	• 소독

▶ 미용사(일반) 실기시험 출제기준(2022.1.1.~2026.12.31.)

주요항목	세부항목	
1. 미용업 안전위생 관리	• 미용사 위생 관리하기 • 미용업 안전사고 예방하기	• 미용업소 위생 관리하기
2. 두피 · 모발관리	• 두피 · 모발 관리 준비하기 • 모발관리하기	• 두피 관리하기 • 두피 · 모발 관리 마무리하기
3. 헤어샴푸	• 헤어샴푸하기	• 헤어트리트먼트하기
4. 베이직 헤어펌	• 베이직 헤어펌 준비하기 • 베이직 헤어펌 마무리하기	• 베이직 헤어펌하기
5. 매직스트레이트 헤어펌	• 매직스트레이트 헤어펌하기	• 매직스트레이트 헤어펌 마무리하기
6. 기초 드라이	• 스트레이트 드라이하기	• C컬 드라이하기
7. 베이직 헤어컬러	• 베이직 헤어컬러하기	• 베이직 헤어컬러 마무리하기
8. 원랭스 헤어커트	• 원랭스 커트하기	• 원랭스 커트 마무리하기
9. 그래쥬에이션 헤어커트	• 그래쥬에이션 커트하기	• 그래쥬에이션커트 마무리하기
10. 레이어 헤어커트	• 레이어 헤어커트하기	• 레이어 헤어커트 마무리하기

※ 자료 출처 : Q-NET 인터넷 홈페이지(www.q-net.or.kr)

CBT 시험 가이드

CBT란?

CBT는 시험지와 필기구로 응시하는 일반 필기시험과 달리, 컴퓨터 화면으로 시험 문제를 확인하고 그에 따른 정답을 클릭하면 네트워크를 통하여 감독자 PC에 자동으로 수험자의 답안이 저장되는 방식의 시험입니다.

오른쪽 QR코드를 스캔해서 큐넷 CBT를 체험해 보세요!

큐넷 CBT
체험하기

CBT 필기시험 진행방식

본인 좌석
확인 후 착석
➡
수험자
정보 확인
➡
화면 안내에
따라 진행
➡
검토 후
최종 답안 제출
➡
퇴실

CBT 응시 유의사항

- 수험자마다 문제가 모두 달라요. 문제은행에서 자동 출제됩니다!
- 답지는 따로 없어요!
- 문제를 다 풀면, 반드시 '제출' 버튼을 눌러야만 시험이 종료되어요!
- 시험 종료 안내방송이 따로 없어요.

FAQ

Q CBT 시험이 처음이에요! 시험 당일에는 어떤 것들을 준비해야 좋을까요?

A 시험 20분 전 도착을 목표로 출발하고 시험장에는 주차할 자리가 마땅하지 않은 경우가 많으므로, 대중교통을 이용하는 것을 추천합니다. 무사히 시험 장소에 도착했다면 수험자 입장 시간에 늦지 않게 시험실에 입실하고, 자신의 자리를 확인한 뒤 착석하세요.

Q 기존보다 더 어려워졌을까요?

A 시험 자체의 난이도 차이는 없지만, 랜덤으로 출제되는 CBT 시험 특성상 경우에 따라 유독 어려운 문제가 많이 출제될 수는 있습니다. 이러한 돌발 상황에 대비하기 위해 이기적 CBT 온라인 문제집으로 실제 시험과 동일한 환경에서 미리 연습해두세요.

CBT 진행 순서

좌석번호 확인
수험자 접속 대기 화면에서 본인의 좌석번호를 확인합니다.

수험자 정보 확인
시험 감독관이 수험자의 신분을 확인하는 단계입니다.
신분 확인이 끝나면 시험이 시작됩니다.

안내사항
시험 안내사항을 확인하고, 다음을 클릭합니다.

유의사항
시험과 관련된 유의사항을 확인합니다.

문제풀이 메뉴 설명
시험을 볼 때 필요한 메뉴에 대한 설명을 확인합니다.
메뉴를 이용해 글자 크기와 화면 배치를 조정할 수 있습니다.
남은 시간을 확인하며 답을 표기하고, 필요한 경우 아래의 계산기를 이용할 수 있습니다.

문제풀이 연습
시험 보기 전, 연습을 해 보는 단계입니다.
직접 시험 메뉴화면을 클릭하며, CBT가 어떻게 진행되는지 확인합니다.

시험 준비 완료
문제풀이 연습을 모두 마친 후 [시험 준비 완료] 버튼을 클릭하면 시험 감독관의 지시에 따라 시험이 시작됩니다.

시험 시작
시험이 시작되었습니다. 수험자분들은 제한 시간에 맞추어 문제풀이를 시작합니다.

답안 제출
시험을 완료하면 [답안 제출] 버튼을 클릭합니다. 답안을 수정하기 위해 시험화면으로 돌아가고 싶으면 [아니오] 버튼을 클릭합니다.

답안 제출 최종 확인
답안 제출 메뉴에서 [예] 버튼을 클릭하면, 수험자의 실수를 방지하기 위해 한 번 더 주의 문구가 나타납니다. 완벽히 시험 문제 풀이가 끝났다면 [예] 버튼을 클릭하여 최종 제출합니다.

합격 발표
CBT 시험이 모두 종료되면, 퇴실할 수 있습니다.

이제 완벽하게 CBT 필기시험에 대해 이해하셨나요?
그렇다면 이기적이 준비한 CBT 온라인 문제집으로 학습해 보세요!

이기적 온라인 문제집 : https://cbt.youngjin.com

이기적 CBT
바로가기

하루 만에 끝내는
핵심 키워드

01

∨

미용과 서비스

미용의 이해

▶합격 강의

빈출 태그 ▶ #미용사일반 #헤어미용사 #미용의이해

미용업의 분류

- **일반미용업** : 파마 · 머리카락자르기 · 머리카락모양내기 · 머리피부손질 · 머리카락염색 · 머리감기, 눈썹손질을 하는 영업
- **피부미용업** : 피부상태분석 · 피부관리 · 제모(除毛) · 눈썹손질을 하는 영업
- **네일미용업** : 손톱과 발톱을 손질 · 화장(化粧)하는 영업
- **화장 · 분장 미용업** : 얼굴 등 신체의 화장, 분장 및 눈썹손질을 하는 영업
- **종합미용업** : 일반, 피부, 네일, 화장 · 분장의 업무를 모두 하는 영업

KEYWORD 01 미용의 정의 빈출

1) 미용업의 정의

국가직무능력표준(NCS)의 정의	헤어미용은 미적욕구의 충족을 통해 정서적 만족감 및 자존감을 높이려는 고객에게 미용기기와 제품을 활용하여 샴푸, 헤어커트, 헤어펌, 헤어컬러, 두피 · 모발 관리, 헤어스타일연출 등의 미용서비스를 제공하는 일
공중위생관리법의 미용업	손님의 얼굴, 머리, 피부 및 손톱 · 발톱 등을 손질하여 손님의 외모를 아름답게 꾸미는 영업
일반적 정의	사람의 용모에 물리적 · 화학적 기교를 행하여 외모를 아름답고 건강하게 유지 발전시키고 꾸미는 행위

2) 미용의 목적 빈출

① 미적 이유 : 아름다움을 추구하며, 노화를 방지하고, 미적 욕망을 충족하려고 함
② 본능적 이유 : 개인이나 종의 생존을 위해 성적 매력을 자연스럽게 표현함
③ 신앙적 이유 : 종교적 · 주술적 신념에 따라 함
④ 사회적 이유 : 깔끔하고 단정한 외모로 타인에게 긍정적인 이미지를 심어주기 위함
⑤ 표시적 이유 : 사회적 지위, 계급, 결혼 상태, 성별 등을 나타내기 위한 수단임

3) 미용의 의의

- 심리적 및 신체적 건강을 증진하기 위해 아름다움을 추구한다.
- 외모를 개선하는 응용과학으로, 시대적 변화와 사람들의 요구에 맞춰 지속적으로 발전한다.
- 미용 산업은 건강한 방향으로의 성장을 위해 최신 유행을 널리 퍼뜨리는 역할을 한다.
- 미용은 해당 시대의 문화와 관습을 반영하는 핵심적인 부분이다.
- 개인의 위생과 밀접하게 연결된 미용은 공중보건 규정을 따라야 하므로, 관련 법규를 준수하는 것이 중요하다.

4) 미용의 특수성 [빈출]

① **의사표현의 제한** : 고객의 요구와 선호가 가장 중요하여 미용사의 의사표현이 제한됨
② **소재선정의 제한** : 고객의 신체를 대상으로 하므로 사용할 수 있는 재료나 도구가 한정적임
③ **시간적 제한** : 주어진 시간 안에 완성해야 하므로 시간에 대한 제약이 존재함
④ **부용예술로서의 제한** : 미용은 창의적인 예술 활동이지만, 고객의 신체적 조건이나 요구에 맞추어야 하므로 예술적 자유가 제한됨
⑤ **미적 효과의 고려** : 고객의 직업, 연령, 개인적 스타일, 상황, 표정 등을 고려하여 스타일링해야 함

✓ 개념 체크

미용의 특수성과 거리가 먼 것은?

① 미용은 부용예술이다.
② 고객의 요구가 반영된다.
③ 소재를 자유롭게 선택하여 미용사 자신의 독특한 구상을 표현한다.
④ 미용은 정적 예술로 미적 효과를 나타낸다.

③

KEYWORD 02 · 미용의 작업 [빈출]

1) 미용의 4단계 과정

① **소재의 확인** : 고객의 신체적, 개성적 특성을 관찰하고 분석하여 이해하는 초기 단계
② **구상** : 고객의 원하는 바를 듣고 분석하여 미용 디자인을 계획하는 단계
③ **제작** : 계획한 디자인을 실제로 구현하며 형태를 만들어가는 과정 단계
④ **보정** : 최종적으로 형태와 조화를 점검하고 미세 조정을 통해 고객의 만족을 이끌어내는 완성 단계

미용의 4단계 순서

소재의 확인

구상

소재의 확인

보정

2) 올바른 미용작업 자세

- 대상을 미용사의 심장 높이를 기준으로 맞춰 작업 환경을 조성해야 한다.
- 작업 중에는 몸의 안정성을 유지하는 것이 중요하다.
- 눈과 작업 대상 사이의 적정 거리는 약 25~30cm이다.
- 샴푸를 할 때는 발을 약 15cm(약 6인치) 정도 벌리고, 등을 직선으로 유지하는 자세로 작업해야 한다.
- 작업실의 조도는 최소 75럭스(ℓx) 이상을 유지해야 한다.

3) 미용 작업 시 유의사항

① **연령** : 고객의 나이를 고려하여 적절한 스타일링을 제공해야 함
② **직업** : 고객의 직업 특성에 맞는 스타일을 제안해야 함
③ **계절** : 현재 계절에 어울리는 스타일로 연출해야 함
④ **신체적 특성** : 고객의 얼굴형, 두상, 키, 목의 길이 등 신체적 특성을 고려해야 함
⑤ **T.P.O** : 시간, 장소, 상황을 고려하여 분위기에 맞는 스타일을 연출해야 함

└─── T : Time(시간), P : Place(장소), O : Occasion(상황)

✓ 개념 체크

미용작업 시 자세로 옳지 않은 것은?

① 앉아서 작업할 때에는 어깨와 등을 구부리지 않는다.
② 정상 시력을 가진 사람의 작업 명시 거리는 25cm 정도가 적당하다.
③ 서서 작업하는 경우 근육의 부담을 줄일 수 있게 전체적인 신체 밸런스를 고려한다.
④ 시술자의 심장 높이보다 작업 대상이 낮게 있어야 작업하기 편하다.

④

KEYWORD 03 미용의 자세

1) 미용사의 사명

① 미적 측면 : 고객이 원하는 미적 가치를 실현하여 만족스러운 결과를 제공해야 함
② 문화적 측면 : 현대 사회의 문화적 경향과 유행을 선도하며 긍정적인 문화적 변화를 이끌어야 함
③ 위생 및 안전 관리 측면 : 고객의 신체를 직접 다루는 만큼, 철저한 위생관리와 안전한 서비스 제공에 주의해야 함

2) 미용사의 소양

- 공공 위생 및 안전에 대한 깊은 이해와 지식을 보유해야 한다.
- 고객 맞춤형 아름다운 스타일링을 위한 미적 감각과 예술적 솜씨가 필요하다.
- 고객에게 존중과 신뢰를 기반으로 한 서비스를 제공할 수 있는 품격 있는 인성이 요구된다.
- 다양한 배경을 가진 고객들에게 효과적으로 서비스를 제공하기 위해 광범위하고 건전한 지식이 필요하다.

미용 위생관리

▶ 합격강의

빈출 태그 ▶ #미용위생 #위생관리 #미용업

KEYWORD 01 미용사의 위생관리

1) 미용사 위생관리의 필요성
- 미용실은 불특정 다수가 출입하는 개방된 공간, 고객과 가깝게 접촉하는 공간이다.
- 두피나 모발뿐만 아니라 손이나 피부에도 직접 접촉한다.
- 감염이나 질병에 노출될 수 있는 환경이다.
- 손 관리에 소홀할 경우 다음과 같은 증상이 나타날 수 있으므로 주의해야 한다.
  - 손등이 트거나 갈라짐
  - 가려움증을 동반한 접촉성 피부염
  - 각종 세균과 바이러스에 의한 병원균으로 질병 감염

2) 미용사 위생관리
- 손은 항상 청결하게 유지한다.
- 모발이나 두피에 다양한 화학약품이나 제품을 사용하는 작업이 다수 존재한다.
- 업무 전후, 화장실 이용 전후, 식사 전후에 손을 씻고 소독하는 것을 습관화해야 한다.
- 손을 씻은 후에는 건조함을 방지하고 보습을 위해 핸드크림을 사용하는 것을 권장한다.
- 시술에 방해되지 않는 복장과 헤어스타일을 권장한다.

▼ 위생관리의 종류

구분	내용
손 소독	소독제(소독제 비누, 알코올 세제) 사용으로 미생물 수를 감소시키거나 성장을 억제하는 것
손 씻기	세정제와 물을 이용하여 손을 청결하게 하는 것
손 위생	손 소독과 손 씻기를 모두 포함하는 것

손 씻기의 중요성
적절한 손 씻기만으로 콜레라, 장티푸스 등의 수인성 질환은 50~70% 예방이 가능하다. 손을 깨끗이 씻으면, 급성 감염성 위장관 질환은 대략 50% 정도, 급성 감염성 호흡기 질환은 평균 20%가량 감소한다는 연구가 있다.
– 김지은, YTN 사이언스 인터뷰 中, 2016.09.19. –

ⓑ 권쌤의 노하우

미용사의 손 세척관리에는 역성비누를 사용하는 것을 권장해요!

역성비누
세척력은 없으나 살균력은 높은 저자극성 비누로, 민감성 피부나 건조한 피부를 가진 사람들에게 적합하다.

✔ 개념 체크

미용사의 개인위생에 유의하여야 할 사항과 관련이 없는 것은?
① 비만 관리
② 구강 위생
③ 복장
④ 청결

①

3) 미용사 체취 관리

- 청결한 위생 상태를 유지하기 위해 매일 옷을 세탁해야 한다.
- 통풍이 잘되며 활동하기 편안한 소재의 옷을 착용해야 한다.
- 발의 위생 상태를 청결하게 유지하고, 업무 중에는 통풍이 잘되며 발 모양과 크기에 맞는 편안한 신발을 착용해야 한다.

KEYWORD 02 — 미용업소의 위생관리

1) 미용업소 환경 위생

미용업 업무 중 사용하는 펌제, 염·탈색제, 샴푸제 등에는 장시간 사용하면 인체에 미치는 영향이 생길 수 있기에 실내 공기를 주기적으로 환기하는 것은 물론 공기청정기 사용 등으로 쾌적한 환경을 유지하도록 주의해야 한다.

▼ 미용업 제품의 화학물질이 인체에 미치는 영향

구분	화학물질	인체에 미치는 영향
합성(모발) 염료	영구적 산화 염료(과산화수소를 산화시켜 방향족 디아민을 생성)	눈, 코 및 인후 자극
금속성(모발) 염료	납을 포함하는 복합 물질, 콜타르	돌연변이 유발
탈색제	과산화수소, 과산화나트륨, 수산화암모늄, 과산화황산암모늄, 과황화칼륨	피부, 눈, 코, 인후 또는 폐 자극을 유발
펌제	알코올, 브로민산염, 과산화나트륨, 붕산, 암모늄티오글라이콜레이트, 글리세롤모노티오글라이콜레이트	일부는 중추 신경에 영향(두통, 어지럼증)과 눈, 코 및 인후 자극, 호흡기 문제(호흡 곤란, 기침), 피부 자극, 화상 또는 알레르기 반응(코 막힘, 콧물, 재채기, 천식, 피부염) 유발
중화제	페나세틴	실험 발암 물질 및 돌연변이 유발 요인
샴푸와 컨디셔너	계면활성제, 방부제, 향료, 착색제	피부염 및 천식 유발
헤어스프레이	알코올, 석유 정제물, 폼알데하이드	폐, 호흡기 질환 유발

2) 미용업소의 기온 및 습도 관리 (빈출)

① **최적 온도** : 약 18℃, 쾌적함을 느끼는 범위는 15.6~20℃
② **적정 습도** : 40~70%, 온도에 따라 적정 습도가 달라짐

온도	쾌적한 습도
15℃	70%
18~20℃	60%
21~23℃	50%
24℃ 이상	40%

펌제 및 염모제의 최적 작용 온도
15~25℃

보건적 실내온도
- 병실 21±2℃
- 침실 15±1℃
- 거실 18±2℃

✔ 개념 체크

보건적 실내온도와 적정습도는?

① 병실 19℃ 70%
② 병실 25℃, 70%
③ 침실 18℃, 80%
④ 거실 21℃, 80%

①

3) 환기

① 자연 환기 : 창문이나 출입문을 통해 실내외 공기를 교환함
② 기계 환기(강제 환기) : 송풍기, 환풍기, 공기청정기 등을 사용함
③ 환기의 중요성 : 실내 공기 질을 유지하고, 불쾌감 및 건강 문제를 예방함
④ 환기 권장 사항 : 1~2시간마다 주기적인 환기가 필요함
⑤ 환기가 어려운 업소 : 환기 시스템이나 팬 설치를 권장함
　　　└── 공기보다 무거운 화학물질이 있을 수 있으니 필요시 하단 팬 설치를 권장함

4) 미용업소의 위생관리

- 청결 상태, 도구의 위생 수준, 종사자의 위생 인식이 미용업 유지에 필수적이다.
- 서비스 품질에도 큰 영향을 미친다.
- 청소 및 소독은 업소 상황에 맞게 분류하고 체계적으로 관리해야 한다.
- 공간별, 기기 및 도구별, 방법별, 시기별, 주기별 관리 계획이 필요하다.
- 청소 점검표 준비 및 담당자 지정이 권장된다.

KEYWORD 03 　미용기기의 위생관리

1) 미용업소 도구

미용업소에서 사용되는 도구와 기기들은 고객에게 직접 서비스를 제공하는 도구이기 때문에 위생관리가 중요하다.

① 미용 도구 관리

- 가위, 네트, 팬 세트, 브러시, 펌 로드, 핀
  - 사용 후에는 먼저 미용 도구에서 머리카락이나 이물질을 제거해야 한다.
  - 도구의 재질(금속, 플라스틱, 나무 등)에 맞는 소독액을 사용해 청결하게 소독해야 한다.
  - 가능한 경우, UV 소독기를 사용하여 추가적인 소독을 진행해야 한다.
  - 소독 후에는 통풍이 잘되는 곳에서 건조하고, 정해진 위치에 보관해야 한다.

② 미용업소 기기 관리

기구	• 소독기, 샴푸 볼, 화장대, 미용 경대 및 의자, 정리장 등 • 정기적으로 표면을 청소하고 소독해야 한다. • 소독기는 정기적으로 점검하고 내부의 청결을 유지해야 한다.
기계	• 드라이기, 헤어 스티머, 전기 세팅기, 종합 미안기 등 • 기계의 표면과 사용 부위를 정기적으로 청소 및 소독해야 한다. • 전기 기기의 경우, 안전 점검도 정기적으로 실시해야 한다.

2) 위생관리의 중요성

- 미용업소에서는 다수의 고객이 동일한 도구와 기기를 사용하기 때문에, 감염병의 전파 위험이 존재한다.
- 위생관리를 철저히 함으로써, 고객에게 안전하고 쾌적한 서비스를 제공해야 한다.

▼ 소독 대상별 소독법

소독 대상	소독법
타월, 가운, 의류 등	일광 소독
식기류	자비(열탕) 소독, 증기 멸균법
가위, 인조 가죽류	알코올 소독 → 자외선 소독기 소독
브러시, 빗 종류	먼지 제거 → 중성 세제 세척 → 자외선 소독기 소독
나무류	알코올 소독 → 자외선 소독기 소독
고무 제품	중성 세제 → 자외선 소독기 소독

SECTION 03 안전사고

출제빈도 상 중 하
반복학습 1 2 3

▶ 합격강의

빈출 태그 ▶ #미용사안전관리 #안전사고예방 #안전이최고

1) 합선 및 누전 예방

• 전기 기기는 그 용량에 맞는 것을 사용해야 한다.
• 전선의 상태를 주기적으로 점검하여 손상에 주의해야 한다.
• 누전 차단기는 반드시 설치해야 한다.
• 전선이 손상되지 않도록 보호관을 사용해야 한다.
• 열이나 외부 충격으로부터 보호해야 한다.

2) 과열 및 과부하 예방

• 멀티탭 하나에 여러 전기 기기를 연결하여 사용하지 말아야 한다.
• 기기 사용 후에는 반드시 플러그를 분리하여 전기 사고를 예방해야 한다.

3) 감전사고 예방

• 젖은 손이나 물기 있는 전기 기구를 만지지 않도록 주의해야 한다.
• 플러그를 뽑을 때는 전선을 잡아당기지 말아야 한다.
• 콘센트에 이물질이 들어가지 않도록 주의해야 한다.
• 고장 난 전기 기구는 전문가에게 수리를 의뢰해야 한다.
• 전기 기기 사용 전에는 항상 고장 여부를 확인해야 한다.

4) 화재 시 대피 방법

• 화재 발생 시 즉각적인 대피가 중요하다.
• "불이야!"라고 외치며 다른 사람들에게 화재를 알린다.
• 화재 경보 비상벨을 누른 후 119에 신고한다.
• 엘리베이터 대신 계단을 이용하여 대피한다.
• 낮은 자세로 이동하고 물에 적신 담요나 수건으로 몸을 감싸는 것이 좋다.
• 아래층으로 대피할 수 없는 경우에는 옥상으로 대피하여 구조를 기다린다.

5) 소화기 사용

• 소화기는 눈에 잘 띄는 위치에 비치해야 한다.
• 소화기는 온도가 높거나 습기가 많은 곳, 직사광선이 닿는 곳을 피해야 한다.
• 화재 시 신속한 대피와 사용을 위해 비상구 근처에 받침대를 사용하여 비치한다.
• 소화기는 정기적으로 점검해야 한다.

권쌤의 노하우

안전사고 예방은 쉽게 풀 수 있지만 그래도 꼭 기억해 두기!

개념 체크

다음 중 미용업소 전기 안전 지식에 대한 내용과 가장 거리가 먼 것은?

① 전기 기기 사용 후에는 플러그를 콘센트에서 분리해 놓는다.
② 미용업소에서 사용하는 전기 기기는 용량에 적합한 기기를 사용해야 한다.
③ 천장 등 보이지 않는 장소에 설치된 전선도 정기점검을 통하여 이상 유무를 확인한다.
④ 한 개의 콘센트에 드라이어, 매직기, 열기구 등 여러 전기 기기의 플러그를 꽂아 사용하도록 한다.

④

고객응대서비스

▶ 합격 강의

KEYWORD 01 미용고객 예약

1) 고객 응대

① 전화 응대

대부분의 전화 내용은 위치, 예약, 요금, 주차 등에 관련된 것이므로 관련 내용을 정리한 매뉴얼을 전화기 옆에 비치해 놓고 전화 응대 시 사용하는 것이 좋다.

▼ 전화 응대 요령

구분		내용
전화 응대		• 말은 간단명료하게, 발음은 분명히 한다. • 무엇을 말하려는지 정리하여 말한다. • 항상 친절하고, 예의 바르게 말한다. • 상대방이 기분 좋게 대화를 이어갈 수 있도록 한다.
응대 요령	받는 요령	• 빠른 응대로 상대방을 기다리게 하지 않는다. • 먼저 자기소개를 하고, 통화할 대상이 맞는지 확인한다. 예 "안녕하세요. ○○입니다. ××님 맞으세요?" • 메모할 준비를 해 두고, 상대방 말에 귀 기울여 중요한 부분을 놓치지 않는다. • 상대방의 말을 요약해서 다시 말하며, 이해한 것을 확인하고 해당 내용이 예약 장부상 같은 페이지에 있는지 확인한다. • 상대방이 전화를 끊는 것을 확인하고 전화를 끊어야 한다.

	거는 요령	• 전화 걸기 전에, 무엇을 말할지 육하원칙(누가, 언제, 어디서, 무엇을, 어떻게, 왜)으로 정리한다.
		• 전화번호를 확인한 후 전화를 건다.
		• 상대방이 전화를 받으면 인사와 함께 자기소개를 하고 상대방 확인한다.
		  예 "안녕하세요. ○○의 □□입니다. △△님 맞으세요?"
		• 상대방이 통화할 준비가 됐는지 물어본다.
		  예 "지금 통화하셔도 괜찮으세요?"
		• 용건을 모두 전달하고 나서 끝인사를 한다.
		  예 "네, 감사합니다. 좋은 하루 되세요!"
		• 상대방이 전화를 끊었는지 확인한 후에 끊는다.

✓ 개념 체크

다음 중 고객 관리의 목적에 포함되지 않는 것은?

① 신규 제품 개발
② 신규 고객 확보
③ 고객 선별
④ 고객과의 관계 형성

①

✓ 개념 체크

다음 중 불만 고객의 응대법으로 옳지 않은 것은?

① 고객의 입장에서 불만사항을 끝까지 경청한다.
② 살롱의 방침이나 정책의 적합 여부를 검토한 후 신속한 해결책을 강구한다.
③ 정중한 태도로 자신의 의견을 말하고 고객의 요구사항을 물어본다.
④ 문제 발생에 대하여 사과하고 고객과 논쟁하지 않는다.

③

② 온라인(On-line)상 비대면 고객 응대
- 온라인 예약 확인

  컴퓨터 및 스마트폰 예약은 SNS(Social Network Service), 홈페이지를 통해 24시간 가능하므로 주기적 관리가 필요하다.
- SNS 예약 및 후기관리

  네이버, 카카오톡, 페이스북, 인스타그램 등 다양한 SNS 채널을 통해 고객과 소통하는 사례가 증가함에 따라 SNS 고객 응대 시 가장 중요한 것으로는 응답 속도이며 오프라인으로 처리해야 할 문제인지를 판단하는 것도 매우 중요한 사항이다.
- SNS 불만 고객 응대

  미용실에서 받은 서비스에 대한 칭찬이나 불만을 SNS를 통해 표현하는 사례가 일반적이며, 특히 불만 고객의 경우 다음과 같은 원칙을 지켜 응대해야 한다.
  - 가능한 한 빠르게 답변한다.
  - 실수를 인정한다.
  - 오프라인으로 대화를 유도한다.
  - 불만 댓글은 삭제하지 않는다.

③ 대면 고객 응대

고객과의 모든 접점에 호의적이고 신뢰감 있는 자세와 태도로 응대하는 것이 중요하다.

2) 고객과의 접점 관리

고객 접점이란 고객과 만나는 모든 순간을 뜻함. 진실의 순간(MOT ; Moment of Truth)이라고도 표현하는데, 직원이 고객과 접하는 최초 15초로서, 고객과 접점에 있는 직원의 응대 서비스가 얼마나 중요한지를 시사한다.

요소	내용
휴먼웨어	고객이 느끼는 직원의 고객 지향도(친절, 용모, 태도, 의사소통, 신뢰성, 이미지 등)
하드웨어	교통편, 주차시설, 건물의 청결도, 시설 및 상품의 종류, 진열대 상품, 조명 등
소프트웨어	내부 시스템의 절차, 예약 시스템과 업무처리 절차 등

KEYWORD 02 미용 고객정보 수집

1) 회원가입 신청서

기본적인 고객정보 관리를 위한 정보로 개인정보 보호 관련 법령에 따라 동의서가 필요한데, 여기서 말하는 개인정보에는 이름, 성별, 생년월일, 전화번호 등이 포함된다.

✓ 개념 체크

미용사의 자세에 대한 설명으로 틀린 것은?
① 접객 매뉴얼과 고객관리카드를 전혀 활용하지 않는다.
② 모든 고객을 공평하게 관리한다.
③ 고객에게 적합한 서비스를 시행한다.
④ 안전 규정을 준수하여 청결하게 관리한다.

①

고객정보 수집 시 주의사항
고객의 개인정보는 불필요한 정보는 수집하지 않는 것이 원칙! 예를 들어 계좌번호, 통장잔고, 재산 같은 건 몰라도 되겠죠?

2) 고객관리 차트

고객의 개인정보에서부터 모발 및 두피 상태 등의 진단 정보, 담당 헤어 디자이너, 방문 빈도, 미용 서비스의 종류, 사후 관리 정보 등 고객의 모든 정보를 알 수 있는 자료 등이 포함된 것이다.

> **개인정보보호법**
> 개인정보의 처리 및 보호에 관한 사항을 정함으로써 개인의 자유와 권리를 보호하고, 나아가 개인의 존엄과 가치를 구현함을 목적으로 제정된 법이다. 개인정보보호법 제2조에 따르면 '개인정보'란 살아 있는 개인에 관한 정보로서, 성명·주민등록 번호 및 영상 등을 통하여 개인을 알아볼 수 있는 정보(해당 정보만으로는 특정 개인을 알아볼 수 없더라도 다른 정보와 함께 쉽게 결합하여 알아볼 수 있는 것을 포함)를 말한다.

CHAPTER

02

헤어미용

미용의 역사

▶ 합격 강의

🄕 권쌤의 노하우

역사 문제는 꼬박꼬박 잘 출제 되는 문제예요. 주로 출제되는 부분은 꼭 여러 번 읽고 시험에 다녀오세요!

삼한 시기

삼한(三韓)은 삼국 시대 이전 한반 도에 자리 잡고 있던 마한(馬韓), 진한(辰韓), 변한(弁韓)을 통칭한 다. 마한의 백제국(伯濟國)이 백 제, 진한의 사로국(斯盧國)이 신라 로, 변한의 구야국(狗邪國)이 가야 가 됐다는 설이 일반적이다.

쪽(쪽진)머리

쌍상투(쌍계)머리

덕흥리 고분벽화의 여인들은 쌍계 로 묶어 올리고 남은 머리카락을 늘어뜨리고 있다.

KEYWORD 01 · 한국 미용의 역사 빈출

1) 삼한 시대

• 이 시기는 머리모양을 통해 신분을 구별한 최초의 시기이다.

포로 · 노예	일반인	수장급
삭발	상투	상투 위에 관모

• 마한 사람들은 남성이 결혼하면 상투를 틀었다.
• 진한 사람들은 넓은 이마를 강조하기 위해 머리털을 뽑고 눈썹을 진하게 그렸다.
• 마한 · 변한 사람들은 문신을 하여 신분과 계급을 나타냈다.
  – 발견된 뼈로 만든 비녀와 기타 유물들을 통해 약 4,000년 전부터 쪽을 지거나 상투를 틀었던 것으로 추정된다.
  – 약 2,000년 전의 삼한 시대에 이미 미용에 대한 개념이 존재했음은 후한서나 신 당서 등의 기록을 통해 확인할 수 있다.

2) 삼국 시대

• 삼국 시대의 머리모양은 벽화를 통해 유추할 수 있다.

신라	• 영육일치 사상의 영향으로 남녀 모두 외모에 큰 관심을 두었다. → 남성들도 화장을 했다. • 백분, 연지, 눈썹먹을 활용해 화장을 했다. • 향수와 향료 같은 화장품을 만들어 사용했다. • 신라의 의복 문화가 중국을 포함한 타국에도 널리 알려진 시기였다. • 남성은 상투를 틀거나 머리를 자르고 검은 두건을 착용했다. • 여성은 긴 머리에 가체(가발)를 사용하거나 머리를 땋아 올리고, 금 · 은 · 옥 · 비단으로 장 식하거나 앞가르마를 뒤로 넘겨 쪽을 지었다.
고구려	• 무용총, 쌍영총 등의 고분벽화를 통해 당시 머리모양을 알 수 있었다. • 입술과 볼을 붉게 칠하고, 눈썹은 가늘고 둥글게 그리는 것을 선호했다. • 남성은 대부분 상투를 틀었다. • 여성은 얹은머리, 쪽(쪽진)머리, 푼기명머리, 중발머리, 쌍상투(쌍계)머리 등 다양한 머리모 양을 했다.
백제	• 지리적 특성으로 인해 고구려나 신라보다 미용이 늦게 시작됐다. • 일본에 화장품 제조 기술과 화장법을 전수했고, 미의식과 미용 문화가 발전했다. • 남성은 마한인의 전통을 이어받아 머리를 길게 하고 상투를 틀었다. • 미혼 여성은 두 갈래로 땋은 머리를 하나의 댕기로 묶었고, 기혼 여성은 두 갈래로 땋은 머리를 뒤통수에 낮게 쪽을 지었다.

3) 통일신라 시대

- 다양한 머리모양과 화려한 치장을 특징으로 한다.
- 당나라의 영향으로 남녀 모두 화려한 치장을 선호했다.
- 장식용 빗의 사용이 성행했으며 왕족과 귀족들은 전대모빗 · 자개장식빗 · 태모빗 · 소아빗 등을, 평민들은 뿔빗 · 나무빗을 사용했다.
- 화장품 제조 기술의 발달로 화장합, 토기분합, 향유병 등을 제작하여 사용했다.
- 주로 쌍상투머리를 했다.
- 한국 전통 미용 문화의 기반이 됐다.

권쌤의 노하우

머리모양을 나타내는 용어가 비슷비슷해서 외우기 어려울 수 있어요! 시대별 대표적 특징만 기억해 주세요!

4) 고려 시대 (빈출)

① 면약과 두발 염색이 시작됨

분대화장	• 기생 중심의 짙은 화장이다. • 하얗게 분을 바르고 눈썹을 가늘고 또렷하게 그리는 화장이다. • 반질거리게 머릿기름을 발랐다.
비분대화장	어염집 여자(일반적인 여성)들의 옅은 화장이다.

② 머리모양

- 출가 전 여성은 홍라(붉은 천)로 머리를 묶거나 작은 비녀를 사용하고, 나머지 머리카락은 뒤로 늘어뜨렸다.
- 귀부인들은 몽수(쓰개치마), 족두리, 화관과 같은 머리 장식품을 사용했다.
- 족두리는 원나라의 영향을 받아 고려에서도 사용됐으며, 이러한 장식품들은 귀부인들의 사회적 지위와 아름다움을 드러내는 수단이었다.
- 미혼 남성은 머리를 검은 띠로 묶는 것이 일반적이었다.

5) 조선 시대 (빈출)

① 조선 시대는 유교사상이 지배하면서 외모보다는 내면의 미를 중시했음

- 여성들의 스타일은 자연스럽고 수수했다.
- 두발형은 주로 쪽머리, 얹은머리(둘레머리), 어여머리(큰머리), 조짐머리, 댕기머리 등을 했다.
- 분화장이 신부화장으로 사용됐다.

② 조선 시대 머리모양

쪽(쪽진) 머리	• 여성이 결혼한 후에 주로 하는 머리모양이다. • 머리카락을 모아 상투처럼 높이 올린 후 쪽으로 고정시키는 형태이다. • 단아함과 절제미를 상징한다.
얹은머리 (둘레머리)	• 머리카락을 뒤로 모아 동그랗게 말아 올린 후, 얹은 듯한 모양을 만드는 두발 형태이다. • 기혼 여성들 사이에서 선호됐다.

가체금지령

조선 시대에 여성들이 머리에 쓰는 가발(假髮), 즉 가체(加髢)의 사용을 금지하기 위해 내려진 법령이다.

- **영조** : 최초로 가체금지령을 선포했다. 얹은머리 대신 쪽머리를 하게 하고 족두리 사용을 권장했다.
- **정조** : 가체금지령을 다시 시행했다. 궁중에서 사람의 머리카락으로 만든 가체를 나무로 대신하여 사용하는 것에 그쳤다.
- **순조** : 가체 사용이 거의 사라졌다.

얹은머리

다리
머리숱이 많아 보이도록 덧넣어
땋은 머리

종종머리

큰머리

첩지머리

어여머리 (큰머리)	• 머리카락을 뒤로 모으고 위로 높게 올려 큰 덩어리로 만든 뒤, 비녀나 장식물로 장식하는 머리모양이다. • 격식을 차리는 자리에서 주로 사용됐다. • 가체를 얹은 머리로 궁중이나 상층의 양반가에서 사용됐다.
조짐머리	• 머리카락을 뒤로 모아 작은 덩어리를 만든 뒤, 그것을 여러 방향으로 나누어 고정시키는 방식이다. • 미혼 여성들이 했던 머리모양이었다.
댕기머리	• 긴 머리를 뒤로 모아 묶고, 머리 끝을 자연스럽게 풀어헤친 모양이다. • 미혼 여성의 순수함과 자연스러움을 강조하는 데 사용했다.
개수머리	양민가 노부인들의 머리형으로 가체를 크게 땋아서 정수리에 얹은 형태이다.
또야머리	예장(어여머리)를 하기 위해 다리를 얹기 전 뒤통수에 낮게 머리를 틀어 올린 형태이다.
첩지머리	궁중에서 예장 시 가르마 중앙에 첩지를 얹고 양쪽으로 땋아 머리 뒤에 묶어 쪽을 진 형태이다.
코머리	머리카락을 뒤에서 앞으로 감아올려 끝을 가운데에서 맺어 꽂은 형태이다.
종종머리	어린이의 머리에 가르마를 양쪽으로 종종 땋아 귀밑에서 합한 형태이다.

③ 조선 시대 두발 장신구

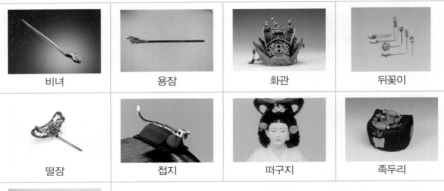

비녀	용잠	화관	뒤꽂이
떨잠	첩지	떠구지	족두리

아얌

※ 본 저작물은 '국립민속박물관에서 공공누리 제1유형으로 개방한 소장품 및 민속아카이브'를 이용한 것이며, 해당 저작물은 국립민속박물관 민속아카이브(https://www.nfm.go.kr)에서 무료로 내려받으실 수 있습니다.

④ 조선 시대 화장법

• 조선 시대 신부의 화장은 자연스러움과 전통적인 아름다움을 강조하는 방식이었다.
• 결혼식과 같은 중요한 행사에 참여하는 신부를 더욱 돋보이게 하기 위한 다양한 기술과 재료가 사용됐다.

✔ 개념 체크

조선 시대에 사람의 머리카락으로 만든 가체를 사용하지 않는 머리는?

① 쪽진머리
② 큰머리
③ 얹은머리
④ 조짐머리

①

⑤ 조선 시대 신부화장

밑 화장	신부의 화장은 우선 참기름을 얼굴에 바른 후 닦아내는 방식이다.
분 화장	밑 화장을 한 후에는 백색 분(粉)을 사용하여 화장했다.
눈썹	• 신부의 눈썹은 실로 밀어내고 따로 눈썹을 진하고 길게 그렸다. • 조선 시대 아름다움의 기준 중 하나였다.
연지와 곤지	• 뺨에는 연지를, 이마에는 곤지를 찍었다. • 연지는 볼에 자연스러운 홍조를 주는 붉은색의 화장품이다.

6) 근 · 현대

우리나라의 근 · 현대 미용산업은 다양한 시대적 변화와 함께 발전해왔다.

1895년	을미개혁 때, 단발령이 내려지면서 미용산업이 시작됐다.
1900년대 초반	외국 공관의 외교관 부인들과 여선교사들의 풍파두르 스타일이 유행했다.
1920년대	이숙종 여사의 높은머리(일명 다까머리)와 김활란 여사의 단발머리(모던걸) 스타일이 유행했다.
1930년대	오엽주 선생이 화신미용원을 개원했다.
1940년대	• 퍼머넌트 웨이브 및 세팅 • 해방 후, 김상진 선생이 현대 미용학원을 설립했다.
1950년대	• 세실커트가 유행했다. • 1952년, 권정희 선생이 정화미용고등기술학교를 설립했다.
1960년대	가발 붐이 일어났다.
1970년대	기하학적 머리 커팅이 도입됐다.
1980년대	다양한 퍼머넌트 기구와 대담한 염색기법이 등장했다.
1990년대	헤어컬러링과 패션 가발이 유행했다.
2000년대	개성적 디자인과 K-beauty가 유행했다.

화신미용원
서울 화신백화점 내에 개원(1933년)된 미용실이다. 화신백화점은 1987년 2월 문을 닫았고 3월 14일 철거됐으며 현재의 종로타워(밀레니엄타워)자리에 있었다.

1회 미용사 자격시험
1948년 10월 서울시 위생과가 주관하여 서울 시청에서 시험 합격자를 발표했다.

다나카 미용학원
일본인이 설립한 우리나라 최초의 미용학원이다.

정화미용고등기술학교
2008년 정화예술대학으로 개편, 2015년 정화예술대학교로 교명을 바꾸었다.

이숙종 여사

KEYWORD 02   외국 미용의 역사

1) 중국 (빈출)

① 고대 중국

• 이마에 액황(액체 상태의 황색 화장품)을 발라 입체감을 주었다.
• 백분(백색 화장품)을 바른 후에 연지(붉은색 화장품)를 덧바르는 홍장이 유행했었다.
• 당시 여성들이 더 밝고 생기있는 피부와 뚜렷한 얼굴 색조를 갖기 위해 사용된 방법이다.
• 수하미인도로 당대의 여인의 화장법을 알 수 있다.

- B.C 2200년경 하나라 시대에는 분(백분)을 사용하여 미백 효과를 냈다.
- B.C 1150년경 은나라 시대에는 연지 화장이 행해졌다.
- B.C 247~210년경 진나라 시황제의 아방궁에 있던 미희 3천 명은 백분과 연지를 바르고 눈썹을 그렸으며, 이는 당시 최고 지위의 여성들조차도 복잡하고 세심한 화장법을 따랐음을 방증한다.

② 당나라 시대
- 712~756년경, 당나라 현종은 열 종류의 눈썹 모양을 소개한 십미도(十眉圖)를 통해 미인을 평가하는 기준을 제시했다.
- 873년~904년경(희종 · 소종 집권기), 붉은 입술을 미인이라 평가하여 입술을 붉게 화장했다.

콜(영화 클레오파트라 中)

2) 이집트 [빈출]
약 5000년 전에 서양에서 최초로 화장을 한 것으로 알려진 고대 미용의 발상지이다.
① 눈 화장 : 이집트인들은 흑색과 녹색의 콜을 사용, 눈 주위에 짙게 화장함
② 볼과 입술 화장 : 붉은 흙과 사프란을 섞어 뺨과 입술에 발라 생기를 표현함
③ 가발 : 인모 · 양털 · 종려나무의 잎 섬유 · 종이 등을 이용해 제작했으며, 남녀 모두 가발을 사용했고, 특히 왕족 · 귀족 · 제사장들이 주로 착용함 ——주술적 의미
④ 웨이브 연출 : 마른 나뭇가지에 진흙을 발라 머리카락을 둘둘 말고 태양열로 건조한 뒤 진흙을 털어내어 웨이브를 연출함 → 현대의 퍼머넌트 웨이브 기술의 시초
⑤ 염색 : '헤나'라고 하며, 로소니아 나무의 잎을 곱게 갈아 진흙과 섞어 머리 · 손톱 · 발톱에 발라 붉은색이나 갈색으로 염색함

헤나의 사용

3) 그리스 시대
- 그리스 여성들은 자연스럽고 고전적인 머리형을 선호했다.
- 후두부에 포인트를 둔 묶은 머리 스타일이 인기였다. ——밀로의 비너스상에서 볼 수 있는 머리 스타일
- 리본이나 망으로 악센트를 줘서 우아함을 강조했다.
- 키프로스풍 머리형 : 컬용 아이론을 사용하여 고대 그리스에서 유행한 곱슬머리 스타일이다.

밀로의 비너스상

4) 로마 시대
- 그리스 시대의 헤어스타일을 계승하면서도 자신들만의 독특한 변화를 주었다.
- 황금색 머리카락이 미의 상징이던 시대라, 머리카락을 잿물로 표백한 뒤 노란꽃을 으깬 물에 머리를 헹구어 황금색으로 착색하는 것이 유행했다.
- 로마인들은 머리카락뿐만 아니라 몸 전체에 오일이나 향수를 사용하여 윤기를 주고 좋은 향기를 내는 것을 중시했다.

비잔틴 시대의 복장

5) 중세 시대

비잔틴 시대
(4~15세기)
	• 자연스러운 머리의 컬과 웨이브를 중시했다.
	• 터번과 큰 캡 같은 특수한 머리장식이 유행했다.
	• 보석 장식과 베일이 유행했다.
	  – 8세기 이후에는 머리를 감싸는 천에 보석을 장식, 베일이 발달했다.
	  – 9세기부터는 원형의 베일을 사용해 사회적 지위를 나타내기도 했다.

로마네스크 시대
(11~12세기)
	• 신분에 따라 관과 베일을 착용했다.
	• 머리 형태보다는 신분을 나타내는 관이나 베일 착용에 더 큰 의미를 두었다.
	  – 특히 외출 시나 종교적 행사 시 흰색 베일을 착용하는 것이 일반적이었다.
	  – 남성은 주로 단발형을, 여성은 머리를 길게 늘어뜨린 스타일을 선호했다.

고딕 시대
(12~15세기)
	• 헤어스타일과 장식이 발달했다.
	  – 신체 노출은 꺼리고 헤어스타일과 머리 장식으로 치장했다.
	  – 남성은 컬을 넣은 긴 머리에 관을 착용했다.
	  – 여성은 머리를 길게 땋거나 특정 형태로 모아 관을 착용했다.
	  – 미혼 여성은 머리를 느슨하게 했다.
	  – 기혼 여성은 머리를 중앙에서 나누어 땋아 양 귀를 덮은 뒤 정돈했다.
	• 15세기에는 헤어스타일과 머리장식을 기이하게 변형하여, 뾰족한 모양의 에넹
	(Hennin)을 착용하는 것이 유행이었다.

에넹

6) 근세 시대

르네상스 시대 (14~16세기)	• 미용이 독립된 전문 직업으로 개발되기 시작했다. • 남성들 사이에서는 단발 또는 짧은 머리 스타일을 선호했고, 보닛이나 캡 형태의 모자 착용이 유행했다. • 여성들은 머리를 염색하고 머리분을 사용했고, 이마를 드러내고 머리에 꼭 맞는 모자를 착용했다.
바로크 시대 (16~17세기)	• 프랑스의 캐더린 오프 메디시 여왕에 의해 근대 미용의 기초가 마련됐다. • 남성들 사이에서는 풍성한 모양의 가발(사회적 지위의 상징)이 유행했다. • 여성들 사이에서는 컬을 만들어 머리를 부풀리거나 어깨까지 늘어트리는 스타일, 리본으로 장식하는 퐁탕주 헤어스타일이 유행했다.
로코코 시대 (18세기)	• 생화, 깃털, 보석 등으로 머리를 장식하는 것이 유행했다. • 마리 앙투아네트 시대에는 높이와 기교 면에서 극한의 형태를 보였다. • 남성들 사이에서는 가발을 패션으로 사용하는 것과 경쾌하고 우아한 모습으로 머리를 장식하는 것이 유행이었다. • 여성들의 헤어스타일은 루이 14세 사후, 낮은 머리형에서 점차 높고 거대한 머리 형태로 변화했다.

7) 근대 시대 (빈출)

• 1830년 : 무슈 크루아삿(Monsieur Croisat)는 여성의 아름다움을 강조하는 아폴로 노트 머리형을 창안함
• 1867년 : 과산화수소를 이용한 블리치(탈색) 제품이 처음 등장함
• 1875년 : 마셀 그라토(Marcel Gurateau)는 열을 이용하여 웨이브를 만드는 마셀 웨이브를 발명함
• 1883년 : 프랑스의 화장품 회사 모네사는 합성 염모제(파라페닐렌디아민) 사용을 허가받음

✔ 개념 체크

미용 역사의 설명으로 옳지 않은 것은?

① 중국에서는 연지를 덧바르는 홍장을 했다.
② 이집트 시대의 가발 유행은 대표적인 1명의 인물에서 시작됐다.
③ 현종 때 미의 기준은 열 종류의 눈썹 모양인 십미도로 했다.
④ 고려 시대의 안면용 화장품의 일종인 면약을 사용했다.

②

- 1905년 : 찰스 네슬러(Charles Nessler)가 스파이럴식 퍼머넌트 웨이브를 창안함
- 1925년 : 조셉 메이어(Josep Mayer)는 크로키놀식 히트 퍼머넌트 웨이브를 발명함
- 1936년 : J.B.스피크먼(J.B.Speakman)은 화학약품을 이용한 콜드 웨이브를 창안함

SECTION 02

두부의 구분

출제빈도 상 중 하
반복학습 1 2 3

▶ 합격강의

빈출 태그 ▶ #헤어용어 #두부명칭 #블로킹

1) 두부의 명칭

헤어커트나 퍼머넌트시에 두부를 블로킹(구획)하는 부분으로, 몇 개의 큰 구역으로 나누어 스타일링을 용이하게 만드는 명칭이다.

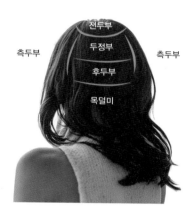

2) 두부 포인트

명칭	내용
C.P	센터 포인트(Center Point)
F.S.P	프런트 사이드 포인트(Front Side Point)
G.P	골든 포인트(Golden Point)
T.P	톱 포인트(Top Point)
E.P	이어 포인트(Ear Point)

권쌤의 노하우

두부의 명칭은 미리 확실하게 외워 두면 실기를 배울 때 선생님 이야기를 알아듣기 쉬워요!

개념 체크

머리카락을 뒤에서 앞으로 감아올려 끝을 전두부 가운데에서 맺은 머리는?

① 첩지머리
② 트레머리
③ 큰머리
④ 대수머리

②

트레머리

코머리와 비슷한 머리 형태로, 가체를 사용하여 더욱 단단하고 풍성한 것이 특징이다.

역사문제지만 이렇게 두부명칭을 알아야 풀 수 있는 문제도 있답니다.

헤어스타일 하나로 무한한 변신이 가능한 게 헤어! 우리 모두 헤어의 매력에 빠져 봐요!

E.B.P	이어 백 포인트(Ear Back Point)
S.P	사이드 포인트(Side Point)
S.C.P	사이드 코너 포인트(Side Corner Point)
N.P	네이프 포인트(Nape Point)
N.S.P	네이프 사이드 포인트(Nape Side Point)

두부의 구획

헤드는 머리 전체를 뜻하며, 두부를 5등분으로 구획을 나눈 블로킹은 전두부 · 두정부 · 후두부 · 측두부로 나눌 수 있다.

3) 두부의 구획

① 정중선 : C.P부터 N.P까지 이어 두피를 세로로 둘로 나누는 선
② 측중선 : T.P와 E.P에서 수직으로 내려간 선
③ 수평선 : E.P 높이에서 가로로 두피를 반으로 나누는 선
④ 측두선 : F.S.P에서 측중선 방향으로 이은 선
⑤ 얼굴선 : S.C.P에서 시작해 C.P를 거쳐 반대편 S.C.P까지 이은 선
⑥ 목뒷선 : 한쪽 N.S.P에서 시작해 반대쪽 N.S.P까지 이은 선
⑦ 목옆선 : E.P에서 시작해 N.S.P까지 이은 선
⑧ 헴 라인(Hem Line) : 피부와 모발이 자라난 두피의 경계 라인 모두

4) 뼈의 구조로 본 두상의 구획과 명칭

① 오버존(Over Zone) : 미들존을 중심으로 두상의 위쪽 부분
② 미들존(Middle Zone) : 두상의 중간 지점으로 가로로 가장 넓은 부분
③ 언더존(Under Zone) : 미들존을 중심으로 두상의 아랫부분

오버 존
(Over zone)

미들 존
(Middle zone)

언더 존
(Under zone)

 개념 체크

커트 시술 시 두부를 5등분으로 나눈 것으로 옳지 않은 것은?

① 탑(Top)
② 사이드(Side)
③ 헤드(Head)
④ 네이프(Nape)

③

✓ 개념 체크

두부의 라인 중 이어 포인에서 네이프 사이드 포인트를 연결한 선은 무엇인가?

① 목뒷선
② 목옆선
③ 측두선
④ 측중선

②

SECTION 03

미용전문제품

출제빈도 상 중 하
반복학습 1 2 3

▶합격강의

빈출 태그 ▶ #미용제품 #미용도구 #미용기기 #시저스 #빗

KEYWORD 01 빗과 브러시

1) 커트빗

① 커트빗의 특징

- 헤어커트 시 일반적으로 사용한다.
- 얼레살과 고운살로 이루어진다.
- 커트빗은 모발을 빗어 결을 매끄럽게 정리하거나 모발을 나누어 잡을 때, 모발 속을 떠 올리거나 곱게 빗어 형태를 만들 때 사용한다.

> **빗 선택의 조건**
> 너무 뾰족하거나 무디지 않고 내수성 및 내구성이 좋고 빗살 전체가 균등하게 나열되고 간격이 균일한 것이 좋다.

빗살뿌리　빗등　빗살　　　빗몸

빗살끝

얼레살　고운살

② 커트빗의 부위별 명칭

명칭	내용
얼레살	• 빗살 간격이 넓어 머리 엉킴이 심할 때 사용하는 부분이다. • 모량이 많은 곳을 빗거나 조절할 때, 블록과 섹션라인을 만들 때 사용한다.
고운살	• 빗살 간격이 비교적 촘촘하여 섬세한 빗질이 필요할 때 사용하는 부분이다. • 모발의 흐름을 맞출 때 사용한다.
빗살	모발을 가지런히 정리할 때 사용한다.
빗살 끝	두피로부터 모발 뿌리를 끌어올려 일으킬 때 사용한다.
빗살 뿌리	빗살 사이의 모발을 가지런히 고를 때 사용한다.
빗 몸	빗 전체를 지탱하는 부분이다.

③ 기타 빗의 종류

빗은 모발을 가지런히 정리하며 스타일 완성에 가장 필요한 도구 중 하나이다.

분류(종류)		주용도	특징
꼬리빗 (랫테일콤)		섹션 처리, 빗질, 백콤	• 빗살의 간격이 촘촘하다. • 섹션을 구분하거나 섬세한 빗질을 할 때 사용한다. • 세밀한 빗질이 필요하거나 백콤을 형성할 때 사용한다. • 열에는 약하나 화학제품에는 잘 견딘다.
레이크빗		섹션 처리, 빗질	• 내열성이 요구되는 아이론과 같은 작업에 사용한다. • 짧은 모발을 정돈할 때 사용한다.
티저빗		모발 표현	• 서로 길이가 다른 3가지 빗살이 교차되어 있다. • 모발을 풍성하게 표현할 때 사용한다.
아프로픽		모발 정돈	• 길이가 긴 빗살로 간격이 성기다. • 컬을 흐트러뜨리지 않는 범위에서 곱슬머리 모발을 풀고 정리하는 데 사용한다.
피치포크빗 (오발빗)		모발 흐름 정리, 백콤	• 백콤을 처리하기 쉽다. • 5개의 긴 금속 빗살은 모발의 흐름과 방향성 부여에 사용된다.
도끼빗 (얼레빗)		모발 정돈	• 빗살의 간격이 넓어 헝클어진 모발을 정리할 때 주로 사용한다. • 웨이브 모발의 콤 아웃에 사용한다.
커트빗		모발 흐름 정리	• 양쪽에 간격이 다른 빗살이 있다. • 넓은 빗살은 모발의 흐름을 정리하고 섹션을 나누는 데 사용한다. • 촘촘한 빗살은 가지런히 빗을 때 사용한다.

④ 빗의 손질법

- 빗살 사이의 때는 솔로 제거하는데, 만약 때가 심하다면 비눗물에 담갔다가 브러시로 닦은 후 소독해야 한다.
- 소독할 때는 크레졸수, 역성비누액, 석탄산수, 포르말린수와 같은 소독용액을 사용할 수 있다.
- 소독용액에 너무 오래 담가 두면 빗이 휘어질 수 있으니 주의해야 한다.
- 소독한 빗은 물로 잘 헹군 후 마른 수건으로 물기를 닦고 완전히 말린다.
- 마른 빗은 소독장에 보관한다.
- 위 방법으로 세정하기 어려운 재질의 빗은 자외선으로 소독한다.

2) 브러시

브러시는 형태에 따라 하프 라운드 브러시와 라운드 브러시로 나뉜다.

▲ 라운드 브러시와 하프 라운드 브러시

① 하프 라운드 브러시의 종류

덴멘 브러시

벤트 브러시

쿠션 브러시

S브러시

금속 쿠션 브러시

구분	내용
덴멘 브러시	• 영국의 '덴멘'사가 제작하여 덴멘 브러시라 부른다. • 강한 텐션과 볼륨을 형성한다. • 모발에 윤기와 부드러움을 주며 가장 많이 사용되는 하프 라운드 브러시이다.
클래식 브러시	• 재질이 정전기 방지 및 열에 강하여 모발에 강한 텐션과 볼륨을 형성한다. • 모발에 윤기와 부드러움을 주는 장점이 있지만, 재질이 딱딱하여 시술 시 힘의 강약 조절이 중요하다는 단점이 있다.
벤트 브러시	• 몸통이 부분적으로 뚫려 있고, 빗살이 듬성듬성 나 있다. • 모류 방향성 볼륨을 주어 스타일을 신속하게 연출할 수 있다는 장점이 있으나, 다른 브러시에 비해 머리카락 표면이 거칠게 드라이된다는 단점이 있다.
쿠션 브러시	• 빗살이 고무 재질로 된 브러시로, 주로 작업 전 모발을 브러싱할 때 사용한다. • 완성된 스타일을 표현할 때 사용한다.
양면 브러시	• 한쪽은 길고 다른 한쪽은 짧은 빗살로 브러시의 양면에 빗살이 있다. • 사용 목적에 따라 긴 살과 짧은 살을 선택하여 사용한다. • 양면을 이용하여 라운드 브러시의 효과를 낼 수 있다.
S브러시	• 헝클어진 모발을 정리할 때 사용한다. • 자연스러운 볼륨 연출에 사용한다.
금속 쿠션 브러시	가발을 브러싱하거나 정리할 때 주로 사용한다.

② 브러시의 손질법

• 비눗물, 탄산소다수 또는 석탄산수 등을 이용한다.
• 털이 부드러운 것은 손가락 끝으로 가볍게 빤다.
• 털이 빳빳한 것은 세정브러시로 닦아낸다.
• 세정 후 맑은 물로 잘 헹구고 털을 아래쪽으로 하여 그늘에서 말린다.

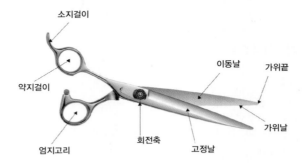

권쌤의 노하우

가위 문제는 한 문제씩 꼬박꼬박 출제되고 있어요! 맞혀야 하는 문제! 가위 종류와 명칭은 알고 가야 합니다!

KEYWORD 02 · 가위 · 레이저 · 클리퍼

1) 커트가위

① 커트가위의 특징
- 커트가위는 헤어커트 시 사용하는 대표적인 도구이다.
- 용도에 따라 커트가위, 커브가위, 드라이커트가위, 스트로크가위, 틴닝가위로 나뉜다.

② 가위의 구조와 명칭

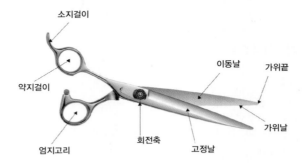

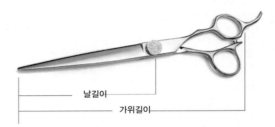

▲ 가위의 구조

가위에서 쓰이는 용어

- **동인(動刃)** : 가위의 날 중 움직이는(動) 날(刃)
- **정인(靜刃)** : 가위의 날 중 가만히 있는(靜) 날(刃)
- **협신(鋏身)** : 가위(鋏)의 몸체(身)
- **착강(着鋼)** : 특수처리한 금속(鋼)을 붙임(着)
- **전강(全鋼)** : 가위 전체(全)가 특수처리한 금속(鋼)임

✓ 개념 체크

다음 중 가위에 있는 부위별 명칭으로 옳지 <u>않은</u> 것은?

① 핸들
② 피봇
③ 프롱
④ 그루브

②

명칭	내용
가위 끝(Edge Point)	고정날(靜刃)과 이동날(動刃)의 뾰족한 앞쪽 끝이다.
날 끝(Cutting Edge)	고정날과 이동날의 안쪽 면으로 자르는 날 끝이다.
고정날(Still Blade)	엄지에 끼워 사용하는 날로 커트 시 움직이는 날이다.
회전축(중심축/Pivot Point)	약지에 끼워 고정하는 날로 고정되어 움직이지 않는 날이다.
다리(Shank)	중심축 나사와 손가락 고리 사이의 부분이다.
약지고리(Finger Grip)	고정날에 연결된 원형의 고리로 약지를 끼우는 곳이다.
엄지고리(Thumb Grip)	이동날에 연결된 원형의 고리로 엄지를 끼우는 곳이다.
소지걸이(Finger Brace)	고정날과 약지 고리에 이어져 있으며, 없는 가위도 있다.

③ 좋은 가위의 조건
- 가위의 협신에서 날끝으로 갈수록 자연스럽게 구부러지는(내곡선) 디자인이 좋다.
- 양날의 견고함이 일정하여야 한다.
- 날이 얇으면서 양다리(가위의 두 손잡이 부분)가 강해야 한다.
- 가위의 길이와 무게는 미용사의 손에 맞아야 한다.
- 가위를 사용할 때는 한쪽 협신을 고정하고, 가위의 개폐가 일정하고 원활하게 이루어져야 한다.

④ 가위의 종류
- 착강가위 : 협신부는 연강, 날은 특수강으로 연결하여 만든 가위
- 전강가위 : 전체를 특수강으로 만든 가위
- 커팅가위 : 모발을 커팅하고, 셰이핑하는 가위
- 틴닝가위 : 숱만 쳐내는 가위로, 텍스처라이징(Texturizing) 가위
  - 모발의 양에 따른 형태를 보정하기 위해 사용하는 가위이다.
  - 가윗날의 발수(10~50)에 따라 질감을 처리하는 절삭률이 결정된다.
  - 틴닝가위의 종류

종류		발수	절삭률
	- 빠른 작업에 활용한다. - 싱글링이나 섀기커트에 활용한다. - 전문가에게 권장된다.	10발	50~60%
	- 날 끝이 사선 형태이다. - 깊은 질감처리에 쓴다.	12발	30~40%
	- 기본 틴닝을 활용한다. - 모량을 조절하기 적당하다. - 초보자가 쓰기 쉽다.	25발	20~30%

- 직선날 가위
  - 단가위 : 4.5인치 미만
  - 일반용 : 4.5~5.5인치
  - 장가위 : 6.5인치 이상
- R형 가위(곡선날가위)
  - 날 부분이 R자로 구부러진 가위이다.
  - 둥글려서 커트할 때, 스트로크 커트를 할 때, 세밀한 부분을 수정할 때, 모발 끝의 커트라인을 정돈할 때 쓰인다.

⑤ 가위의 손질법
- 석탄산, 자외선, 크레졸, 알코올 등을 이용하여 소독한다.
- 금속을 부식시킬 수 있는 승홍수는 사용하지 않는다.

✔ 개념 체크

좋은 가위의 선택 방법으로 옳은 것은?

① 만곡도가 큰 것이 좋다.
② 날이 두껍고 협신 부위가 무거운 것이 커트 시 안정적이다.
③ 협신에서 날 끝이 내곡선상으로 된 것이 좋다.
④ 양날의 견고함이 동일하지 않아도 된다.

③

2) 레이저(Razor)

① 레이저의 구조

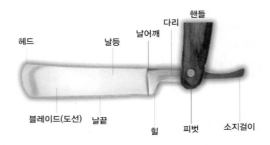

헤드   날등   날어깨   다리   핸들

블레이드(도선)   날끝   힐   피벗   소지걸이

② 레이저의 종류

오디너리 레이저

세이핑 레이저(단면날)

- 오디너리(Ordinary) 레이저
  - 일반적인 레이저이다.
  - 전문가용 레이저로 초보자는 숙련도가 필요하다.
- 셰이핑(Shaping) 레이저
  - 안전가드가 있어 초보자에게 적합하다.
  - 단면날 레이저와 양면날 레이저가 있다.
- 칼날 선에 따라서 내곡선상, 외곡선상, 일직선상의 레이저로 구분한다.

일직선상   내곡선상   외곡선상

③ 좋은 레이저의 조건

- 레이저의 날등과 날끝이 균일한 것이 좋다.
- 레이저 어깨의 두께가 일정한 것이 좋다.
- 날등에서 날 끝까지 양면의 콘케이브(오목선)이 균일한 곡선으로 되어있고 두께가 일정한 것이 좋다.
- 날 선이 대체로 둥근 곡선으로 된 것이 좋다.

3) 클리퍼(Clipper)

① 클리퍼와 바리캉

- 바리캉(Bariquand)이라고 불리는 클리퍼는 1870년경 바리캉 뜨 마레 (Bariquand et Mare)라는 프랑스 기계 제작 회사의 창립자 바리캉에 의해 처음 발명되었다.

✔ 개념 체크

일상용 레이저(Razor)와 세이 핑레이저(Shaping Razor)의 비교 설명으로 틀린 것은?

① 일상용 레이저는 시간상 능률적이다.
② 일상용 레이저는 지나치게 자를 우려가 있다.
③ 세이핑 레이저는 안전율이 높다.
④ 초보자에게는 일상용 레이저가 알맞다.

④

✔ 개념 체크

다음 중 바리캉의 어원에 해당하는 것은?

① 프랑스 외과의사 이름
② 프랑스 기계제작회사의 이름
③ 프랑스의 최초 이용업소명
④ 프랑스의 최초 외과병원명

①

• 우리나라에는 개화기에 일본을 통해 도입됐고, 바리깡이라는 명칭으로 사용되어 왔지만, '클리퍼'라는 전문용어가 일반화되고 있다.

② 헤어 클리퍼의 구조와 기능

고정날 (Fixed Blade, 밑날)	• 고정날은 이동날에 비해 간격이 넓고 홈 길이가 길다. • 정돈된 스타일을 연출하기에 쉽고 편리하다. • 이동날이 움직일 때 모발이 걸리지 않도록 빗의 역할을 한다.
이동날 (Moving Blade, 윗날)	• 좌우로 움직이면서 고정날과 함께 모발을 자른다. • 고정날보다 간격이 좁고 크기와 홈의 길이가 차이가 있다.
몸체(Body, 핸들)	클리퍼의 몸체로 전원 스위치나 날 크기를 조절하는 스위치가 있다.

1) 헤어아이론의 개념

고열을 사용하여 모발의 탄력과 윤기를 극대화하는 미용기기로, 스타일의 세팅력이 장시간 유지된다.

2) 헤어아이론의 구조

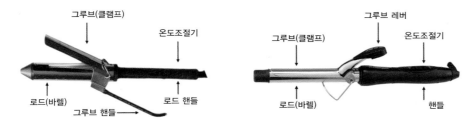

가위형 아이론   집게형 아이론

명칭	내용
그루브(클램프)	홈이 파여 있는 부분으로 프롱에 얹어진 모발을 고정한다.
로드(바렐)	둥근 모양으로 열이 발생하며 모발의 형태에 변화를 준다.
핸들(로드 핸들)	프롱에 연결된 손잡이는 고정이며, 그루브에 연결된 손잡이는 이동 손잡이로 힘 조절에 따라 웨이브를 다양하게 형성할 수 있다.
온도조절기	아이론 시술 시 모발 상태에 따라 온도를 조절한다.

원형 아이론

일자형 아이론

파형 아이론

Z형 아이론

브러시형 아이론

반원형 아이론

3) 헤어아이론의 종류와 특징

종류	특징
원형	• 로드의 지름이 6~35㎜로 다양하다. • 지름과 시술 속도에 따라 다양한 크기의 컬이 연출된다. • 열판이 둥근 형태로 컬이나 웨이브를 형성하기에 적합하다. • 볼륨 연출에 사용한다.
일자형	• 프레싱(압착식) 아이론으로 열판이 납작한 판 형태로 스트레이트에 사용한다. • 크기가 대 · 중 · 소로 나뉘며 모발의 길이에 따라 긴 모발은 대형, 짧은 모발은 소형을 사용한다. • 스트레이트, 컬 연출에 사용한다.
파형	• 둥근 열판이 교차되어 모발에 요철 모양(물결)의 컬을 연출할 때 사용한다. • 열판의 지름에 따라 다양한 크기의 컬이 연출된다.
Z형	모근 부분에 볼륨을 주거나 모발에 전체적으로 지그재그 형태의 컬을 연출할 때 사용한다.
브러시형	• 원형이지만 열판 위에 빗살이 부착된 형태로 안전하게 사용할 수 있다. • 볼륨과 C컬 연출에 사용한다.
반원형 (하프 라운드)	• 열판의 형태가 반원형이나 삼각 형태이다. • 볼륨을 주거나 리지(Ridge)를 연출할 때 사용한다.
원추형	열판이 원뿔 형태로 열판의 지름이 좁은 부분에서 넓은 부분으로 다양한 굵기의 컬을 연출할 수 있다.
ㄹ형	• 모발의 표면을 누르듯이 사용하거나 연출하고자 하는 모류의 방향으로 빗질하듯 사용한다. • 모근이 들뜬 부분을 교정할 때 사용한다.

4) 아이론 사용 방법

가위형 아이론은 그루브가 위에 있고 로드가 아래에 있는 상태로 그루브 핸들은 약지와 소지를 이용하여 움직이고, 집게형 아이론은 그루브 레버를 엄지로 눌러 사용한다.

▼ 아이론의 형태별 그립

가위형 아이론   집게형 아이론

5) 헤어아이론 시술의 요소

온도	• 헤어아이론은 온도가 높을수록 컬이 강하게 형성된다. • 권장온도는 120~140℃이다. • 온도가 낮을수록 컬의 탄력이 약해진다.
텐션 (Tension)	• 탄력 있는 웨이브를 형성. 특히 곱슬모를 일자형 아이론으로 펼 때는 중요한 역할을 한다. • 너무 세게 당기면 고객이 불편함을 느끼게 되고 모발이 손상될 수 있으므로 적당한 텐션이 중요하다.
각도	• 볼륨의 형성 정도와 볼륨이 필요한 위치에 따라 각도를 달리할 수 있다. • 최대 볼륨을 형성할 때는 전방 120°로 아이론하여 아이론이 고정됐을 때 온 베이스(On Base)가 되도록 해야 한다. • 최소의 볼륨을 형성할 때는 후방 45°로 아이론하여 아이론이 고정됐을 때 오프 베이스(Off Base)가 되도록 해야 한다.

KEYWORD 04 세팅롤

1) 세팅롤(Setting Roller)

모발에 웨이브와 볼륨 연출 시 사용하는 도구이다.

2) 플라스틱롤(Plastic Roller)

• 모발의 볼륨과 컬 연출에 사용하는 플라스틱제의 롤러이다.
• 플라스틱 롤러의 특징
    – 드라이기를 사용한 건조, 자연건조 등 건조 방법을 선택할 수 있다.
    – 모발 수분량에 따라 건조시간이 매우 달라진다.
    – 긴 머리에 사용 시 수분 함유량을 조절해야 한다.
    – 비교적 모발 손상이 적다.
    – 다양한 재질, 형태, 굵기로 용도별 선택의 폭이 넓다.
• 플라스틱 롤러 형태별 특징

형태		특징
	원뿔형	• 롤러 양쪽의 굵기가 다른데, 가는 쪽은 볼륨을 형성할 때, 굵은 쪽은 웨이브를 형성할 때 쓴다. • 양쪽의 홈에 고무밴드를 감아 고정한다.
원통형		• 표면이 매끄러워 와인딩하기 어렵다. • 모발에 수분과 젤 등을 도포하여 와인딩한다.
		• 건조가 용이하도록 롤러 표면에 구멍이 있다. • 부드럽고 탄력성 좋은 재질로 두피에 자극이 적다. • 와인딩하기 쉽도록 롤러 표면에 구부러진 돌기가 있다.

원통형		와인딩 후 롤러가 모발에서 분리되는 것을 방지하기 위해 고정 클립이 달려 있다.

3) 벨크로 롤(Velcro Roller)

- 일반인도 사용 가능한 스타일링 도구이다.
- 롤러 표면에 벨크로가 부착되어 와인딩하기 쉽다.
- 소형 : 모근의 볼륨을 형성할 때 사용한다.
- 대형 : 모발 끝부분에 부드러운 움직임을 표현할 때 사용한다.

4) 전기 롤(Electric Roller)

- 전원이 연결된 원형 롤러가 적정 온도를 유지하며 모발에 웨이브를 형성하는 기기이다.
- 한 세트에 크기와 굵기가 다양한 롤러가 일정한 수(4개, 10개, 20개, 32개 등)로 구성되어 있다.
- 원하는 모양에 따라 롤러의 크기, 굵기, 개수를 달리할 수 있다.
- 건조한 모발에 사용한다(모발의 수분함유량이 적어야 함).
- 신속한 헤어스타일 완성을 위한 도구로 사용한다.
- 전기를 사용하는 열기구이므로 안전성이 높은 기기를 선택해야 한다.

KEYWORD 05 온열기기

1) 헤어드라이어(Hair Dryer)

① 구조 및 특징

- 젖은 두발의 건조와 헤어스타일의 완성을 위하여 사용한다.
- 일반적인 블로우 드라이(Blow Dry)의 가열 온도는 60~80℃ 정도이다.
- 팬(송풍기), 모터, 열선(300~500W의 니크롬선), 스위치 등으로 구성된다.

② 헤어드라이어의 종류

- 블로우(Blow) 타입 : 바람을 일으켜 드라이하는 방식
- 웨이빙 드라이 : 핸드드라이어에 빗이나 아이론, 롤브러시를 부착하여 드라이와 스타일링을 동시에 하는 방식

2) 히팅캡

- 머리카락에 따뜻한 온도를 고르게 전달해, 제품이 머리카락 속으로 더 잘 침투하도록 도와주는 기기이다.
- 사용자의 편의에 따라 온도를 조절할 수 있다.
- 전자레인지에 잠깐 데워 사용하는 비전기식 모델도 있다.

- 모발 염색 시 염색약의 효과를 높이는 데에도 사용한다(색상을 더 밝고 선명하게 함).
- 정기적으로 히팅캡을 사용하면 모발이 더 건강해지고, 수분을 더 잘 유지하며, 더 부드럽고 윤기 있게 된다.

3) 헤어스티머(Hair Steamer)

- 180~190℃의 스팀으로 헤어제품을 머리카락 속으로 더 잘 침투하도록 도와주는 기기이다.
- 퍼머넌트, 모발의 염색, 스캘프(두피, Scalp) 트리트먼트, 헤어트리트먼트에 사용한다.
- 오일이나 두피 크림을 바르고 스캘프 매니퓰레이션 시행 후 10~15분간 사용한다.
- 헤어스티머 선택 시 고려사항
  - 증기의 입자가 세밀하여야 한다.
  - 사용 시 증기의 조절이 가능하여야 한다.
  - 분무 증기의 온도가 균일하여야 한다.

✔ 개념 체크

헤어 스티머의 선택 시 고려할 사항과 가장 거리가 먼 것은?

① 내부의 분무 증기 입자의 크기가 각각 다르게 나와야 한다.
② 증기의 입자가 세밀하여야 한다.
③ 사용 시 증기의 조절이 가능하여야 한다.
④ 분무 증기의 온도가 균일하여야 한다.

③

헤어샴푸 & 트리트먼트

▶ 합격강의

빈출 태그 ▶ #샴푸 #트리트먼트 #모발관리

권쌤의 노하우

샴푸와 린스, 트리트먼트만 잘 구분해도 정답!

| KEYWORD **01** | 헤어샴푸 |

1) 샴푸의 정의

두피와 머리카락에 쌓인 먼지, 기름, 각질, 스타일링 제품의 잔여물 세정하는 과정이다.

2) 샴푸의 목적 (빈출)

두피와 머리카락을 청결하게 유지하고 건강하게 관리하는 것이다.

세정	• 오염물 제거 : 두피와 머리카락에 쌓인 먼지, 기름, 땀, 죽은 세포, 스타일링 제품의 잔여물 등을 효과적으로 제거함 • 피지 조절 : 과도한 피지 분비를 조절하여 두피를 깨끗하게 유지함
두피 건강 유지	• 균형 유지 : 두피의 pH 균형을 유지하여 건강한 두피 환경을 조성함 • 비듬 예방 및 치료 : 비듬을 예방하고 이미 생긴 비듬을 줄이는 데 도움을 줌
머리카락 관리	• 보습 및 영양 : 머리카락에 수분과 영양을 공급하여 건조함과 손상을 방지함 • 윤기 부여 : 머리카락을 부드럽고 윤기 있게 만들어 건강한 외관을 유지함 • 손상 회복 : 염색, 펌 등으로 손상된 머리카락을 회복시키는 성분이 포함된 경우 손상된 모발을 강화하고 복구함
향기 제공	샴푸에 포함된 향료는 사용 후 기분 좋은 향기를 남겨줘 상쾌한 느낌이 들게 함
스타일링 준비	깨끗한 머리카락은 스타일링 제품이 더 잘 작용하게 하여 원하는 스타일을 쉽게 연출할 수 있게 함

3) 샴푸 선택 시 고려사항

두피 타입	지성 두피	• 과도한 피지 분비를 조절할 수 있는 샴푸를 선택해야 한다. • 티트리 오일이나 민트 성분이 포함된 샴푸가 도움이 된다.
	건성 두피	• 수분을 공급하고 두피를 촉촉하게 유지하는 샴푸를 선택해야 한다. • 오트밀, 아르간 오일, 알로에 베라 성분이 좋다.
	민감성 두피	• 자극을 최소화한 저자극, 무향료 샴푸를 선택해야 한다. • 천연 성분이 포함된 유기농 샴푸가 도움이 된다.

개념 체크

샴푸에 대한 설명 중 잘못된 것은?

① 샴푸는 두피 및 모발의 더러움을 씻어 청결하게 한다.
② 다른 종류의 시술을 용이하게 하며, 스타일을 만들기 위한 기초적인 작업이다.
③ 두피를 자극하여 혈액순환을 좋게 하며, 모근을 강화하는 동시에 상쾌감을 준다.
④ 모발을 잡고 비벼 주어 큐티클 사이사이에 있는 때를 씻어내고 모표피를 강하게 한다.

④

머리카락 타입	건조한 머리카락	• 보습력이 높은 샴푸를 선택해야 한다. • 코코넛 오일, 시어 버터, 판테놀 성분이 포함된 샴푸가 좋다.
	손상된 머리카락	단백질, 케라틴, 아미노산 등이 포함된 샴푸를 선택해야 한다.
	가늘고 힘없는 머리카락	• 볼륨을 더해 줄 수 있는 샴푸를 선택해야 한다. • 콜라겐, 비오틴 성분이 포함된 샴푸가 효과적이다.
	염색한 머리카락	• 색상 유지 기능이 있는 컬러 보호 샴푸를 선택해야 한다. • 황산염이 없는 제품을 고르는 것이 중요하다.
특정 문제 해결	비듬	• 비듬을 효과적으로 제거할 수 있는 항비듬 샴푸를 선택해야 한다. • 살리실산, 아연 피리티온, 케토코나졸 성분이 포함한 샴푸가 도움이 된다.
	탈모	• 탈모 방지 성분이 포함된 샴푸를 선택해야 한다. • 비오틴, 카페인, 니아신아마이드 성분 등이 함유된 것이 좋다.
성분 확인	유해 성분 피하기	파라벤, 황산염(SLS, SLES), 실리콘 등 자극적이거나 유해할 수 있는 성분이 포함되지 않은 샴푸를 선택해야 한다.
	천연 성분 선호	알로에 베라, 녹차, 라벤더 등 천연 성분이 포함된 샴푸를 선택해야 한다.

📱 권쌤의 노하우

샴푸의 구분과 자주 나오는 샴푸들 특징들은 꼭 기억해야 합니다!

KEYWORD 02 헤어샴푸의 분류 빈출

샴푸는 물 사용 여부, pH, 기능에 따라 분류할 수 있다.

1) 물 사용 여부에 따른 분류

① 웨트 샴푸(Wet Shampoo) : 일반적인 액체 형태의 샴푸로 물과 함께 사용하는 샴푸

플레인 샴푸제		일반적인 샴푸제
스페셜 샴푸제	핫오일 샴푸	• 보습 효과 : 수분을 보존함 • 영양 공급 : 모발과 두피에 영양을 공급함 • 손상 복구 : 모발의 큐티클을 열어서 영양 성분을 공급함 • 윤기 부여 : 모발이 윤이 나게 함 • 두피 진정 : 두피의 자극을 완화함
머리카락 관리	에그 샴푸	• 단백질 공급 : 계란의 단백질을 모발에 공급함 • 모발 강화 : 구조를 강화하여 갈라지는 것을 방지함 • 윤기 부여 : 단백질 영양 성분이 모발에 윤이 나게 함 • 손상 복구 : 모발을 복구하고 건강한 상태로 유지함 • 보습 효과 : 자연 보습 성분이 모발을 촉촉하게 유지함 • 영양 공급 : 비타민과 미네랄이 풍부함

에그샴푸
단백질샴푸, 프로틴샴푸, 난황샴푸 라고도 함

✓ 개념 체크

논스트리핑 샴푸제의 특징은?
① pH가 낮은 산성이며 두발을 자극하지 않는다.
② 징크피리티온이 함유되어 비듬 치료에 효과적이다.
③ 알칼리성 샴푸제로 pH가 7.5~8.5이다.
④ 지루성 피부형에 적합하며 유분함량이 적고 탈지력이 강하다.

①

향기 제공	토닉 샴푸	• 탈모 예방 : 두피의 혈액순환을 촉진함 • 두피 청결 : 두피의 노폐물과 피지를 제거함 • 영양 공급 : 두피와 모발에 필요한 영양 성분을 공급함 • 두피 자극 : 두피를 자극하여 모발 성장을 촉진함 • 비듬 제거 : 비듬을 제거하고 두피의 각질을 조절함 • 두피 진정 : 두피의 염증과 가려움을 완화함

② 드라이 샴푸(Dry Shampoo) : 물 없이 사용하는 파우더 또는 스프레이 형태의 샴푸

파우더 드라이 샴푸제	• 가루 형태의 드라이 샴푸이다. • 기름기와 불순물의 흡수력이 강한 성분(전분, 탈크, 실리카 등)으로 구성된다. • 두피와 모발에 뿌린 후 손가락이나 브러시로 문질러 사용한 후 잔여물을 털어낸다.
리퀴드 드라이 샴푸제	• 액체 형태의 드라이 샴푸이다. • 스프레이나 미스트 형태로 분사된 액체가 증발한 후 기름기와 불순물이 흡수된다. • 두피와 모발에 고르게 분사한 후 브러시로 잔여물을 제거한다.

2) pH에 따른 분류

산성 샴푸 (Acidic Shampoo)	• pH 4.5~5.5 • 두피와 모발의 자연스러운 pH 균형을 유지한다. • 손상된 모발과 염색 모발 관리에 사용된다. • 큐티클 보호 및 강화에 사용된다.
중성 샴푸 (Neutral Shampoo)	• pH 6~7 • 두피와 모발에 자극이 적다. • 일반적인 모발과 두피에 적합하다. • 일상적인 세정과 관리에 사용된다.
알칼리성 샴푸 (Alkaline Shampoo)	• pH 8 이상 • 기름기와 잔여물 제거 효과적임 • 세정력이 강해 과도하게 사용하면 두피와 모발이 손상될 수 있다. • 지성 두피와 모발에 적합하다.

3) 시술 순서에 따른 분류

프레 샴푸 (Pre-Shampoo)	• 샴푸 전에 사용한다. • 머리카락과 두피 시술의 준비단계이다. • 오일, 마스크, 트리트먼트 형태가 있다. • 영양을 공급하고 손상을 방지한다. • 모발의 수분을 보충한다.
애프터 샴푸 (After-Shampoo)	• 샴푸 후에 사용한다. • 컨디셔너, 마스크, 리브-인 트리트먼트 형태이다. • 모발의 수분과 영양을 공급한다. • 큐티클을 보호하고 윤이 나게 한다. • 모발을 부드럽고 매끄럽게 한다.

4) 기능에 따른 분류

비듬성 샴푸 (Anti-dandruff Shampoo)	• 두피의 각질을 관리한다. • 두피 가려움증을 완화한다. • 항균 및 항염증 성분을 함유한다.
오일리 샴푸 (Oily Hair Shampoo)	• 과도한 기름기를 제거한다. • 자극이 적은 성분으로 구성된다. • 두피의 피지를 조절한다.
손상모용 샴푸 (Damaged Hair Shampoo)	• 손상된 모발을 복구한다. • 모발을 부드럽고 매끄럽게 한다. • 수분과 영양을 공급한다.
염색한 두발 샴푸 (Color-treated Hair Shampoo)	• 염색모를 보호하고 색상을 유지한다. • 자외선을 차단한다. • 수분과 영양을 공급한다.
컬러 샴푸 (Color Depositing Shampoo)	• 모발의 색상을 변화하게 한다. • 일시적으로 색상을 주는 효과가 있다. • 색상을 유지 및 강화한다.

✓ 개념 체크

다음 중 비듬 제거 샴푸로서 가장 적당한 것은?

① 핫오일 샴푸
② 드라이 샴푸
③ 댄드러프 샴푸
④ 플레인 샴푸

③

KEYWORD 03   헤어 샴푸의 성분 빈출

1) 계면활성제

물과 기름 같이 서로 섞이지 않는 두 물질이 혼합될 수 있게 도와주는 화합물로, 샴푸제의 계면활성제는 머리카락이나 두피의 기름때를 제거하는 데 도움을 준다.

2) 계면활성제의 특징

① **쌍극성 구조** : 친수성(물에 잘 녹는 부분)과 소수성(기름에 잘 녹는 부분)으로 이루어진 구조
② **계면활성** : 물과 기름의 경계면에서 표면 장력을 감소시켜 두 물질이 잘 섞이도록 하여 유화, 분산, 세정 등이 이루어지게 함
③ **유화력** : 유화제로 작용하여 기름방울을 물속에 안정적으로 분산하게 하며, 이러한 성질을 이용하여 크림과 로션 등의 화장품에 사용함
④ **습윤성** : 물이 표면에 잘 퍼지도록 하여 세탁 시 물이 섬유에 잘 스며들도록 도와줌으로써 세정 효과를 높임
⑤ **기포 형성** : 거품이 잘 일어나, 샴푸나 세정제에 넣으면 거품이 잘 생김

3) 계면활성제의 분류 (빈출)

구분	특징	형태
양이온성 계면활성제 (Cationic Surfactant)	• 양전하를 띤다. • 자극이 강해 살균, 소독 효과가 있다. • 린스, 컨디셔너와 트리트먼트에 사용된다.	
음이온성 계면활성제 (Anionic Surfactant)	• 음전하를 띤다. • 세정력이 강하다. • 거품이 잘 형성된다. • 샴푸와 세안제에 사용된다.	
양쪽이온성 계면활성제 (Amphoteric Surfactant)	• 양이온과 음이온이 모두 있어, 두 전하를 모두 띤다. • 세정력이 중간 정도이다. • 피부에 자극이 적다. • 유아용 제품과 민감성 피부용 제품에 사용된다.	
비이온성 계면활성제 (Nonionic Surfactant)	• 전하가 없다. • 자극이 적다. • 유화 작용을 한다. • 화장품과 세제에 사용된다.	

4) 계면활성제의 역할

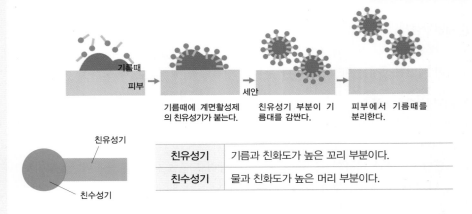

친유성기	기름과 친화도가 높은 꼬리 부분이다.
친수성기	물과 친화도가 높은 머리 부분이다.

5) 기타 첨가제

① 증점제(Thickening Agent) : 점도 증가, 제품의 농도 조절, 사용감 향상, 제형 안정화

② 기포 증진제(Foam Booster) : 거품 증가, 거품 안정화, 세정 효과 향상, 사용 만족도 향상

③ 금속이온 봉쇄제(Chelating Agent) : 금속이온결합, 제품 안정성 향상, 효능 유지, 변색 방지

④ pH 조절제(pH Adjuster) : pH 균형 유지, 효능 최적화, 피부 자극 감소, 안정성 유지

✓ 개념 체크

두발이 지나치게 건조해 있을
때나 두발의 염색에 실패했을
때의 가장 적합한 샴푸 방법은?

① 플레인 샴푸
② 에그 샴푸
③ 약산성 샴푸
④ 토닉 샴푸

②

6) 기능성 샴푸

① 에그 샴푸(Egg Shampoo) : 단백질 공급, 모발 강화, 윤기 부여, 손상 복구, 보습 효과, 영양 공급, 두피 건강 유지
② 데오드란트 샴푸(Deodorant Shampoo) : 악취 제거, 향기 부여, 항균 작용, 두피 청결 유지
③ 저미니사이드 샴푸(Germinicide Shampoo) : 세균 제거, 곰팡이 방지, 두피 건강 유지, 감염 예방
④ 리컨디셔닝 샴푸(Reconditioning Shampoo) : 모발 복구, 영양 공급, 보습 강화, 손상 회복
⑤ 항비듬제 샴푸(Anti-Dandrufft Shampoo) : 덴드러프 샴푸, 비듬 제거, 두피 각질 조절, 가렵다. 완화, 두피 청결 유지
⑥ 탈모 방지제 샴푸(Anti-Hair Loss Shampoo) : 탈모 예방, 모발 강화, 모근 보호, 두피 혈액순환 촉진
⑦ 유분 조절제 샴푸(Sebum Regulator Shampoo) : 유분 조절, 피지 분비 감소, 두피 청결 유지, 기름기 방지

KEYWORD 04 헤어 샴푸 방법

1) 샴푸의 시술 순서

① 고객에게 가운 착용을 안내하고 샴푸실로 안전하게 이동시킨다.
② 와식과 좌식 샴푸 중 샴푸 방법을 선택하게 한다.
③ 샴푸대에 앉은 고객에게 무릎 덮개와 어깨 타월 등을 착용하게 한다.
④ 샴푸 시작 전 두피와 모발 상태를 파악하고 사전 브러싱을 한다.
⑤ 고객의 편안함을 위해 샴푸대의 높이와 수온(38~40℃), 수압을 조절한다.
⑥ 샴푸 순서에 따른 샴푸제를 선택한다.
⑦ 손바닥으로 샴푸제를 충분히 거품을 낸 후 두발 전체에 도포한다.
⑧ 거품을 낸 상태에서 손가락, 손바닥을 이용해 두피매니퓰레이션을 진행한다.
⑨ 샴푸제가 남아 있지 않도록 헹군 후 스팀타월로 양쪽 귀를 감싸며 물기를 제거한다.

2) 샴푸 전 브러싱

• 두피와 모발의 먼지 및 이물질을 제거하고, 두피의 혈액순환을 촉진한다.
• 부드러운 브러시를 사용하여 두피에서 모발 끝까지 천천히 빗긴다.
• 한 손으로 브러시를 잡고 나머지 한 손으로는 브러시를 따라 움직여 고객의 얼굴에 오염된 모발이 닿거나 두피의 이물질이 떨어져 묻는 것을 방지한다.
• 처음 브러싱한 포인트에서 양쪽 옆 지점으로 각각 옮겨가며 다시 골든포인트 방향으로 브러싱하는데, 이때 옮겨가는 방향이 오른쪽이면 몸의 위치는 왼쪽으로, 왼쪽이면 몸의 위치는 오른쪽으로 각각 반대방향으로 움직여야 한다.

- 브러시를 잡은 손은 프런트, 사이드, 네이프 코너 부분 헤어라인에서 골든포인트 방향으로 브러싱하고 나머지 한 손은 브러시를 따라 움직인다.
- 이 과정에서 엉킨 머리카락을 풀고, 두피의 기름기를 골고루 분포시킨다.

▼ 중간 길이나 짧은 모발의 원웨이 브러싱 방향 및 단계(G.P를 향한 브러싱)

원웨이 브러싱 1단계   원웨이 브러싱 2단계

3) 두피 매니퓰레이션(샴푸 테크닉)

고객을 샴푸대에 눕힌 상태에서 진행하는 4가지 기법이다.

방향	방법
지그재그 방향	손가락의 지면을 이용하여 리드미컬하게 지그재그로 비벼 준다.
나선형 방향 (굴려 주기)	손가락 지면을 이용하여 원을 그리듯이 누르면서 비벼 준다.
양손 교차 방향	양손 손가락 끝 지면을 이용하여 손을 교차하며 마사지한다.
집어 튕기기 방향 (튕겨 주기)	양손 손가락 끝 지면을 이용하여 가볍게 두드리거나 튕겨 준다.

4) 샴푸 시 주의사항

- 고객의 체형을 고려하여 샴푸대 높이, 목받침 등의 위치를 조절한다.
- 샴푸대 온수 사용 시 반드시 수온과 수압을 사전에 확인한다.
- 고객의 의복을 보호하기 위해 가운, 타월, 방수 어깨보 등의 착용을 권한다.
- 고객의 모발을 적시기 전에 수온은 38~40℃인지 반드시 확인한다.
- 샴푸 전 분실 우려가 있는 액세서리나 물품은 고객이 따로 보관하게 한다.
- 고객에게 안정감을 부여하기 위해 샴푸실의 향기, 조명, 온습도, 소리, 작업자의 체취 등에 특별히 주의해야 한다.
- 트리트먼트제를 사용하기 전 작업 서비스를 확인하여 트리트먼트제 사용 여부를 반드시 확인해야 한다.
- 샴푸제와 트리트먼트제는 두피나 모발에 남아 있지 않도록 충분히 헹구어 준다.
- 타월드라이 시 모발의 물기를 눌러서 제거하고 젖은 머리카락이 얼굴에 흘러내리지 않도록 타월로 단단하게 두상을 감싸 고정하여 고객을 이동시킨다.
- 타월드라이 후 고객의 두상, 목, 어깨를 가볍게 두드려 긴장감을 풀어 준다.

KEYWORD 05 ▸ 헤어 린스

1) 린스의 성분과 기능

① 주성분

유지류, 양이온계 계면활성제, 보습제, 단백질, 오일, 산성조절제, 점증제 등

② 기능

- 모발 부드럽게 하기 : 샴푸 후 거칠어질 수 있는 모발을 부드럽고 매끄럽게 만듦
- 윤기 부여 : 모발에 윤기를 더해 건강하고 빛나는 머릿결을 유지하도록 도움
- 모발 보호 : 모발을 외부 자극으로부터 보호하고 손상을 예방함
- 정전기 방지 : 모발의 정전기를 방지함
- 보습 : 모발에 수분을 공급하여 건조함을 예방하고 촉촉한 상태를 유지함
- 영양 공급 : 모발에 필요한 영양 성분을 공급하여 건강한 모발 상태를 유지함

2) 플레인 린스(Plain Rinse) (빈출)

- 플레인 린스는 린스제를 사용하지 않고 물로 헹구는 가장 기본적인 린스이다.
- 콜드 퍼머넌트 웨이브 시술 시 제1액을 세정하기 위한 중간린스로 사용한다.
- 퍼머넌트 이후에는 플레인 린스를 시행한다(샴푸는 1~2일 이후 하는 것이 좋음).
- 온도는 38~40℃ 정도의 연수를 사용하는 것이 좋다.

✓ 개념 체크

린스제를 사용하지 않고 미지 근한 물로 헹구는 것은?

① 플레인 린싱
② 산성 린싱
③ 산성균형 린싱
④ 컬러 린싱

①

3) 유성 린스(Oily Rinse)

건조한 모발일 때 깊은 보습을 제공하여 건강한 상태로 회복시킨다.

오일 린스 (Oil Rinse)	• 올리브유 등을 따뜻한 물에 섞어 두발을 헹구는 방법이다. • 영양을 공급하여 윤이 나게 하고, 손상을 복구한다.
크림 린스 (Cream Rinse)	• 가장 일반적인 린스이다. • 농축된 크림 성분이 모발에 깊은 영양을 제공한다. • 강력한 보습효과로 윤이 나게 하고, 손상을 복구하고, 정전기를 방지한다.

4) 산성 린스

알칼리성 샴푸 사용 후 머리카락과 두피의 pH를 정상으로 되돌려 주고, 큐티클을 닫아 주어 머리카락을 부드럽고 윤기 있게 만들어 주는데, 주로 자연 성분을 이용한 린스가 많다.

레몬 린스	• 머리카락에 윤기와 생기를 더하고, 두피를 청결하게 유지한다. • 머리카락을 밝게 만드는 효과가 있다. • 레몬즙을 물에 5~6배 희석(약 레몬즙 ¼컵 + 물 2컵)해서 사용한다.
구연산 린스	• 강한 산성을 띠며, 모발과 두피의 pH를 조절하는 데 효과적이다. • 머리카락의 큐티클을 닫아 주어 윤이 나고 부드럽게 한다. • 두피의 각질 제거에 도움을 준다. • 물 2컵에 구연산 1~2 티스푼을 섞어 사용한다.
비니거 린스 (식초 린스)	• 식초는 자연적으로 산성이며, 특히 사과 식초가 많이 사용된다. • 머리카락의 pH를 조절하고, 윤이 나고 부드럽게 한다. • 두피의 가려움과 비듬을 줄이는 데 도움을 준다. • 물 2컵에 사과 식초 ¼컵을 희석(물에 약 10배)하여 사용한다.

5) 기타 린스

약용 린스	• 두피 질환(예 비듬, 지루성 피부염)과 가려움증을 완화한다. • 손상된 모발을 복구하고 강화한다. • 항균 및 항염 성분을 포함한다(예 살리실산, 티트리 오일). • 일반 린스보다 자극이 적고, 치료 목적이 강하다.
컬러 린스	• 모발의 색상을 유지하고 선명도를 높인다. • 색 바램을 방지한다. • 모발 색상에 따라 톤을 조절한다(예 블루 린스는 황색 톤 중화). • 일시적으로 색상에 변화를 줄 수 있다(자주 사용 시 색상 유지).

1) 트리트먼트의 역할

모발의 깊숙한 곳까지 영양을 공급하고 손상된 부분을 복구하는 데 중점을 두는 것으로 모발의 구조를 강화하고 보호하는 역할을 한다.

2) 트리트먼트의 기능

① 영양 공급 : 모발에 필요한 비타민, 단백질, 미네랄 등을 공급함
② 모발 손상 복구 : 열, 화학 처리, 환경오염 등으로 인한 큐티클 손상을 복구함
③ 보습 : 충분한 수분을 공급하여 건조함을 방지하고, 모발의 탄력성을 높임
④ 두피 건강 개선 : 두피에 영양을 공급하고, 두피의 혈액순환을 촉진함
⑤ 모발 보호 : 외부 자극(열, 자외선, 오염물질)으로부터 모발을 보호하는 방어막을 형성함
⑥ 윤기와 부드러움 : 모발을 부드럽고 매끄럽게 만들어 빗질하기 쉽게 하고 윤이 나게 함

3) 트리트먼트의 타입과 유형

딥 컨디셔닝 트리트먼트	모발 깊숙이 침투하여 영양을 공급하고 손상된 모발을 복구한다. 예 단백질(케라틴, 실크 단백질), 보습제(알로에 베라, 시어 버터), 오일(아르간 오일, 코코넛 오일)
리브-인 트리트먼트	헹구지 않고 모발에 남겨두어 지속적으로 보호하고 영양분을 제공한다. 예 실리콘, 보습제(글리세린, 판테놀), 오일(호호바 오일, 아보카도 오일)
프로틴 트리트먼트	모발의 구조를 강화하고 손상된 부분을 복구하는 단백질을 기반으로 한다. 예 케라틴, 콜라겐, 실크 단백질, 밀 단백질
보습 트리트먼트	모발에 수분을 공급하여 건조함을 방지한다. 예 하이알루론산, 글리세린, 알로에 베라, 시어버터
컬러 프로텍션 트리트먼트	염색모의 색상을 유지하고 색 바램을 방지한다. 예 자외선 차단제, 항산화제(비타민 E, 녹차 추출물), 보습제(판테놀)
오일 트리트먼트	모발에 윤기와 부드러움을 제공하고 손상된 모발을 복구한다. 예 아르간 오일, 코코넛 오일, 호호바 오일, 아보카도 오일
스캘프 트리트먼트	두피 건강을 개선하고 두피 문제(비듬, 가려움증 등)를 해결한다. 예 티트리 오일, 살리실산, 멘톨, 녹차 추출물

> ✔ 개념 체크
>
> **두피상태에 따른 스캘프 트리트먼트(Scalp Treatment)의 시술방법의 잘못된 것은?**
> ① 지방이 부족한 두피상태 – 드라이 스캘프 트리트먼트
> ② 지방이 과잉된 두피상태 – 오일리 스캘프 트리트먼트
> ③ 비듬이 많은 두피상태 – 핫 오일 스캘프 트리트먼트
> ④ 정상 두피상태 – 플레인 스캘프 트리트먼트
>
> ③

두피·모발관리

▶ 합격강의

권쌤의 노하우

두피에서 모발 문제는 항상 자주 출제되는 문제중 하나에요. 미용사(일반)은 헤어 시험이니 모발은 꼭꼭 외우기!

KEYWORD 01 모발의 이해 빈출

1) 모발의 특징과 결합구조

케라틴   모발

특징		• 모낭(모주)에서 생성되어 성장한다. • 체온 조절, 감각 기능, 보호 기능을 담당한다. • 성장 주기에 따라 성장기, 퇴행기, 휴지기가 있다. • 모발의 구조는 모표피, 모피질, 모수질로 이루어져 있다. • 모발의 색깔은 멜라닌 색소에 의해 결정된다. • 모발의 굵기와 길이는 개인차가 크다. • 모발은 피지선의 분비물로 윤택해진다. • 모발은 피부의 표피에서 자라나는 각질화한 세포 구조이다. • 주성분은 단백질인 케라틴이라는 경단백질이다. • 전신에 분포(약 500만 개)하며 주로 두피에 밀집(10~15만 개)되어 있다. • 자연적으로 탈락하는 두발은 매일 50~100개이며, 100개 이상 탈락되면 탈모이다. • 하루 평균 약 0.3~0.4mm 자라며 한 달 기준 약 1cm, 연간 약 12~15cm 자란다.		
결합	폴리펩티드 결합 (주쇄결합)	• 아미노산이 펩티드 결합으로 연결된 구조로, 모발의 주 골격이다. • 아미노기(−NH₂)와 카복실기(−COOH)의 축합 반응으로 형성된다. • 모발의 길이 방향으로 배열된다(주쇄결합). • 화학적, 물리적 힘에 비교적 강하다.		
	측쇄 결합	• 모발의 가로 방향으로 배열된다(측쇄결합). • 모발의 강도와 탄력성을 높이며, 모발의 구조를 안정화한다. • 화학적 처리 과정에서 쉽게 끊어진다. • 모발 손상의 주요 원인이다.		
		시스틴 결합	• 두 개의 황(−SH)기를 가지고 있는 아미노산 결합이다. • 강한 공유 결합으로 단백질의 구조를 단단히 유지한다. • 산화−환원 반응에 관여하여 단백질의 기능 조절에 관여한다. • 알칼리(염기)에 약하고, 물 · 알코올 · 약산성 · 염분에 강하다.
		수소 결합	• 극성 원자(N, O, F)와 수소 원자 사이에 형성되는 약한 결합이다. • 수분에 의해 일시적으로 변형 가능하다. • 가열하면 재결합된다.
		염 결합	산성 아미노산(글루탐산, 아스파르트산)과 염기성 아미노산(아르기닌, 리신) 사이의 결합이다.

NH_2 아미노기, $COOH$ 카복실기

2) 모발의 기능

보호	햇빛의 자외선, 온도 변화(추위와 더위) 등으로부터 두피를 보호한다.
온도 조절	머리의 열을 유지하고 추운 날씨에 체온 손실을 줄여 준다.
감각 기능	• 모낭에는 감각 수용체가 있어 모발이 움직일 때 이를 감지한다. • 주변 환경의 변화를 인지하는 데 도움을 준다.
사회적 및 미적 기능	• 머리 스타일링은 개인의 개성 표현과 사회적 상호작용의 수단이 된다. • 건강한 머리카락은 미적인 측면에서 중요한 요소로 작용한다.
심리적 기능	• 머리카락의 상태와 스타일은 개인의 자신감과 자존감에 큰 영향을 준다. • 잘 관리된 머리카락은 긍정적인 자아상을 형성하는 데 도움을 준다.

3) 모발의 발생

① 모낭 발생 : 태아 발달 9~12주 사이에 피부의 표피세포가 모낭을 형성함
② 모발 발생 : 태아 발달 15~16주경에 모낭에서 모발이 자라기 시작함

전모아기 (Placode Stage)	• 피부의 표피세포가 두꺼워지면서 모낭이 될 부분이 형성된다. • 모낭의 초기 구조가 만들어지기 시작하여, 세포분열이 활발하다.
모아기 (Hair Germ Stage)	• 두꺼워진 표피세포가 진피층으로 함몰되며 모낭의 초기 형태이다. • 모낭의 원형이 명확해지며, 모발의 초기 세포가 분화하기 시작한다.
모항기 (Hair Peg Stage)	• 모낭이 더 깊어지면서 모발이 자라기 시작하는 단계이다. • 모발의 기초 구조가 형성되며, 모낭의 세포가 더욱 분화한다.
모구성 모항기 (Bulbous Shaft Stage)	• 모낭의 기저부가 구형으로 확장된다. • 모구가 형성되어 모발의 성장과 발달을 돕는 중요한 구조이다.
모낭 완성 (Mature Follicle Stage)	• 모낭과 모발이 완전히 성숙한 상태이다. • 모발이 정상적으로 자라며, 주기적인 성장과 휴지기를 반복한다.

4) 모발의 구조 (빈출)

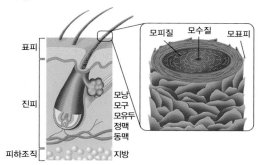

모간부 (Hair Shaft)	모표피	• 모발의 가장 바깥쪽을 덮고 있는 얇고 투명한 층이다. • 여러 겹의 각질 세포로 이루어져 있으며, 비늘 모양으로 배열된다.
	모피질	• 모발의 중간층으로, 모발의 대부분(70% 이상)을 차지하는 부분이다. • 케라틴 단백질 섬유와 멜라닌 색소가 포함된다. • 모발의 강도, 탄력성, 색상을 결정한다. • 화학적인 변화에 가장 큰 영향을 받는다.

	모수질	• 모발의 가장 안쪽에 위치한 층이다. • 모발의 부피와 무게를 결정하는 데 기여한다.
모근부 (Hair Root)	모모(毛母) 세포	• 모낭 내부의 모근 부위에 위치한 세포이다. • 모발 성장에 필요한 새로운 세포를 생산한다.
	모유두	• 모낭 내부의 가장 아래쪽에 위치한 부분이다. • 모발 성장을 조절하는 중요한 역할을 한다. • 모모세포를 자극하여 모발 성장을 촉진한다.
	모근	• 모발이 피부 속으로 박혀 있는 부분이다. • 모유두와 모모세포가 위치하는 부위이다.
	모낭	• 모발이 성장하는 피부 속의 구조이다. • 모근, 모유두, 모모세포 등이 포함된 모발 생성의 중심 부위이다.
	모구	• 모낭의 가장 아랫부분이다. • 모유두와 모모세포가 밀집되어 있어 모발 성장의 시작점이다.
입모근		• 모낭 주변에 위치한 작은 근육으로 피부 표면에 수직으로 연결되어 있다. • 이 근육이 수축하면 모발이 세워져 '닭살'이 생긴다.

5) 모발의 생장주기

모발은 성장기(발생기) → 퇴행기 → 휴지기의 세 가지 성장주기를 반복한다.

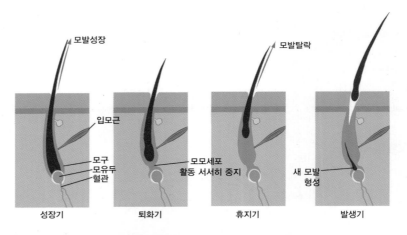

구분	특징	비율	기간
성장기 (발생기)	• 모발이 활발하게 자라난다. • 모낭이 깊게 자리잡고 세포가 활발히 분열한다.	약 85~90%	2~7년
퇴행기	모구가 수축하며 모모세포의 활동이 저하된다.	약 1~2%	2~3주
휴지기	• 모구부가 모유두로부터 완전히 떨어진 상태이다. • 새로운 모발이 성장할 준비를 한다.	약 10~15%	3~4개월

• 휴지기 단계가 끝나면, 기존의 모발이 빠지고 새로운 모발이 성장을 시작한다.
• 각 모낭의 성장주기를 달리함으로써 언제나 일정량의 모발이 존재하게 한다.

6) 멜라닌 📌빈출

멜라닌 (Melanin)	• 피부와 모발의 색깔을 결정하는 주요 색소 물질이다. • 자외선으로부터 피부를 보호하는 역할을 한다. • 멜라닌 세포(멜라노사이트)에서 합성되어 피부와 모발로 전달된다. • 유멜라닌과 페오멜라닌으로 구분된다.
유멜라닌 (Eumelanin)	• 갈색 또는 검은색의 멜라닌 색소이다. • 자외선 차단 능력이 좋아 피부를 효과적으로 보호한다. • 피부 및 모발 색깔이 어두운 사람들에게 많이 존재한다.
페오멜라닌 (Pheomelanin)	• 붉은색 또는 노란색의 멜라닌 색소이다. • 자외선 차단 능력이 상대적으로 낮다. • 피부 및 모발 색깔이 밝은 사람들에게 많이 존재한다. • 햇빛에 과다하게 노출되면 산화된다.

유멜라닌과 페오멜라닌
• 유멜라닌은 검정색과 갈색 계열 이다.
• 페오멜라닌은 노란색과 붉은 계 열이다.

7) 모발의 형태

직모, 파상모, 축모로 나눌 수 있으며, 이는 모낭의 형태와 유전적 요인에 따라 결정된다.

직모(Straight Hair)	파상모(Wavy Hair)	축모(Curly/Kinky Hair)
• 모발이 곧게 자라는 형태이다. • 곱슬거림 없이 부드럽고 매끄럽다. • 둥근 형태의 모낭이다. • 관리가 비교적 쉽고, 빗질이 용이하며, 윤기가 잘 나는 특징이 있다. • 부피감이 적어 스타일링 시 볼륨을 주기 어렵다.	• 직모와 곱슬머리의 중간 형태로, 자연스러운 물결 모양이다. • 타원형의 모낭이다. • 자연스러운 볼륨감과 스타일링의 다양성을 제공한다. • 습도에 민감하여 곱슬거림이 발생할 수 있으며, 직모보다 관리가 조금 더 까다롭다.	• 꼬불꼬불한 형태이다. • 작은 컬이 촘촘하게 형성된다. • 매우 타원형 또는 심지어 납작한 형태이다. • 풍성한 볼륨과 독특한 텍스처를 가지며, 다양한 스타일링이 가능하다. • 건조하기 쉬우며, 관리와 스타일링이 어렵다.

8) 모발의 물리적 특성

강도 (Strength)	• 건강한 모발은 한 가닥의 모발이 평균적으로 약 100g의 무게를 지탱한다. • 강도는 단백질(케라틴) 구조에 의해 결정된다.
탄력성 (Elasticity)	• 신축성이 있으며, 물에 젖었을 때 더 탄력성이 증가한다. • 건강한 모발은 원래 길이의 20~30%까지 늘어난다. • 탄력성은 모발의 수분 함유량과 단백질 구조에 의해 좌우된다.
굵기 (Diameter)	• 모발의 굵기는 개인마다 다르며, 유전적 요인에 따라 결정된다. • 굵기는 대략 0.04~0.12㎜이다. • 굵기는 모낭의 크기에 따라 결정된다.
밀도 (Density)	• 두피에 존재하는 모낭의 수에 따라 모발의 밀도가 결정된다. • 평균적으로 사람의 두피에는 약 10만 개의 모낭이 존재한다.

표면 구조 (Surface Texture)	• 표면은 작은 비늘 모양의 세포로 이루어진 큐티클층이다. • 건강한 모발은 큐티클이 매끄럽고 촘촘하게 배열된다.
수분 함유량	10~15%의 수분을 함유한다.
유분 함유량 (Sebum Content)	두피에서 분비되는 피지는 모발을 코팅하여 보호하고 윤이 나게 한다.
색상 (Color)	• 모발의 색상은 멜라닌 색소의 종류와 양에 따라 결정된다. • 유멜라닌은 검정색이나 갈색을 띤다. • 페오멜라닌은 빨간색이나 노란색을 띤다.
팽윤성 (Swelling)	• 물이나 습기를 흡수하면 팽윤되는 성질이다. • 손상된 모발은 더 많은 물을 흡수하여 더 많이 팽윤된다.
다공성 (Porosity)	• 모발이 수분이나 화학물질을 흡수하는 능력이다. • 모발의 큐티클층이 얼마나 열려 있는지에 따라 다공성이 결정된다.
습윤성 (Moisture Affinity)	모발이 수분을 끌어들이고 유지하는 능력이다.
열변성 (Thermal roperties)	모발이 열을 가했을 때 구조적으로 변화하는 성질이다.
광변성 (Photodegradation)	자외선(UV) 노출에 의해 화학·물리적으로 변화한다.
대전성 (Electrostatic Properties)	• 마찰이나 건조한 환경에서 정전기를 띨 수 있다. • 모발 표면의 전하 분포에 의해 발생한다.

9) 모발의 화학적 특성

모발을 구성하는 단백질인 케라틴과 그 구조적 결합에 의해 결정된다.

주쇄결합		• 아미노산 간의 강한 공유결합이다. • 모발의 기본적인 구조 유지에 중요하다.
측쇄 결합	수소결합	• 단백질 내 아미노산 잔기 사이의 약한 결합이다. • 모발의 2차 구조 안정화 및 탄력성 및 강도 향상에 기여한다.
	이온결합	• 양전하와 음전하, 아미노산 간에 형성되는 결합이다. • 모발 단백질의 3차 구조 안정화에 중요하다.
	이황화결합	• 시스테인 아미노산 잔기 간의 공유결합이다. • 모발의 3차 구조 안정화, 강도 및 탄력성 향상에 기여한다.

10) 모발의 화학적 처리와 결합

파마 및 스트레이트닝	• 주로 이황화 결합이 끊어지고 재형성된다. • 펌제/스트레이트닝제가 이황화 결합을 끊고 새로운 형태로 고정시킨다.
염색	• 모발 큐티클(외피층)을 열어 색소를 침투시킨다. • 수소 결합과 이온결합도 영향받을 수 있다.
열처리	• 드라이어, 고데기, 컬링 아이론 등이 수소 결합을 끊고 재형성한다. • 모발의 일시적인 형태 변화를 유도한다.

KEYWORD 02 — 두피의 이해

1) 두피(頭皮, Scalp)의 정의

- 두개골을 덮고 있는 피부 영역이다.
- 모발이 자라나는 부위로, 두개골과 직접 연결된다.
- 표피, 진피, 피하지방층으로 구성된다.
- 혈관과 신경이 풍부하게 분포한다.
- 모발 생성 및 성장의 역할을 한다.
- 두개골 보호 및 체온 조절 기능을 한다.
- 두피 상태에 따라 다양한 문제가 발생할 수 있다.

2) 두피의 기능

① 보호 : 두개골을 외부 충격 및 환경으로부터 보호함
② 흡수 : 모발 성장에 필요한 영양분을 흡수함
③ 호흡 : 두피 피부를 통해 가스를 교환함
④ 감각 : 신경 말단을 통해 접촉과 압력을 감지함
⑤ 영양분 저장 : 모발 성장에 필요한 영양분을 축적함
⑥ 체온조절 : 혈관과 땀샘을 통해 체온을 조절함

3) 두피의 유형에 따른 관리법

유형	관리법
정상 두피	• 적절한 유수분 밸런스 : 두피가 건조하지도 않고 지나치게 기름지지도 않음 • 건강한 모발 상태 : 모발이 윤기 있고 탄력 있으며 탈모나 비듬 문제가 없음 • 피부 질환이 없음 : 두피에 염증이나 가려움증 등 피부 질환의 징후가 없음
지성 두피	• 잦은 세정 : 기름기가 많은 두피는 자주 세정해야 함 • 가벼운 제품 사용 : 무겁지 않고 가벼운 샴푸와 컨디셔너를 사용해야 함 • 식단 관리 : 기름진 음식과 당분을 줄이고, 채소와 과일을 많이 섭취해야 함
건성 두피	• 보습 제품 사용 : 보습력이 높은 샴푸와 컨디셔너를 사용해야 함 • 오일 관리 : 아르간 오일, 코코넛 오일 등 천연 오일을 사용해 두피에 보습함 • 온수 사용 자제 : 미지근한 물이 좋음
민감성 두피	• 저자극 제품 사용 : 민감한 두피는 저자극성 샴푸와 컨디셔너를 사용해야 함 • 성분 확인 : 알코올, 향료, 황산염 등이 포함되지 않은 제품을 선택해야 함 • 스트레스 관리
비듬성 두피	• 비듬 전용 샴푸 사용 : 비듬 방지 성분이 포함된 샴푸를 사용해야 함 • 규칙적인 세정 : 정기적으로 두피를 깨끗이 씻어 비듬을 제거해야 함 • 피부과 상담 : 심한 경우 피부과 전문의와 상담하여 치료해야 함
지루성 두피	• 자주 세정 : 기름기를 제거하기 위해 주기적으로 세정해야 함 • 가벼운 샴푸 사용 : 지성 두피 전용 샴푸를 사용해야 함 • 피부과 상담 : 심한 경우 피부과 전문의와 상담해야 함 • 식단 관리 : 기름진 음식과 당분을 줄이고 채소와 과일을 많이 섭취해야 함

지루성

지루성은 피부에서 기름 성분(脂)이 많이 새어(漏)나오는 타입(性)이라는 뜻이다.

복합성 두피	• 부분별 관리 : 건조한 부분에는 보습, 지성 부분에는 지성 두피용 샴푸를 사용해야 함 • 균형 잡힌 세정 : 두피 전체를 균형 있게 세정해야 함 • 보습 제품 사용 : 건조한 부분에는 추가 보습 제품을 사용해야 함
탈모 두피	• 탈모 전용 샴푸 사용 : 탈모 방지 성분이 포함된 샴푸를 사용해야 함 • 두피 마사지 : 혈액순환을 촉진하기 위해 두피 마사지를 실시해야 함 • 영양 보충 : 비오틴, 철분, 아연 등의 영양소를 포함한 식단을 유지해야 함 • 전문가 상담 : 피부과나 탈모 전문 클리닉에서 상담을 받고 치료해야 함

4) 탈모의 종류

남성형 탈모 (안드로겐성 탈모)	• 주로 이마와 정수리 부분에서 시작하여 점차 진행된다. • 머리카락이 가늘어지고 숱이 줄어든다. • 유전적 요인 또는 남성 호르몬인 안드로겐의 영향을 받아 발생한다.
여성형 탈모(여성형 안드로겐성 탈모)	• 주로 정수리 부분에서 머리카락이 가늘어지고 숱이 줄어든다. • 남성형 탈모와는 다르게 이마선은 보존된다. • 유전적 요인, 호르몬 변화(예 폐경기)의 영향을 받아 발생한다.
원형 탈모 (원형 탈모증)	• 원형 또는 타원형의 탈모 부위가 생긴다. • 갑작스럽게 발생하며, 다발성으로 나타날 수 있다. • 자가면역 질환, 스트레스의 영향을 받아 발생한다.
노인성 탈모	• 나이가 들면서 자연스럽게 발생하는 탈모이다. • 머리카락이 가늘어지고 성장 속도가 느려진다. • 노화에 따른 자연적인 현상으로 발생한다.
지루성 탈모	• 지루성 피부염으로 인해 두피가 기름지고 염증이 생긴다. • 염증으로 인해 모발이 빠진다. • 과도한 피지 분비, 염증 반응으로 발생한다.
비강성 탈모	• 두피가 건조하고 각질이 많이 생기는 경우에 발생한다. • 두피의 건조함으로 인해 모발이 약해지고 빠진다. • 두피의 수분 부족, 영양 부족의 영향을 받아 발생한다.

5) 탈모의 원인

내부적 원인	• 유전적 요인 : 가족력에 의해 탈모가 발생할 가능성이 높음 • 호르몬 변화 : 남성은 남성호르몬(안드로겐)의 증가, 여성은 폐경기나 임신 · 출산 후 호르몬 변화 • 자가면역 질환 : 면역 체계가 자기 몸을 공격하는 경우 • 영양 결핍 : 철분, 아연, 비오틴 등의 영양소가 부족할 때 • 스트레스 : 과도한 스트레스는 호르몬 불균형을 유발하여 탈모를 촉진함
외부적 원인	• 환경적 요인 : 공해, 먼지, 자외선 등의 외부 자극 • 잘못된 두피 관리 : 과도한 세정이나 제품의 오 · 남용, 불량한 제품의 사용 • 화학적 자극 : 염색, 펌 등의 화학적 처리 • 열 손상 : 고데기, 드라이기 등의 잦은 사용으로 인한 열 손상 • 생활습관 : 불규칙한 식습관, 수면 부족, 흡연, 과도한 음주 등

1) 두피 · 모발 유형 분석

두피와 모발의 상태를 분석하기 위해 문진, 시진, 촉진, 검진을 통해 다양한 정보를 수집할 수 있다.

문진 (Anamnesis)	• 정의 : 환자와의 대화를 통해 병력과 현재 상태에 대한 정보를 수집하는 과정 • 가족력 : 가족 중 탈모를 경험한 사람이 있는지 • 개인 병력 : 과거 질병, 알러지, 호르몬 변화 여부 • 생활습관 : 식습관, 수면 패턴, 스트레스 수준, 흡연 및 음주 여부 • 사용 제품 : 샴푸, 컨디셔너, 스타일링 제품 등 어떤 제품을 사용하는지 • 탈모가 시작된 시기, 탈모의 진행 속도, 두피 상태(가려움, 염증 등)
시진 (Inspection)	• 정의 : 눈으로 두피와 모발을 직접 관찰하여 상태를 평가하는 과정 • 탈모 부위 : 탈모가 발생한 부위와 그 형태 • 두피 상태 : 두피의 색깔, 염증, 각질, 기름기 여부 • 모발 상태 : 모발의 굵기, 색상, 윤기, 손상 정도
촉진 (Palpation)	• 정의 : 손으로 두피와 모발을 만져서 상태를 평가하는 과정 • 두피의 탄력성 : 두피가 건강하고 탄력이 있는지 확인함 • 염증 여부 : 두피에 염증이 있는지, 통증이 있는지 확인함 • 피지 분비량 : 두피가 기름진지, 건조한지 확인함
검진 (Examination)	• 정의 : 전문적인 도구와 검사를 통해 상태를 더 정확히 분석하는 과정 • 현미경 검사 : 모발과 두피를 현미경으로 확대하여 세밀하게 관찰함 • 모발 밀도 검사 : 특정 부위의 모발 수를 세어 밀도를 측정함 • 모발 굵기 검사 : 모발의 굵기를 측정하여 건강 상태를 평가함 • 혈액 검사 : 영양 상태, 호르몬 수치 등을 확인하여 내부적 원인을 분석함

2) 모발 관리법

샴푸와 컨디셔너 사용	• 두피 타입(건성, 지성, 민감성 등)에 맞는 샴푸를 사용한다. • 미지근한 물로 두피와 모발을 충분히 적신 후 샴푸를 사용한다. • 두피를 부드럽게 마사지한다. • 모발 끝까지 샴푸를 문지르지 말고 두피 중심으로 세정한다. • 샴푸 후 모발 중간부터 끝까지 컨디셔너를 도포하고, 2~3분 후에 헹군다.
정기적인 트리트먼트	• 주 1~2회 집중적인 영양과 수분을 공급하는 헤어 마스크를 사용한다. • 리브-인 컨디셔너는 씻어내지 않는 컨디셔너로, 모발에 지속적인 수분과 영양을 제공한다.
건강한 생활습관	• 균형 잡힌 식단을 짜서 비타민, 미네랄, 단백질이 풍부한 식사를 한다. • 물을 충분히 마셔 두피와 모발을 촉촉하게 유지한다. • 스트레스를 관리한다.

3) 두피 마사지의 일반적인 팁

① 적절한 시간 : 하루에 5~10분 정도의 마사지를 꾸준히 실시함

② 오일 사용 : 마사지할 때, 티트리 오일이나 로즈마리 오일 등을 사용함

③ 청결 유지 : 마사지하기 전 손을 깨끗이 씻고, 두피와 모발도 청결하게 유지함

스캘프 트리트먼트(Scalp Treatment)는 스캘프 매니퓰레이션(Scalp Manipulation)이나 두피 손질, 두피 처치를 뜻하는 말로 두피의 건강을 유지하고 개선하기 위한 일련의 과정이다.

1) 스캘프 트리트먼트의 목적

① 청결 유지 : 두피에 쌓인 피지, 각질, 먼지 등을 제거하여 청결한 상태를 유지함
② 혈액순환 촉진 : 두피 마사지를 통해 혈액순환을 촉진하여 모발 성장에 도움을 줌
③ 피지 조절 : 과도한 피지 분비를 억제하고, 부족한 경우 피지 분비를 촉진함
④ 비듬 및 가려움증 완화 : 비듬이나 두피 가려움증을 완화하고 예방함
⑤ 모발 성장 촉진 : 모근을 강화하고, 모발 성장을 촉진하여 건강한 모발을 유지함

2) 스캘프 트리트먼트의 방법

① 스캘프 매니퓰레이션에 의한 방법

기법	특징
강찰법	손끝 또는 손바닥으로 두피에 원을 그려 부드럽게 누르며 자극을 주는 기법
경찰법	손끝 또는 손가락 관절을 두피에 밀착시켜 쓰다듬고 강하게 문지르는 기법
고타법	• 슬래핑 : 손바닥을 이용하여 가볍게 두드리는 기법 • 탭핑 : 손끝 지문 부위를 이용하여 톡톡 두드리는 기법 • 컵핑 : 다섯 손가락을 모두 붙이고 손바닥을 움푹하게 하여 진공상태를 만들어 두드리는 기법 • 비팅 : 가볍게 주먹을 쥔 상태에서 손의 측면으로 두피를 가볍게 두드리는 기법
압박법	손가락 끝 또는 엄지손가락을 두피의 압박하고자 하는 부위에 대고 압박하는 기법
진동법	손가락 끝이나 손바닥 전체를 두피에 밀착시킨 뒤 손을 진동시켜 두피 근육에 진동을 전달하는 기법

② 물리적/화학적 방법

물리적	• 약품을 사용하지 않고 시행하는 방법 • 브러시나 빗을 이용한 자극 • 스캘프 매니퓰레이션을 이용한 방법 • 습열을 이용한 방법(스팀타월, 헤어스티머 등) : 10~15분
화학적	• 양모제를 사용한 방법 • 헤어 로션(Hair Lotion), 헤어 토닉(Hair Tonic), 베이럼(Bay Rum), 오드 키니네(Eau de Quinine), 헤어 크림(Hair Cream) 등

3) 두피 상태에 따른 스캘프 트리트먼트의 종류 ^{빈출}

정상 두피	플레인(Plain) 스캘프 트리트먼트
건성 두피	드라이(Dry) 스캘프 트리트먼트
지성 두피	오일리(Oily) 스캘프 트리트먼트
비듬성 두피	댄드러프(Dandruff) 스캘프 트리트먼트

✔ 개념 체크

비듬이 없고 두피가 정상적인 상태일 때 실시하는 것은?

① 댄드러프 스캘프 트리트먼트
② 오일리 스캘프 트리트먼트
③ 플레인 스캘프 트리트먼트
④ 드라이 스캘프 트리트먼트

③

SECTION 06

헤어커트

출제빈도 ❸ 중 하
반복학습 1 2 3

▶ 합격 강의

빈출 태그 ▶ #헤어커트 #커트

KEYWORD 01 헤어커트 빈출

1) 헤어커트의 정의

헤어커트는 머리카락의 길이와 모양을 변화시키는 과정으로 고객의 선호와 얼굴 형태에 맞춰 정교하게 머리카락을 자르고 다듬어 단점을 보완하는 것이다.

2) 헤어커트의 종류

① 물 사용 여부에 따른 분류

웨트 커트 (Wet Cut)	• 머리카락이 젖은 상태에서 진행하는 커트 방식이다. • 머리카락이 늘어진 상태에서 정확한 길이와 모양 조절이 가능하다. • 머리카락 결을 따라 자르기 때문에 깔끔한 마무리가 가능하다. • 건성 두피나 곱슬머리에 적합하다.
드라이 커트 (Dry Cut)	• 머리카락이 마른 상태에서 진행하는 커트 방식이다. • 머리카락의 실제 모양과 볼륨을 반영하여 커팅한다. • 개인의 두상 모양과 헤어스타일에 맞춤형 커팅이 가능하다. • 숙련된 기술이 필요하며 시간이 더 오래 소요된다. • 지성두피나 곧은 머리에 적합하다.

② 퍼머넌트 전후에 따른 분류 빈출

프레 커트 (Pre-cut)	• 커트 전 단계에서 진행하는 준비 과정이다.. • 고객의 두상 분석과 얼굴형 체크를 실시한다. • 원하는 스타일 설계 및 커팅 방향을 결정한다 • 모발 상태를 점검하고, 전처리 작업을 실시한다. • 고객의 요구사항을 정확히 파악하는 단계이다.
에프터 커트 (After Cut)	• 커트 후 마무리 단계이다. • 커트 결과를 확인하고 보완 작업을 진행한다. • 모발 정돈 및 스타일링을 실시한다. • 고객 만족도를 확인하고 피드백을 청취한다. • 최종적으로 헤어스타일을 완성한다.

③ 도구 사용에 따른 분류

레이저 커트 (Razor Cut)	• 면도칼을 사용하여 모발을 자르는 방식이다. • 칼날 커팅으로 모발의 자연스러운 질감을 유지한다. • 모발 길이와 질감의 균형을 고려한 자연스러운 스타일을 완성한다.
시저스 커트 (Scissors Cut)	• 가위를 사용하여 모발을 자르는 전통적인 방식이다. • 모발의 결을 따라 부드럽게 자르는 것이 특징이다. • 숙련된 기술과 경험이 필요하다. • 개인의 두상 및 모발 상태에 맞춤형 커팅이 가능하다. • 세부적인 디테일 연출에 유리하다. • 모발에 대한 세심한 관찰이 필요하다.

3) 헤어커트 시 주의사항

- 고객의 두상 구조, 모발 상태, 원하는 스타일을 정확히 파악하여야 한다.
- 모발 상태에 따라 적절한 커팅 방식(웨트 커트, 드라이 커트) 선택하여야 한다.
- 모발의 결을 따라 자르고 균형감 있게 다듬어야 한다.
- 과도한 커팅으로 모발 손상을 막기 위해 주기적인 확인 및 조정을 하여야 한다.
- 커팅 후 모발 정돈 및 스타일링으로 완성도를 높여야 한다.
- 고객의 만족도를 확인하고 피드백을 청취하여야 한다.
- 위생적인 도구 사용과 청결한 작업 환경을 유지하여야 한다.
- 고객 안전을 최우선으로 하며 세심한 주의를 기울여야 한다.

권쌤의 노하우

블런트 커트는 실기에서도 나오는 커트기 때문에 요즘은 도해도로 구분하는 문제가 자주 나오고 있습니다.

KEYWORD 02 블런트 커트 빈출

1) 블런트 커트(Blunt Cut)의 특징

- 블런트 커트는 완성된 두발이 하나의 선상으로 떨어지도록 자르는 기법이다.
- 클럽 커트(Club Cut)라고도 한다.
- 잘린 부분이 명확하고 입체감을 내기가 쉽다.
- 종류 : 원랭스 커트, 그래듀에이션 커트, 레이어 커트, 스퀘어 레이어 커트 등

2) 원랭스 커트(One-length Cut) 빈출

① 원랭스 커트의 특징
- 두상의 모든 모발을 동일선상에서 커트하여 완성하는 헤어스타일이다.
- 선과 면이 강조된 커트 스타일이다.
- 텐션 없이 커트한다.
- 자연시술각 0°를 사용하여 커트한다.
- 섹션라인이 커트 스타일의 아웃라인을 결정한다.

▼ 커트 라인에 따른 분류

머시룸 커트 (Mushroom Cut)	• 이사도라보다 앞머리가 짧고 뒷머리가 길어지는 바가지 형태이다. • 급격한 V라인의 섹션라인을 사용한다. • 둥근 형태(버섯 모양)의 실루엣이 연출된다.
이사도라 보브 커트 (Isadora Bob Cut)	• 앞머리가 짧고 뒷머리가 긴 비대칭 커트이다. • V라인의 섹션라인을 사용한다.
스파니엘 보브 커트 (Spaniel Bob Cut)	• 앞머리가 길고 뒷머리가 짧은 비대칭 커트이다. • A라인의 섹션라인을 사용한 커트이다. • 아웃라인이 콘케이브(Concave, 오목)형태의 커트이다.
평행(패럴렐) 보브 (Parallel Bob)	• 앞뒤로 길이가 같은 보브 스타일이다. • 수평선을 따라 자르는 것이 특징이다.

② 원랭스 커트의 도해도

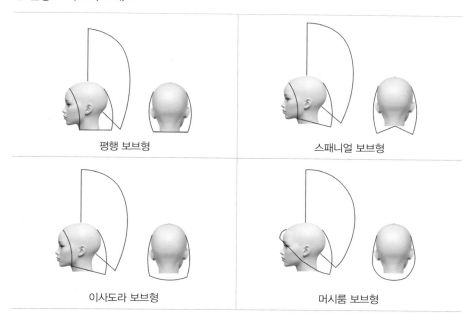

③ 원랭스 헤어커트 아웃라인에 따른 커트 비교

스파니엘　　　평행 보브　　　머시룸 보브　　　이사도라

3) 그래듀에이션 커트 (빈출)

- 그래듀에이션 헤어커트(Graduation Haircut)는 그러데이션(Gradation) 헤어커트라고도 하며 단계적 변화, 점진적인 층(단차)이 만들어지는 커트 스타일이다.
- 모발이 아래쪽은 짧고 위로 올라갈수록 길어지며 층이 나는 커트이다.
- 시술각도에 따라 로(Low) 그래듀에이션, 미디엄 그래듀에이션, 하이 그래듀에이션으로 분류한다.

로 그래듀에이션 • 길이 N.P. 10~12cm • 섹션라인 평행 • 베이스 다운 오프 더 베이스 • 시술각도 자연시술각 30° 이하, 두상시술각 40° 이하 • 질감처리 라인 사이드 틴닝	
자연 시술각 미디엄 그래듀에이션 • 길이 N.P. 10~12cm • 섹션라인 평행 • 베이스 온 더 베이스 • 자연시술각 30°~60° 이하 • 라인 언더 틴닝	
두상 시술각 미디엄 그래듀에이션 • 길이 N.P. 10~12cm • 섹션라인 평행 • 베이스 온 더 베이스 • 시술각도 두상시술각 45° ± 5° • 질감처리 라인 언더 틴닝	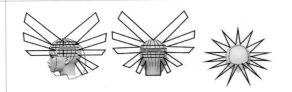
하이 그래듀에이션 • 길이 N.P. 10~12cm • 섹션라인 평행 • 베이스 온 더 베이스 • 시술각도 자연시술각 60°~90° 미만, 두상시술각 50°~90° 미만 • 질감처리 라인 언더 틴닝	

4) 레이어 커트 (빈출)

- 두상에서 전체 모발 길이가 동일하거나, 윗부분으로 올라갈수록 짧아지는 커트 스타일이다.
- 레이어 헤어커트는 세임 레이어 헤어커트(Same Layer Haircut), 스퀘어 레이어 헤어커트(Square Layer Haircut), 인크리스 레이어 헤어커트(Increase Layer Haircut)로 분류한다.

세임 레이어 헤어커트 • 길이 N.P. 12cm • 섹션라인 수평, 방사형 • 베이스 온 더 베이스 • 시술각도 두상시술각 90° • 질감처리 필요할 경우 실행 가능	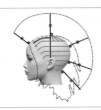 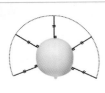

스퀘어 레이어 헤어커트
• 길이 기준점 N.P. 18cm
• 섹션라인 수직섹션
• 베이스 온 더 베이스, 프리 베이스,
  사이드 베이스, 오프 더 베이스 등
  혼합
• 시술각도 자연시술각 백, 사이드 기
  준 90°, 탑 기준 180°
• 질감처리 필요할 경우 실행 가능
	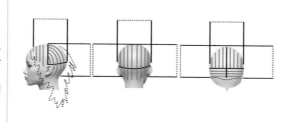

인크리스 레이어 헤어커트 • 길이 기준점 N.P. 18cm • 섹션라인 수평, 방사형 • 베이스 오프 더 베이스 • 시술각도 두상시술각 90°를 넘는 각도 • 질감처리 필요할 경우 실행 가능	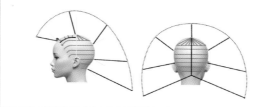

KEYWORD 03 가위를 이용한 쇼트 헤어커트 (빈출)

1) 가위 헤어커트

싱글링

- 시저 오버 콤(Scissor Over Comb) 혹은 싱글링(Shingling)이라고도 한다.
- 쇼트 헤어커트의 방법 중 하나로 언더존에 속하는 네이프와 사이드 영역을 가위로 짧게 커트하는 것이다.
- 모다발은 손으로 잡지 않고 가위와 빗을 사용해 언더존은 짧게 자르고 오버존은 점차적으로 길어지게 커트한다.
- 빗을 사용하여 커트할 모발을 잡은 후, 가위의 고정날은 빗 위에 위치시켜 고정하고 이동날만 개폐하여 움직이며 커트하는 기법이다.

2) 얼굴형에 따른 쇼트 헤어커트 디자인

- 입체적인 두상의 굴곡을 분석하여 얼굴 윤곽선과 어울리도록 모발의 길이를 짧게 커트하는 헤어디자인이다.
- 얼굴형에 따른 쇼트 헤어커트 디자인

둥근 얼굴형	• 윗머리는 볼륨을 살리고 옆머리는 볼륨을 최소화한다. • 앞머리는 사이드로 가르마를 타서 페이스 라인으로 길게 한다. • 옆머리는 귀를 덮지 않도록 해야 얼굴이 길어 보이는 효과가 있다.
긴 얼굴형	앞머리로 이마를 가려주면 긴 얼굴형을 보완한다.
역삼각 얼굴형	양쪽 귀 사이의 폭이 넓어 보일 수 있어 옆머리와 뒷머리를 짧게 올려 자르지 않도록 주의해야 한다.
사각 얼굴형	이마 위쪽에 변화를 주어 시선을 분산시켜 주는 것이 효과적이다.

▼ 모류의 유형과 정리 방법

유형		정리방법
	순류	무거움만 정리하고 전체적인 균형미를 맞춘다.
	좌측 · 우측 흘림 모류	• 좌측 · 우측으로 흐르는 모류를 네이프 포인트 방향으로 보내주고 아래 방향으로 모류를 정리한다. • 모류 흐름의 반대 방향으로 밀어주듯이 정리한다.
	좌측 · 우측 다발성 모류	• 네이프 부분의 모류를 70% 정도 제거한다. • 역류하는 모류는 뿌리 부분을 정리한다.
	중앙 쏠림 모류 (일명 '제비초리')	틴닝가위를 이용해서 모량을 감소시켜 주변 모량과 조화롭게 정리한다.

3) 쇼트 헤어커트 디자인

① 남녀 구분 없이 시저 오버 콤, 클리퍼 오버 콤을 사용하여 다양한 쇼트 헤어스타일을 디자인하여 연출하는 것이다.

② 최신 유행 패션과 뷰티 트렌드를 반영한 트렌디 헤어스타일, 헤어제품 사용 없이 자연스럽게 손으로 연출하는 내추럴 헤어스타일, 남성미를 강조한 전통적인 클래식 헤어스타일이 있다.

• 트렌디 헤어스타일

	유행에 민감한 스타일로 펌 테크닉을 이용하여 다양한 흐름과 질감, 볼륨을 만들어 주어 스타일에 변화를 줄 수 있다. (예) 댄디펌, 가르마 펌)

• 내추럴 헤어스타일

	브러싱과 헤어제품 사용 없이 자연스럽게 손을 이용하여 편하게 스타일링하는 헤어스타일이다.

- 클래식 헤어스타일

전통적인 남성 헤어스타일을 말하는 것으로 헤어제품을 사용하여 모발의 흐름이 얼굴에서 멀어지게 스타일링하는 헤어스타일이다.

4) 싱글링(가위를 이용한 시저 오버 콤)

- 네이프에서 위로 올라가거나 내려오면서 모발의 길이를 조절하는 방법이다.
- 가위를 이용한 시저 오버 콤과 클리퍼를 이용한 클리퍼 오버 콤 기법이 있다.

시저 오버 콤 업	• 주로 커트 선을 연결할 때 사용한다. • 섹션을 빗으로 떠서 언더존에서 미들존으로 올라가면서 커트한다.
시저 오버 콤 다운	• 긴 머리에 형태를 만들 때 주로 사용한다. • 섹션을 빗으로 떠 모발을 두피에서 띄운 상태로 길이에 맞게 미들존에서 언더존으로 내려오면서 커트한다.

5) 트리밍(Trimming)

- 쇼트 헤어커트의 마무리 단계에서 튀어나온 모발을 정리하는 기법이다.
- 가위의 고정날은 고정하고 반대편 손가락의 엄지나 중지를 이용해 좌우 또는 상하로 움직이면서 튀어나온 모발을 정리한다.

6) 틴닝 오버 콤(Thinning Over Comb)

① 촙 커트(Chop Cut) : 빗 아래에서 가위를 세우고 모발 끝을 커트
② 틴닝 커트(Thinning Cut) : 빗 위에서 가윗날로 모량 조절을 위한 커트
③ 테이퍼링(Tapering) : 모발 끝을 가볍게 하기 위해 모발의 길이와 모량을 동시에 줄이는 커트

| 딥 페이퍼링 – 모발의 ⅔ | 노멀 테이퍼링 – 모발의 ½ | 엔드 테이퍼링 – 모발의 ⅓ |

7) 스트로크 커트(Stroke Cut) 빈출

- 시저스의 날을 모발 길이에 따라 다양한 각도와 속도로 움직여 자르는 방식이다.
- 가위를 두발 끝에서 두피 쪽으로 향하게 미끄러지듯이 자르는 기법이다.
- 가위를 이용한 테이퍼링 기법이다.
- 각도가 클수록 모발 길이가 길어지고, 각도가 작을수록 모발 길이가 짧아진다.
- 직선날, 곡선날 가위 모두 사용할 수 있지만 곡선날 가위가 효과적이다.

롱 스트로크 (Long Stroke)	• 두발과 가위의 각도가 45~90°를 이룬다. • 모발 길이가 길고 부드러운 실루엣을 연출한다. • 모발의 텍스처와 흐름을 살려주는 효과가 있다.
미디움 스트로크 (Medium Stroke)	• 두발과 가위의 각도가 10~45°를 이룬다. • 모발의 볼륨과 움직임을 자연스럽게 표현한다. • 모발 손상을 최소화하는 커팅 기법이다.
숏 스트로크 (Short Stroke)	• 두발과 가위의 각도가 0~10°를 이룬다. • 정확한 커팅으로 균형감 있는 스타일을 완성한다. • 얼굴형에 맞춘 세밀한 조절이 가능하다. • 모발 손상을 최소화하는 섬세한 커팅 기법이다.

KEYWORD 04 기타 커트 기법 (빈출)

1) 슬리더링(Slithering)
- 가위나 레이저를 사용하여 모발의 특정 부분을 얇게 또는 가볍게 만드는 기술이다.
- 가위를 열고 닫으면서 모발을 슬라이딩시켜 커트한다.
- 일반적으로 모발의 끝부분에서 시작하여 아래로 미끄러지듯 커트한다.
- 자연스럽고 부드러운 레이어를 만들어내며, 부피를 줄이고 가벼운 느낌을 준다.

2) 클리핑(Clipping)
형태가 이루어진 두발선에 클리퍼나 가위로 튀어나온 두발이나 빠져나온 두발을 잘라내는 기법이다.

나칭 기법

3) 나칭(Notching)과 포인팅(Point Cutting)
① 정의 : 두발에 질감을 주는 기법으로 두발 끝을 45° 정도로 비스듬히 커트하는 기술
② 나칭 : 가위를 수직으로 세워 모발의 끝부분을 톱니 모양으로 불규칙하게 자르는 기술
③ 포인팅 : 가위를 수직 또는 사선으로 세워 수직 또는 사선으로 자르는 기술

4) 크로스체크커트(Cross-check Cutting)
- 이미 자른 모발을 다른 방향으로 다시 체크하여 균일하게 자르는 기술이다.
- 처음 자른 방향과 직각이 되도록 모발을 나눠 자른 부분을 확인하고, 필요시 수정한다.
- 전체적인 균형과 대칭을 확인하고, 불균형한 부분을 수정하여 완성도를 높이는 방법이다.

5) 신징(Singeing)

- 머리카락 끝을 불로 태우는 기법이다.
- 손상된 끝부분을 제거하고 머리카락을 봉합하여 건강하게 유지하는 데 사용한다.

KEYWORD 05 클리퍼를 이용한 쇼트 헤어커트

1) 클리퍼 헤어커트

- 클리퍼를 사용해 부분적 영역 혹은 모발 전체를 두피 가까이 짧게 셰이빙(Shaving)하는 쇼트 헤어커트 방법이다.
- 모발의 짧고 정돈된 스타일을 위해 부분적 영역에서 주로 사용한다.

2) 클리퍼를 잡는 방법

노멀 핸드 (Normal Hand)	엄지손가락을 클리퍼 위에 놓고, 몸체 중간을 손바닥으로 감싸듯이 잡는다.
핑거 핸드 (Finger Hand)	스냅 테크닉에 주로 사용하며, 손가락으로 클리퍼의 몸체를 잡는다.
펜슬 핸드 (Pencil Hand)	연필을 잡듯이 클리퍼를 잡는 방법으로 라인을 만들거나 탑 부분 커트 시 잡는다.
투 핸드 (Two Hand)	클리퍼 잡은 손을 다른 손으로 다시 잡는 방법으로 안정감을 줄 수 있고, 미세한 요철을 정리할 때 사용한다.

3) 클리퍼 오버 콤

빗의 각도에 따른 로, 미디엄, 하이 그래듀에이션으로 나뉜다.

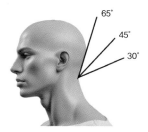

KEYWORD 06 블로킹(Blocking)

정확한 커트를 위해 두상의 모발을 구획으로 나누는 것이다.

4등분	5등분	6등분
정중선과 측중선으로 4등분으로 나눈다.	4등분에서 앞머리를 커트하기 위해 프린지 부분을 더 나눈다.	4등분에서 수평선으로 더 나눈다.

KEYWORD 07 섹션(Section)

정확한 커트를 위해 블로킹한 머리카락 다발을 다시 세부적으로 분배하는 것이다.

종류		특징
가로 섹션 (Horizontal Section)		네이프에서 백 쪽으로 시저 오버 콤 1차 작업 시 주로 사용한다.
세로 섹션 (Vertical Section)		커트에서 활용도보다는 시저 오버 콤 작업 후 보정 커트 시 사용한다.
사선 섹션 (Diagonal Section)		사이드 부분과 네이프 사이드에서 백 쪽으로 시 저 오버콤 커트 시 주로 사용한다.
방사형 섹션 (Pivot Section)		시저 오버 콤 커트 작업 후 구레나룻(Side Corner Point) 또는 네이프 사이드 쪽에서 가윗 날을 세워 방사형 섹션으로 트리밍 작업 시 사용한다.

두상으로부터 각도를 적용하여 모발을 들어 올리거나 내린 상태에서 커트하는 정도를 뜻하는 것으로, 자연시술각과 두상시술각으로 구분한다.

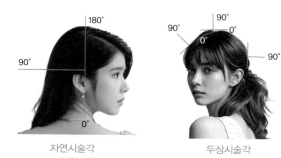

자연시술각	두상시술각

자연시술각	중력에 의해 모발이 자연스럽게 떨어지는 쪽의 각도를 들지 않는 0°로 설정한다.
두상시술각	두상의 둥근 접점을 기준으로 두상에서 모발을 들어 올린 각도로, 일반 시술각이라고도 한다.

종류	특징
온더베이스 (On The Base)	• 모발을 중심으로 모아서 동일한 길이로 커트하면 둥근(Round) 형태가 만들어진다. • 커트 선 중심에 시술자가 위치하고 시술자의 가슴 쪽으로 끌어 와 커트한다.
사이드베이스 (Side Base)	• 모다발의 한쪽 면이 직각이 될 수 있도록 당겨 잡고 모발의 길이가 점점 길어지거나 한쪽이 짧아지게 된다. • 센터라인을 중심으로 사이드베이스로 커트하면 사각(Square) 형태가 만들어진다.
오프더베이스 (Off The Base)	• 모다발의 한쪽 면이 사이드베이스를 벗어나게 잡아 오프더베이스로 커트하면 삼각(Triangular, A-라인) 형태가 만들어진다. • 급격한 길이 변화를 주고자 할 때 사용한다.

헤어펌

빈출 태그 ▶ #퍼머넌트 #베이직헤어펌 #헤어펌

KEYWORD 01   베이직 헤어펌 빈출

1) 퍼머넌트 웨이브(Permanent Wave)의 의미

- 퍼머넌트 웨이브는 화학약품과 열을 이용하여 머리카락의 구조를 변화시켜 일정 기간 지속되는 웨이브나 컬을 만드는 시술이다.
- 일반적으로 '펌'이라고도 불리며, 이를 통해 직모를 웨이브나 컬로 변형시켜 다양한 스타일을 연출할 수 있다.

2) 퍼머넌트 웨이브의 역사

고대 이집트	• 기원전 1500년경 • 고대 이집트인들은 머리를 곱슬거리게 하기 위해 알칼리성의 진흙과 물을 사용하고, 태양열을 이용해 고정하여 웨이브를 만들었다.
마셀 그라토 (Marcel Grateau)	• 1875년 • 열을 이용한 최초의 컬링 아이론으로 마셀 웨이브를 발표했다.
찰스 네슬러 (Charles Nessler)	• 1905년 • 영국 런던에서 긴머리에 적합한 스파이럴식 웨이브를 발표했다.
조셉 메이어 (Josef Mayer)	• 1925년 • 체코인으로 네슬러의 기계를 개선하여 더 안전하고 효율적인 퍼머넌트 웨이브 기계를 개발했다. • 알칼리 용액과 열을 사용한 크로키놀식 웨이브를 개발했다.
J.B.스피크먼 (J.B.Speakman)	• 1936년 • 열을 사용하지 않고, 화학 용액만으로 하는 콜드 퍼머넌트를 발표했다.

3) 퍼머넌트 웨이브의 종류

콜드 펌 (Cold Perm)	• 열을 사용하지 않고 화학 용액만으로 모발을 곱슬거리게 하는 방식이다. • 모발을 롤러나 로드에 감고, 화학 용액을 사용하여 컬을 고정한다. • 열을 사용하지 않아 모발 손상이 비교적 적다. • 컬의 유지력이 히트펌에 비해 약할 수 있어 유지 관리가 필요하다.
히트 펌 (Heat Perm)	• 열을 이용하여 모발을 곱슬거리게 하는 방식이다. • 스파이럴식(Spiral Perm) – 모발을 나선형으로 감아 길고 자연스러운, 탄력 있는 컬을 형성하는 방법이다. • 크로키놀식(Crinkle Perm) – 모발을 끝부터 시작하여 뿌리 쪽으로 감아올리는 방식이다. – 두발 끝에는 컬(Curl)이 작고 두피 쪽으로 가면서 컬이 커지는 와인딩(Winding) 방법이다.

스파이럴식

1) 퍼머넌트 웨이브제의 구성

1액 (환원제)		• 환원 작용을 한다. • 모발의 이황화 결합을 끊고(환원) 새로운 결합을 형성한다. • 프로세싱 솔루션이라고도 한다.
	티오글리콜산 (Thioglycolic Acid)	• 알칼리성(pH 8~9)을 띤다. • 모발의 큐티클을 열어 내부로 침투한다.
	시스테인 (Cysteine)	• 천연 아미노산이다. • 티오글리콜산보다 부드러운 환원 작용을 한다.
2액 (산화제)		• 1액으로 끊어진 모발의 이황화 결합을 재형성한다. • 중화제(Neutralizer : 뉴트럴라이저), 정착제라고도 한다.
	과산화수소 (Hydrogen Eroxide)	• 약산성(pH 3~4)을 띤다. • 모발의 큐티클을 닫아 준다.
	브로민산염류 (Bromate Salts)	• 취소(臭素, Br)산염류라고도 한다. • 브로민산나트륨과 브로민산칼륨으로 구성된다. • 적정 농도는 3~5%이다.

2) 퍼머넌트 웨이브의 원리

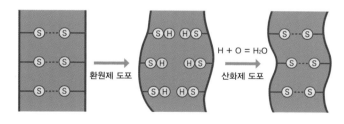

1액의 환원작용	• 1액의 알칼리 성분에 의해 모 표피가 팽윤하고 연화되어 환원제 성분 중 수소(H)가 시스틴 결합을 절단한다. • 시스틴 결합 −S−S− 구조가 −SH HS− 으로 절단된다.
2액의 산화작용	• 2액의 산화 성분 중 산소(O)에 의해 절단된 결합구조가 다시 결합된다. • −SH HS− 구조가 −S−S−가 된다.

1) 콜드 퍼머넌트 웨이브

열을 사용하지 않고 화학약품으로 모발에 영구적인 웨이브나 컬을 형성하는 방법이다.

취소

할로겐계의 원소인 브로민은 색깔이 붉고 독특한 냄새가 나는 원소이다. 이를 한자로 옮길 때, 냄새가 난다는 특성에서 따와 냄새나는 원소라는 뜻의 '臭素(냄새 취, 바탕 소)'라고 하였다.

2) 1욕법

- 제1액(환원제)만 사용하여 웨이브를 만드는 방법이다.
- 제2액(산화제)의 작용은 공기 중의 산소를 이용하여 자연 산화를 이용한 것이다.

3) 2욕법

- 제1액과 제2액을 사용하는 방법으로 가장 보편적인 방법이다.
- 종류

티오글리콜산의 적정 농도
2~7%

알칼리성 웨이브 (Alkaline Wave)	• 주요 성분 : 티오글리콜산 암모늄(Ammonium Thioglycolate) • pH : 8.2~9.6(알칼리성) • 사용 시간 : 비교적 짧음(약 20분) • 특징 : 강한 웨이브 형성, 빠른 작용
산성 웨이브 (Acid Wave)	• 주요 성분 : 티오글리콜산(Thioglycolate) • pH : 4.5~7.0(약산성) • 사용 시간 : 비교적 긺(약 30~40분) • 특징 : 부드러운 웨이브 형성, 손상 최소화
중성 웨이브 (Neutral Wave)	• 주요 성분 : 티오글리콜산 암모늄과 중성화제의 혼합물 • pH : 7.0(중성) • 사용 시간 : 중간(약 20~30분) • 특징 : 균형 잡힌 pH로 민감한 두피와 손상된 모발에도 적합함
엑소더믹 웨이브 (Exothermic Wave)	• 주요 성분 : 티오글리콜산 암모늄과 자체 발열 성분 • pH : 8.2~9.6(알칼리성) • 사용 시간 : 짧음(약 20분) • 특징 : 빠른 처리 시간, 강한 웨이브 형성
가온 2욕법 (Heated Method)	• 방법 : 약품 처리 후 전기 히터, 스팀, 열 캡 등의 열을 이용해 효과를 증진함 • 특징 : 약품의 침투가 빨라져 짧은 시간 안에 강한 웨이브를 형성할 수 있음
무가온 2욕법 (Non-heated Method)	• 방법 : 열을 사용하지 않고 실온에서 약품만으로 모발에 웨이브를 형성하는 방법 • 특징 : 모발 손상 최소화, 민감한 두피에도 안전하게 사용 가능함
시스테인 퍼머넌트 (Cysteine Permanent)	• 주요 성분 : 시스테인(Cysteine, 아미노산 기반의 약품) • pH : 약산성 • 특징 : 모발 손상이 적고, 부드럽고 자연스러운 웨이브를 형성함
거품 퍼머넌트 (Foam Permanent)	• 방법 : 거품 형태의 약품을 사용하여 모발에 균일하게 약품을 도포함 • 특징 : 약품이 균일하게 도포되어 모발 손상이 적고, 자연스러운 웨이브가 형성됨

4) 3욕법

- 일본에서 개발된 기술로 전처리 단계가 추가된 방법이다.
- 전처리와 후처리 과정을 통해 모발의 손상을 최소화한다.

1액	전처리제를 사용하여 모발의 큐티클을 보호한다.
2액	• 일반적으로 티오글리콜산 암모늄(중성 웨이브)을 도포한다. • 모발 보호를 위해 열처리는 하지 않는다.
3액	2욕법의 2액 산화작용과 동일한 역할을 한다.

✓ **개념 체크**

퍼머약의 제1액 중 티오글리콜
산의 적정 농도는?

① 1~2%
② 2~7%
③ 8~12%
④ 15~20%

②

5) 웨이브의 상태

① 적당하게 프로세싱된 것이다.
② 언더 프로세싱 : 필요한 시간보다 부족하여 웨이브가 덜 형성됐다.
③ 오버 프로세싱 : 지나친 웨이브가 형성됐다.
④ 오버 프로세싱 : 손상모의 오버 프로세싱으로 두발 끝이 자지러졌다.

KEYWORD 04 헤어펌의 방법

헤어펌의 시술 과정
• 블로킹
• 와인딩
• 프로세싱(1액)
• 테스트컬
• 중간린스
• 2액 도포
• 린싱

1) 상담 및 진단

• 고객의 요구사항 파악하고 고객의 얼굴형과 체형에 맞는 스타일을 제시한다.
• 두피에 상처나 염증 치료가 필요한 상황이면 치료 이후에 시술하도록 권장한다.

2) 두피와 모발 진단

① 두피 상태 확인

건성 두피	두피가 건조하고 각질이 많다면, 퍼머넌트 약품이 자극적일 수 있으므로 주의가 필요하다.
지성 두피	과도한 피지 분비로 인해 두피가 기름지다면, 약품이 제대로 작용하지 않을 수 있다.
민감성 두피	두피가 민감하고 자극에 쉽게 반응한다면, 저자극성의 제품을 사용하는 것이 좋다.
두피 질환 유무 확인	• 비듬이 많다면 약품이 두피에 자극을 줄 수 있다. • 두피에 염증이나 상처가 있다면 퍼머넌트를 피하는 것이 좋다.

② 모발 상태 확인

다공성 모발 (Porous Hair)	• 큐티클층이 손상되어 보습이 안 되고 건조한 모발이다. • 내부의 수분과 영양소가 쉽게 빠져나간다. • 약품의 침투가 빠르기 때문에 도포 시간을 조절해야 한다. • 저강도의 약품을 사용하는 것이 좋다.
발수성 모발 (Hydrophobic Hair)	• 저항성모이다. • 큐티클 층이 건강하게 닫혀 있어 물과 화학 제품이 침투하지 못한다. • 내부 수분과 영양소가 잘 유지되는 것을 의미한다. • 약품의 침투가 어렵다. • 약간 더 강한 약품을 사용하거나 도포 시간을 늘리는 것이 필요하다.
강모 (Coarse Hair)	• 큐티클 층이 두꺼워 외부 자극에 강하다. • 약품의 침투가 어려울 수 있다. • 프로세싱 타임을 늘리거나 더 강한 약품을 사용해야 한다.

경모 (Fine Hair)	• 큐티클층이 얇아 쉽게 손상되는 모발이다. • 약품의 침투가 빠르므로 도포 시간을 조절해야 한다. • 저강도의 약품을 사용해야 한다.
버진 헤어 (Virgin Hair)	• 큐티클층이 손상되지 않은 건강한 상태의 모발이다. • 화학적 처리를 처음 받는 모발이므로, 약품의 강도와 도포 시간을 신중히 조절해야 한다.
극손상 모발 (Severely Damaged Hair)	• 큐티클층이 크게 손상되어 수분과 영양소가 거의 없는 상태이다. • 약품 사용을 최대한 피하고, 모발 복구 후에 시술을 권장한다. • 필요시 매우 약한 약품을 사용하고, 도포 시간을 짧게 유지해야 한다.

3) 사전처치

프레 샴푸 (Pre-shampoo)	펌 시술 전 모발의 불순물을 제거하고 클렌징한다.
타월드라이 (Towel Dry)	• 샴푸 후 타월로 모발의 물기를 부드럽게 제거한다. • 물기를 너무 많이 제거하지 않도록 주의(적당한 수분 유지)해야 한다.
프레 커트 (Pre-cut)	• 고객이 원하는 스타일에 맞게 기본적인 커트를 진행한다. • 펌 후의 모양을 고려하여 1~2㎝ 여유 있게 길이와 레이어를 조정한다.
전처리 (Pre-treatment)	• 손상모에는 트리트먼트(PPT, LPP) 제품을 사용한다. • 발수성모에는 알칼리성 전처리제 도포 후 스티머를 사용하여 열처리한다.

4) 웨이브 프로세싱

① 블로킹 : 펌 시술에서의 블로킹은 로드의 크기, 모발의 질, 밀집도에 따라서 다양하게 결정하며 일반적으로 모발에 따라 5~10등분까지 다양함
② 섹션 : 블로킹 후 로드의 크기, 모질과 완성된 컬의 방향 등을 고려하여 섹션을 나눔

| 세로 5등분 블로킹 | 가로 4등분 블로킹 | 섹션의 방향 |

③ 와인딩

• 와인딩할 때 섹션이 두피로부터 빗질되는 각도에 따라 와인딩된 로드가 베이스에 놓이는 위치가 달라진다.
• 두피로부터 형성되는 볼륨의 위치가 달라지는 것을 의미한다.
• 두피부터 볼륨이 형성되는 시작점까지의 거리(간격)를 스템(Stem)이라 한다.
• 스템과 베이스의 관계

온 더 베이스	하프 오프 베이스	오프 베이스
• 두상각도 120~135도 • 최대한 볼륨 형성 • 논 스템 • 컬이 베이스 위에 위치	• 두상각도 90도 • 자연스러운 볼륨 형성 • 하프 스템 • 컬이 베이스의 중심에 위치	• 두상각도 45도 이하 • 볼륨 형성 없음 • 롱 스템 • 컬이 베이스의 아래에 위치

• 섹션과 로드의 관계

기본	기본적으로 섹션 폭과 로드의 직경을 동일하게 적용한다.
굵은 모발, 경모, 숱이 많은 모발	섹션 폭은 좁게, 로드는 직경이 작은 것을 적용한다.
가는 모발, 숱이 적은 모발	섹션 폭은 넓게, 로드는 직경이 큰 것을 적용한다.

• 굵기에 따른 변화

기본	기본적으로 섹션 폭과 로드의 직경을 동일하게 적용한다.
굵은 모발, 경모, 숱이 많은 모발	섹션 폭은 좁게, 로드는 직경이 작은 것을 적용한다.
가는 모발, 숱이 적은 모발	섹션 폭은 넓게, 로드는 직경이 큰 것을 적용한다.

• 로드 굵기에 따른 웨이브

내로우 웨이브 (Narrow Wave)	• 작은 로드를 사용하여 형성된 좁고 촘촘한 웨이브이다. • 웨이브가 강하게 형성된다. • 모발이 풍성해 보이며, 볼륨이 극대화된다.
와이드 웨이브 (Wide Wave)	• 큰 로드를 사용하여 형성된 넓고 부드러운 웨이브이다. • 웨이브가 뚜렷하게 보인다. • 넓고 부드러운 웨이브로, 자연스럽고 우아한 웨이브를 형성한다.
섀도 웨이브 (Shadow Wave)	• 중간 크기의 로드를 사용하여 형성된 중간 크기의 웨이브이다. • 웨이브가 뚜렷하지 않다. • 내추럴한 웨이브 스타일이다.
프리즈 웨이브 (Frizz Wave)	• 매우 작은 로드를 사용하여 매우 촘촘하고 곱슬곱슬한 웨이브이다. • 모발이 매우 풍성해 보이며, 강한 텍스처를 제공한다. • 모근부는 느슨하고 두발 끝으로 갈수록 웨이브가 강하다.

• 엔드페이퍼 사용

모발을 로드에 와인딩할 때 모발 끝이 빠지지 않고 가지런히 밀착될 수 있도록 하며 모발 끝에 약제가 과도하게 흡수되는 것을 막아 모발 끝을 보호한다.

구분	사용방법	특징
단면 사용		가장 일반적인 방법으로 엔드페이퍼 1장을 사용한다.
양면 사용		모발 끝의 길이가 차이가 있거나 심하게 손상된 경우 패널의 양면에 엔드페이퍼 2장을 사용한다.
접어 사용		모량이 적거나 모발 끝의 길이에 차이가 있을 때 양면 사용과 같은 효과로 엔드페이퍼 1장을 반으로 접어서 사용한다.

• 와인딩 기법

크로키뇰 와인딩 (Croquignole Winding)	• 1925년, 체코의 조셉 메이어가 개발했다. • 모발 끝을 로드에 고정하고, 모발 끝에서 위로 말아 올린다. • 두발 끝보다 두피쪽이 컬이 굵다.
스파이럴 와인딩 (Spiral Winding)	• 1905년, 영국의 찰스 네슬러가 개발했다. • 모발을 로드에 수직으로 고정, 뿌리에서 끝까지 나선형으로 감아올린다. • 두발이 겹치지 않게 회전하여 동일한 웨이브를 형성한다.
압착식 와인딩 (Compression Winding)	• 모발을 로드에 감으면서 동시에 압력을 가하여 감아올리는 방식이다. • 강한 텍스처와 컬이 형성되며, 모발의 볼륨을 극대화한다. • 압착식 로드를 사용한다.

• 와인딩 방법

인컬(In-curl)	모발 끝이 얼굴 안쪽으로 말려 들어가는 컬 스타일이다.
아웃컬(Out-curl)	모발 끝이 얼굴 바깥쪽으로 말려 나가는 컬 스타일이다.
포워드 컬(Forward Curl)	모발을 앞쪽으로 감아 얼굴 방향으로 형성한 컬 스타일이다.
리버스 컬(Reverse Curl)	모발을 뒤쪽으로 감아 얼굴 반대 방향으로 형성한 컬 스타일이다.

- 고무밴딩

와인딩한 로드를 고정하기 위해 고무밴드로 고정하는 것이다.

일자형

X자형

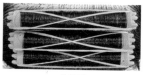
혼합형

KEYWORD 05 프로세싱 빈출

1) 프로세싱 타임

- 제1액이 모발의 구조(케라틴 결합)에 작용하여 웨이브를 형성하는 데 필요한 시간이다.
- 적당한 프로세싱 타임은 10~15분 정도이다(제품마다 명시된 권장시간은 차이가 있음).
- 프로세싱 타임을 줄이기 위하여 열처리 과정(스티머, 스팀타월, 히팅캡, 적외선 등)을 할 수 있다.

오버프로세싱 (Overprocessing)	• 제1액을 모발에 오래 방치한 상태이다. • 모발이 부서지고 끊어지는 등 손상이 발생한다. • 필요 이상으로 강한 컬이 형성되어 부자연스럽다. • 모발의 수분과 영양이 탈락하여 건조하고 푸석해진다.
언더프로세싱 (Underprocessing)	• 제1액을 모발에 부족하게 방치한 상태 • 원하는 컬이 제대로 형성되지 않은 상태이다. • 웨이브가 금방 풀리고 모발의 탄력이 부족해진다.

2) 테스트 컬

중간에 한두 가닥의 모발을 풀어 확인하여 프로세싱 타임과 웨이브의 정도를 결정한다. 제1액 환원제 도포 후 10~15분 후 확인한다.

3) 플레인 린스(중간린스)

- 프로세싱이 끝난 이후 제1액이 모발에 남아 있지 않도록 충분히 헹구어 주는 물로만 하는 중간린스이다.
- 남아 있는 약제가 중화제와 반응하여 모발에 손상을 줄 수 있다.
- 헹굴 때 물의 온도가 너무 뜨겁거나 차갑지 않도록 주의해야 한다.
- 타월로 물기를 제거할 때 문지르지 않고 눌러서 제거한다.

퍼머넌트 용액 농도
- 1액 : 티오글리코산 3~5%
- 2액 : 취소산나트륨, 취소산칼륨 3~5%

✓ 개념 체크

콜드퍼머넌트 웨이브의 시술 중 프로세싱 솔루션(Processing Solution)에 해당하는 것은?

① 제1액의 산화제
② 제1액의 환원제
③ 제2액의 환원제
④ 제2액의 산화제

②

✓ 개념 체크

퍼머넌트 웨이브 시술 중 테스트 컬(Test Curl)을 하는 목적으로 가장 적합한 것은?

① 2액의 작용여부를 확인하기 위해서이다.
② 굵은 모발, 혹은 가는 두발에 로드가 제대로 선택 됐나 확인하기 위해서이다.
③ 산화제의 작용이 미묘하기 때문에 확인한다.
④ 정확한 프로세싱 시간을 결정하고 웨이브 형성 정도를 조사하기 위해서이다.

④

4) 2액 도포

- 중화제(제2액)을 사용하여 자연상태의 모발의 결합으로 돌아오고 웨이브의 형태를 고정시킨다.
- 모발 전체에 중화제(산화제)를 골고루 도포한 후 일반적으로 5분에서 10분 정도 방치 후 한 번 더 바른 후 5분 더 방치한다.
- 방치 시간 동안 모발 상태를 확인하여 필요시 시간을 조정한다.

5) 헹구기

- 방치 시간이 끝나면 로드를 제거하지 않고 모발을 중화제가 완전히 씻겨 나가도록 미지근한 물로 충분히 헹군다.
- 최소 5분 이상 헹구는 것이 좋다.

6) 로드 제거

- 중화제를 충분히 헹군 후, 로드를 조심스럽게 제거한다.
- 로드를 제거한 후에도 모발을 한 번 더 헹궈 중화제 잔여물을 제거한다.
- 헹굴 때 물의 온도가 너무 뜨겁거나 차갑지 않도록 미지근한 상태를 유지해야 한다.

KEYWORD 06 헤어펌 마무리

1) 타월드라이

로드 제거후 타월드라이로 수분을 제거한다.

2) 리세트(Reset)

리세트란 펌 시술이 완료된 후 모발의 웨이브나 컬을 더욱 자연스럽게 만들고, 전체적인 스타일을 정돈하는 과정이다.

경우	원인
컬이 안 나옴	• 언더프로세싱의 경우 • 사용한 로드의 지름이 큰 경우 • 와인딩 시 텐션이 부족한 경우 • 2제(산화제)의 처리가 부족한 경우
웨이브가 과도하게 나옴	• 오버프로세싱의 경우 • 사용한 로드의 지름이 작은 경우 • 두발 상태보다 강한 펌제를 사용한 경우
컬이 쉽게 풀림	• 2액이 모발에 충분히 흡수되지 않은 경우 • 중화 과정이 불완전한 경우
두발 끝이 자지러짐(갈라짐)	• 과도한 텐션을 준 경우 • 오버 프로세싱의 경우 • 펌 시술로 인한 모발 손상 • 열 사용으로 인한 손상

1) 매직스트레이트 헤어펌

- 매직펌은 아이론기를 사용한 히팅펌이다.
- 매직기의 온도는 건강 모발 140~160℃, 손상 모발 120~130℃ 정도가 적당하다.

매직스트레이트펌	• 플랫 형태의 아이론을 사용한 스트레이트 형태이다. • 프레스 작업을 통해 모발 표피의 큐티클이 매끄럽게 정돈된다.
볼륨매직펌	• 모근 쪽 볼륨과 모발 끝을 C컬의 안쪽 말림(In Curl)으로 연출한다. • 바깥쪽 말림(Out Curl)의 스타일 연출이다. • 원형의 아이론으로 모발 끝의 S컬을 만들기도 한다.

2) 디지털기기 로드의 와인딩

- 헤어펌 로드의 와인딩 시 텐션의 강도는 웨이브 형성에 매우 중요한 역할을 한다.
- 디지털펌과 같이 모발이 연화된 상태에서 와인딩이 진행될 경우는 콜드펌에 비해 약한 강도의 균일한 텐션 유지가 매우 중요하다.
- 텐션에 의해 모발이 늘어나는 정도

모발상태	일반 모발	젖은 모발	헤어펌 1제에 젖은 모발
수분함량	수분 10~15%	수분 30%	수분 30%
탄성	1.5배(20~30%)	1.7배(50~60%)	2배(70%)

3) 매직스트레이트 헤어펌의 도구

플랫 아이론	반원형 아이론
아이론기의 발열판이 평평함	아이론기의 발열판이 반원형임

4) 매직스트레이트 헤어펌 방법

① 전처리

- 사전 샴푸를 진행하고 모발의 손상 정도에 따라 사전처리를 한다.
- 모발의 손상 정도에 따라 손상된 모발 부위에 헤어트리트먼트 제품을 도포한다.
- 트리트먼트 제품을 도포한 후 미스트기를 사용하여 모발을 10분 정도 가온한다.
- 가온 후에는 미용타월로 모발의 수분을 닦고 모발 연화를 준비한다.

올바르게 연화된 모발

② 연화 처리

건강한 모발	• 블록을 크게 나누고 후두부부터 섹션을 나눈다. • 헤어펌 1제를 도포한다. 　– 펌약제 도포는 두피에서 1㎝ 정도 떨어진 위치에서 시작한다. 　– 섹션 전체에 원터치 방법으로 헤어펌 1제를 도포한다. • 두상에 비닐캡을 씌우거나 랩으로 감싼 후 가온기를 사용해 열처리한다. • 연화시간은 열처리 5~15분, 자연처치 5~10분을 적용한다. • 연화상태를 점검한다.
손상(염색)된 모발	• 염색(손상) 모발은 신생(건강) 모발 부분에 헤어펌 1제를 먼저 도포한다. • 신생(건강) 모발 부분의 1제 도포 후 10분간 열처리를 진행한다. • 열처리 진행 후 염색(손상) 부분의 모발에 다시 헤어펌 1제를 도포한다. • 1제 도포 후 3~5분간 자연처치하며 모발의 연화상태를 점검한다.

③ 연화 상태 확인

• 모발을 가볍게 당겨 보았을 때 탄력이 있고, 지나치게 늘어나지 않으면 연화가 적절히 된 것이다.
• 연화된 모발을 세워 모발이 처지지 않고 꼿꼿하게 서 있는지 확인해야 한다.
• 연화 상태를 점검할 때 모발이 지나치게 부드러워지지 않도록 주의해야 한다.
• 연화된 모발을 접어보았을 때 부드럽게 접히는지 확인해야 한다.

④ 세척(중간린스)

• 모발의 연화상태를 점검한 후 미온수를 이용해 모발의 약제를 깨끗하게 헹군다.
• 드라이기의 온풍으로 두피의 수분을 먼저 건조한다.
• 모발은 70~80% 정도 온풍으로 건조한 후 냉풍을 사용한다.
• 드라이기의 냉풍으로 모발의 남은 수분을 완전히 건조한다.
• 매직스트레이트 기법에 따라 수분을 남겨서 작업하기도 한다.

⑤ 프레스 작업

• 일반적인 아이론기기의 온도

건강모	손상모(극손상모)	저항성모(발수성모)
140~160℃	120~130℃	160~180℃

※ 아이론기기의 적용 온도는 두발의 수분함량에 따라 달라질 수 있다.

• 두상을 크게 블로킹(5~6등분)하고 네이프의 중앙에서부터 프레스 작업을 시작한다.

네이프 → 후두부 → 측두부 → 전두부 순으로 진행

• 프레스 작업시 주의사항
　– 프레스 작업의 섹션 두께는 1~1.5㎝, 폭은 5~7㎝로 하여 열판보다 크지 않게 한다.
　– 프레스 작업은 모발의 큐티클을 정리하는 느낌으로 천천히 미끄러지듯 이동하며 1초 이상 머무르지 않도록 한다.
　– 두상의 모든 섹션은 90° 이상으로 잡아 매직기로 패널을 잡을 때 생길 수 있는

열판에 의한 눌림(찍힘) 자국이 생기지 않도록 한다.
- 후두부 모발의 패널의 각도는 두피에서 90° 이상이 되도록 잡는다.
- 패널의 중간부터는 매직기의 각도를 낮춰 간다.
- 두상의 탑 부분은 두피에서 수직이 될 수 있도록 패널을 잡는다.
• 프레스 방법

매직기 프레스 각도

	네이프	45° → 0°
매직스트레이트	백	90° → 45° → 0°
	골든	135° → 90° → 45° → 0°
	톱	180° → 90° → 45° → 0°
볼륨매직		두피 쪽에서 아이론기를 90° 회전시켜 천천히 내려오다가 컬을 만들기 위해 두발 끝부분에서 다시 90° 회전시킨다.

⑥ 제2제 도포
• 시스틴 결합을 위해 중화제를 골고루 도포 후 평균 10~15분 정도 방치하여 모발 구조를 고정시킨다.
• 크림타입 중화제는 네이프에서부터 위로 도포한다.

⑦ 사후 샴푸
• 중화제를 헹군 후, 약산성 샴푸를 사용하여 모발을 깨끗하게 세정한다.
• 약산성 샴푸는 모발과 두피의 pH 균형을 유지하는 데 도움을 준다.
• 샴푸 후, 찬물 또는 미지근한 물로 헹구어 모발 큐티클을 닫아 준다.
• 샴푸 후, 트리트먼트를 사용하여 모발을 보호하고 영양을 공급한다.
• 트리트먼트는 모발에 도포한 후 5~10분 동안 방치한 뒤 헹군다.

KEYWORD 08 매직스트레이트 헤어펌 마무리

1) 매직스트레이트 헤어펌 마무리
• 타월로 물기를 제거한 후, 드라이어를 사용하여 모발을 완전히 건조한다.
• 드라이어 사용 시, 너무 뜨거운 바람은 피하고 미지근한 바람을 사용하는 것이 좋다.
• 필요한 경우, 열 보호제를 사용한 후 스트레이터 또는 스타일링 기기를 사용하여 원하는 스타일로 마무리한다.

2) 홈케어 방법
• 매직스트레이트 후에는 약산성 샴푸와 컨디셔너를 사용하는 것이 좋다.
• 손상된 모발을 보호하고 영양을 공급하는 제품을 선택한다.
• 주 1~2회 깊은 영양을 공급하는 헤어마스크나 트리트먼트를 사용한다.
• 트리트먼트는 모발을 부드럽고 건강하게 유지하는 데 도움을 준다.
• 외출 시 자외선 차단 기능이 있는 헤어제품을 사용한다.

기초드라이

▶ 합격강의

빈출 태그 ▶ #블로드라이 #헤어세팅 #헤어파팅

KEYWORD 01 헤어 세팅 빈출

1) 헤어 세팅
롤러, 핀, 열 도구 등을 사용하여 모발을 특정 형태로 고정하는 과정이다.

오리지널 세트 (기초 세트)	• 처음으로 스타일을 설정하는 과정이다. • 원하는 스타일을 만들기 위해 롤러, 핀, 드라이어 등을 사용한다.
리세트	• 이미 설정된 스타일을 다시 조정하거나 새롭게 설정하는 과정이다. • 기존 스타일을 유지하면서도 새로운 변화를 주고자 할 때 사용한다.

2) 헤어 파팅
모발을 헤어디자인이나 얼굴형, 모발의 흐름에 따라 다양하게 가르거나 나누는 방법이다.

센터 파트(Center Part)	사이드 파트(Side Part)	사이드 라운드 파트 (Side Round Part)
C.P에서 두정부를 향해 직선으로 나눈 중앙 가르마(5:5)	헤어라인의 왼쪽이나 오른쪽에서 시작해서 뒤쪽으로 향하는 가르마(6:4 / 7:3 / 8:2)	사이드 파트를 약간 둥글게 나누는 파트
브이 파트(V Part)	스퀘어 파트(Square Part)	카우릭 파트(Cowlick Part)
이마의 양쪽 끝과 두정부 중심을 V자 형태로 나누는 파트	이마의 양쪽 끝과 두정부에서 헤어라인에 수평이 되게 네모난 형태로 모발을 나누는 파트	두정부 가마를 기준으로 방사형으로 모발이 자연스럽게 자라는 방향을 따라 나누는 파트

다운 다이애거널 파트 (Down Diagonal Part)	업 다이애거널 파트 (Up Diagonal Part)	백 센터 파트 (Back Center Part)
대각선 방향으로 모발을 아래쪽으로 나누는 파트	대각선 방향으로 모발을 위쪽으로 나누는 파트	뒤쪽 모발을 정중앙에서 나누는 파트
랙탱귤러 파트 (Rectangular part)	크라운 투 이어 파트 (Crown to Ear Part)	이어 투 이어 파트 (Ear to Ear Part)
이마의 양쪽에서 사이드 파트를 하고 두정부에서 헤어라인과 수평이 되도록 직사각형 형태로 나누는 파트	크라운(정수리)에서 시작하여 귀까지 내려가는 방향으로 모발을 나누는 파트	양쪽 귀를 연결하는 가로 방향으로 모발을 나누는 파트

3) 헤어 셰이핑

헤어 셰이핑(Hair Shaping)은 모발의 형태를 디자인하고 조정하는 과정으로, 특정 스타일이나 형태를 위한 커트와 빗질을 의미한다.

업 셰이핑 (Upshaping)	• 모발을 위쪽으로 들어 올려 자르는 방법이다. • 상단에 볼륨을 주고, 가볍고 경쾌한 느낌을 연출한다. • 정수리 부분의 볼륨을 강조하고 싶은 경우에 유용하다.
다운 셰이핑 (Downshaping)	• 모발을 아래쪽으로 내려 자르는 방법이다. • 모발이 자연스럽게 떨어지면서 부드럽고 우아한 느낌을 준다. • 무게감을 강조하고 싶은 스타일에 적합하다.

KEYWORD 02 헤어 컬링

1) 헤어 컬링(Hair Curling)

모발을 말아 컬(곱슬)을 만드는 과정으로, 열을 이용하거나 롤러 · 펌 등의 방법을 통해 이루어진다.

2) 컬링의 목적

모발에 웨이브, 플러프, 볼륨 처리를 통해 변화를 주기 위해 시행한다.

웨이브(Wave)	물결 모양의 부드러운 컬이다.
플러프(Pluff)	• 모발 끝에 부드럽고 가벼운 컬 처리를 하는 것이다. • 모발이 공기 중에 떠 있는 듯한 느낌을 준다.
볼륨(Volume)	모발이 풍성하게 보이도록 하는 스타일링 요소이다.

3) 컬링의 명칭

컬의 3요소
베이스, 스템, 루프

베이스 (Base)	• 모발이 두피에서부터 나오는 지점이다. • 컬의 방향과 위치를 결정짓는 중요한 부분이다.
스템 (Stem)	• 베이스에서 컬이 시작되는 부분이다. • 컬의 각도와 높이를 결정하는 부분이다. • 스템이 길면 컬이 느슨해지고, 짧으면 컬이 탄력 있게 된다.
피벗 포인트 (Pivot Point)	• 컬이 회전하는 중심점이다. • 모발의 움직임과 방향을 조절하는 중요한 역할을 한다.
루프 (Loop)	• 컬의 둥근 부분이다. • 컬의 크기와 모양을 결정하는 부분이다. • 루프가 클수록 큰 웨이브가 형성되고, 작을수록 작은 컬이 형성된다.
엔드 오브 컬 (End of Curl)	• 컬의 끝 부분이다. • 컬의 마무리를 담당하며, 컬의 모양과 질감을 결정짓는 중요한 부분이다.

4) 베이스(Base)

헤어 베이스는 컬링이나 스타일링을 하기 위해 모발을
나누는 기준점이다.

스퀘어 베이스 (Square Base)	• 정사각형의 베이스이다. • 균형 잡힌 컬과 볼륨을 형성한다. • 모발이 일정하게 분포되며, 안정적인 스타일을 제공한다.
오블롱 베이스 (Oblong Base)	• 타원형의 베이스이다. • 긴 방향으로 더 많은 볼륨을 제공한다. • 자연스럽게 흐르는 컬을 형성한다. • 긴 얼굴형이나 길게 늘어지는 스타일에 적합하다.
트라이앵글러 베이스 (Triangular Base)	• 삼각형의 베이스이다. • 얼굴의 특정 부분에 집중적인 볼륨이 형성된다. • 모발의 흐름을 조절하는 데 유용하다 • 특히, 앞머리나 옆머리 부분에 사용한다.
아크 베이스 (Arc Base)	• 아치형의 베이스이다. • 부드러운 곡선을 형성하여 자연스럽고 유연한 컬이 형성 된다. • 곡선이 강조된 스타일에 적합하다.

5) 스템(Stem) ⓑ

스템은 베이스에서부터 컬이 시작되는 부분으로, 컬의 각도와 높이를 결정한다.

논 스템(Non Stem)	하프 스템(Half Stem)	풀 스템(Full Stem) 또는 롱 스템(Long Stem)
• 베이스에서 컬의 시작 지점까지의 거리가 짧은 경우이다. • 탄력 있고 강한 컬이 형성된다.	• 베이스에서 컬의 중간 지점까지의 거리가 중간인 경우이다. • 적당한 탄력과 균형을 갖춘 컬이 형성된다.	• 베이스에서 컬의 끝까지의 거리가 긴 경우이다. • 컬이 느슨하고 부드럽다.

KEYWORD 03   컬의 종류 ⓑ

1) 스탠드업 컬(Stand-up Curl)

- 모발이 두피에서 90°로 서 있는 컬이다.
- 두피에서부터 볼륨을 극대화하며, 뿌리 부분에 강한 볼륨을 제공한다.

2) 리프트 컬(Lift Curl)

- 모발이 두피에서 45°로 들어 올려져 있는 컬이다.
- 자연스러운 볼륨을 제공하며, 모발이 부드럽게 떠오르는 효과를 준다.

3) 플랫 컬(Flat Curl)

- 모발이 두피에서 0°로 평평하게 붙어 있는 컬이다.
- 자연스럽고 부드러운 컬을 형성하며, 두피에 가까운 부분은 볼륨이 없다.
- 플랫 컬의 종류

스컬프쳐 컬

핀 컬

바렐 컬

스컬프쳐 컬 (Sculpture Curl)	• 모발 끝에서 모근 쪽으로 와인딩하여 모발 끝이 원의 중심이 되는 컬이다. • 두피에 가깝게 붙여서 작은 컬을 형성한다. • 모발 끝으로 갈수록 웨이브 폭이 좁아진다.
핀 컬 (Pin Curl)	• 모근 쪽에서 모발 끝으로 와인딩하여 모근 쪽이 원의 중심이 되는 컬 • 머리카락을 꼬아 두피에 평평하게 붙인 후 핀으로 고정한다. • 모발 끝으로 갈수록 웨이브 폭이 넓어진다.

- 컬의 방향에 따른 명칭

포워드(Forward)	귓바퀴 방향으로 말리는 컬이다.
리버스(Reverse)	귓바퀴 반대 방향으로 말리는 컬이다.
C컬(Clockwise)	시계방향(Clockwise)으로 말리는 컬이다.
CC컬(Counter Clockwise)	반시계방향(Counter Clockwise)으로 말리는 컬이다.

※ 일반적으로 커브를 표현할 때 사용하는 C컬과 두 번의 C컬이라는 뜻의 CC컬도 있다.

4) 컬 핀닝

- 컬 핀닝은 완성된 컬을 핀이나 클립을 사용하여 고정시키는 방법이다.
- 컬 핀닝의 방법

사선 고정 (Diagonal Pinning)	수평 고정 (Horizontal Pinning)	교차 고정 (Cross Pinning)
• 핀이나 클립으로 사선으로 고정하는 방법이다. • 가장 일반적으로 사용된다.	핀이나 클립으로 수평으로 고정하는 방법이다.	핀이나 클립을 서로 교차하여 고정하는 방법이다.

KEYWORD 04 롤러컬

원통형 롤러를 사용해 모발에 자연스럽고 부드러운 웨이브를 주는 기법이다.

논 스템(Non Stem) 롤러컬	하프 스템(Half Stem) 롤러컬	롱 스템(Long Stem) 롤러컬
• 전방으로 45°(후방 135°) 와인딩한다. • 볼륨이 크고 움직임이 없다. • 주로 크라운 부분에 사용한다. • 오래 지속된다.	• 두상에서 90°로 와인딩한다. • 볼륨과 컬이 적당하다. • 주로 크라운 부분에 사용한다.	• 후방 45°로 와인딩한다. • 볼륨이 작고 움직임이 크다. • 주로 네이프 부분에 사용한다.

헤어 웨이빙(Hair Waving)은 모발에 물결 모양의 웨이브를 형성하는 스타일링 기법이다.

1) 헤어 웨이브의 명칭

① 비기닝(Beginning) : 웨이브가 시작되는 지점
② 엔딩(Ending) : 웨이브가 끝나는 지점
③ 크레스트(Crest) : 웨이브의 가장 높은 지점
④ 트로프(Trough) : 웨이브의 가장 낮은 지점
⑤ 리지(Ridge) : 웨이브의 윗부분과 아랫부분을 연결하는 경사면

2) 웨이브의 형상에 따른 분류

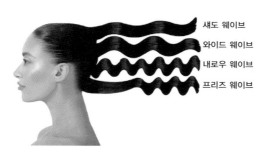

내로우 웨이브 (Narrow Wave)	• 파장이 짧아 곱슬거리는 웨이브이다. • 리지와 리지 사이의 폭이 좁다.
와이드 웨이브 (Wide Wave)	• 폭이 넓고 큰 웨이브이다. • 웨이브의 폭이 넓어, 큰 곡선과 볼륨감을 형성한다. • 크레스트가 가장 뚜렷하고 자연스럽다.
섀도 웨이브 (Shadow Wave)	크레스트가 뚜렷하지 않아 리지가 눈에 띄지 않는 웨이브이다.
프리즈 웨이브 (Frizz Wave)	모발의 끝부분만 웨이브가 있는 스타일이다.

3) 웨이브 방향에 따른 구분

버티컬 웨이브 (Vertical Wave)	호리존탈 웨이브 (Horizontal Wave)	다이애거널 웨이브 (Diagonal Wave)
리지가 수직으로 형성되는 웨이브	리지가 수평으로 형성되는 웨이브	리지가 대각선으로 형성되는 웨이브

권쌤의 노하우

핑거 웨이브의 3대 요소와 컬의 3대 요소는 기억해 둬야 하는 사항!

컬의 3대 요소
베이스, 스템, 루프

KEYWORD 06 핑거 웨이브 빈출

1) 핑거웨이브의 개념과 요소

① 개념 : 1920년대와 1930년대에 유행했던 고전적인 헤어스타일로, 손가락을 이용해 웨이브를 만드는 기법을 말한다.
② 핑거웨이브의 3대 요소 : 크레스트, 리지, 트로프

2) 핑거웨이브의 종류

리지컬 웨이브(Ridge Curl Wave)	• 일반적인 핑거 웨이브이다. • 뚜렷한 곡선과 리지가 강조된 스타일이다. • 각 웨이브의 경계가 명확하다.
스킵 웨이브(Skip Wave)	• 일정한 간격을 두고 형성되는 웨이브이다. • 연속적인 리지 대신 간격을 두고 반복되는 스타일이다.
로우 웨이브(Low Wave)	리지가 낮은 웨이브이다.
하이 웨이브(High Wave)	리지가 높은 웨이브이다.
덜 웨이브(Dull Wave)	리지가 느슨한 웨이브이다.
스윙 웨이브(Swing Wave)	리지가 큰 웨이브이다.
스월 웨이브(Swirl Wave)	리지가 나선형으로 회전하는 웨이브이다.

개념 체크

핑거 웨이브와 핀컬이 교대로 조합된 것으로 말린 방향은 동일하며 폭이 넓고 부드럽게 흐르는 버티컬 웨이브를 만들고자 하는 경우에 좋은 것은?

① 하이 웨이브(High Wave)
② 로우 웨이브(Low Wave)
③ 스킵 웨이브(Skip Wave)
④ 스윙 웨이브(Swing Wave)

③

1) 뱅

애교머리라고도 하며 이마에 장식하기 위한 앞머리이다.

플러프 뱅 (Fluffy Bangs)	롤 뱅 (Roll Bangs)	웨이브 뱅 (Wavy Bangs)	프렌치 뱅 (French Bangs)	프린지 뱅 (Fringe Bangs)
부드럽고 풍성한 느낌의 뱅	롤로 둥글게 말린 형태의 뱅	풀 웨이브나 하프 웨이브를 만든 뱅	모발을 들어 올려 플러프 하는 뱅	가르마 가까이에 작게 만든 뱅

2) 플러프

라운드 플러프 (Round Fluff)	덕 테일 플러프 (Ducktail Fluff)	페이지 보이 플러프 (Pageboy Fluff)
둥근 형태로 부풀린 스타일	뒤쪽이 오리 꼬리처럼 올라간 스타일	안쪽으로 말린 형태의 플러프

3) 리세트

오리지널 세팅이 끝난 후 다시 손질하여 원하는 스타일을 만드는 과정이다.

브러싱 (Brushing)	• 브러시를 사용하여 모발을 빗는 과정이다. • 모발을 정돈하고 엉킨 부분을 풀어주기 위해 시행한다.
코밍 (Combing)	• 빗을 사용하여 모발을 정돈하는 과정이다. • 모발을 구체적인 형태로 정리하거나 스타일링을 준비하기 위해 시행한다.
백코밍 (Backcombing)	• 모발을 거꾸로 빗어 볼륨을 주는 과정이다. • 모발에에 볼륨과 풍성함을 더하기 위해 시행한다.
콤아웃 (Comb Out)	• 스타일링 후 모발을 정리하는 과정이다. • 최종 스타일을 완성하기 위해 모발을 매끄럽게 정돈한다.

✔ 개념 체크

다음 중 플러프 뱅(Fluff Bang)을 설명한 것은?

① 가르마 가까이에 작게 낸 뱅
② 컬을 깃털과 같이 일정한 모양을 갖추지 않고 부풀려서 볼륨을 준 뱅
③ 두발을 위로 빗고 두발 끝을 플러프해서 내려뜨린 뱅
④ 풀웨이브 또는 하프 웨이브로 형성한 뱅

②

1) 아이론 드라이

마셸 아이론

프롱 핸들
그루브 핸들   그루브
프롱(로드)

① 마셸 웨이브(Marcel Wave)

1920년대와 1930년대에 유행했던 클래식한 헤어스타일로, 프랑스의 헤어스타일리스트 마셸 그라토(Marcel Grateau)가 1875년 고안한 기술이다.

② 마셸 웨이브의 특징

- 고정된 물결 모양이 특징이다.
- 아이론 열을 이용하여 일시적으로 모발에 변화를 주는 방식이다.
- 마셸 웨이브에 적당한 아이론 온도는 120~150℃이다.
- 아이론의 방향

인컬(In curl)	• 안쪽 말림이다. • 그루브는 위쪽, 로드(프롱)은 아랫방향이다.
아웃컬(Out curl)	• 바깥쪽 말림이다. • 그루브는 아래쪽, 로드(프롱)은 윗방향이다.

③ 마셸 웨이브의 와인딩 방법

스파이럴식 (Spiral Perm)	• 두피에서 시작하여 두발 끝 쪽으로 나선형으로 진행한다. • 두발 끝에는 컬이 크고 두피 쪽으로 가면서 컬이 작은 와인딩이다.
크로키놀식 (Crinkle Perm)	• 모발을 끝부터 시작하여 뿌리 쪽으로 진행한다. • 두발 끝에는 컬이 작고 두피 쪽으로 가면서 컬이 커지는 와인딩이다.

2) 헤어드라이기를 이용한 블로 드라이

- 모발에 열풍을 가해 젖은 모발을 건조시키는 방법이다.
- 블로 드라이의 적정 온도는 60~90℃이다.
- 드라이어의 종류

블로 타입(Blow Type)	일반적으로 바람이 나오는 드라이어이다.
후드 타입(Hood Type)	머리 전체를 덮는 후드 모양의 드라이어이다.
스탠드 타입(Stand Type)	스탠드에 부착된 드라이어로, 위치 이동이 편리하다.
암 타입(Arm Type)	• 벽이나 테이블에 고정된 암(팔) 형태의 드라이어이다. • 자유롭게 방향을 조절할 수 있다.
핸드 타입(Hand Type)	손에 들고 사용하는 일반적인 드라이어이다.
소프트 후드(Soft Hood)	블로 드라이와 연결하여 사용하는 후드이다.
적외선 램프(Infrared Lamp)	바람 없이 적외선으로 건조하는 방식이다.
에어 브러시(Air Brush)	• 브러시 형태의 드라이어이다. • 브러시를 통해 뜨거운 공기를 분사하여 머리를 말리는 방식이다.

3) 스트레이트 드라이

I컬을 만드는 방법으로 아이론이나 브러시를 회전하지 않고 드라이 진행한다.

KEYWORD 09 C컬 드라이

1) 컬과 롤의 회전수

① I컬 : 스트레이트 드라이
② J컬 : 브러시나 아이론을 1~1.5바퀴 이내로 감아 진행한 C컬보다 약한 컬
③ C컬 : 브러시나 아이론을 1~1.5바퀴 이내로 감아 진행한 자연스러운 컬
④ CC컬 : C컬보다 더 강한 컬
⑤ S컬 : 2바퀴 이상 감아 S자 형태의 웨이브가 만들어진 컬

2) 브러시 사용법

① 롤브러시 잡는 법

손잡이의 가장 안쪽 움푹 들어간 부분에 검지와 엄지로 잡고 나머지 손가락으로 가볍게 쥐듯 잡는다.

② 롤브러시 회전방법

새끼손가락의 시작 부분이 손잡이 아래쪽에서 떨어지지 않도록하고, 엄지손가락은 움푹 들어간 부분에 고정된 상태에서 손가락 끝으로 손잡이를 들어 올리듯이 회전시킨다.

3) 텐션

- 텐션을 적절히 조절하면 탄력과 윤기 있는 헤어스타일을 연출한다.
- 텐션은 브러시나 롤브러시를 이용하여 고르게 들어가야 한다.
- 과한 텐션은 오히려 브러시에 모발이 엉킬 수 있으므로 주의해야 한다.

4) 각도

오프 베이스   오버 베이스

- 빗과 브러시를 이용해 볼륨을 업(Up)하거나 다운(Down)한다.
- 볼륨을 업할 때는 모발을 90° 이상 들어 올려 열을 가한다.
- 시술각을 높게 하여 빗 또는 브러시를 들어 올릴수록 볼륨이 많이 형성된다.
- 볼륨을 다운할 때는 모발을 45° 이하로 내려 빗은 상태에서 열을 가한다.

5) 베이스의 크기

옳은 방법   잘못된 방법

- 베이스의 가로 폭은 롤브러시 길이의 80% 이내가 적당하다.
- 베이스의 세로 폭은 롤브러시 지름과 1:1이 일반적이다.
- 볼륨의 유무나 스템의 방향성과 헤어스타일에 따라 1.5~2배로 설정할 수 있다.

6) 수분

- 블로우 드라이 작업 전 수분 함량은 약 20~25%가 적당하다.
- 스타일링 연출 후에는 약 10% 정도의 수분을 함유한다.
- 10% 이하가 될 경우 오버 드라이(Over Dry)가 되어 모발에 정전기가 발생한다.

베이직 헤어컬러

▶ 합격 강의

빈출 태그 ▶ #헤어컬러 #색상 #염색

KEYWORD 01 헤어컬러의 이해

1) 색 지각의 3요소

① 빛(Light) : 물체에 닿아 반사되거나 투과되어 눈에 들어오는 전자기파(가시광선)
② 물체(Object) : 빛을 반사하거나 흡수하는 물질
③ 눈(Eye) : 빛을 감지하고 신호로 변환하여 뇌로 전달하는 감각 기관

2) 색의 3요소

색상 (Hue)	• 색상의 종류를 나타내는 요소이다. • 빨강, 파랑, 노랑 등 특정 색의 이름으로 구분한다. • 색의 근본적인 속성이다. 예) 빨강, 파랑, 노랑, 초록 등
명도 (Brightness / Lightness)	• 색의 밝고 어두운 정도를 나타내는 요소이다. • 빛의 양에 의해 결정된다. • 색이 얼마나 밝거나 어두운지를 나타내며, 동일한 색상도 명도에 따라 다른 인상을 나타낸다. 예) 밝은 노랑, 어두운 파랑 등
채도 (Saturation / Chroma)	• 색의 순수함이나 강도를 나타내는 요소이다. • 색이 얼마나 선명하고 강한지를 나타낸다. • 채도가 높을수록 색이 더 선명하고 강하며, 채도가 낮을수록 색이 흐릿하고 회색에 가까워진다. 예) 강렬한 빨강, 흐릿한 파랑 등

3) 색의 혼합

1차색 (Primary Colors)		• 다른 색을 혼합하여 만들 수 없는 기본색이다. • 가법혼합의 1차색 : 빨강(Red), 초록(Green), 파랑(Blue) • 감법혼합의 1차색 : 빨강(Red), 노랑(Yellow), 파랑(Blue)
2차색 (Secondary Colors)	1차색을 혼합하여 만든 색이다.	
	가법혼합의 2차색	• 빨강 + 초록 = 노랑(Yellow) • 빨강 + 파랑 = 마젠타(Magenta) • 초록 + 파랑 = 시안(Cyan)
	감법혼합의 2차색	• 빨강 + 노랑 = 주황(Orange) • 빨강 + 파랑 = 보라(Purple) • 노랑 + 파랑 = 초록(Green)

		1차색과 2차색을 혼합하여 만든 색이다.	
3차색 **(Tertiary Colors)**	가법혼합의 3차색	• 빨강 + 노랑 = 주황(Orange) • 노랑 + 초록 = 연두(Yellow-green).	
	감법혼합의 3차색	• 빨강 + 주황 = 적주황(Red-orange) • 노랑 + 초록 = 연두(Yellow-green).	
보색 **(Complementary Colors)**		• 색상환에서 서로 마주 보는 색이다. • 혼합하면 무채색(흰색, 회색, 검은색)을 만드는 색이다.	
가법혼합 **(Additive Color Mixing)**		• 빛의 혼합으로 색을 만드는 방법이다. • 모든 1차색을 혼합하면 흰색이 된다. 예 TV 화면, 컴퓨터 모니터	
감법혼합 **(Subtractive Color Mixing)**		• 색소나 물감의 혼합으로 색을 만드는 방법이다. • 모든 1차색을 혼합하면 검정색이 된다. 예 그림 물감, 프린터 잉크	

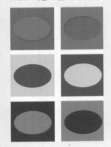

보색(Complementary color)
서로 반대되는 색으로, 보색을 이루는 두 가지 색상을 혼합했을 때 무채색이 되며 서로 반대되는 색이니 그만큼 두 색상의 대비가 강하게 느껴지지는 색이다.

RGB 색상모델에서의 보색

▼ 먼셀 표색계

$$H \ V \ / \ C$$
색상(Hue) 명도(Value) 채도(Chroma)
$$5R \ 4 \ / \ 14$$

순색	표기
빨강	5R 4/14
노랑	5Y 9/14
녹색	5G 5/8
파랑	5B 4/8
보라	5P 4/12

먼셀 표색계

4) 헤어의 염색과 탈색

염색 **(Hair Dyeing)**	• 개념 : 머리카락에 다양한 색을 입히는 과정 • 목적 : 자연적인 머리색을 원하는 색상으로 전체 색조를 변경하거나, 회색 머리를 덮음 • 종류 : 영구 염색, 반영구 염색, 일시적 염색 • 방법 : 화학적 염료를 사용하여 모발의 큐티클을 열고 색소를 침투시킴
탈색 **(Hair Bleaching)**	• 개념 : 머리카락의 자연 색소를 제거하여 밝고 연한 색상(금발이나 백발에 가까운 색상)으로 만드는 과정 • 목적 : 기존 색을 제거하여 새로운 색을 입히기 쉽게(염색을 위한 기초 단계로 사용) 하거나, 매우 밝은 색을 얻기 위함 • 방법 : 산화제를 사용하여 멜라닌 색소를 분해함 • 주의사항 : 모발이 손상될 가능성이 높아 사후 관리가 필요함

5) 염색의 구분 〔빈출〕

헤어 다이 (Hair Dye)	• 머리 염색제. 염모제(染毛劑)라고도 한다. • 백발 염색이나 부분 염색을 포함하여 자연의 머리 색을 다른 색으로 물들이는 것이다.
헤어 틴트 (Hair Tint)	• 기존 머리카락 색상에 가볍게 색을 더하거나 • 멜라닌 색소를 분해해 색조를 변경하는 데 사용되는 염료이다.
다이터치업 (Dye Touch-up)	기존 염색한 머리카락의 뿌리 부분 또는 색이 바랜 부분을 다시 염색하는 과정으로 리터치(Retouch)라고도 한다.

6) 헤어컬러 디자인의 법칙

① 반복(Repetition) : 한 색상이 특정한 부분이나 모발 전체에 반복되는 것
② 대조(Contrast) : 반대되는 요소들의 관계로, 대조 색은 최소 3명도 이상의 차이가 남
③ 진행(Progression) : 밝은 색상에서 어두운 색상, 따뜻한 색조에서 차가운 색조로 나타나는 것
④ 교대(Alternation) : 한 가지 색상에서 다른 색상으로 반복해서 변화하는 것
⑤ 조화(Harmony) : 명도나 색조가 비슷한 색상을 어울리게 혼합해 놓은 것

KEYWORD 02 **퍼스널컬러**

1) 퍼스널컬러의 개념

퍼스널컬러란 피부의 톤, 머리의 질감, 얼굴형, 체형, 성격적인 요소 등 개개인이 가지고 있는 신체의 색과 조화를 이루는 색으로 고객에게 개인별로 맞는 색을 제안하는 방법이다.

2) 퍼스널컬러에서 계절과 톤

① 계절

컬러 진단은 개개인의 피부색, 눈동자 색, 머리카락 색을 파악하여 조화를 이루는 색을 찾는 과정으로 사계절의 이미지에 비유하여 분류한다.

계절	이미지	적용대상
봄	화사하고 경쾌한 이미지	봄 따뜻하고 부드러운(밝은) 컬러가 어울리는 사람
여름	낭만적이며 여성스러운 이미지	차갑고 부드러운(밝은) 컬러가 어울리는 사람
가을	우아하고 여성스러운 이미지	따뜻하고 진한(어두운) 컬러가 어울리는 사람
겨울	세련되고 도회적인 이미지	차갑고 진한(어두운) 컬러가 어울리는 사람

② 따뜻한 톤(Warm Tone)과 차가운 톤(Cool Tone)

웜톤	쿨톤
• 따뜻한 색은 노란 색감을 베이스로 한다. • 온화하면서도 동적인 감성이다. • 부드러운 컬러들은 봄(Spring)으로, • 어두운 컬러들은 가을(Autumn)로 구분한다.	• 차가운 색은 파랑과 무채색 계열의 색상이다. • 지적이고, 부드럽고 이성적인 감성이다. • 부드러운 컬러들은 여름(Summer)으로, • 딱딱한 느낌의 컬러들은 겨울(Winter)로 구분한다.

3) 퍼스널컬러의 진단

① 베이스 진단 : 드레이프를 사용하지 않고 시진함

구분	피부색	눈동자	머리카락
봄	베이지색, 황색	밝은 갈색	밝은 갈색
여름	희고 푸른색, 복숭앗빛	브라운	회색빛의 갈색
가을	가을 골드(다크) 베이지, 붉은빛의 갈색	짙은 갈색	짙은 황갈색
겨울	블루 베이지, 푸른빛이 도는 피부	어두운 갈색, 회갈색	어두운 갈색, 검은색, 흑갈색

② 드레이프를 사용한 진단 : 드레이프를 사용하여 시진함

컬러 드레이프

구분	명도	채도	색상
봄	고명도	고채도	난색
여름	고명도	저채도	한색
가을	중명도	중채도	난색
겨울	고명도, 저명도	고채도, 블랙	한색

4) 헤어컬러 제안

개인에게 어울리는 컬러를 결정하기 위해 드레이프를 사용하여 색에 대한 반응 결과를 바탕으로 헤어컬러를 제안한다.

① 계절에 따른 헤어컬러 선정

구분	명도	채도	색상
봄	고명도	고채도	난색
여름	고명도	저채도	한색
가을	중명도	중채도	난색
겨울	고명도, 저명도	고채도, 블랙	한색

② 톤에 따른 헤어컬러 선정

웜톤	쿨톤

5) 어울리는 색의 반응

어울리는 색	어울리지 않는 색
• 붉은빛이 적게 나타난다. • 피부색이 건강하게 보인다. • 얼굴이 부드럽고 젊게 보인다. • 색소 침착 부분이 옅게 보인다. • 피부색이 전체적으로 화사하게 보인다.	• 푸른빛이 많이 나타난다. • 피부색이 칙칙하게 보인다. • 얼굴의 인상이 강하게 보인다. • 색소 침착 부분이 짙게 보인다. • 피부색이 부분적으로 누렇게 보인다.

KEYWORD 03 헤어컬러제의 종류 (비출)

일시적 염모제 (Temporary Hair Dye)	• 모발의 큐티클을 열지 않고 모발 표면에 색소를 코팅한다. • 한두 번의 샴푸로 쉽게 제거할 수 있다. • 모발 손상이 거의 없다. 예) 컬러린스, 컬러스프레이, 컬러샴푸, 컬러 크레용, 헤어마스카라 등
반영구적 염모제(Semi-permanent Hair Dye)	• 4~6주 정도 유지되며, 점차적으로 색이 빠진다. • 모발의 표면에 색소를 입히거나 모피질까지 색소가 침투한다. • 모발 손상이 적고, 화학적 처리 없이 사용할 수 있다. • 흰머리 커버는 제한적이다. 예) 산성 산화 염모제, 헤어 매니큐어 등
영구적 염모제 (Permanent Hair Dye)	• 모발이 자라날 때까지 색이 유지된다. • 화학적 염료와 산화제를 사용하여 모발의 큐티클을 열고 색소를 모피질 내에 침투시킨다. • 모발을 손상시킬 가능성이 있어 사후 관리가 필요하다. • 다양한 색상으로 염색할 수 있다. • 흰머리와 회색 머리를 완벽하게 커버할 수 있다. 예) 식물성 염모제, 금속(광물)성 염모제, 유기 합성 염모제

✔ 개념 체크

영구적(지속성) 염모제의 주성
분이 되는 것으로 단순히 백발
을 흑색으로 염색하기 위해 사
용되는 것은?

① 니트로페닐렌디아민
② 파라페닐렌디아민
③ 파라트릴렌디아민
④ 모노니트로페닐렌디아민

②

영구적으로 색상이 유지되는 지속성 염모제이다.

1) 구성 성분

제1액 (알칼리제)	• 파라페닐렌디아민(PPD)과 같은 염모제 성분이 포함된다. • 알칼리제는 모발을 팽윤시켜 색소를 쉽게 침투하도록 도와주는 역할로 암모니아수, 계면활성제 등이 포함된다.
제2액 (산화제)	• 과산화수소(H_2O_2)와 같은 산화제가 포함된다. • 산화 반응을 통해 제1액의 염모제 성분을 활성화한다. • 모발의 멜라닌 색소를 분해하여 밝은 색상을 구현할 수 있게 한다.

2) 산화 염료의 종류

파라페닐렌디아민(PPD)	검은색, 어두운 갈색
파라틸렌디아민(PTD)	갈색, 붉은색, 자주색
모노니트로페닐렌디아민	노란색, 주황색, 붉은색

3) 작용 순서

① 산화작용을 위해 제1액(염모제)과 제2액(산화)을 일정 비율로 혼합한다.
② 혼합된 염모제를 모발에 고르게 도포한다.
③ 산화제가 염모제 성분을 활성화하여 모발 내에서 색소를 형성하게 한다.
④ 일정 시간 동안 방치하여 색이 모발에 고정될 수 있게 한다(= 프로세싱 타임).
⑤ 컬러테스트를 한다.
⑥ 염모제를 씻어내고 샴푸한다.

1) 개념과 목적

① 개념 : 탈색(Bleaching)은 자연 모발 색소를 제거하여 머리카락을 더 밝게 만드는 화학적 과정
② 목적 : 머리카락을 염색하기 전에 색소를 제거하거나 머리카락을 밝은 색상으로 변화시키기 위해 사용

2) 구성성분

제1액 (알칼리제)	• 모발의 기존 색소를 완전히 제거하여 밝은 색으로 만드는 목적으로 사용한다. • 알칼리성 화합물만 포함 : 모발을 팽윤시켜 색소를 쉽게 침투하도록 도와주는 역할로 암모니아수가 사용된다.

개념 체크

헤어틴트 시 패치테스트를 반드시 해야 하는 염모제는?

① 글리세린이 함유된 염모제
② 합성왁스가 함유된 염모제
③ 파라페닐렌디아민이 함유된 염모제
④ 과산화수소가 함유된 염모제

③

제2액 (산화제)	• 과산화수소(H_2O_2)와 같은 산화제가 포함된다. • 산화 반응을 통해 모발의 멜라닌 색소를 완전히 산화시켜 옥시멜라닌 화한다.

3) 탈색제의 종류

분말형 (Powder Bleach)	특징	• 일반적으로 사용하는 형태이다. • 분말형태의 1제와 과산화수소가 함유된 액체 2제를 혼합하여 사용한다.
	장점	• 강한 탈색 효과로 짧은 시간 내에 모발을 밝게 할 수 있다. • 원하는 탈색 정도를 세밀하게 조절할 수 있다. • 가격이 저렴하다.
	단점	• 사용 시 분진이 발생할 수 있어 호흡기에 악영향을 준다. • 탈색력이 강해 모발 손상이 클 수 있다.
크림형 (Cream Bleach)	특징	잘 흘러내리는 분말형 탈색제의 단점을 보완한 형태이다.
	장점	• 크림 형태로 사용이 간편하다. • 모발에 균일하게 도포하기 쉬워 탈색이 고르게 된다. • 분말형보다 모발 손상이 적다.
	단점	• 탈색력이 분말형보다 약해 높은 명도를 올리기 어렵다. • 크림형태라 샴푸하기 어렵다.
오일형 (Oil Bleach)	특징	과산화수소에 유황유를 혼합한 오일 형태이다.
	장점	• 모발에 부드럽게 도포할 수 있다. • 모발에 손상이 적다. • 민감한 두피에도 상대적으로 자극이 적다.
	단점	• 탈색력이 크림형과 분말형보다 약해 높은 명도를 올리기 어렵다. • 탈색 속도가 느리다.

KEYWORD 06 산소형성량 빈출

1) 과산화수소(H_2O_2) 농도

퍼센트(%)와 볼륨(Volume) 단위로 표현되며, 볼륨은 과산화수소가 방출할 수 있는 산소의 양을 나타낸다.

2) 염색과 탈색에서의 농도

농도(%)	볼륨(Volume)	특징
3%	10 Volume	• 과산화수소 1mL가 10mL의 산소를 방출한다(= 10배). • 약간의 색상 변화나 모발의 미세한 밝기 조정에 사용한다. • 주로 백모 커버, 톤다운 작업에 사용한다. • 모발의 명도를 1레벨 상승시킨다.

6%	20 Volume	• 과산화수소 1mL가 20mL의 산소를 방출한다(= 20배). • 일반적인 영구 염색에 사용한다. • 과산화수소 6%와 암모니아수 28%를 가장 많이 사용한다. • 모발의 명도를 1~2레벨 상승시킨다.
9%	30 Volume	• 과산화수소 1mL가 30mL의 산소를 방출한다(= 30배). • 중간 정도의 탈색과 강한 염색에 사용한다. • 모발의 명도를 2~3레벨 상승시킨다.
12%	40 Volume	• 과산화수소 1mL가 40mL의 산소를 방출한다(= 40배). • 강한 탈색과 매우 밝은 색상으로의 염색에 사용한다. • 모발의 명도를 3~4레벨 상승시킨다.
15%	50 Volume	• 과산화수소 1mL가 50mL의 산소를 방출한다(= 50배). • 매우 강한 탈색에 사용되며, 주로 전문적인 용도로 사용한다. • 인체에는 사용하지 않으며 주로 가발작업에 사용한다.

KEYWORD 07 헤어컬러 방법 빈출

1) 염모제 선정

고객의 요구가 반영된 디자인 형태, 정확한 모발 진단, 모발의 특성을 고려해 염모제를 선정하고 이전 염색 이력과 모발에 남아 있는 잔여 색소도 파악하여 선정하여야 한다.

| 착색이 쉬운 모발 | • 모발의 상태 : 건성 모발, 연모, 가는 모발, 흡수성 모발
• 모발의 밝기 : 노란빛, 자연 갈색
• 모발의 양 : 적음 |
| 착색이 어려운 모발 | • 모발의 상태 : 지성 모발, 경모, 굵은 모발, 발수성 모발
• 모발의 밝기 : 적빛, 자연 갈색
• 모발의 양 : 많음 |

2) 패치 테스트

• 헤어컬러 시술 전 실시하는 알레르기 테스트이다.
• 귀 뒤쪽 또는 팔꿈치 안쪽에 헤어컬러 시 사용할 동일한 염모제를 동전 크기만큼 바른 후 밴드를 붙여 24~48시간이 지난 후 피부 발진 반응을 확인한다.

3) 스트랜드 테스트

• 사전 컬러테스트이다.
• 희망 컬러 연출을 위한 프로세싱 타임을 결정하기 위해 실시하는 염색이다.
• 동일 염모제를 사용하더라도 모발 상태에 따라 결과가 다를 수 있기 때문에 시행한다.
• 네이프 또는 귀 뒤쪽 헤어라인 부분의 모발을 5㎜의 두께로 선정하여 사용 예정인 헤어컬러제를 도포하여 일정 시간 방치 후 염모제의 발색 여부를 확인한다.

✅ 개념 체크

컬러링 시술 전 실시하는 패치 테스트에 관한 설명으로 틀린 것은?

① 염색 시술 48시간 전에 실시한다.
② 팔꿈치 안쪽이나 귀 뒤에 실시한다.
③ 테스트 결과 양성반응일 때 염색시술을 한다.
④ 염색제의 알레르기 반응 테스트이다.

③

- 염색 이력을 정확히 예측하기 어려운 경우(톤다운, 산성 컬러)에 시행한다.
- 싱글 프로세스로 희망 컬러 표현이 어려운 경우(강모, 특수 컬러)에 시행한다.

KEYWORD 08 | 헤어컬러 시행

1) 원톤 컬러

톤업, 톤인톤, 톤다운같이 고객이 희망하는 컬러로 작업하는 방법이다.

싱글 프로세스 (Single Process)	• 고객이 희망하는 컬러를 한 번에 작업하며 샴푸 1회로 완성하는 방법이다. • 신생부와 기염부 명도와 색상을 동일하게 표현하는 방법이다.
더블 프로세스 (Double Process)	• 고객이 희망하는 컬러를 두 번에 작업하며 샴푸 2회로 완성하는 방법이다. • 색(블리치) 작업 후 염색 작업을 하는 방법이다. • 신생부와 기염부를 톤업하여 명도를 맞춘 후 색상을 동일하게 표현하는 방법이다.

2) 투톤 컬러

그러데이션계	• 하이라이트(로라이트)와 베이스의 대비가 작다. • 자연스러움을 표현한다.
콘트라스트계	• 하이라이트(로라이트)와 베이스의 대비가 크다. • 디자인을 중요하게 표현하고 싶을 때 사용한다.

3) 헤어컬러 디자인

그러데이션계	• 하이라이트(로라이트)와 베이스의 대비가 작다. • 자연스러움을 표현한다.
콘트라스트계	• 하이라이트(로라이트)와 베이스의 대비가 크다. • 디자인을 중요하게 표현하고 싶을 때 사용한다.

4) 헤어컬러 디자인의 종류

① 포일 워크
- 포일을 이용하여 위빙이나 슬라이싱 기법으로 컬러 디자인을 시술하는 것이다.
- 포일을 사용하는 이유
  - 컬러제 도포 시 잘 흐르지 않는다.
  - 밀폐 시 공기가 닿지 않아 균일한 조건을 유지한다.
  - 위빙 부분을 단단하게 고정할 수 있다.

위빙 (Weaving)	모발을 꿰매듯이 몇 가닥을 떠 올려 색을 넣는 기법이다. 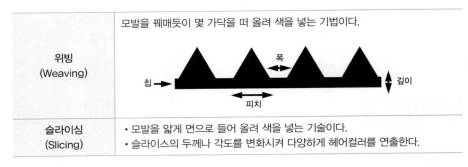
슬라이싱 (Slicing)	• 모발을 얇게 면으로 들어 올려 색을 넣는 기술이다. • 슬라이스의 두께나 각도를 변화시켜 다양하게 헤어컬러를 연출한다.

② 발레아주(Balayage)

• 모발을 비질하듯 컬러를 넣는 핸드 페인팅 기법이다.
• 입체적인 하이라이트 표현과 명암 차이가 있는 컬러가 특징이다.
• 가닥가닥 염색(탈색) 효과로 자연스러운 투톤 컬러를 표현한다.
• 발레아주의 종류

발레아주   프레임 발레아주   옴브레 발레아주   솜브레 발레아주

③ 존 컬러

헤어스타일 형태를 일정 부분 명도 차이, 색상 차이를 이용하여 선명하고 탁함을 구분하는 기술이다.

5) 염색과 탈색 주의사항

• 사전 테스트하여 알레르기 반응이 있는지 확인해야 한다.
• 염색제와 탈색제는 강한 화학 성분을 포함하고 있으므로, 환기가 잘 되는 곳에서 시술해야 한다.
• 보호 장갑과 가운을 착용하여 피부에 탈색제가 직접 닿지 않도록 주의해야 한다.
• 과도한 염색과 탈색은 모발과 두피에 심각한 손상을 줄 수 있으니 주의해야 한다.
• 한 번에 원하는 밝기가 나오지 않는다면, 시간을 두고 재시술하는 것이 좋다.
• 염색과 탈색 후 모발이 건조해지기 쉬우므로 트리트먼트와 헤어 마스크를 사용하여 충분한 보습을 제공해야 한다.

- 자외선 차단 스프레이를 사용하여 햇빛으로부터 손상되지 않도록 보호해야 한다.
- 염색과 탈색을 진행한 후에는 1주일이 지난 후에 퍼머넌트를 시행해야 한다.
- 모근부에 가까이 시술 시 두피에 닿지 않도록 주의해야 한다.
- 시간이 지나면 효력이 상실되어 재사용이 불가능하므로 염색제와 탈색제는 사용 시점에 배합하여 시술해야 한다.

헤어전문제품

▶ 합격강의

빈출 태그 ▶ #헤어화장품 #미용화장품

KEYWORD 01 　화장품

1) 화장품의 정의

화장품이란 인체를 청결 미화하여 매력을 더하고 용모를 밝게 변화시키거나, 피부와 모발의 건강을 유지 또는 증진하기 위하여 인체에 바르고 문지르거나 뿌리는 등 이와 유사한 방법으로 사용되는 물품으로서 인체에 대한 작용이 경미한 것을 말한다(화장품법 제2조 제2호).

2) 화장품의 조건

화장품은 인체에 사용되기에 사용 목적에 맞고, 기능이 우수하고, 인체에 무해하고, 안정성이 확보되어야 한다.

3) 미용화장품의 종류

화장품	• 일시적으로 모발의 색상을 변화시키는 제품 • 물리적으로 모발을 굵게 보이게 하는 제품 • 모발의 건강을 유지 또는 증진하기 위하여 인체에 바르고 문지르거나 뿌리는 등 이와 　유사한 방법으로 사용되는 물품으로서 인체에 대한 작용이 경미한 것 • 기초화장품인 세정제품과 탈모방지 제품
기능성 화장품	• 모발의 색상 변화[탈염(脫染)·탈색(脫色) 포함] • 체모를 제거하는 데 쓰는 제품 • 탈모 증상 완화에 도움을 주는 제품

KEYWORD 02 　헤어미용제품

사용 목적	제품	종류	기능
세정용	헤어 샴푸	유아용 샴푸 (Baby Shampoo)	• 민감성 피부, 영유아에게 사용한다. • 피부에 자극을 최소화한 샴푸이다.
		프레 샴푸 (Pre-shampoo)	시술 전에 가볍게 하는 샴푸이다.
		탈모 샴푸 (Alopecia Shampoo)	• 탈모두피에 청량감을 제공하는 샴푸이다. • 모공을 청결하고, 모발을 튼튼하게 한다.

		천연 샴푸 (Organic Shampoo)	유기농 성분으로 만든 샴푸이다.
	헤어 트리트먼트	오일, 크림, 로션, 팩	모발에 탄력과 광택을 부여하고 비듬과 각질을 제거하며 극손상 모발을 복구하거나 모발의 탄력을 강화한다.
	헤어 컨디셔너	크림	• 유분 · 광택 · 촉감을 부여하고, pH를 조절한다. • 모발의 등전점을 유지해, 정전기를 방지한다. • 모발 표면 상태를 매끈하게 정돈한다.
헤어 스타일링용	헤어 스프레이	스프레이/미스트	헤어디자인 형태를 고정하고 유지한다.
	헤어무스	에어로솔(Aerosol), 액화가스(분사제)	• 스타일링과 함께 헤어케어의 기능을 한다. • 세팅력과 광택을 부여한다.
	헤어젤	젤	웨이브와 스타일을 고정한다.
	헤어왁스	크림, 매트, 젤, 스틱, 검, 머드	자연스러운 헤어스타일을 연출한다.
		포마드	깔끔하고 물에 젖어 보이는 남성의 헤어스타일을 연출한다.
	헤어오일	오일	• 모발의 광택과 유연성, 묵직하고 차분한 정돈감을 준다. • 모발 보호와 스타일링 연출 시 사용한다. • 웨이브 모발, 숱이 많은 모발, 손상이 심한 모발에 사용한다.
	헤어세럼	점성이 있는 액상	• 손상된 모발에 사용한다. • 건조모, 절모, 지모를 예방한다. • 율동감, 볼륨감이 필요한 헤어스타일을 연출한다.
	헤어 에센스	오일, 크림	• 모발에 윤기, 광택, 유연성을 부여한다. • 차분하며 자연스러운 스타일링 시 사용한다.
		수분	빗질 용이와 모발의 건조함을 방지한다.
헤어 컬러용	영구 염모제	크림, 액상, 매트	영구적으로 모발에 색상 변화를 준다.
	반영구적 염모제	크림, 액상	반영구적으로 모발에 색상 변화를 준다.
	일시적 염모제	샴푸, 크레용, 스프레이	일시적으로 모발에 색상 변화를 준다.

등전점

등전점은 양이온과 음이온을 모두 갖는 양쪽성 물질인 단백질의 전체 전하(電)가 0이 되는(等) 지점(點)을 말한다.

퍼머넌트 용	콜드 퍼머넌트제	티오글리콜산 (환원제/1제) 시스테인(환원제/1제)	모발의 영구적인 변화로 시스틴 결합을 깨트린다.
		과산화수소(산화제/2제) 브롬산나트륨 (산화제/2제)	모발의 영구적인 변화로 깨트린 시스틴 결합을 고정한다.
	스트레이트 퍼머넌트제	티오글리콜산 (환원제/1제), 크림	모발의 영구적인 변화로 시스틴 결합을 깨트려 곱슬거리는 모발을 직선으로 형성한다.
		과산화수소 (산화제/2제), 브롬산나트륨 (산화제/2제), 액상	모발의 영구적인 변화로 시스틴 결합을 깨트려 곱슬거리는 모발을 직선으로 고정한다.
탈모방지 용	전문/일반 의약품	액상, 스프레이, 미스트	• 혈행을 개선하여 모근에 영양을 공급한다. • 보습기능을 한다.
	기능성 화장품		• 기능 약화로 인한 건조함, 갈라짐, 빠짐, 각 질화 등을 방지하거나 개선한다. • 탈모를 방지한다.

베이직 업스타일

▶ 합격 강의

빈출 태그 ▶ #업스타일 #업스타일구조

KEYWORD 01 업스타일

권쌤의 노하우

베이직 업스타일 문제는 최근에 간혹 나오는 문제예요. 편하게 읽고 넘어가도록 해요!

1) 업스타일 디자인

- 연령, 체형, 목선, 두상, 얼굴 형태, 모발의 길이, 모량, 웨이브, 커트 상태, 의상, 행사의 목적 등을 파악하여 디자인을 결정하는 것이다.
- 얼굴 유형에 따른 특징과 형의 보완

계란형	이상적인 얼굴형(가로와 세로 비율이 1:1.5)이다.
사각형	• 턱의 넓이가 두상의 넓이와 비슷한 얼굴형이다. • 측상과 두상을 강조하고 턱 라인은 모발로 방향을 잡는다.
역삼각형	• 이마의 폭이 넓고 턱이 뾰족한 얼굴형이다. • 측두부를 억제하고 하단을 강조하여 턱선을 보완한다.
삼각형	• 턱이 넓으며, 이마 가로 폭이 좁은 얼굴형이다. • 뱅을 두고 측상을 강조하며, 턱 라인을 가릴 모류를 잡는다.
마름모형	• 이마와 턱이 좁으면서 광대뼈가 두드러져 보인다. • 뱅을 내려 이마를 가리고 측두부에 불륨을 잡아 목선의 모발이 전면에서 보이게 윤곽을 잡는다.
장방형	• 얼굴이 길어 보이는데 특히 턱 라인이 길어 보인다. • 뱅으로 이마를 가리고 측면의 볼륨을 잡지만 올림머리에서는 양감이 크면 오히려 턱 라인이 강조된다.
둥근형	• 호의적, 안정감, 부드러움이 있고 어린 인상을 나타낸다. • 뱅을 두고 깔끔한 윤곽보다는 흐트러진 라인으로 폭보다 상향의 방향과 볼륨을 강조한다.

2) 업스타일 방향에 따른 이미지

업스타일은 포인트의 위치에 따라 이미지가 변화되므로 고객의 체형, 얼굴형, 모량, 모의 길이, 의상, 상황 등을 고려하여 디자인한다.

① 키가 큰 체형 : 큰 키를 강조하지 않고, 신체를 보완해 줄 수 있게 표현함
② 키가 작은 체형 : 키가 커 보일 수 있도록 머리의 길이감을 최소화함
③ 마른 체형 : 마른 체형을 보완해 줄 수 있도록 볼륨감 있게 표현함
④ 풍채가 있는 체형 : 최대한 업스타일의 양감을 줄여 가볍게 표현함

✓ 개념 체크

업스타일을 시술할 때 백코밍의 효과를 크게 하고자 세모난 모양의 파트로 섹션을 잡는 것은?

① 스퀘어 파트
② 트라이앵귤러 파트
③ 카우릭 파트
④ 렉탱귤러 파트

③

3) 업스타일의 볼륨 구조

A 기본 볼륨	• 두피 전체의 볼륨이다. • 모발을 이용해 최소의 볼륨으로 두상의 형을 유도한다. • 세팅이나 모근 백콤으로 만든다.
B 중심 볼륨	• 포인트를 중심으로 놓이며, 형태를 지지한다. • 형태를 유지하기 위해 버팀목 역할을 하는 볼륨이다. • 긴 모발은 백콤을 이용한다. • 짧은 모발은 헤어피스를 이용한다.
C 형태 볼륨	• 형태, 질감, 포인트를 나타낸다. • 기본 볼륨과 중심 볼륨을 보완한다. • 표면의 질감과 윤곽을 통시한다.

KEYWORD 02   헤어 세트롤러

1) 헤어 세트롤러의 종류 및 특징

원형 플라스틱 (Plastic)		• 젖은 모발에 와인딩한 후 열풍으로 건조하는 방식이다. • 건조하는 데 긴 시간이 필요하다(사용 빈도 낮음). • 모발 손상이 거의 없다.
원형 벨크로 (Velcro)		• 일명 '찍찍이'라고 부르는 헤어 세트롤러이다. • 금속 위에 벨크로 처리하여 세팅력을 강화한 제품이다. • 젖은 또는 마른 모발에 와인딩 후 건조하는 방식이다. • 짧은 헤어 퍼머넌트 웨이브 모발에 효과적이다.
원추형 (Conical Rollers)		• 한쪽은 지름이 작고, 다른 한쪽은 지름이 크다. • 곡선형 또는 서로 다른 굵기의 웨이브 연출에 적합하다.
스파이럴형 (Spiral)		• 긴 모발에 적합하다. • 전용 고리로 모발을 당겨서 사용한다.
전기 세트롤러 (Heated Rollers)		• 반드시 마른 모발에 사용한다. • 비교적 짧은 시간에 웨이브를 연출할 수 있다. • 감전과 화상에 유의해야 한다.

2) 헤어 세트롤러 고정 방식

핀		• 주로 전기 헤어 세트롤러를 고정할 때 사용한다. • 바비핀이나 핀컬핀 또는 전용 핀으로 고정한다. • 건조 후 핀 자국이 보이지 않도록 주의해야 한다.
꽂이		• 주로 일반 헤어 세트롤러를 고정할 때 사용한다. • 헤어 퍼머넌트 웨이브에서 사용하는 꽂이와 유사하다. • 세트롤러의 구멍에 맞추어 꽂이를 통과시켜 고정한다.
덮개		• 세트롤러 위에 집게로 집듯이 고정한다. • 사용이 편리하다.

3) 헤어 세트롤러 활용 기법

크기와 굵기와 컬의 굵기	지름이 클수록 컬이 굵어지고 지름이 작을수록 컬이 작아진다.
베이스 너비와 폭의 크기	• 베이스의 너비는 헤어 세트롤러 지름의 80% 정도가 이상적이다. • 베이스의 폭은 헤어 세트롤러의 지름과 1:1 정도가 적절하다. • 굵은 웨이브를 원하면 폭을 넓게, 작은 웨이브를 원하면 폭을 좁게 해야 한다.
각도와 볼륨	• 모발을 120° 이상 들어 와인딩하면 컬의 볼륨이 크고 자유롭다. • 60° 이하로 들고 와인딩하면 컬의 볼륨이 작고 움직임도 제한적이다.
텐션에 따른 웨이브	• 텐션은 모발을 잡아당기는 일정한 힘이다. • 와인딩할 때 모발의 끝이 꺾이지 않고 탄력 있는 웨이브가 형성될 수 있도록 와인딩해야 한다. • 적당한 텐션으로 와인딩하며 고객이 통증을 느낄 만큼 강하게 당기지 않도록 주의해야 한다.

가발 헤어스타일

▶ 합격 강의

빈출 태그 ▶ #가발 #위그 #스위치

KEYWORD 01 가발

1) 가발의 정의
가발(假髮)이란 남의 머리털로 만든 머리모양을 의미하며, 가모(假毛)라고도 한다.

2) 가발의 구성과 특성
가발은 원사, 스킨, 망으로 구성된다.

인모	사람의 머리카락으로 퍼머넌트 웨이브와 컬러링, 스타일링 등이 가능하다.
인조모	• 화학섬유를 원료로 모발의 형태로 제작된다. • 인모와 거의 흡사하지만 퍼머넌트 웨이브와 컬러링의 시술이 불가능하다.
동물모	염소, 앙고라, 말, 양 등의 털로 만든다.
합성모	• 인모, 인조모, 동물모 등을 섞어서 제작한다. • 혼합비율에 따라 스타일링, 퍼머넌트 웨이브, 컬러링의 가능 여부가 결정된다.
스킨	• 두피를 대신 피부에 부착되는 부분이다. • 피부 색과 유사하고 부작용이 없는 소재로 만든다.
망	전체 가발이나 패션 가발의 기초 작업을 할 때 사용한다.

3) 가발의 분류와 특성
① 전체 가발
위그(Wig)라고 하며, 머리 전체에 쓰는 가발이다.

② 부분 가발

위글릿 (Wiglet)	• 둥글고 납작한 베이스에 6인치(15.24㎝)보다 짧은 모발을 이용하여 제작한다. • 두상의 탑과 크라운 지역에 풍성함과 높이를 형성하기 위하여 사용한다.
캐스케이드 (Cascade)	• 긴 장방형 모양의 베이스에 긴 모발이 부착된 부분 가발이다. • 모발을 풍성하게 표현하고자 할 때 사용한다.
폴 (Fall)	• 두상의 후두부(크라운, 백, 네이프)를 감싸는 크기의 부분 가발이다. • 12인치에서 24인치(30.48~60.96㎝) 사이로 길이가 다양하다.
스위치 (Switch)	• 1~3가닥의 긴 모발을 땋은 모발(Braid)이나 묶은 모발(Ponytail)이다. • 두상에 매달거나 업스타일 등의 스타일링을 할 때 사용한다.
시뇽 (Chignon)	• 와이어에 고정된 고리 모양의 길고 풍성한 부분 가발이다. • 대부분 특별한 형태로 제작되어 크라운과 네이프에 주로 사용한다.
브레이드 (Braid)	3가닥의 모발을 땋은 형태이다.

위그

위그(Wig)는 통가발이다.

위그
(통가발)

폴

웨프트

스위치

캐스
케이드

위글릿

| 투페
(Toupee) | • 남성의 탈모 부분이나 모량이 적은 부분을 가리는 부분 가발이다.
• 주로 두상의 탑 부분에 사용한다. |

1) 익스텐션

사람 모발에 가모(헤어피스)를 연결하여 새로운 스타일로 연출하는 기법이다.

2) 익스텐션의 종류

① 붙임머리

짧은 모발에 헤어피스를 사용하여 길이를 연장하는 방법이다.

테이프	가모의 테이프 부분을 모발에 부착하고 열을 전도하여 고정하는 방법이다.
클립	• 헤어피스에 클립이 부착된 형태이다. • 클립을 오픈하여 본머리에 고정하는 방식으로 손쉽게 탈 · 부착이 가능하다.
링	붙임머리용 전용 집게를 이용하여 모발에 링을 부착하는 방법이다.
팁	접착제(실리콘 단백질 글루)를 이용하여 헤어피스를 모발에 직접 부착하는 방법이다.
고무실	• 2가닥 트위스트와 3가닥 브레이드 기법이다. • 모발을 연장한 다음, 고무실로 본머리와 가모를 고정하는 방법이다. • 가장 자연스러운 연결 방법이다.

② 특수머리

트위스트 익스텐션 (Twist Extension)		• 밧줄 모양과 같이 모발의 꼬인 형태이다. • 본머리에 헤어피스 또는 얀(Yarn)을 연결하여 연출할 수 있는 스타일이다.
콘로우 (Cornrow)		세 가닥 땋기 기법을 두피에 밀착하여 표현하는 스타일이다.
브레이즈 익스텐션 (Braids Extension)		세 가닥 땋기를 기본으로 하여 모발을 교차하거나 가늘고 길게 여러 가닥으로 늘어뜨려 연출하는 헤어스타일이다.
드레드 (Dread)		곱슬머리에 가모를 이용하여 마치 엉켜 있는 모발 다발을 연출하는 스타일이다.

1) 가발 샴푸와 트리트먼트 방법

구분	인모	인조모
샴푸 주기	2~4주에 한 번	6~12주에 한 번
물의 온도	미지근한 물	차가운 물
샴푸 제품	샴푸제와 트리트먼트제(유연제)	샴푸제와 트리트먼트제(유연제)

2) 인모가발 관리

• 브러시를 이용하여 모발이 엉키지 않도록 가볍게 빗어 준다.
• 미지근한 물에 샴푸를 풀어 거품을 낸다.
• 가발의 망 또는 스킨을 충분히 적신 후 가볍게 마사지하며 샴푸한다.
• 먼저 가발의 둘레 부분과 안쪽의 망 부분을 세척한다.
• 테이프나 접착제 때문에 끈적임이 발생한 부분은 전용 리무버를 이용하여 제거한다.
• 모발이 엉키거나 빠지지 않도록 가볍게 흔들어가며 자극을 최소화하여 진행한다.
• 컨디셔너나 트리트먼트도 물에 풀어서 가발을 가볍게 흔들어 마무리한다.
• 볼에 담긴 물에 여러 차례 헹군다.

3) 인조모가발 관리

• 인조모가발은 샴푸를 자주 하지 않는 것을 권장한다.
• 샴푸를 할 필요가 있을 때에는 차가운 물에 하도록 한다.
• 열에 의하여 변형될 수 있기 때문에 뜨거운 물의 사용은 피한다.
• 엉킴이나 먼지의 제거를 위해 모발 끝부터 굵은 빗이나 쇠 브러시를 이용해 빗는다.
• 차가운 물에 샴푸를 풀어 흔들면서 헹군다.
• 망 부분은 작은 브러시나 솜을 이용하여 깨끗하게 세척한다.
• 미지근한 물에 샴푸하고 트리트먼트를 이용하여 마무리한다.

4) 가발 건조 방법

인모	• 타월로 살짝 눌러서 물기를 70% 정도 제거한다. • 블로우드라이기의 찬바람이나 미지근한 바람으로 말린다. • 말린 가발은 반드시 가발 거치대에 걸어서 보관한다.
인조모	• 샴푸 후 빗질하면 엉키기 때문에 손으로 가볍게 정리한다. • 타월로 눌러 물기를 제거한 후 자연 건조하여 보관한다.

5) 가발 보관 방법

- 가발을 착용한 뒤에는 일반적으로 거치대에 씌워 보관한다.
- 모발의 먼지와 스킨, 패치에 묻은 이물질을 제거한다.
- 통풍이 잘되는 그늘진 곳에 보관한다.

KEYWORD 04 헤어익스텐션 관리법

1) 헤어 익스텐션의 관리법

에센스, 컨디셔너, 트리트먼트같은 모발 보호 제품을 사용하여 관리한다.

2) 붙임머리 관리법

- 붙임머리는 대개 일주일에 2~3회 샴푸를 시술을 권장한다.
- 샴푸 전에는 항상 모발이 엉키지 않도록 충분히 빗질한다.
- 미지근한 물로 가볍게 마사지하듯이 샴푸하며 붙임머리 피스 부분에는 컨디셔너 또는 트리트먼트 제품을 사용하여 부드러운 머릿결을 유지할 수 있도록 한다.
- 모발을 건조할 때는 타월로 물기를 충분히 제거하고 수분이 완전히 건조되기 전에 에센스를 도포한다.
- 도포 후에는 다시 두피를 중심으로 건조하고, 모발 부분은 따뜻한 바람과 차가운 바람을 번갈아가며 위에서 아래 방향으로 건조한다.

3) 특수머리 관리법

- 드레드, 브레이즈 등의 헤어스타일은 샴푸할 때 두피 가까이 물을 적시고 샴푸 제품은 파트와 파트 사이의 두피에 직접 도포하여 손가락으로 문지르면서 샴푸한다.
- 모발 부분은 거품을 낸 샴푸로 가볍게 헹군다.
- 다량의 모발이 연결된 디자인이므로 모발의 수분량이 많아지면 모발이 팽창하여 연장한 부분이 느슨해지거나, 디자인의 변형이 있을 수 있으므로 유의해야 한다.
- 샴푸 후에는 타월로 충분히 물기를 제거하고 두피 위주로 먼저 건조한다.
- 두피가 습하면 세균 번식, 비듬 유발, 두피 염증 등 트러블의 원인이 되기 때문에 완전 건조가 필수적이다.

CHAPTER

03

피부학

피부의 이해

▶ 합격강의

NMF(천연보습인자)

아미노산류(40%), 지방산, 젖산, 요소 등으로 구성되며, '수분창고' 역할을 하는 천연물질로 피부가 일정수준의 수분을 유지할 수 있도록 하는 역할을 한다.

개념 체크

표피 중에서 각화가 완전히 된 세포들로 이루어진 층은?

① 과립층
② 각질층
③ 유극층
④ 투명층

②

개념 체크

생명력이 없는 상태의 무색, 무핵층으로서 손바닥과 발바닥에 주로 있는 층은?

① 각질층
② 과립층
③ 투명층
④ 기저층

③

개념 체크

다음 중 표피에 있는 것으로 면역과 가장 관계가 있는 세포는?

① 멜라닌세포
② 랑게르한스세포
③ 머켈세포
④ 콜라겐

②

KEYWORD 01 표피 빈출

피부는 다양한 생리적 기능을 가진 매우 중요한 인체 기관으로 체중의 약 16%를 차지하며 표피와 진피, 피하조직으로 구성되어 있다.

1) 표피의 구조

각질층	• 표피의 가장 바깥층이다. • 여러 겹의 사멸한 각질형성세포(Keratinocytes)가 밀집되어 있는 구조이다. • 수분의 과도한 증발을 막아 피부의 수분 균형을 유지한다. • 천연 보습 인자(Natural Moisturizing Factor, NMF)와 지질(Lipids)이 존재한다. • 세라마이드 : 지질의 중요한 구성 요소 중 하나로, 피부 지질막의 약 50%를 차지하하며, 피부 세포 사이의 공간을 채워 피부의 보호 장벽 기능을 수행한다. • 10~20% 정도의 수분을 함유한다.
투명층	• 손바닥과 발바닥같이 피부가 두꺼운 부위의 표피에서 발견되는 매우 얇은 층이다. • 투명하여 빛이 통과할 수 있기 때문에 '투명층'이라고도 한다. • 엘라이딘(Eleidin) : 투명층의 세포들은 엘라이딘이라는 무색의 단백질로 변환된 케라틴(Keratin)을 포함한다.
과립층	• 각화유리질(Keratohyalin, 케라토하이린)과립과 라멜라(Lamellar) 과립으로 구성된다. • 케라토하일린 과립은 각질 형성을 촉진하는 단백질이다. • 라멜라 과립은 세포 사이의 공간에 방출되어 지질을 형성한다. • 각질화 과정 : 과립층은 피부 세포가 최종적으로 사멸하는 곳이다. • 피부의 건강과 기능에 필수적인 역할을 한다. • 손상시 피부 건조, 장벽 기능 손상 등 다양한 피부 문제를 초래한다.
유극층	• 가시돌기모양의 층이다. • 랑게르한스(Langerhans-면역) 세포 : 피부를 통한 감염에 대응하는 데 중요한 역할을 하는 세포이다. • 피부의 수분 손실을 방지하고, 외부 충격으로부터 피부를 보호한다.
기저층	• 기저 세포(Basal Cells)로 구성되며, 표피의 다른 세포들을 지속적으로 공급한다. • 멜라닌(Melanocytes) 세포 : 멜라닌 색소를 생성하여 피부 색깔을 결정하고, 자외선으로부터 피부를 보호한다. • 각질형성 세포(Keratinocyte) : 새로운 세포를 생성하는데, 이 새로운 세포들은 점차 위쪽 층으로 이동하면서 성숙된다. • 진피의 유두층에서 영양분 공급받는다. • 털의 모기질이 존재하는 곳이다.

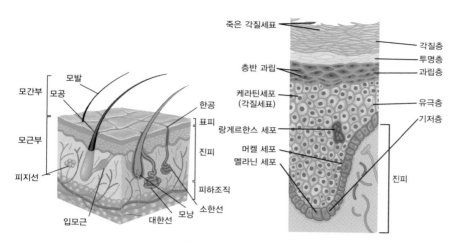

2) 피부의 기능 (빈출)

기능	내용
보호 기능	• 물리적 보호 : 케라틴과 교원섬유를 포함하는 각질층과 진피층으로 구성되며, 외부 충격과 압력으로부터 보호한다. • 화학적 보호 : 표피의 산성막(pH 4.5~6.5)은 세균 및 미생물의 침입을 방지한다. • 생물학적 보호 : 피부의 면역 세포들은 외부 유해물질로부터 방어한다.
체온 조절 기능	피부는 땀 분비와 혈관의 확장 및 수축을 통해 체온을 일정하게 조절한다.
감각 기능	피부에는 여러 종류의 감각 수용체가 있어 외부 자극(통증, 온도, 압력, 촉각)을 감지한다.
지각 기능	피부를 통해 받은 감각 정보를 뇌로 전달하여 외부 환경을 인지한다.
분비 기능	• 피지선 : 피부의 유연함을 유지하고 외부 자극으로부터 보호하기 위해 피지를 분비한다. • 땀샘(한선) : 체온 조절을 돕고 노폐물을 배출하는 땀을 분비한다.
호흡 기능	피부는 아주 제한적이지만 호흡 과정에 참여하여 산소를 흡수하고 이산화탄소를 배출한다.
흡수 기능	피부는 특정 화학물질, 약물 등을 흡수할 수 있는 능력이 있다.
저장 기능	• 피부는 수분, 지방, 영양소 등을 저장한다. • 피하지방층은 에너지를 저장하는 중요한 역할을 한다.
재생 기능	• 피부는 손상을 받았을 때 자가 치유 능력이 있다. • 새로운 세포를 생성하여 손상된 피부를 복구한다.
면역 기능	면역 세포인 랑게르한스 세포와 대식세포 등을 포함하여 외부 유해물질이나 병원체의 침입으로부터 몸을 보호한다.

✓ 개념 체크

피부의 생리작용 중 지각 작용은?

① 피부표면에 수증기가 발산한다.
② 피부에는 땀샘, 피지선 모근은 피부생리 작용을 한다.
③ 피부 전체에 퍼져 있는 신경에 의해 촉각, 온각, 냉각, 통각 등을 느낀다.
④ 피부의 생리작용에 의해 생긴 노폐물을 운반한다.

③

3) 표피의 주요 구성 세포 (빈출)

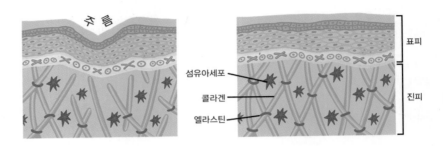

주름

표피

섬유아세포
콜라겐
엘라스틴

진피

세포의 상피화

표피를 통해 상피화(Epidermization) 과정을 거치며, 최종적으로 표피의 가장 바깥층인 각질층(Stratum Corneum)을 형성 하는 데 이 층에서 세포들은 사멸하고, 평평하고 단단한 각질 세포로 변화하여 피부를 보호하는 물리적 장벽을 형성한다.

각질형성 세포 (Keratinocyte)	• 표피(Epidermis)의 대부분을 구성한다. • 기저층(Basal Layer)에서 생성된다. • 세포의 상피화가 일어난다. • 각질형성주기는 28일이다. • 세라마이드로 구성된다.
색소형성 세포 (Melannocyte)	• 멜라닌을 생성한다. • 피부의 기저층에 있다(머리카락, 눈의 홍채, 내이 등 다른 부위에도 존재). • 생성된 멜라닌은 각질형성 세포(Keratinocytes)로 이동하는데, 이 과정에서 멜라닌은 피부 세포를 둘러싸며 보호하는 역할을 한다. • 다양성과 적응 : 인간의 멜라닌 세포 활동은 유전적 요인과 환경적 요인(특히 자외선 노출)에 따라 크게 달라질 수 있다. • 멜라닌 세포수는 인종과 피부색에 상관없이 같다. • 멜라닌은 티로신(Tirosin)이라는 아미노산에서 합성된다.
면역 세포 (Langerhans, 랑게르한스)	• 특수한 면역 세포이다. • 표피의 유극층(Stratum Spinosum)에 위치한다. • 항원 제시 : 피부를 통해 들어온 병원균이나 이물질을 포획하고 처리하여, 면역계의 T세포에게 제시한다. • 이동성 : 랑게르한스 세포는 피부에서 항원을 포획한 후, 가까운 림프절로 이동한다.
촉각 세포 (Merkel)	• 피부의 감각 수용체 중 하나이다. • 피부의 표피층과 진피층의 경계 부근(기저층)에 있다. • 터치 수용체(Touch Receptor)로서 기능한다. • 신경 섬유와 연결되어 감각 정보를 신경계로 전달하는 역할을 한다.

✔ 개념 체크

일반적으로 건강한 성인의 피부 표면의 pH는?

① 3.5~4.0
② 6.5~7.0
③ 7.0~7.5
④ 4.5~6.5

④

✔ 개념 체크

다음 보기 중 피부의 감각기관인 촉각점이 가장 적게 분포하는 곳은?

① 손끝
② 입술
③ 혀끝
④ 발바닥

④

1) 진피의 구조

- 진피(Dermis)는 피부의 두 번째 층으로, 표피(Epidermis) 아래에 위치한다.

유두층 (Papillary Layer)	• 표피와 경계를 이루는 진피의 가장 상단 부분이다. • 주로 가는 콜라겐 섬유와 엘라스틴 섬유로 구성된다. • 형성하는 유두(Papillae)를 통해 표피와 밀접한 연결을 유지한다. • 혈관과 신경 종말이 풍부하여 표피에 영양을 공급한다. • 감각을 전달한다.
망상층 (Reticular Layer)	• 진피의 대부분(80%)을 차지한다. • 더 굵고 조밀한 콜라겐 섬유와 엘라스틴 섬유로 구성된다. • 피부의 강도와 탄력성을 제공한다. • 섬유아세포(Fibroblasts), 콜라겐 섬유, 엘라스틴 섬유로 구성된다. • 섬유아세포 단백질 섬유를 생성한다. • 콜라겐은 피부의 강도를 제공한다. • 엘라스틴은 탄력을 제공한다.

- 땀샘(에크린샘과 아포크린샘)과 피지샘(Sebaceous Glands)이 포함된다.
- 피부의 수분 유지와 보호 기능을 담당한다.
- 머리카락을 생성하는 모낭(Follicles)이 존재한다.

2) 진피의 구성 물질

섬유아세포 (Fibroblasts)	• 콜라겐, 엘라스틴, 기타 단백질을 생성·분비하는 기능을 수행한다. • 피부, 힘줄, 그리고 인대와 같은 다양한 조직에서 있다. • 손상된 조직의 치유 및 재생 과정에서 중요한 역할을 한다. • 상처 치유 시 콜라겐을 생성하여 상처 부위를 강화·회복시킨다.
콜라겐 (Collagen)	• 인체에서 가장 풍부한(진피의 70~80%를 차지함) 단백질이다. • 엘라스틴과 그물모양(Matrix)으로 짜여 있다. • 피부, 뼈, 인대, 연골, 혈관 벽 등 인체의 다양한 조직에 존재한다. • 인장 강도가 강하다. • 조직의 구조적 지지와 강도를 제공하는 데 중요한 역할을 한다.
엘라스틴 (Elastin)	• 주로 조직이 늘어나거나 수축할 때 탄력성을 제공하는 역할을 한다. • 조직이 원래의 형태로 돌아올 수 있도록 도움을 준다. • 피부의 탄력성과 회복력을 유지하는 데 중요하다.
세포 외 기질 (Extracellular Matrix, ECM)	• 세포 외부에 위치하는 복합물이다. • 콜라겐, 엘라스틴, 그리고 기타 단백질 및 다당류로 구성된다. • 세포들 사이의 공간을 채우며 상호작용 조절, 세포의 이동, 성장, 분화를 지원한다.
뮤코다당체 (Glycosaminoglycans, GAGs)	• 기질의 비섬유성 구성요소 중 하나이다. • 하이알루론산, 콘드로이틴 황산, 더마탄 황산, 케라탄 황산 등이 있다.

권쌤의 노하우

매일 만나는 우리 피부!
하는 역할이 참 많죠?

개념 체크

피부 표피의 투명층에 존재하는 반유동성 물질은?

① 엘라이딘(Elaidin)
② 콜레스테롤(Cholesterol)
③ 단백질(Protein)
④ 세라마이드(Ceramide)

①

1) 피하조직(Subcutaneous Tissue)의 개념

- 피부 아래, 피부와 근육 사이에 위치한 조직으로, 주로 지방세포로 구성되어 있으며, 여러 가지 중요한 기능을 수행한다.
- 피하조직의 두께는 신체 부위와 개인에 따라 다양하며, 나이, 성별, 영양 상태, 유전적 요인 등에 의해 영향을 받는다. 비만이나 체중 감량은 피하조직의 두께와 분포에 직접적인 영향을 미치며, 이는 피부의 외형과 건강에도 영향을 줄 수 있다.

2) 피하조직의 주요 기능

- 피하조직은 체온을 조절한다.
- 지방세포는 에너지를 형태로 저장하는 주요 공간으로, 에너지가 필요할 때 지방세포가 에너지원으로 사용될 수 있다.
- 피하조직의 지방은 충격을 흡수하고 분산시키는 능력이 있어, 낙상이나 충돌 시 물리적 충격으로부터 내부 장기를 보호하는 완충 역할을 한다.
- 피부에 구조적 지지를 제공하며, 피부가 건강하고 탄력 있게 유지되게 한다.

3) 피하조직의 구성

지방세포 (Adipocytes)	주요 구성 요소로, 에너지를 저장하고 보유하는 역할을 한다.
결합 조직	• 지방세포를 둘러싸고 있는 섬유성 단백질이다. • 조직의 구조적 지지를 제공한다.
혈관 및 신경	• 피하조직은 혈관과 신경이 풍부하게 분포한다. • 영양분과 산소를 공급하고, 감각 정보를 전달한다.

피부부속기관

▶ 합격 강의

빈출 태그 ▶ #땀샘 #피지선 #손톱

KEYWORD 01 　한선(땀샘) 빈출

1) 한선(땀샘)의 특징

특징	• 진피의 망상층 아래 위치하며 전신에 분포한다. • 피부 표면에 개구부를 가지고 있어 땀을 배출한다. • 체온 조절에 중요한 역할을 한다. • 한선의 기능 이상은 다양한 피부 질환의 원인이 될 수 있다.
종류	• 에크린 한선(소한선) • 아포크린 한선(대한선)

2) 한선의 종류

에크린선 (소한선)	• 입술과 생식기를 제외한 전신(특히 손바닥, 발바닥, 이마)에 걸쳐 널리 분포한다. • 체온 조절을 위해 물과 소량의 염분을 포함한 땀을 분비한다. • 피부 표면에서 증발하면서 체온을 낮춘다. • 에크린선에서 분비되는 땀은 대체로 무색투명하다.
아포크린선 (대한선)	• 주로 겨드랑이, 유두 주변, 생식기, 항문 주변 부위 등에 분포한다. • 스트레스나 감정적 긴장 상태에서 활성화되어 땀을 분비한다. • 아포크린선에서 분비되는 땀은 지방과 단백질을 포함한다. • 피부 표면의 박테리아와 결합할 때 특정 냄새를 발산한다. • 아포크린선의 분비물은 에크린선의 분비물보다 점도가 더 높다. • 미색이라도 색을 띨 수 있다. • 사춘기 이후에 활성화한다.

KEYWORD 02 　피지선 빈출

1) 피지선의 특징

특징	• 진피층에 위치하며 손바닥, 발바닥을 제외한 전신에 분포한다. • 주로 얼굴, 가슴, 등 등 피부 지방이 많은 부위에 집중적으로 분포한다. • 피부 표면에 개구부를 가지고 있어 피지를 분비한다. • 주로 모낭(毛囊)에 연결되어 있어 모발과 피부를 윤택하게 한다. • 피부 보호와 수분 유지에 중요한 역할을 한다. • 과다 피지 분비는 여드름 등 피부 질환의 원인이 될 수 있다. • 피지선의 기능 저하는 건조한 피부와 각질 증가를 초래한다. • 하루 피지 분비량은 약 1~2g 정도이다. • 체내 호르몬 변화에 민감하게 반응하여 피지 분비량이 변화한다.

호르몬의 영향	안드로겐	• 남성 호르몬의 총칭으로 대표적인 것으로 테스토스테론이 있다. • 피지선 활성화, 모발 성장, 근육량 증가 등을 촉진한다. • 남성의 2차 성징 발달과 유지에 핵심적인 역할을 한다. • 과다 분비 시 여성형 탈모, 여드름, 다모증 등 부작용이 유발된다.
	에스트로겐	• 대표적인 여성호르몬으로 에스트라디올, 에스트론, 에스트리올 등이 있다. • 피지 분비를 억제한다. • 여성의 2차 성징과 발달, 생식 기능 유지에 필수적인 역할을 한다. • 에스트로겐 과다 분비 시, 유방암과 자궁내막암의 발병률이 증가한다.

KEYWORD 03 　조갑(손 · 발톱)

1) 조갑의 구조

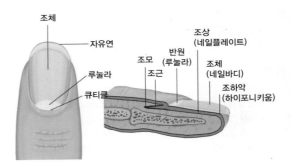

2) 조갑의 특징

특징		• 손가락과 발가락 끝의 피부가 각질화한 구조이다. • 보호 기능, 촉각 기능을 수행한다. • 손톱과 발톱은 각질화된 상피세포로 구성된다. • 손톱과 발톱은 매트릭스라는 생성부에서 만들어진다. • 손톱과 발톱은 신체의 미용과 기능적 측면에 기여한다. • 손톱은 하루에 약 0.1mm 성장하며 발톱보다 빠르게 성장한다. • 가을 · 겨울보다는 봄 · 여름에, 낮보다는 밤에 더 빠르게 성장한다.
구성		• 얇게 여러 겹으로 쌓인 3개의 층(표면층, 중간층, 기저층)으로 이루어진다. • 경단백질인 케라틴으로 구성된다. • 12~18% 정도의 수분을 함유한다. • 약 0.1~0.3% 정도의 지방을 함유한다.
건강한 손톱의 조건	손톱	• 표면에 균열 · 박리 없이, 균일하고 매끄러워야 한다. • 색은 밝은 분홍색 또는 투명하여야 한다. • 재질이 단단하고 탄력이 있어야 한다. • 손톱 기부는 분홍색을 띠어야 하며, 선명하고 균일해야 한다. • 손톱 성장(길이, 재질, 속도 등)에 이상이 없어야 한다.
	손톱 피부	• 건조하거나 갈라지지 않아야 한다. • 염증이나 감염이 없어야 한다.

✓ 개념 체크

다음 손톱의 구조 중 손톱의 성장 장소인 것은?

① 조소피
② 조근
③ 조하막
④ 조체

②

1) 유선의 개념과 기능

① **개념** : 땀샘이 변형된 피부 부속기관임
② **젖의 생산 · 분비** : 주로 임신 · 출산 후에 활성화, 신생아에게 영양분과 면역력을 제공함
③ **호르몬 반응** : 에스트로겐 · 프로게스테론 등의 호르몬에 반응하여 발달하고, 기능이 조절됨

2) 유선의 발달

- 유선은 태아기부터 발달하기 시작하지만, 본격적인 발달은 사춘기에 발달한다.
- 사춘기 동안 에스트로겐과 같은 성호르몬의 영향으로 유선 조직이 증식하고 발달한다.
- 임신 · 출산 후에는 프로락틴과 옥시토신 등의 호르몬이 유선의 젖 생산 · 분비를 자극한다.

▶ 합격 강의

SECTION 03
피부유형 분석

출제빈도 상 중 하
반복학습 1 2 3

빈출 태그 ▶ #피부상담 #피부유형

KEYWORD 01 　피부상담

1) 목적
- 고객의 피부 상태와 문제점을 파악한다.
- 적절한 관리법을 결정한다.
- 고객의 기대와 목표를 이해한다.

2) 방법
- 피부 상태(피부 타입, 문제점 등)를 평가한다.
- 고객의 병력 및 알레르기 여부를 확인한다.
- 필요한 경우 피부 검사를 진행한다.

3) 효과
- 적절한 관리 계획을 수립할 수 있다.
- 고객에게 관리의 필요성을 전문적으로 안내할 수 있다.
- 홈케어와 병행하여 체계적으로 관리할 수 있다.

4) 유의사항 (빈출)
- 고객의 개인정보를 보호해야 한다.
- 상담 시 다른 고객의 정보를 제공하지 말아야 한다.
- 알레르기나 특이사항은 미리 알려야 한다.
- 과거의 피부관리 경험과 현재 사용하는 제품을 공유해야 한다.
- 고객과 사적으로 친밀한 관계를 맺어서는 안 된다.

KEYWORD 02 　피부분석

1) 피부분석법

문진법	• 고객과의 대화를 통해 피부 상태와 관련된 정보를 수집하는 방법이다. • 고객의 피부 고민, 생활습관, 식습관, 스트레스 수준 등을 물어본다. • 과거의 피부 문제와 치료 경험에 대해 질문한다. • 현재 사용 중인 화장품과 피부 관리법을 확인한다. • 장점 : 고객의 전반적인 생활습관과 피부 상태를 종합적으로 이해할 수 있음 • 단점 : 주관적인 정보에 의존하기 때문에 정확도가 떨어질 수 있음

견진법	• 육안으로 피부 상태를 관찰하여 분석하는 방법이다. • 자연광 또는 밝은 조명 아래에서 피부를 관찰한다. • 피부톤, 색소 침착, 여드름, 주름, 모공 크기 등을 육안으로 평가한다. • 장점 : 간단하고 빠르게 피부 상태를 파악할 수 있음 • 단점 : 표면적인 정보만 확인할 수 있으며, 깊은 층의 피부 문제는 발견하기 어려움
촉진법	• 손으로 피부를 만져서 상태를 평가하는 방법이다. • 손가락으로 피부를 가볍게 눌러 보며 탄력, 촉감, 수분 상태 등을 확인한다. • 피부의 두께, 결, 온도 등을 손으로 느껴 본다. • 장점 : 피부의 물리적인 상태를 직접 확인할 수 있음 • 단점 : 숙련된 기술이 필요하며, 주관적인 평가가 될 수 있음
검진법	• 전문적인 기기를 사용하여 피부 상태를 정밀하게 분석하는 방법이다. • 유분 · 수분 피부 측정기 : 수분, 유분, 탄력, 피지 분비량 등을 측정함 • UV 카메라 : 자외선 아래에서 피부를 촬영하여 색소 침착, 잡티 등을 확인함 • 피부 스캐너 : 피부의 미세한 구조와 문제를 스캔하여 분석함 • 우드램프 : 자외선을 이용해 보이는 색으로 피부의 문제점을 측정함 • pH 측정기 : 피부 표면의 pH를 측정함 • 장점 : 정확하고 객관적인 데이터를 제공함 • 단점 : 고가의 장비가 필요하며, 사용법에 대한 교육이 필요함

2) 피부 유형별 특징과 관리법

① 정상 피부

특징	• 유분과 수분의 균형이 잘 맞아 피부가 건조하거나 지나치게 기름지지 않다. • 피부 표면이 부드럽고 매끄러우며, 모공이 작고 눈에 잘 띄지 않는다. • 피부가 탄력 있고 탄성이 있어 외부 자극에도 잘 버틴다. • 피부톤이 균일하고, 색소 침착이나 홍조가 거의 없다. • 여드름, 블랙헤드, 화이트헤드 등의 피부 트러블이 거의 없다.
관리법	• 하루 두 번, 부드러운 클렌저를 사용하여 피부를 깨끗하게 유지한다. • 가벼운 질감의 수분 크림을 사용하여 피부의 수분을 보충한다. • 유분이 과하지 않은 보습제를 선택하여 유 · 수분 균형을 유지한다. • 주 1~2회, 부드러운 필링 제품을 사용하여 각질을 제거한다.

② 지성피부

특징	• 얼굴 전체, 특히 T존(이마, 코, 턱) 부위에서 피지 분비가 많다. • 피지선이 발달되어 피지막이 두꺼워 피부가 번들거리며 유분이 많아 보인다. • 피지 분비가 많아 모공이 넓어진다. • 모공이 눈에 띄게 커진다. • 여드름 및 블랙헤드, 화이트헤드가 발생한다. • 각질이 쌓여 피부 결이 거칠어진다.
관리법	• 하루 두 번 부드러운 클렌저를 사용하여 피부를 깨끗하게 유지한다. • 피지 분비를 억제하고 모공을 수축시키는 성분이 함유된 토너를 사용한다. • 유분이 적고 수분이 많은 가벼운 수분 크림을 사용한다. • 주기적으로 필링 제품을 사용하여 각질을 제거한다. • 유분이 적은 오일 프리 제품을 사용한다.

③ 건성피부

특징	• 피부가 전체적으로 건조하고 유분이 부족하다. • 피지선과 땀샘의 기능이 저하되어 건조하고 윤기가 없다. • 염증과 홍반이 자주 나타난다. • 피부가 매트하고 광택이 없다. • 피부 표면이 거칠고, 부드럽지 않고 각질이 잘 일어난다. • 수분 부족으로 인해 잔주름(특히 눈가와 입가)이 쉽게 생긴다. • 건조함으로 인해 피부가 가려울 수 있으며, 특히 겨울철에 증상이 심해진다. • 피부 장벽이 약해 외부 자극에 민감해진다. • 화장품 사용 시 따가움이나 자극을 느낄 수 있다.
관리법	• 피부의 유·수분을 제거할 수 있는 이중세안은 피한다. • 자극이 적은 각질 제거제를 사용한다. • 물을 충분히 섭취하거나 수분 함유 식품 섭취한다. • 실내 습도를 적절히 유지해야 하며, 건조한 계절에는 가습기를 사용하는 것이 좋다.

④ 수분부족 지성피부

특징	• T존(이마, 코, 턱) 부위는 피지가 많이 분비되어 번들거린다. • 모공이 넓고 블랙헤드나 여드름이 발생하기 쉽다. • 겉은 기름지지만 피부 속은 건조하여 당김 현상이 나타난다. • 수분 부족으로 인해 피부가 건조하고 푸석푸석하다. • 피지와 수분의 균형이 맞지 않아 피부 결이 고르지 않다. • 각질이 잘 일어나고 피부가 거칠어진다.
관리법	• 수분 함량이 높은 토너와 에센스로 피부에 수분을 충분히 공급한다. • 유분이 적고 수분이 많은 가벼운 로션이나 수분크림을 사용한다. • 주 1~2회 수분 마스크팩 사용으로 집중적으로 보습한다. • 자극이 적은 각질 제거제를 사용하여 주 1회 정도 각질을 제거한다. • 각질 제거 후 충분한 보습이 필요하다. • 유분이 적은 오일 프리 제품 사용한다.

⑤ 복합성 피부

특징	• 얼굴의 T존(이마, 코, 턱)은 지성이고, U존(볼과 턱선)은 건성인 피부 유형이다. • T존 : 기름이 많고 번들거림, 모공이 넓고 블랙헤드나 여드름이 발생할 수 있음 • U존 : 건조하고 당김, 각질이 일어날 수 있음 • 피부톤 불균형 : 부위별로 피부톤과 질감이 다를 수 있음

관리법	• T존
	  – 피지를 효과적으로 제거할 수 있는 클렌저를 사용한다.
	  – 피지 조절 기능이 있는 토너를 사용한다.
	  – 가벼운 수분 크림이나 젤 타입의 보습제를 사용한다.
	• U존
	  – 부드럽고 촉촉한 클렌저를 사용하며, 지나치게 강한 클렌저는 피해야 한다.
	  – 보습 기능이 뛰어난 토너를 사용한다.
	  – 영양이 풍부한 크림이나 보습력이 강한 제품 사용한다.
	• 알코올 프리 토너를 사용하면, 전반적인 피부를 진정시키고 수분을 공급하는 데 도움이 된다.

⑥ 모세혈관 확장피부

특징	• 얼굴 특히 코, 뺨 부분이 지속적으로 홍조를 띤다. • 피부 표면에 모세혈관이 확장되어 보인다. • 온도 변화, 뜨거운 음식, 알코올 등에 민감하게 반응한다.
관리법	• 진정 성분이 포함된 제품을 사용한다. • 수분 공급이 잘 되는 보습제를 사용한다. • 자외선 차단제를 사용하여 피부를 보호한다. • 부드럽게 마사지하여 혈액순환을 개선한다.

⑦ 여드름 피부

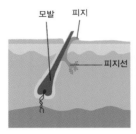  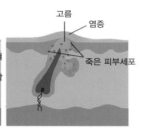

특징	• 피지선이 활발하게 작용하여 기름진 피부이다. • 각질과 피지가 모공을 막아 여드름이 발생한다. • 염증성 여드름이 자주 발생한다.
관리법	• 피지를 제거할 수 있는 클렌저를 사용하고, 과도한 세안은 피한다. • 주기적으로 각질 제거제를 사용하여 모공이 막히는 것을 방지한다. • 피지 조절 기능이 있는 토너와 스팟 트리트먼트를 사용한다. • 가벼운 수분크림을 사용하고 기름진 제품은 피한다.

⑧ 색소 침착 피부

특징	• 자외선 노출이나 염증 후 색소가 침착된다. • 햇빛 노출에 의해 발생하는 갈색 반점(기미, 주근깨)이 있는 피부이다. • 전체적인 피부톤이 고르지 않다.　　　　• 검버섯은 자외선과 노화가 원인이다.
관리법	• 자외선 차단제를 꾸준히 사용하여 색소 침착을 예방한다. • 비타민 C, 나이아신아마이드, 알부틴 등의 미백 성분이 포함된 제품을 사용한다. • 주기적으로 각질 제거제를 사용하여 피부 재생을 촉진한다. • 충분한 보습을 통해 피부 장벽을 강화한다. • 레이저 치료나 화학적 필링 등의 전문적인 치료를 고려한다.

⑨ 민감성 피부

특징	• 외부 자극(온도 변화, 화장품 성분 등)에 민감하게 반응한다. • 외부 자극을 받으면 쉽게 붉어진다. • 가렵거나 따가운 증상이 발생한다.　　　　• 피부가 건조하고 당긴다.
관리법	• 저자극 클렌저를 사용하고, 뜨거운 물 대신 미지근한 물을 사용한다. • 무향, 무알코올, 무색소 제품을 사용하여 충분히 보습한다. • 알로에베라, 카모마일, 센텔라 아시아티카 등의 진정 성분이 포함된 제품을 사용한다. • 자외선 차단제를 사용하여, 외출 시 피부를 보호한다. • 새로운 제품 사용 전 반드시 패치 테스트를 실시한다.

피부와 영양

▶ 합격 강의

빈출 태그 ▶ #영양소 #영양 #피부영양

KEYWORD 01 영양과 영양소 빈출

1) 영양(Nutrition)

① 개념 : 생명체가 생존하고 성장하며, 신체 기능을 유지하기 위해 필요한 물질을 섭취하고, 이를 신체 내에서 사용하는 과정

② 범위 : 음식물 섭취와 소화, 흡수, 대사 등의 과정을 포함하며, 건강 유지와 질병 예방에 중요한 역할을 함

③ 영양의 주요 목표

• 에너지 공급 : 일상 활동과 생리적 기능을 유지하기 위한 에너지의 제공

• 성장 및 발달 : 세포와 조직의 성장, 유지 및 회복

• 신체 기능 조절 : 신체의 생리적 기능을 조절하는 데 필요한 물질 공급

• 질병 예방 : 다양한 영양소를 통해 면역 체계를 강화하고 질병을 예방

2) 영양소(Nutrients)

신체가 정상적으로 기능하고 건강을 유지하기 위해 필요한 화학물질이다.

3) 영양소의 분류

구성 영양소 (Building Nutrients)	신체 구조를 형성하고 유지하는 데 필요한 영양소이다. 예 단백질(Proteins), 지방(Fats), 무기질(Minerals)
열량 영양소 (Macronutrients)	신체에 에너지를 공급하는 주요 영양소이다. 예 탄수화물(Carbohydrates), 단백질(Proteins), 지방(Fats)
조절 영양소 (Micronutrients)	신체 기능을 조절하고 대사 과정을 지원하는 영양소이다. 예 비타민(Vitamins), 무기질(Minerals), 물(Water)

✔ 개념 체크

75%가 에너지원으로 쓰이고 에너지가 되고 남은 것은 지방으로 전환되어 저장되는데 주로 글리코겐 형태로 간에 저장된다. 과잉섭취 시 혈액의 산도를 높이고 피부의 저항력을 약화하여 세균감염을 초래하여 산성체질을 만들고 결핍됐을 때는 체중감소, 기력부족 현상이 나타나는 영양소는?

① 탄수화물
② 단백질
③ 비타민
④ 무기질

①

---

1) 탄수화물

기능	• 가장 중요한 에너지원(g당 4kcal)으로 에너지를 공급하고, 세포 대사를 지원한다. • 피부 세포 재생 및 성장을 촉진하고, 피부 수분 보유 능력을 향상한다. • 곡물, 과일, 채소 등에 풍부하다. • 소화흡수율 99%인 에너지원이다.	
인체에 미치는 영향	과다 섭취	• 비만, 당뇨 등 대사 질환의 위험이 증가한다. • 피부 건조, 탄력 저하 등의 문제가 발생할 수 있다.
	부족 섭취	• 에너지 부족하여, 피로감 증가한다. • 피부 세포의 재생 및 성장이 저하된다.

2) 단백질

특징	• 탄수화물과 지방이 부족할 때 에너지원(g당 4kcal)으로 사용될 수 있다. • 필요에 따라 합성과 분해가 이루어져 항상성을 유지한다. • 20종의 아미노산이 펩타이드 결합으로 연결되어 있다. • 구조와 기능에 따라 다양한 종류의 단백질이 존재한다. • 위산과 소화효소에 의해 아미노산으로 분해되어 흡수된다. • 필수 아미노산은 외부에서 공급받아야 한다.	
기능	• 세포와 조직 구성의 주요 성분으로 성장과 발달에 필수적이다. • 효소, 호르몬, 항체 등 다양한 생체 활동에 관여한다. • 혈장 단백질이 체액 삼투압 조절에 기여한다.	
인체에 미치는 영향	과다 섭취	• 대사 과정에서 요소가 많이 생성되어 신장에 부담을 준다. • 단백질 과다 섭취가 칼슘 흡수를 방해하여 골밀도가 감소한다. • 단백질이 과다 섭취되면 지방으로 전환될 수 있다. • 단백질 대사 과부하로 간 기능이 저하될 수 있다.
	부족 섭취	• 단백질 부족으로 인한 세포 성장 및 조직 재생이 저하된다. • 항체 및 면역세포 생성에 필요하므로 부족 시 면역력이 저하된다. • 근육 합성에 필수적이므로 부족 시 근육량 및 근력이 감소한다. • 에너지 생성 저하로 피로감이 증가한다.

3) 지방

특징	• 탄소–수소 결합으로 구성된 지방산이 주성분이다. • 지용성이어서 물에 녹지 않고 기름 상태로 존재한다. • 포화지방, 불포화지방, 트랜스지방 등으로 구분된다. • 인체 내에서 합성되거나 식품에서 섭취할 수 있다. • g당 9kcal의 에너지를 만들 수 있다.
기능	• 피하지방층이 체온 유지에 기여한다. • 장기를 감싸고 보호하는 역할을 한다. • 필수 지방산은 체내에서 합성되지 않는다. • 지용성 비타민(A, D, E, K)의 흡수에 도움된다. • 세포막의 주요 성분으로 세포 기능을 유지한다.

인체에 미치는 영향	과다 섭취	• 비만 및 만성 질환 위험이 증가한다. • 심혈관 질환, 당뇨병, 고혈압 등의 원인이 된다. • 지방간, 고지혈증 등 대사 장애가 발생한다. • 관절염, 암 발생 위험이 증가한다.
	부족 섭취	• 성장이 지연되고, 피부가 건조해지며, 면역력이 저하된다. • 지용성 비타민의 흡수율이 저하된다. • 체온 유지 및 장기 보호 기능이 저하된다.

KEYWORD 03 비타민

1) 기능과 특징

• 소량으로도 생명유지와 건강유지에 필수적인 영양소이다.
• 대부분 체내에서 합성되지 않아 식품으로부터 섭취해야 한다.
• 수용성 비타민(B군, C)과 지용성 비타민(A, D, E, K)으로 구분한다.
• 지용성 비타민은 독성이 있어 과다하게 섭취해서는 안 된다.

2) 수용성 비타민

비타민 B1 (티아민)	• 탄수화물 대사에 관여하여 에너지 생산에 중요한 역할을 한다. • 신경, 근육 기능 유지에 필요하다. • 식욕 증진, 소화 기능 개선에 도움을 준다. • 결핍증 : 각기병, 식욕 감퇴, 피로감, 말초신경병증, 심장 기능 저하
비타민 B2 (리보플라빈)	• 지방, 단백질, 탄수화물 대사에 관여한다. • 성장과 발달에 필요하다. • 피부와 점막의 건강 유지에 도움을 준다.
비타민 B3 (나이아신)	• 에너지 대사, 혈액순환 개선에 중요한 역할을 한다. • 피부와 신경 기능 유지에 필요하다. • 콜레스테롤 수치 개선에 도움을 준다. • 결핍증 : 구토, 설사, 피부염(펠라그라), 치매 유사 증상, 우울증
비타민 B6 (피리독신)	• 단백질 대사, 적혈구 생성에 관여한다. • 면역 기능 향상, 스트레스 해소에 도움을 준다. • 여성 월경통 완화에 효과적이다. • 결핍증 : 피로감, 우울증, 면역력 저하, 빈혈
비타민 B7 (비오틴)	• 지방, 단백질, 탄수화물 대사에 관여한다. • 모발과 피부 건강 유지에 필요하다. • 신경 기능 개선에 도움을 준다.
비타민 B9 (엽산)	• 세포 분열과 성장에 필수적이다. • 태아의 신경관 형성에 중요한 역할을 한다. • 빈혈 예방과 치료에 효과적이다.
비타민 B12 (코발라민)	• 적혈구 생성, DNA 합성에 관여한다. • 신경계 기능 유지에 필요하다. • 피로 개선, 기억력 향상에 도움을 준다.

비타민 C (아스코르브산)	• 강력한 항산화 작용으로 면역력 증진에 도움을 준다. • 콜라겐 합성에 관여하여 피부 건강 유지하는 데 중요한 역할을 한다. • 철분 흡수 증진, 스트레스 해소에 도움을 준다. • 결핍증 : 괴혈병(피부 출혈, 잇몸 출혈), 멍, 피로감, 면역력 저하
비타민 P (비타민 P 복합체)	• 혈관 기능 개선, 모세혈관 강화에 관여한다. • 항산화 작용으로 노화 지연에 도움을 준다. • 모세혈관 순환 개선 및 혈압 조절에 효과적이다.

개념 체크

항산화 비타민으로 아스코르브산(Ascorbic Acid)으로 불리는 것은?

① 비타민 A
② 비타민 B
③ 비타민 C
④ 비타민 D

③

3) 지용성 비타민

비타민 A (레티놀)	• 시력, 피부, 면역, 성장 등에 관여한다. • 상피세포의 형성에 관여한다. • 피부각화 정상화, 피지 분비 기능을 촉진한다. • 결핍증 : 야맹증, 피부 건조, 면역력 저하
비타민 D (칼시페롤)	• 칼슘·인 대사, 뼈 건강에 관여한다. • 자외선B(UVB)를 받아 피부에서 합성된다. • 결핍증 : 골연화증, 골다공증
비타민 E (토코페롤)	• 항산화, 면역력 증진에 관여한다. • 호르몬 생성, 생식기능에 관여한다. • 결핍증 : 신경계 이상, 빈혈 등
비타민 K (필로퀴논)	• 혈액 응고에 관여한다. • 결핍증 : 출혈 경향 증가

개념 체크

비타민 중 거칠어지는 피부, 피부각화 이상에 의한 피부질환 치료에 사용되며 과용하면 탈모가 생기는 비타민은?

① 비타민 A
② 비타민 B1
③ 비타민 C
④ 비타민 D

①

KEYWORD 04 무기질 (빈출)

1) 기능

① 구조 형성 : 뼈와 치아 형성에 필수적인 성분임
② 체액 및 전해질 균형 유지 : 삼투압 조절, 신경 전달, 근육 수축 등에 관여함
③ 효소 활성화 : 효소의 보조인자로 작용하여 생화학 반응을 조절함
④ 산화-환원 반응 조절 : 전자 전달계에서 중요한 역할을 함
⑤ 물질대사 조절 : 호르몬 생성, 에너지 대사 등에 관여함

2) 종류

	칼슘(Ca)	뼈와 치아 형성, 혈액 응고, 신경 전달, 근육 수축
	인(P)	뼈와 치아 형성, 에너지 대사, 세포막 구성, 인체 구성 무기질의 25%
다량 무기질	마그네슘(Mg)	삼투압 조절, 효소 활성화, 신경 및 근육 기능, 에너지 대사
	나트륨(Na)	체내 수분 조절, 삼투압 유지, 체액 균형, 신경 전달, 근육 수축
	칼륨(K)	삼투압 조절, 알레르기 완화, 체액 균형, 신경 전달, 근육 수축
	염소(Cl)	체액 균형, 소화 작용(위액의 조성), 신경 전달

개념 체크

무기질의 설명으로 틀린 것은?

① 조절작용을 한다.
② 수분과 산, 염기의 평형조절을 한다.
③ 뼈와 치아를 공급한다.
④ 에너지 공급원으로 이용된다.

④

미량 무기질	철(Fe)	헤모글로빈 및 마이오글로빈 합성, 산화–환원 반응
	아연(Zn)	효소 활성화, 면역 기능, 단백질 및 DNA 합성
	구리(Cu)	적혈구 생성, 신경 전달, 피부 및 모발 건강
	아이오딘(I)	갑상선 호르몬 합성, 대사 조절, 모세혈관 기능 정상화
	셀레늄(Se)	항산화 작용, 면역 기능, 갑상선 호르몬 대사
	망가니즈(Mn)	효소 활성화, 항산화 작용, 에너지 대사
	크로뮴(Cr)	탄수화물 및 지질 대사, 인슐린 작용 촉진

KEYWORD 05 물

1) 특징
- 무색, 무취, 무미의 액체로 생명체에 필수적인 물질이다.
- 지구상에서 가장 풍부한 물질 중 하나이며, 전 지구 표면의 약 71%를 차지한다.
- 생명체의 생존과 유지에 필수적이며, 신체 조성의 대부분(70%)을 차지한다.
- 생명체의 다양한 생리학적 기능을 수행하는 데 중요한 역할을 한다.

2) 주요 영양성분 및 함량
- 순수한 물은 수소(H) 원자 2개와 산소(O) 원자 1개로 이루어져 있어, 화학식 H_2O 로 표현한다.
- 물은 무기질, 비타민 등의 영양성분이 없다.
- 물은 생명체에게 필수적인 요소이다.

3) 체내 구성 특성
- 성인 체중의 약 70%가 물로 구성된다.
- 표피에는 10~20% 수분이 함유되어 있다.
- 세포, 조직, 장기 등 체내 모든 구성 요소에 포함된다.
- 체내 삼투압 조절, 체온 조절, 영양분 · 노폐물 운반 등 다양한 기능을 수행한다.
- 섭취량 부족 시 탈수, 신장 기능 저하, 체온 조절 장애 등의 문제가 발생한다.

SECTION 05

출제빈도 상 중 하
반복학습 1 2 3

피부와 광선

▶ 합격 강의

빈출 태그 ▶ #가시광선 #자외선 #적외선

KEYWORD 01 가시광선 빈출

1) 특징

- 파장 범위는 약 380~780㎚이다.
- 인간의 눈으로 감지할 수 있는 전자기파 영역이다.
- 태양광, 전구, 형광등 등에서 발생하는 빛의 주요 성분이다.
- 물질과 상호작용하여 다양한 현상(반사, 굴절, 산란 등)이 발생한다.

2) 종류

가시광선의 연속스펙트럼

- 빨간색(Red) : 약 620~780㎚
- 노란색(Yellow) : 약 570~590㎚
- 파란색(Blue) : 약 450~495㎚
- 주황색(Orange) : 약 590~620㎚
- 초록색(Green) : 약 495~570㎚
- 보라색(Violet) : 약 380~450㎚

KEYWORD 02 자외선 빈출

1) 자외선의 종류

UV-A (Ultraviolet A)	• 파장 범위는 320~400㎚이다. • 피부 깊숙이 침투하여 피부 노화와 주름을 유발한다. • 피부암 발생 위험이 있다. • 눈에 대한 영향도 있어 백내장 발생 가능성이 있다. • 장파장으로 오존층에 흡수되지 않는다.
UV-B (Ultraviolet B)	• 파장 범위는 280~320㎚이다. • 피부에서 비타민 D를 합성한다. • 피부 표면을 자극하여 홍반(붉은 반점), 일광화상 등을 유발한다. • 피부암 발생 위험이 높다. • 피부 색소 침착을 유발하여 피부 노화를 촉진할 수 있다. • 중파장으로 대부분 오존층에 흡수된다.

> ✔ 개념 체크
>
> 자외선 B는 자외선 A보다 홍반 발생 능력이 몇 배 정도인가?
>
> ① 10배
> ② 100배
> ③ 1000배
> ④ 10000배
>
> ③

UV-C (Ultraviolet C)	• 파장 범위는 200~280nm이다. • 에너지 수준이 높아 피부와 눈에 심각한 손상을 줄 수 있다. • 인공적으로 발생되어 살균, 소독 등의 용도로 사용된다. • 단파장으로 오존층과 대기에 완전히 흡수된다.
극자외선 (Extreme Ultraviolet, EUV)	• 파장 범위는 10~121nm이다. • 피부와 눈에 심각한 손상을 줄 수 있다. • 대기 중에서 완전히 흡수되어 지표면에 도달하지 않는다. • 반도체 제조 공정에서 활용되는 등 특수한 용도로 사용된다.

길이의 단위
• 1μm(마이크로미터)
 = 1,000nm
• 1,000,000nm(나노미터)
 = 1mm(밀리미터)
• 1,000mm
 = 1m(미터)

2) 피부에 미치는 영향

긍정적 영향	• UVB는 비타민 D의 합성을 촉진한다. • 적정량의 자외선 노출은 피부 탄력 향상, 주름 개선 등의 효과가 있다. • 광선 요법을 통해 건선, 습진, 백반증 등의 치료에 활용한다.
부정적 영향	• 피부암을 유발한다. • 자외선에 의한 활성산소 증가로 피부 탄력 저하, 주름 생성 등이 촉진된다. • 일부 약물이나 화장품 성분과 반응하여 홍반, 부종, 가려움증 등을 유발한다. • 눈에 대한 자외선 노출이 증가하면 백내장 발생 위험이 높아진다.

3) 자외선 차단제

① 차단지수

SPF (Sun Protection Factor)	• 자외선B(UVB) 차단 지표이다. • 피부에 도달하는 자외선 B의 양을 얼마나 줄여 주는지 수치화한 것이다. 예 SPF 30은 피부에 도달하는 자외선B를 97% 차단한다. 예 SPF 50은 피부에 도달하는 자외선B를 98% 차단한다.
PA (Protection Grade of UVA)	• 자외선 A(UVA) 차단 지표이다. • 4개의 등급(PA+, PA++, PA+++, PA++++)으로 구분한다.

② 차단제의 종류와 주요 성분

물리적 차단제	• 피부 표면에서 자외선을 물리적으로 반사 및 산란시켜 차단하는 방식이다. • 즉각적인 차단 효과가 있고, 안전성이 높으며, 민감성 피부에도 적합하다. • 흰색 농도감, 묻어남 현상이 있을 수 있다. • 주요 성분 : 이산화티타늄(TiO_2), 산화아연(ZnO) 등의 무기 화합물
화학적 차단제	• 자외선을 흡수하여 열에너지로 전환하여 차단하는 방식이다. • 비교적 가벼운 텍스처, 흰색 농도감이 적다. • 피부에 자극을 줄 수 있어, 화학 성분에 민감한 사람에게는 부적합하다. • 주요 성분 : 옥시벤존, 아보벤존, 오티노세이트 등의 유기 화합물

✔ 개념 체크

자외선 차단제에 관한 설명으로 틀린 것은?
① 자외선 차단제는SPF(Sun Protect Factor)의 지수가 매겨져 있다.
② SPF(Sun Protect Factor)는 차단지수가 낮을수록 차단지수가 높다.
③ 자외선 차단제의 효과는 멜라닌 색소의 양과 자외선에 대한 민감도에 따라 달라질 수 있다.
④ 자외선 차단지수는 제품을 사용했을 때 홍반을 일으키는 자외선의 양을 제품을 사용하지 않았을 때 홍반을 일으키는 자외선의 양으로 나눈 값이다.

②

③ 자외선 차단지수 계산 공식

$$SPF = MED(Protected\ Skin) / MED(Unprotected\ Skin)$$

- MED(Protected Skin) : 자외선 차단제를 사용한 피부에서 피부가 붉어지기 시작하는 최소 자외선 조사량
- MED(Unprotected Skin) : 자외선 차단제를 사용하지 않은 피부에서 피부가 붉어지기 시작하는 최소 자외선 조사량
- SPF 30이라면 자외선 차단제를 사용하지 않은 피부에 비해 자외선 차단제를 사용한 피부가 30배 더 많은 자외선을 견딜 수 있다는 의미이다.
- SPF 1은 약 15분 정도 견딜 수 있다는 의미이다.

KEYWORD 03 적외선

1) 특징

- 전자기파의 하나로 가시광선보다 파장이 길다(700㎚~1㎜).
- 열로 느껴질 수 있는 에너지를 가지고 있다.
- 물질을 가열하여 온도를 높일 수 있다.

2) 종류

근적외선 (Near-infrared, NIR)	• 파장의 범위는 750~1,500㎚이다. • 피부 깊이까지 침투하여 혈관을 확장하여 혈액순환을 증진한다. • 콜라겐 및 엘라스틴 생성을 촉진하여 피부 탄력을 향상한다. • 세포 활성화로 피부를 재생하고, 노화를 지연하는 효과가 있다.
중적외선 (Mid-infrared, MIR)	• 파장의 범위는 1,500~5,000㎚이다. • 피부 표면의 수분 증발을 억제하여 보습 효과가 있다. • 피부 각질층을 개선하고 모공을 수축하는 효과가 있다.
원적외선 (Far-infrared, FIR)	• 파장의 범위는 5,000~1,000,000㎚이다. • 피부 온도를 높여 혈액순환을 촉진한다. • 피부 노화를 억제하고 피부 장벽을 강화하는 효과가 있다. • 염증과 통증을 완화하는 효과가 있다.

▶ 합격 강의

KEYWORD 01 면역

면역(Immunity, 免疫)은 병원체나 외부 물질로부터 우리 몸을 보호하는 능력이다.

항원 (Antigen)	• 면역 반응을 유발할 수 있는 물질을 말한다. • 박테리아, 바이러스, 독소, 암세포 등이 대표적인 항원이다. • 면역 세포에 의해 인식되어 면역 반응을 일으킨다. • 특성에 따라 다양한 면역 반응이 나타날 수 있다.
항체 (Antibody)	• 면역 글로불린(Immunoglobulin)이다. • 면역 세포가 생산하는 단백질로, 특정 항원을 인식하여 중화하는 역할을 한다. • B 림프구에서 생성되며, 다양한 종류의 항체가 존재한다. • 항체는 항원과 결합하여 항원을 중화하거나 제거하는 데 도움을 준다. • 항체는 기억 세포에 의해 저장되어 향후 같은 항원 침입 시 신속한 면역 반응을 일으킬 수 있다.

KEYWORD 02 면역의 종류

1) 특이적 면역

특정 항원에 대해 선택적으로 반응하는 면역 반응이다.

B 림프구	• 항체를 생산하는 세포로, 특이성 면역 반응을 담당한다. • 항원에 특이적으로 결합하는 항체를 분비하여 병원체를 직접 공격한다. • 항체는 병원체의 세포막을 파괴하거나 식균작용을 촉진하여 병원체를 제거한다. • 기억 B 림프구 : 이전에 접한 항원을 기억하여 재감염 시 빠른 면역 반응을 유도함
T 림프구	• 세포 매개 면역을 담당하는 세포이다. • 직접 병원체를 공격하거나 B 림프구를 활성화하여 특이성 면역 반응을 조절한다. • 세포독성 T 림프구 : 항원에 결합한 후 병원체 감염 세포를 직접 파괴함 • 보조 T 림프구 : B 림프구를 활성화하여 항체 생산을 촉진함 • 기억 T 림프구 : 이전에 접한 항원을 기억해 재감염 시 빠른 면역 반응을 유도함

✔ 개념 체크

피부의 면역에 관한 설명으로 맞는 것은?

① 세포성 면역에는 보체, 항체 등이 있다.
② T 림프구는 항원 전달 세포에 해당한다.
③ B 림프구는 면역 글로불린이라고 불리는 항체를 생성한다.
④ 표피에 존재하는 각질 형성 세포는 면역 조절에 작용하지 않는다.

③

2) 비특이적 면역

특정 항원에 구애받지 않고 광범위하게 반응하는 면역 반응이다.

제1 방어계	• 물리적, 화학적 방어막을 형성하여 병원체의 침입을 막는 비특이적 면역 반응이다. • 피부 : 물리적 장벽 역할을 하여, 병원체 침입을 차단함 • 점막 : 점액과 섬모 세포로 병원체를 체외로 배출함 • 분비액 : 위액, 침, 눈물과 같은 화학적 방어 물질을 분비함 • 정상균총 : 병원체 증식을 억제함
제2 방어계	• 병원체가 제1 방어계를 통과했을 때 작동하는 비특이적 면역 반응이다. • 특이성 면역 반응이 일어나기 전까지 중요한 역할을 한다. • 병원체 침입을 막지 못한 경우 이를 제거하고 격리하여 체내 확산을 방지한다. • 대식세포 : 병원체를 식균하여 제거함 • 보체계 : 병원체 세포막을 파괴하여 제거함 • 염증 반응 : 병원체 격리 및 제거를 위한 면역 세포를 동원함

피부노화

▶ 합격강의

1) 피부 노화

- 시간이 지나면서 나타나는 주름, 탄력 감소, 색소 침착, 건조 등의 피부 변화이다.
- 내인성 노화와 외인성 노화가 있으며, 특히 광노화에 의해 발생한다.

내인성 노화 (Intrinsic Aging)	• 내인성 노화는 자연적인 생리 과정에 의해 발생한다. • 유전적 요인과 신체 내부의 변화에 의해 발생한다. • 피부의 콜라겐과 엘라스틴 섬유가 감소하여 주름이 형성된다. • 피부 탄력이 떨어지고 처짐 현상이 나타난다. • 피지선 활동이 감소하여 피부가 건조해진다. • 피부가 얇아져 혈관이 더 잘 보이게 된다. • 피부톤이 균일하지 않게 되고, 나이 반점이 나타날 수 있다.
광노화 (Photoaging)	• 자외선(UV) 노출에 의해 발생하는 피부 노화 현상이다. • 이는 외부 요인에 의해 발생하는 외인성 노화의 한 형태이다. • 자외선에 의해 콜라겐과 엘라스틴이 손상되어 주름이 더 뚜렷하게 나타난다. • 피부의 탄력이 급격히 떨어지며, 처짐이 더욱 심해진다. • 기미, 주근깨, 검버섯 등의 색소 침착이 나타난다. • 피부가 두꺼워지고 거칠어지며, 각질이 많아진다. • 자외선에 의해 모세혈관이 확장되어 붉은 반점이 나타날 수 있다.

2) 노화의 가설

자유 라디칼 가설	세포 내에서 생성되는 활성 산소종(ROS)이 세포 구성 성분을 손상시켜 노화를 유발한다는 가설이다.
유전자 변이 가설	시간이 지남에 따라 세포 내 유전자 변이가 누적되어 세포 기능이 저하되고 노화가 진행된다는 가설이다.
텔로미어 가설	염색체 끝부분인 텔로미어가 세포 분열을 거듭하면서 점점 짧아져 세포 노화를 유발한다는 가설이다.
면역 노화 가설	나이가 들면서 면역 기능이 점차 약화되어 감염, 암 등에 취약해지는 현상을 설명하는 가설이다.
소모설	세포와 조직이 지속적인 사용과 스트레스로 인해 점진적으로 손상되어 노화가 진행된다는 가설이다.
신경내분비계 조절설	뇌와 내분비계의 기능 저하가 발생하여 전체적인 생리적 기능 저하로 이어진다는 가설이다.
말단 소립자설	세포 내 미토콘드리아에서 생성된 활성 산소종(Free Radicals)이 세포 구성 물질을 손상시켜 노화를 유발한다는 가설이다.
자기 중독설	노화에 따라 체내에 독성 물질이 축적되어 세포와 조직에 손상을 주어 노화가 진행된다는 가설이다.

피부장애와 질환

▶ 합격 강의

빈출 태그 ▶ #원발진 #속발진 #피부질환

KEYWORD 01 피부장애 빈출

1) 원발진(Primary Lesion, 原發疹)

피부에 나타나는 1차적 피부장애이다.

구진 **(Papule)**	• 피부 표면에 돌출된 단단한 융기 형태의 병변이다. • 크기는 보통 지름 0.5~1cm 정도이다. • 여드름, 습진, 건선 등에서 볼 수 있다.
결절 **(Nodule)**	• 구진보다 크고 깊게 자리 잡은 융기 형태의 병변이다. • 크기는 보통 지름 1~2cm 정도이다. • 지방종, 육아종, 결핵 등에서 볼 수 있다.
반 **(Macule)**	• 피부 색소 변화로 나타나는 편평한 병변이다. • 색깔은 홍색, 청색, 백색 등 다양할 수 있다. • 색소 침착, 발진, 전색반 등에서 볼 수 있다.

수포
(Vesicle)
	• 액체가 차 있는 작은 주머니 형태의 병변이다.
	• 수포성 질환, 화상, 수두 등에서 볼 수 있다.
	   – 대수포(Bulla) : 1cm이상의 수포
	   – 소수포(Vesicle) : 지름 1~10mm 크기의 물집

물집 **(Bulla)**	• 수포보다 크고 액체가 차 있는 병변이다. • 크기는 보통 지름 0.5~2cm 정도이다. • 수포성 천포창, 물집성 유천포창 등에서 볼 수 있다.
농포 **(Pustule)**	• 농(고름)이 차 있는 주머니 형태의 병변이다. • 크기는 보통 지름 0.5cm 이하이다. • 여드름, 화농성 육아종, 농가진 등에서 볼 수 있다.
팽진 **(Edema)**	• 피부나 피하조직의 수분 축적으로 인한 부종이다. • 피부가 부풀어 오르고 부드러워진다.
종양 **(Tumor)**	• 피부 조직의 과도한 증식으로 생긴 덩어리이다. • 크기와 모양이 다양하다. • 양성 종양과 악성 종양으로 구분된다.
낭종 **(Cyst)**	• 피부 내부에 액체나 반고체 물질이 차 있는 둥근 융기된 병변이다. • 주머니 모양의 구조로 되어 있다. • 크기가 다양하며 단독 또는 다발성으로 나타날 수 있다.

발진

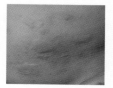

2) 속발진(Secondary Lesion, 續發疹)

원발진이 진행하면서 나타나는 2차적인 병변이다.

원발진과 속발진

반흔(반점) 팽진 구진
결절 낭포/수포
농포 미란 가피
인설 균열

홍반 (Erythema)	• 원발진 주변의 발적 및 충혈된 상태이다. • 피부가 붉게 변하고 온도가 높아진다. • 염증 반응의 결과로 발생한다
인설 (Scale)	• 피부 표면의 각질화된 조직이 쌓여 있는 상태이다. • 피부가 두꺼워지고 쉽게 벗겨진다. • 건조하고 백색 또는 회색을 띤다.
가피 (Crust)	• 삼출물이 굳어져 형성된 딱지이다. • 피부 표면에 노란색 또는 갈색의 딱딱한 병변이다. • 감염 등의 결과로 삼출물이 건조되어 생성된다.
태선화 (Lichenification)	• 피부 두께와 주름이 증가한 상태이다. • 지속적인 긁거나 문지르는 행위로 발생한다. • 피부가 두꺼워지고 거칠어진다.
침윤 (Infiltration)	• 피부 병변의 경결감이 증가한 상태이다. • 피부가 단단해지고 만져졌을 때 단단한 느낌이 든다. • 염증 반응이나 섬유화로 인해 발생한다.
찰상 (Excoriation)	• 긁어서 생긴 상처이다. • 피부 표면이 벗겨져 있는 선형의 병변이다. • 가려움증으로 인해 반복적으로 긁어서 발생한다.
반흔 (Scar)	• 피부 손상 후 남은 흔적이다. • 피부 색소 침착이나 함몰이 발생한다. • 각종 피부 질환이나 외상 후에 발생한다.
균열 (Fissure)	• 피부 표면에 갈라진 틈새가 생기는 경우이다. • 주로 건조하고 각질화된 피부에서 발생한다. • 통증이 동반될 수 있다.
미란 (Erosion)	• 표피층이 부분적으로 벗겨져 노출된 상태이다. • 상피 세포가 손실된 부위이다. • 삼출물이 나올 수 있다.
궤양 (Ulceration)	• 표피와 진피층까지 손상되어 생긴 깊은 상처이다. • 삼출물이 나오고 치유 과정이 지연될 수 있다. • 통증이 동반되는 경우가 많다.
위축 (Atrophy)	• 피부나 피부 부속기관의 정상적인 두께와 부피가 감소한 상태이다. • 얇고 주름진 피부 모습을 보인다. • 피지선, 모낭 등의 위축이 동반될 수 있다.
켈로이드 (Keloid)	• 상처 치유 과정에서 과도하게 증식한 흉터이다. • 융기된 모양의 붉은색 반흔이 관찰된다. • 통증, 가려움증이 동반될 수 있다.

KEYWORD 02 | 피부질환

1) 여드름(Acne Vulgaris)

① 특징

- 가장 흔한 피부 질환 중 하나이다.
- 주로 청소년기에 많이 발생하지만 성인기에도 지속될 수 있는 만성 질환이다.
- 피지의 과다 분비, 모낭 각질화, 여드름균의 증식, 염증 반응 등의 복합적인 요인에 의해 발생한다.

② 발생 과정

  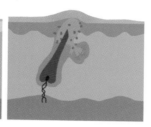

면포 → 구진 → 농포 → 결절 → 낭종

③ 원인

내적 요인	• 유전, 스트레스 • 호르몬 불균형 　– 사춘기에 증가하는 남성호르몬(안드로겐), 임신 · 월경 · 폐경 등과 같은 호르몬 변동 　– 테스토스테론 　　: 남성호르몬의 일종이다. 　　: 사춘기 때 증가, 피지 분비를 자극하여 여드름을 유발할 수 있다. 　　: 여성에게도 소량 존재하며, 과다 분비될 경우 여드름이 발생한다. 　– 프로게스테론 　　: 여성호르몬의 일종이다. 　　: 월경주기와 관련되어 있다. 　　: 프로게스테론 수치 변동으로 인해 월경 전후로 여드름이 악화될 수 있다.
외적 요인	• 화장품 및 피부관리 제품 • 환경오염(미세먼지, 유해물질 등) • 식단(고지방, 고당질) • 잘못된 피부관리 습관(과도한 화장, 짜내기 등)

2) 감염성 피부질환

① 세균성 피부질환

농가진 (Impetigo)	• 주로 얼굴, 팔다리 등에 나타나는 세균 감염으로 발생한다. • 황색포도상구균 또는 연쇄구균에 감염되어 발생한다. • 수포성 농가진과 비수포성 농가진으로 구분한다. • 전염성이 높아 주의가 필요하다.
모낭염 (Folliculitis)	• 모낭 주변의 피부에 세균 감염으로 발생한다. • 주로 황색포도상구균(Staphylococcus Aureus)에 감염되어 발생한다. • 표재성 모낭염, 심부 모낭염, 괴저성 모낭염 등 다양한 형태가 있다. • 욕조, 사우나 등에서 감염 위험이 높다.
연조직염 (Cellulitis)	• 피부와 피하조직의 세균 감염으로 발생한다. • 주로 연쇄구균(Streptococcus Pyogenes)에 감염되어 발생한다. • 홍반, 부종, 열감 등의 증상이 나타난다. • 심각한 경우 패혈증으로 진행될 수 있다.
봉소염 (Erysipelas)	• 주로 A군 연쇄구균(Streptococcus Pyogenes)에 감염되어 발생한다. • 황색포도상구균(Staphylococcus Aureus)에 의해서도 발생할 수 있다. • 갑작스러운 발열과 함께 붉고 부어오르는 피부 병변이 특징이다. • 주로 얼굴, 다리 등 피부 표면이 넓은 부위에 호발한다. • 경계가 뚜렷하고 융기된 홍반성 병변이 특징적이다. • 피부 표면이 매끄럽고 통증이 동반되는 경우가 많다.
근피증 (Ecthyma)	• 세균이 깊은 피부층까지 침범하여 발생한다. • 주로 연쇄구균(Streptococcus Pyogenes)에 감염되어 발생한다. • 딱지가 생기고 궤양이 발생한다. • 치료가 지연되면 합병증이 발생할 위험이 높다.

② 진균성 피부질환

백선 (Tinea)	• 피부사상균(Dermatophytes)에 감염되어 발생한다. • 원형의 경계가 뚜렷한 홍반성 병변, 가려움증을 증상으로 한다. • 두부 백선 : 두피에 발생하는 백선 • 체부 백선 : 몸통, 사지 등에 발생하는 백선 • 사타구니 백선 : 사타구니 부위에 발생하는 백선 • 손발톱 백선 : 손발톱에 발생하는 백선
칸디다증 (Candidiasis)	• 칸디다 진균(Candida species)에 감염되어 발생한다. • 홍반성 발진, 습진성 병변, 가려움증을 증상으로 한다. • 구강 칸디다증 : 구강 점막에 발생하는 칸디다증 • 질 칸디다증 : 질 점막에 발생하는 칸디다증 • 피부 칸디다증 : 피부에 발생하는 칸디다증
무좀−백선 (Athlete's Foot, Tinea pedis)	• 피부사상균(Dermatophytes)에 감염되어 발생한다. • 발바닥 및 발가락 사이의 홍반성 병변, 인설, 가려움증을 증상으로 한다. • 족부백선 : 흔한 진균성 피부질환, 습한 발에서 발생 빈도가 높음

③ 바이러스성 피부 질환

단순 포진 바이러스 감염	• 단순 포진 바이러스 1형, 2형에 감염되어 발생한다. • 원주로 입술, 생식기 등에 수포성 병변이 발생한다. • 원재발성 경향이 강하며, 면역저하자에게서 심각한 합병증이 발생할 수 있다.
대상포진	• 수두 바이러스(Varicella–zoster Virus)에 감염되어 발생한다. • 신경절을 따라 편측성으로 발생하는 수포성 발진을 특징으로 한다. • 주로 노인이나 면역저하자에게서 발생, 심한 신경통이 동반될 수 있다.
수두	• 수두 바이러스(Varicella–zoster Virus)에 감염되어 발생한다. • 전신에 발생하는 소양감(가려움증)을 동반한 수포성 발진을 특징으로 한다. • 주로 소아에게서 발생하며, 합병증으로 폐렴, 뇌염 등이 발생할 수 있다.
사마귀	• 사람 유두종 바이러스(Human Papillomavirus)에 감염되어 발생한다. • 피부와 점막에 발생하는 융기된 양상의 병변을 특징으로 한다. • 전염성이 강하며, 자연 소실되기도 하지만 재발이 잦다.
볼거리	• 볼거리 바이러스(Mumps Virus)에 감염되어 발생한다. • 턱 아래 부위의 부종과 통증을 증상으로 한다. • 드물게 뇌수막염, 난소염 등의 합병증이 발생할 수 있다.
홍역 (Measles)	• 홍역 바이러스(Measles Virus)에 감염되어 발생한다. • 발열, 기침, 콧물, 결막염, 특징적인 발진을 특징으로 한다. • 합병증으로 폐렴, 뇌염, 급성 중이염 등이 있다.
풍진 (Rubella)	• 풍진 바이러스(Rubella Virus)에 감염되어 발생한다. • 발열, 발진, 림프절 종대를 증상으로 한다. • 합병증으로 뇌염, 관절염이 있으며, 임신 중 감염 시 선천성 기형이 발생한다.

3) 색소이상증

① 과색소 침착

기저 색소 과다 침착 (Hyperpigmentation)	• 멜라닌 색소 생성량이 증가하여 발생한다. • 국소적 또는 전신적으로 피부가 어두워지는 현상이다. • 피부암, 에디슨병, 임신, 약물 부작용 등으로 발생한다.	
색소반 (Lentigines)	• 국소적인 멜라닌 색소 침착으로 인해 발생한다. • 갈색 또는 검은색의 둥근 반점 형태의 병변이 관찰된다. • 노인성 색소반, 선천성 색소반, 화학적 자극에 의한 색소반 등이 있다.	
	노인성 색소반	• 노인성 반점 : 장기간의 자외선 노출에 의한 색소 침착 • 검버섯 : 노화에 따른 멜라닌 색소 생성 증가
기미 (Chloasma)	• 호르몬 변화에 의해 멜라닌 색소 생성량이 증가하여 발생한다. • 주로 안면부에 불규칙한 갈색 반점의 병변이 관찰된다. • 임신성 기미, 호르몬 치료 후 발생하는 기미 등이 있다.	
후천성 색소 과다증 (Acquired Hyperpigmentation)	• 외부 자극(햇빛, 화학물질)에 의해 멜라닌색소 생성량이 증가하여 발생한다. • 염증 등에 의해서도 발생할 수 있다. • 일광 색소 침착, 화학물질 접촉성 색소 침착, 염증성 색소 침착 등이 있다.	

릴흑피증 (Melasma)	• 호르몬 변화에 의해 멜라닌 색소 생성량이 증가하여 발생한다. • 얼굴에 불규칙한 갈색 반점의 병변이 관찰된다. • 임신, 경구 피임약 복용 시에도 발생할 수 있다.
벌록 피부염 (Acanthosis Nigricans)	• 인슐린 저항성에 의해 멜라닌 색소가 침착되어 발생한다. • 목, 겨드랑이, 사타구니 등에 검은색 색소가 침착된다. • 비만, 당뇨, 내분비 질환 등과 관련되어 발생한다.

② 저색소 침착

백반증 (Vitiligo)	• 면역 체계의 이상으로 멜라닌 생성 세포(멜라노사이트)가 파괴되어 발생한다. • 피부에 경계가 뚜렷한 백색 반점이 발생하며, 점차 퍼져나가는 경향이 있다.
알비노증 (Albinism)	• 백피증, 백색증이라고 한다. • 멜라닌 합성 관련 유전자 이상으로 멜라닌 생성에 장애가 발생하는 것이다. • 전신적인 피부, 모발, 눈의 색소 결핍으로 매우 창백한 외모를 증상으로 한다.
색소성 건선 (Pityriasis Alba)	• 건선의 일종으로 만성 염증에 의해 국소적으로 색소가 감소한다. • 경계가 불분명한 백색 또는 분홍색 반점이 발생한다.
피부 섬유종 (Nevus Anemicus)	• 혈관 수축으로 인해 국소적으로 색소가 감소한다. • 피부 표면이 창백한 반점이나 반흔 모양으로 나타난다.

4) 기계적 손상에 의한 피부 질환

외반모지 (Hallux valgus)	• 엄지발가락이 바깥쪽으로 기울어지는 변형이다. • 관절이 튀어나오며, 통증과 함께 굳은살이 생길 수 있다.
마찰성 수포 (Friction blister)	• 반복적인 마찰로 인해 피부층 사이에 액체가 차오르는 상태이다. • 수포가 생기고 통증이 있으며, 감염의 위험이 있다.
굳은살 (Callus)	• 반복적인 마찰이나 압박에 의해 피부가 두꺼워지는 현상이다. • 주로 손바닥이나 발바닥에 생기며, 피부가 단단하고 거칠어진다.
티눈 (Corn)	• 굳은살의 한 형태로, 특히 발가락 부위에 생기는 원형의 굳은 피부이다. • 중앙부가 더 두꺼워지며, 통증이 있을 수 있다.
욕창 (Pressure Injury)	• 지속적인 압박에 의해 피부와 조직이 손상되는 상태이다. • 주로 뼈 돌출부위에 생기며, 피부 손상, 괴사, 감염 등이 발생할 수 있다.

5) 온열에 의한 피부 질환

① 화상

1도 화상 (표피 화상)	• 피부가 붉어지고 따끔거리는 증상이 있으며, 수포가 생기지 않는다. • 햇볕에 너무 오래 노출되어 생긴 화상이다.
2도 화상 (진피 화상)	• 피부가 붉고 물집이 생기며, 통증이 심하다. • 뜨거운 물에 덴 경우의 화상이다.
3도 화상 (진피하 화상)	• 피부가 검게 변하고 굳어지며, 신경이 손상되어 통증이 없다. • 불에 직접 닿아 생긴 심각한 화상이다.
4도 화상 (근육/골 화상)	• 피부뿐만 아니라 근육, 뼈까지 손상되어 괴사가 일어난다. • 폭발이나 전기 작용으로 인한 극심한 화상이다.

② 열성 발진(Heat Rash)

• 땀띠 또는 한진(汗疹)이라고도 한다.
• 땀샘이 막혀서 발생하는 작은 발진이다.
• 주로 덥고 습한 환경에서 발생하며, 가려움증을 동반한다.

③ 열성 홍반(Erythema Toxicum)

• 흔한 신생아 피부 질환의 일종으로, 저절로 호전되는 일시적인 피부 반응이다.
• 주로 출생 후 2~4일 사이에 나타나며, 생후 1주일 이내에 자연스럽게 사라진다.
• 붉은 반점이 몸 전체에 퍼져 나타나며, 반점 주변에 작은 혼입물(Papule)이 관찰된다.

6) 한랭에 의한 피부 질환

동상 (Frostbite)	• 추위로 인해 조직이 얼어 손상되는 상태이다. • 피부가 창백해지고 감각이 둔해지며, 심한 경우 괴사가 발생할 수 있다.
저체온증 (Hypothermia)	• 체온이 비정상적으로 낮아지는 상태이다. • 피부가 창백하고 차가워지며, 의식 저하, 근육 경직 등이 나타난다.
냉비증 (Chilblains)	• 추위에 노출된 피부가 붉어지고 부어오르는 상태이다. • 주로 손가락, 발가락, 귀 등에 발생하며 가려움과 통증이 있다.
냉부종 (Cold Edema)	• 추위에 노출되어 발생하는 하지의 부종이다. • 주로 다리나 발에 부종이 생기며, 통증이 동반될 수 있다.
한랭두드러기 (Cold Urticaria)	• 추위에 노출되어 발생하는 두드러기이다. • 피부가 붉게 부어오르고 가려움증이 동반된다.

7) 기타 피부 질환

알레르기	• 특정 물질에 대한 과민반응으로 발생하는 피부질환이다. • 가려움증, 붉은 반점, 부종 등이 나타난다. • 꽃가루, 화장품, 금속 등 알레르기 유발 물질에 노출되어 발생한다.
아토피 피부염	• 유전적 소인과 환경적 요인이 결합된 만성 피부질환이다. • 건조하고 가려운 피부 증상이 특징이다. • 주로 어린이에게 많이 나타나며, 성인까지 지속되기도 한다.
한관종	• 피부 표면에 작은 돌기나 결절이 생기는 양성 종양이다. • 주로 얼굴, 목, 팔 등에 발생하며 심미적 문제를 유발한다. • 제거 수술이 필요한 경우도 있다.
두드러기	• 갑작스럽게 나타나는 붉은 둥근 반점과 부종을 증상으로 한다. • 가려움증이 심하며, 원인은 다양하다(식품, 약물, 스트레스 등). • 대부분 일시적이지만 만성화되기도 한다.
비립종	• 코 주변에 생기는 지방종 형태의 피부 돌출물이다. • 무통성 종괴로 서서히 자라나며 미용상 문제를 일으킬 수 있다. • 외과적 절제술로 치료한다.
지루성 피부염	• 두피, 얼굴, 가슴 등에 나타나는 만성 염증성 피부질환이다. • 붉은, 비늘 모양의 피부 병변이 특징이다. • 스트레스, 계절 변화 등이 악화요인으로 작용한다.
주사	• 안면부에 주로 발생하는 만성 염증성 피부질환이다. • 붉게 부어오르는 증상이 특징이다. • 스트레스, 호르몬 변화 등이 주요 원인으로 알려져 있다.

CHAPTER

04

화장품의 분류

화장품 기초

▶ 합격 강의

권쌤의 노하우

화장품 문제 역시 많이 나오는
부분이죠?

1) 화장품의 개념 빈출

- 인체를 청결, 미화하여 매력을 더하고 용모를 밝게 변화시키거나 피부 · 모발의 건강을 유지 또는 증진하기 위해 사용되는 물품이다.
- 인체에 바르거나 뿌리는 등 외용으로 사용되는 제품이다.
- 의약품과 달리 질병의 치료나 예방이 주된 목적은 아니다.

2) 화장품의 사용 목적

청결 유지	피부, 모발, 치아 등을 세정하여 청결을 유지하고 관리하는 목적으로 사용한다.
미화 및 미적 효과	• 용모를 아름답고 매력적으로 변화시키는 효과를 위해 사용한다. • 메이크업, 색조 화장품 등을 통해 외모를 보정하고 아름답게 변화시킨다.
피부 및 모발 보호	자외선 차단, 보습, 영양 공급을 통해 피부와 모발을 보호 건강하게 유지한다.
피부 및 모발 관리	• 노화, 피부 문제 등을 개선하고 관리하기 위해 사용한다. • 주름 개선, 미백, 탈모 방지 등의 효과를 기대할 수 있다.
향기 제공	향수, 탈취제 등을 통해 개인의 매력적인 향기를 연출한다.

3) 화장품의 4대 요건 빈출

안전성	• 화장품은 인체에 직접 사용되는 제품이므로 안전성이 가장 중요하다. • 화장품 원료 및 제품 전체가 인체에 유해하지 않아야 한다.
유효성	• 화장품은 표방하는 기능과 효과를 실제로 발휘해야 한다. • 제품 사용 시 피부나 모발에 실제적인 변화와 개선이 있어야 한다.
안정성	• 화장품은 유통기한 내에 품질이 변화 없이 안정적으로 유지되어야 한다. • 성분의 변질이나 분리, 변색 등이 일어나지 않아야 한다.
사용성(적합성)	• 화장품은 사용 목적, 피부 타입, 연령 등에 적합해야 한다. • 사용자의 개인적 특성과 요구사항에 부합해야 한다.

개념 체크

세안용 화장품의 구비조건과
내용이 연결된 것으로 적절하
지 않은 것은?

① 안정성 : 물이 묻거나 건조
해지면 형과 질이 잘 변해
야 한다.
② 용해성 : 냉수나 온수에 잘
풀려야 한다.
③ 기포성 : 거품이 잘나고 세
정력이 있어야 한다.
④ 자극성 : 피부를 자극하지
않고 쾌적한 방향이 있어야
한다.

①

4) 화장품 기재사항

제품명	화장품의 상품명 또는 브랜드명을 기재한다.
제조업자명 및 주소	화장품을 제조한 업체의 명칭과 주소를 기재한다.
책임판매업자명 및 주소	화장품을 판매하는 업체의 명칭과 주소를 기재한다.
제조번호 및 유통기한	제품의 제조일자 및 유통기한을 기재한다.
내용량 및 용량	화장품의 순 내용량 또는 용량을 기재한다.
주요 성분	화장품의 주요 원료 성분을 기재한다.
사용방법	제품의 사용법과 주의사항 등을 기재한다.
기능성화장품의 경우 기능성 표시	기능성 화장품의 경우 해당 기능을 표시한다.
기타 정보	제품의 특성, 주의사항, 보관방법 등 기타 정보를 기재한다.

화장품 제조

▶ 합격 강의

빈출 태그 ▶ #화장품의원료 #화장품제조

KEYWORD 01　화장품의 원료 빈출

1) 수성원료

정제수 (Purified Water)	• 화장품의 주요 용매로 사용되는 가장 기본적인 원료이다. • 불순물이 제거된 고순도의 물로, 화장품의 품질과 안전성에 중요한 요소이다. • 화장품의 점도, 유동성, 안정성 등에 영향을 준다. • 화장품의 주성분으로 많이 사용되며, 수분감과 촉촉함을 제공한다.
에탄올 (Ethanol)	• 화장품에 사용되는 주요 용매 및 살균 목적의 원료이다. • 물과 섞이는 특성으로 인해 용해력이 뛰어나 다양한 화장품 원료를 잘 녹인다. • 항균, 항진균 효과가 있어 화장품의 보존성을 높인다. • 피부 표면에 냉감을 주어 수렴 효과가 있다. • 과도한 사용 시 피부 건조와 자극을 유발할 수 있어 적정량 사용이 중요하다.

2) 유성원료

① 오일

구분	종류	특징
천연 오일	식물성 오일	• 식물에서 추출한 천연 오일이다. • 영양 공급 및 보습 효과가 있다. 예 올리브유, 아르간오일, 호호바오일, 코코넛오일, 아보카도오일 등
	동물성 오일	• 동물성 지방에서 추출한 천연 오일이다. • 피부 보호와 회복에 좋다. 예 라놀린, 유지방, 어유 등
	광물성 오일	• 지하자원에서 추출한 천연 오일이다. • 피부를 보호하고, 유연성을 증진할 수 있다. 예 미네랄오일, 바셀린 등
합성 오일		• 화학적 방법으로 합성한 인공 오일이다. • 천연 오일보다 가격이 저렴하고 물성을 조절하기 쉽다. 예 실리콘오일, 에스테르오일, 파라핀오일 등

✅ 개념 체크

알코올에 대한 설명으로 틀린 것은?

① 항바이러스제로 사용된다.
② 화장품에서 용매, 운반체, 수렴제로 쓰인다.
③ 알코올이 함유된 화장수는 오랫동안 사용하면 피부를 건성화할 수 있다.
④ 인체 소독용으로는 메탄올(Methanol)을 주로 사용한다.

④

오일

② 왁스

구분	종류	내용
식물성 왁스	카나우바 왁스 (Carnauba)	• 브라질의 카나우바 야자나무 잎에서 추출한 왁스이다. • 경도가 높고 융점이 높아 경화제로 많이 사용된다. • 피부 보호와 유분 조절 효과가 있다.
	칸델릴라 왁스 (Candelilla)	• 멕시코의 칸델릴라 야자나무에서 추출한 왁스이다. • 카나우바 왁스와 유사한 특성을 가지며, 경도와 융점이 높다. • 유화, 피부 보호, 유분 조절 등에 사용된다.
	코코아 버터	• 코코아콩에서 추출한 식물성 지방이다. • 피부에 윤기와 보습감을 주며, 유화제로도 사용한다.
동물성 왁스	라놀린	• 양의 털에서 추출한 천연 왁스이다. • 피부 유사성이 높아 보습, 유연성 향상에 효과적이다. • 유화제, 보습제, 피부 보호제로 활용한다.
	밀랍	• 꿀벌이 만드는 천연 왁스이다. • 경도가 높고 융점이 높아 고체 상태로 사용한다. • 유화, 피부 보호, 유분 조절 등에 이용된다.

③ 합성원료

구분	종류	특징
고급지방산	스테아르산 팔미트산 올레산	• 에멀전 안정화 및 유화제 역할을 수행한다. • 피부에 부드러운 느낌을 제공하며, 영양을 공급한다.
고급알코올	세틸알코올 스테아릴알코올 베헨알코올	• 크림 및 로션의 질감을 개선한다. • 유화 안정성을 높인다. • 피부에 부드러운 감촉을 제공하며, 자극이 적다.
에스테르류	이소프로필 미리 스테이트 트리글리세리드 토코페릴 아세테 이트	• 피부에 쉽게 흡수되어 부드러운 느낌을 준다. • 보습 효과가 뛰어나며, 피부의 유연성을 높인다. • 향료 및 기타 활성 성분의 전달을 돕는다.

3) 계면활성제

화장품에 사용되는 계면활성제는 물과 기름 사이의 경계면을 활성화하여 유화와 세정 등의 기능을 하는 중요한 원료이다.

구분	특징	종류
양이온성 계면활성제 (Cationic Surfactant)	• 양이온이 있어 양전하를 띤다. • 살균, 소독 효과가 있다. • 자극이 강하다.	• 린스 • 컨디셔너 • 트리트먼트
음이온성 계면활성제 (Anionic Surfactant)	• 음이온이 있어 음전하를 띤다. • 거품을 형성한다. • 세정력이 강하다.	• 샴푸 • 세안제

양쪽이온성 계면활성제 (Amphoteric Surfactant)	• 양전하 · 음전하를 모두 띤다. • 세정력이 온화(중간 정도)하다. • 피부에 자극이 적다.	• 유아용 제품 • 민감성 피부용 제품
비이온성 계면활성제 (Nonionic Surfactant)	• 전하를 띠지 않는다. • 유화 작용을 한다. • 자극이 적다.	• 화장품 • 세정제

- 자극성이 높은 순서 : 양이온성 〉 음이온성 〉 양쪽성 〉 비이온성
- 세정력이 높은 순서 : 음이온성 〉 양쪽성 〉 양이온성 〉 비이온성

4) 보습제

① 특징

- 피부 수분 함량을 높여 피부를 촉촉하게 유지한다.
- 피부 장벽 기능을 강화하여 수분 증발을 방지한다.
- 피부 표면에 수분막을 형성하여 보습 효과를 제공한다.
- 피부 자체의 보습 능력을 높여 지속적인 보습 효과가 있다.

② 종류

천연 보습인자 (Natural Moisturizing Factor, NMF)	• 아미노산(Amino Acids) : 40% • 젖산(Lactic Acid) : 12% • 요소(Urea) : 7% • 기타 : 피롤리돈 카복실산(Pyrrolidone Carboxylic Acid, PCA), 아미노산 (Amino Acids), 콜라겐(Collagen), 키틴(Chitin), 키토산(Chitosan)
고분자중합체	• 하이알루론산(Hyaluronic Acid), • 하이드록시에틸셀룰로오스(Hydroxyethyl Cellulose) • 하이드록시프로필메틸셀룰로오스(Hydroxypropyl Methylcellulose) • 폴리비닐알코올(Polyvinyl Alcohol) • 폴리비닐피롤리돈(Polyvinylpyrrolidone) • 폴리아크릴산(Polyacrylic Acid) • 폴리아크릴아마이드(Polyacrylamide) • 폴리에틸렌글리콜(Polyethylene Glycol) • 폴리프로필렌글리콜(Polypropylene Glycol)
폴리올	• 글리세린(Glycerin) • 프로필렌 글리콜(Propylene Glycol) • 부틸렌 글리콜(Butylene Glycol) • 소르비톨(Sorbitol) • 에리스리톨(Erythritol) • 자일리톨(Xylitol) • 만니톨(Mannitol) • 락티톨(Lactitol)

5) 방부제

① 역할
- 화장품 내에 미생물의 오염과 증식을 방지하여 제품의 보존성을 높인다.
- 미생물에 의한 변질, 부패, 악취 발생 등을 막아 제품의 품질과 안전성을 유지한다.

② 종류
- 파라벤류 : 메틸파라벤, 에틸파라벤, 프로필파라벤 등
- 이소티아졸리논류 : 메틸이소티아졸리논, 클로로메틸이소티아졸리논 등
- 알코올류 : 벤질알코올, 페녹시에탄올 등
- 기타 : 디하이드로아세트산, 소르브산, 벤조산 등

③ 사용 조건
- 화장품 제형, 사용 목적, 사용량 등에 따라 적절한 방부제를 선택해야 한다.
- 안전성이 검증된 방부제를 사용하되, 과도한 사용은 피해야 한다.
- 피부 자극성, 알레르기 반응 등의 부작용을 최소화하기 위해 저농도로 사용해야 한다.
- 규제 기준을 준수하여 사용량과 조합을 결정해야 한다.

6) 색소

염료 (Dye)		• 화학적으로 합성된 유기 색소이다. • 수용성이 높아 화장품에 쉽게 용해되어 착색이 잘 된다. • 페놀프탈레인, 에리트로신 등
안료 (Pigment)		• 화학적 또는 천연 물질로 이루어진 불용성 입자이다. • 화장품에 균일하게 분산되어 착색 효과를 낸다. • 산화타이타늄, 산화철, 카본블랙 등
	무기안료 (Inorganic Pigments)	• 광물이나 금속 화합물로 이루어진 안료이다. • 화학적으로 안정하고 내열성, 내광성이 우수하다. • 산화타이타늄 : 백색 안료로 가장 많이 사용된다. • 산화철 : 적색, 황색, 갈색 등 다양한 색상을 구현할 수 있다. • 산화크로뮴 : 녹색 계열의 색상 • 산화코발트 : 청색 계열의 색상
	유기안료 (Organic Pigments)	• 유기 화합물로 이루어진 안료이다. • 발색력이 강하고 다양한 색상 구현이 가능하다. • 발색력이 우수하나, 가격이 비싸고 화학적 안정성이 낮은 편이다. • 아조 계열 : 적색, 황색, 주황색 등의 색상 • 프탈로시아닌 계열 : 청색, 녹색 등의 색상 • 안트라퀴논 계열 : 자색, 적색 등의 색상
천연색소 (Natural Colorant)		• 식물, 동물, 미생물 등에서 추출한 천연 유래 색소이다. • 자연 유래 성분이라 안전성이 높지만 착색력이 낮다. • 카로티노이드, 클로로필, 안토시아닌 등
레이크 (Lake)		• 수용성 염료에 금속염을 결합하여 만든 착색제이다. • 안료와 유사한 특성을 가지면서도 염료의 선명성을 갖추고 있다. • 알루미늄, 칼슘 등의 금속과 결합하여 제조된다.

✔ 개념 체크

유기합성 염모제에 대한 설명 중 틀린 것은?
① 유기합성 염모제 제품은 알칼리성의 제1액과 산화제인 제2액으로 나뉜다.
② 제1액은 산화염료가 암모니아수에 녹아 있다.
③ 제1액의 용액은 산성을 띠고 있다.
④ 제2액은 과산화수소로서 멜라닌색소의 파괴와 산화염료를 산화시켜 발색시킨다.

②

7) 폴리머

분자량이 크고 여러 개의 단량체가 결합된 고분자 화합물이다.

① 역할

점도 조절	• 화장품의 점도와 유변학적 특성을 조절한다. • 크림, 로션, 젤 등의 제형에 적절한 점도와 유동성을 부여한다.
유화 안정화	• 유화제와 함께 사용되어 유화 시스템의 안정성을 높인다. • 수용성 폴리머는 수상 부분을, 지용성 폴리머는 유상 부분을 안정화한다.
필름 형성	• 피부에 투명하고 균일한 필름을 형성하여 보습과 피부 보호 효과가 있다. • 메이크업 제품에 사용되어 지속력과 내수성을 향상한다.
감촉 개선	폴리머는 부드럽고 매끄러운 감촉을 부여하여 화장품의 사용감을 향상한다.

② 종류

점도 증가제 (점증제)	• 수용성이 높아 수용성 제품에 주로 사용된다. • 점도 증진, 유화 안정화에 효과적이다. ⑩ 아크릴레이트 코폴리머(Acrylate Copolymers), 셀룰로오스 유도체(Cellulose Derivatives), 히드록시프로필메틸셀룰로오스, 히드록시에틸셀룰로오스 등	
유화 안정화	• 피막 형성제이다. • 점도 증진, 필름 형성, 습윤 효과가 있다. • 수용성 및 친유성 제품에 모두 사용할 수 있다. ⑩ 비닐 폴리머(Vinyl Polymers), 폴리비닐알코올, 폴리비닐피롤리돈 등	
고분자 중합체	폴리우레탄 (Polyurethanes)	• 이소시아네이트와 폴리올의 축합 반응으로 제조한다. • 유화 안정화가 뛰어나고, 감촉 개선에 효과적이다. • 수용성 및 유용성 제품에 모두 사용할 수 있다.
	실리콘 폴리머 (Silicone Polymers)	• 실리콘 단량체로 이루어진 폴리머이다. • 감촉이 부드럽고, 피막 형성, 수분 증발 억제 효과가 있다. • 유용성이 높아 주로 에멀전 및 오일 제품에 사용된다.

8) 산화방지제

특징	• 화장품 내 성분의 산화를 억제하여 제품의 안정성과 보존성을 높인다. • 피부에 유해한 자유 라디칼의 생성을 억제하여 피부를 보호한다. • 화장품의 변질, 변색, 냄새 발생 등을 방지하여 제품 품질을 유지한다.
종류	• 비타민 C(Ascorbic Acid) : 강력한 환원력으로 산화를 억제함 • 비타민 E(Tocopherol) : 지용성 항산화제로 피부를 보호함 • 셀레늄(Selenium) : 항산화 효소를 활성화하여 산화를 억제함 • 폴리페놀 화합물(Polyphenol Compounds) : 강력한 항산화 작용으로 피부를 보호함 • BHT, BHA 등의 합성 항산화제 : 안정성이 높고 효과적이나 안전성 논란이 있음

9) 금속이온 봉쇄제

특징	• 화장품에 포함된 철, 구리 등의 금속이온과 결합하여 안정화한다. • 금속이온이 산화촉진제로 작용하는 것을 방지한다. • 화장품의 변질, 변색, 냄새 발생 등을 방지하여 제품의 안정성을 향상한다. • 금속이온 의해 유발될 수 있는 피부 자극 및 알레르기 반응을 억제한다.	
종류	• Citric Acid(구연산) • Phytic Acid(피틱산) • EDTA(Ethylenediaminetetraacetic Acid)	• Gluconic Acid(글루콘산) • Phosphoric Acid(인산)

10) 향료

① 특징

• 화장품에 향취를 부여하여 사용감과 기분을 향상시킨다.

• 제품의 개성과 이미지 구축에 중요한 역할을 한다.

• 천연 또는 합성 성분으로 구성되며, 종류가 다양하다.

② 종류

식물성 향료	• 꽃, 과일, 나무 등 식물에서 추출한 천연 향료이다. • 자연스럽고 부드러운 향취를 제공한다. ⑩ 라벤더, 장미, 감귤, 바닐라, 편백 등
동물성 향료	• 동물의 분비물에서 추출한 천연 향료이다. • 고급스럽고 깊이 있는 향취를 제공한다. ⑩ 머스크, 아쿠아, 시베트 등
합성 향료	• 화학적으로 합성된 인공 향료이다. • 다양한 향취 구현이 가능하고 안정성이 높다. • 장미, 백합, 과일향 등 다양한 향취를 구현할 수 있다. ⑩ BHT, 파라벤 등

11) 기타 주요성분

AHA(Alpha Hydroxy Acids)	• 과일산, 젖산 등의 알파 하이드록시산이다. • 각질 제거, 피부 재생 효과가 있다.
레시틴(Lecithin)	• 대두(콩), 달걀 등에서 추출된 지용성 성분이다. • 피부 장벽 강화, 보습 증진에 도움을 준다.
알부틴(Arbutin)	• 베어베리 추출물에서 유래된 미백 성분이다. • 멜라닌 생성을 억제하여 미백 효과가 있다.
아줄렌(Azulene)	• 캐모마일 추출물에서 유래된 성분이다. • 피부 진정, 항염증 효과가 있어 민감성 피부 제품에 사용된다.
소르비톨(Sorbitol)	• 당알코올의 일종으로 보습 및 점도 조절 효과가 있다. • 천연 유래로 피부 자극이 적다.
콜라겐(Collagen)	• 피부 구조 단백질로 탄력 증진에 기여한다. • 고분자와 저분자 콜라겐이 사용된다.
레티노산(Retinoid)	• 비타민 A 유도체로 주름 개선에 도움을 준다. • 레티놀, 레티닐 팔미테이트 등이 대표적이다.

1) 가용화(Solubilization)

물에 녹지 않는 유성분을 물에 녹이는 기술이다.

수용성 화장품	• 계면활성제나 유기용매를 이용하여 유성분을 수용성화한 제품이다. • 크림, 로션, 에센스, 세럼 등의 수용성 제형이 대표적이다.

2) 유화(Emulsion)

성질이 다른 두 가지 이상의 액체를 균일한 상태로 만드는 기술이다.

O/W (Oil in Water)	• 기름 성분이 물속에 미세한 입자 형태로 분산되는 유화 방식이다. • 수용성 제형인 크림, 로션, 에센스 등에 많이 사용되며 피부에 보습감과 산뜻한 느낌을 준다. • 수용성 유화제를 사용하며 일반적으로 친수성이 강하다.
W/O (Water in Oil)	• 물 성분이 기름 속에 미세한 방울 형태로 분산되는 유화 방식이다. • 오일, 바, 스틱 등의 지용성 제형에 적용되며 피부에 유분감과 보호막을 형성한다. • 친유성 유화제를 사용하며 일반적으로 친유성이 강하다.
W/O/W (Water in Oil in Water)	• 물속에 기름이 분산되고, 그 안에 다시 물이 분산된 3중 유화 방식이다. • 수분과 유분을 동시에 함유하여 보습과 유분감을 준다. • 수용성과 친유성 유화제를 함께 사용한다.
O/W/O (Oil in Water in Oil)	• 기름 속에 물이 분산되고, 그 안에 다시 기름이 분산된 3중 유화 방식이다. • 유분감과 보습 효과가 높으며, 친유성 유화제를 주로 사용한다.

3) 분산(Dispersing)

물 또는 오일에 미세한 고체 입자가 계면활성제에 의해서 균일하게 분산되어 있는 상태이다.

현탁액 분산	• 고체 입자가 액체 상태에 분산된 형태이다. • 색상 표현, 피부 보호, 흡수력 증진 등의 효과가 있다. 예 파우더, 선크림, 마스크팩, 파운데이션, 립스틱, 아이섀도 등
콜로이드 분산	• 미세한 입자가 균일하게 분산된 상태이다. • 투명성, 부드러운 감촉, 흡수력 등의 효과가 있다. 예 에센스, 세럼, 토너

✔ 개념 체크

물과 오일처럼 서로 녹지 않는 2개의 액체를 미세하게 분산시켜 놓는 상태는?

① 에멀전
② 레이크
③ 아로마
④ 왁스

①

SECTION 03 화장품의 종류

▶ 합격 강의

출제빈도 상 중 하
반복학습 1 2 3

빈출 태그 ▶ #화장품의분류 #기초화장품 #기능성화장품

KEYWORD 01 화장품의 분류 빈출

법적 분류	• 「화장품법」에 따라 화장품을 구분한 것이다. • 일반화장품, 기능성화장품, 의약외품으로 분류한다.
사용 부위별 분류	• 피부, 두발, 손톱, 입술 등 사용 부위에 따라 분류한 것이다. • 페이스 메이크업, 바디 케어, 헤어 케어, 네일 케어 등을 분류한다.
목적에 따른 분류	• 화장품의 사용 목적에 따라 분류한 것이다. • 기초화장품(클렌징, 토너, 에센스 등), 메이크업 화장품(파운데이션, 아이섀도 등), 색조화장품(립스틱, 네일 폴리시 등), 시술 화장품(마사지크림, 팩 등) 등으로 분류한다.

KEYWORD 02 기초화장품

1) 기능

① 피부 세정 : 피부 표면의 노폐물, 유분, 메이크업 잔여물 등을 제거하여 깨끗한 피부 상태를 만들어 줌
② 피부 보습 : 피부 수분을 공급하고 유지하여 건조한 피부를 개선함
③ 피부 정돈 : 피부의 pH 밸런스를 조절하고 피부 결을 정돈해 줌
④ 피부 보호 : 외부 자극으로부터 피부를 보호하고 피부 장벽을 강화함

2) 종류

① 클렌징 제품 : 클렌징 오일, 클렌징 폼, 클렌징 워터 등
② 토너 · 로션 : 피부 결을 정돈하고 보습 효과를 주는 제품
③ 에센스 · 세럼 : 피부에 집중적인 영양과 활성을 제공하는 제품
④ 크림 · 로션 : 피부 수분을 공급하고 보호하는 제품
⑤ 아이크림 : 눈가 피부를 집중적으로 관리하는 제품
⑥ 마스크팩 : 집중적인 보습과 영양을 공급하는 제품

3) 마스크팩의 종류

필오프 타입	• 마스크팩이 완전히 건조된 상태에서 천천히 벗기면서 제거한다. • 피부에 자극이 적고 부드럽게 제거할 수 있다. • 마스크팩 잔여물이 남을 수 있어 추가적인 세안이 필요하다.

✔ 개념 체크

다음 중 기초화장품의 주된 사용 목적에 속하지 않는 것은?

① 세안
② 피부정돈
③ 피부보호
④ 피부채색

④

워시오프 타입	• 가장 일반적인 제거 방법이다. • 마스크팩을 얼굴에 붙인 후 미온수로 천천히 씻어내면서 제거한다. • 피부에 자극이 적고 부드럽게 제거할 수 있다.
티슈오프 타입	사용 후 티슈로 닦아내는 방법이다.
시트 타입	• 마스크팩 시트가 얼굴에 직접 붙는 타입이다. • 마스크팩을 그대로 제거하는 방식이다. • 피부에 직접 닿는 부분이 많아 밀착력이 좋다. • 제거 시 마스크팩 성분이 피부에 남아 있을 수 있다.
패치 타입	• 마스크팩이 특정 부위에 붙는 타입이다. • 눈, 코, 이마 등 특정 부위에만 붙이는 형태이다. • 부위별로 맞춤형 관리가 가능하다. • 전체 얼굴에 붙이는 것보다 사용량이 적다.

KEYWORD 03 　기능성 화장품

1) 특징

특징	내용
특정 기능 및 효과 보유	미백, 주름개선, 자외선 차단 등의 기능이 있다.
과학적 근거 필요	• 해당 기능이나 효과에 대한 과학적 근거가 필요하다. • 임상시험 등을 통해 기능성을 입증해야 한다.
엄격한 규제 대상	기능성 화장품은 식약처의 엄격한 심사와 관리 대상이 된다.
높은 안전성 요구	• 기능성 화장품은 피부에 미치는 영향이 크기 때문에, 안전성이 매우 중요하다. • 부작용 가능성이 낮고 피부 자극이 적어야 한다.
상대적으로 높은 가격	기능성 화장품은 원료 및 기술 개발 비용이 더 들기 때문에, 일반 화장품에 비해 상대적으로 가격이 높다.

2) 종류

종류	기능	성분
주름개선	피부 노화로 인한 주름을 개선하고 예방한다.	레티놀, 펩타이드, 하이알루론산 등
미백	기미, 잡티를 개선하고 피부톤을 밝게 한다.	비타민C, 나이아신아마이드, 멜라닌 생성 억제 성분
자외선 차단	자외선으로부터 피부를 보호한다.	화학적·물리적 자외선 차단제
태닝	피부가 균일하고 곱게 타게 한다.	• 화학적 · 물리적 자외선 차단제 • 오일류(코코넛 오일, 아르간 오일, 해바라기씨 오일 등)

KEYWORD 04 색조 화장품

1) 기능

① **피부 보정** : 피부 결점을 가리고 균일한 피부톤을 연출하는 기능
② **피부톤업** : 피부 밝기와 화사함을 높이는 기능
③ **눈매 강조** : 눈을 크고 또렷하게 보이게 해 주는 기능
④ **입술 강조** : 입술의 모양과 색감을 돋보이게 해 주는 기능
⑤ **얼굴 윤곽 연출** : 얼굴의 입체감과 균형을 잡아 주는 기능

2) 종류

분류		기능	제품
베이스 메이크업		피부 결점을 가리고 피부톤을 균일하게 정리한다.	파운데이션, 컨실러, BB크림, CC 크림
포인트 메이크업	색조 메이크업	눈매를 강조하고 또렷하게 연출한다.	아이섀도, 아이라이너, 마스카라, 아이브로
	립 메이크업	입술 색감을 돋보이게 하고 입술 모양을 강조한다.	립스틱, 립글로스, 립라이너
	치크 메이크업	얼굴 윤곽을 연출하고 생기를 부여한다.	블러셔, 하이라이터, 컨투어링

✓ **개념 체크**

포인트 메이크업(Point Make-up) 화장품에 속하지 <u>않는</u> 것은?

① 블러셔
② 아이섀도
③ 파운데이션
④ 립스틱

③

KEYWORD 05 바디 화장품

1) 기능

① **보습** : 피부의 수분을 공급하고 보호하여 부드럽고 매끄러운 피부를 만듦
② **피부 진정** : 피부를 진정시키고 자극을 완화함
③ **피부 관리** : 피부 노화를 억제하고 피부 건강을 개선함
④ **향기(방향)** : 향기로운 향을 피부에 남겨 기분 좋은 향을 제공함
⑤ **피부 미백** : 색소 침착을 억제하여 피부를 환하게 밝혀 줌

2) 종류

구분	내용
바디 로션/크림	• 피부 보습과 영양 공급을 위한 제품이다. • 바디 전체에 사용하는 기본적인 바디 케어 제품이다.
바디 오일	• 피부 보습과 윤기 개선을 위한 제품이다. • 마사지 오일로도 사용할 수 있다.
바디 스크럽	• 각질 제거와 피부 결 개선을 위한 제품이다. • 주기적인 사용으로 매끄러운 피부를 만들어 준다.

바디 마사지 크림/젤	• 근육 이완과 혈액순환 개선을 위한 제품이다. • 마사지 시 사용하여 피로 해소에 도움을 준다.
바디 미스트	• 향료를 함유하여 산뜻한 향을 남기는 제품이다. • 전신에 뿌려 향기를 연출한다.

KEYWORD 06 │ 모발 화장품

1) 기능
• 모발 보습 및 영양 공급
• 모발 스타일링
• 두피 관리
• 모발 손상 케어
• 모발 볼륨 및 윤기 연출

2) 종류
① 샴푸 및 린스 : 모발과 두피를 깨끗하게 세정하고 보습해주는 기본 제품
② 린스(컨디셔너) : 모발 손상을 집중적으로 케어하는 딥 컨디셔닝 제품
③ 트리트먼트 : 모발에 영양을 공급하고 윤기를 더해 주는 제품
④ 헤어 스프레이/젤 : 스타일링을 도와주고 고정력을 제공하는 제품
⑤ 헤어 로션 : 두피 관리와 모발 볼륨감 향상을 위한 제품

KEYWORD 07 │ 네일 화장품

1) 기능
• 네일 보습 및 영양 공급
• 네일 큐티클 관리
• 네일 강화 및 손상 케어
• 네일 건조 및 고정력 제공

2) 종류
① 네일 에나멜 및 컬러 코트 : 네일에 색상을 입히고 보호하는 기본적인 제품
② 네일 베이스 코트 및 탑 코트 : 네일 컬러의 밀착력과 고정력을 높이는 보조 제품
③ 네일 큐티클 오일 및 크림 : 큐티클을 부드럽게 관리하고 영양을 공급하는 제품
④ 네일 강화제 및 하드너 : 연약하거나 손상된 네일을 강화하는 제품
⑤ 네일 리무버 및 클렌저 : 네일 컬러를 제거하고 네일을 깨끗하게 관리하는 제품

KEYWORD 08 **방향 화장품** ⓑ출

1) 기능

- 향기 부여
- 타인에게 호감 전달
- 기분 전환 및 심리적 안정
- 체취 및 냄새 제거

2) 종류

구분	향수 (Perfume)	오 드 퍼퓸 (Eau de Parfum)	오 드 투알렛 (Eau de Toilette)	오 드 콜롱 (Eau de Cologne)	바디 스프레이 (샤워 콜롱)
부향률	15% 이상	10~15%	5~10%	2~5%	0.5~2%
지속시간	6~8시간 이상	4~6시간	3~4시간	1~2시간	1시간 미만
특징	가장 농축된 형태의 향기 제품으로 오랜 지속력을 지닌다.	향수에 비해 향기 농도가 낮은 제품으로 중간 정도의 지속력을 지닌다.	향수와 오 드 퍼퓸의 중간 농도로 가벼운 향기를 제공한다.	향기 농도가 가장 낮고 가벼운 제품으로 상쾌한 향을 선사한다.	향기 지속력은 낮지만 간편하게 사용할 수 있다.

KEYWORD 09 **오일**

1) 아로마 오일 · 에센셜 오일(Essential Oils)

특징	식물의 꽃, 잎, 줄기 등에서 추출한 천연 오일이다.
기능	• 향기 제공 : 심리적, 감정적으로 안정하게 하는 효과가 있음 • 피부 관리 : 항균, 항염, 진정 등의 효과가 있음 • 건강 증진 : 면역력 강화, 스트레스 완화 등의 효과가 있음
종류별 효과	• 티트리 오일 : 항균, 항염, 여드름, 피부 트러블 개선 • 어성초 오일 : 항균, 항염, 여드름, 습진 개선 • 타임 오일 : 항균, 항바이러스, 감염 예방, 피부 재생, 진정 • 레몬 오일 : 항균, 소독, 피부 청결 및 여드름, 피부 밝기와 톤 개선 • 캐모마일 오일 : 피부 진정, 항우울, 민감성 피부 트러블 개선 • 라벤더 오일 : 진정, 수면 개선, 항우울 • 멘톨 오일 : 시원한 느낌, 근육통, 관절통 완화에 효과적

2) 캐리어 오일(Carrier Oils)

특징	• 식물의 씨앗, 열매, 견과류 등에서 추출한 오일이다. • 아로마 오일을 희석한 것이다.
기능	• 피부 보습 : 지용성 영양분을 공급하여 피부 보습 효과가 있음 • 피부 질환 완화 : 항균, 항염, 진정 등의 효과가 있음
종류별 효과	• 호호바 오일 : 보습, 진정, 항염 효과 • 아몬드 오일 : 비타민 E, 지방산 함유, 보습 및 영양 공급 • 올리브 오일 : 폴리페놀, 비타민 E, 항산화, 보습 • 맥아 오일 : 비타민 E, 불포화지방산, 피부 재생, 노화 방지 • 아보카도 오일 : 지용성 비타민, 지방산, 보습, 피부 재생, 탄력 개선 • 코코넛 오일 : 항균, 항염 효과, 여드름이나 피부 트러블 개선 • 로즈힙 오일 : 비타민 C, 레티놀, 피부 노화 개선,색소 침착 개선 • 칼렌둘라 오일 : 항균, 항염, 진정, 보습 민감성 피부에 적합

CHAPTER

05

공중위생관리

공중보건

▶ 합격강의

빈출 태그 ▶ #공중보건 #보건학 #질병

KEYWORD 01 공중보건의 개념 빈출

1) 윈슬로우의 정의

공중보건학은 지역사회 조직화를 통해 질병을 예방하고, 수명을 연장하며, 신체적 · 정신적 · 사회적 건강을 증진하는 것을 목적으로 하는 과학이자 실천 분야이다.

2) 특징

① 질병 예방과 건강 증진 : 공중보건학의 목적은 질병을 예방하고 건강을 증진하는 것임
② 지역사회 접근 : 공중보건학은 지역사회 전체를 대상으로 함
③ 학제적 접근 : 의학, 사회학, 심리학 등 다양한 학문 분야를 아우름
④ 실천 중심 : 단순한 이론이 아니라 실제적인 실천 활동을 강조함
⑤ 전인적 건강 : 신체적, 정신적, 사회적 건강을 모두 포괄함

3) 공중보건학의 범위

환경보건 분야	환경위생, 환경오염, 산업보건, 식품위생
질병관리 분야	감염병 관리, 역학, 기생충 관리, 성인병 관리, 비감염병 관리
보건관리 분야	보건행정, 모자보건, 가족보건, 노인보건, 보건영양, 보건교육, 의료정보, 응급치료, 사회보장제도, 의료보호제도, 보건통계, 정신보건, 가족관리

KEYWORD 02 건강과 보건수준 빈출

1) WHO(세계보건기구)의 건강의 정의

건강은 단순히 질병이나 허약함이 없는 상태가 아니라, 신체적 · 정신적 · 사회적으로 완전한 안녕 상태를 의미한다.

2) 보건 수준 지표

① 인구통계

조출생률 (Crude Birth Rate)	• 일정 기간의 총 출생아 수를 해당 기간의 평균 총 인구로 나눈 값이다. • 산식 : (출생아 수 / 총 인구) × 1,000 • 전체 인구 규모에 대한 출생 수준을 나타낸다. • 연령 구조의 영향을 받는다. • 국가 간 비교가 가능하다.
일반출생률 (General Fertility Rate)	• 가임기 여성(15~49세) 1,000명당 출생아 수이다. • 산식 : (출생아 수 / 15~49세 여성 인구) × 1,000 • 여성 가임 인구에 대한 출생 수준을 나타낸다. • 연령 구조의 영향을 적게 받는다. • 출산력을 보다 직접적으로 반영한다.

> 한 지역이나 국가의 보건 수준을 나타내는 3대 지표
> • 영아 사망률
> • 평균 수명
> • 비례 사망 지수
>
> 국내 암 사망률 순위
> • 1위 : 폐암
> • 2위 : 간암
> • 3위 : 대장암
> • 4위 : 췌장암
> • 5위 : 위암

② 사망통계

조사망률	• 일정 기간의 총 사망자 수를 해당 기간의 평균 총 인구로 나눈 값이다. • 산식 : (사망자 수 / 총 인구) × 1,000 • 전체 인구 규모 대비 사망 수준을 나타낸다.
연령별 사망률	• 특정 연령층의 사망자 수를 해당 연령층 인구로 나눈 값이다. • 산식 : (특정 연령층 사망자 수 / 해당 연령층 인구) × 1,000 • 연령별 사망 수준을 파악할 수 있다.
영아사망률	• 출생 1년 이내 사망한 영아 수를 해당 기간의 총 출생아 수로 나눈 값이다. • 산식 : (1세 미만 사망자 수 / 총 출생아 수) × 1,000 • 영유아 보건 수준을 나타내는 대표적인 지표
비례 사망 지수	• 산식 : (특정 연령대 사망자 수 / 전체 사망자 수) × 100 • 50세 이상 사망자수를 대입해 인구 고령화 수준을 간접적으로 보여 주는 지표로 활용한다.
기대수명	• 출생 시의 평균 생존 기간을 나타낸다. • 완전생명표 작성을 통해 산출한다. • 전반적인 건강 수준을 종합적으로 보여 준다. • 완전생명표 : 연령별 사망률, 생존확률, 기대수명을 산출한 것

KEYWORD 03 질병 빈출

1) WHO(세계보건기구)의 질병의 정의

질병(Disease)은 신체 구조나 기능의 장애로 인해 발생하는 병리적 상태이다.
① 병리적 변화 : 신체 구조나 기능의 비정상적인 변화
② 기능 장애 : 일상생활이나 활동에 지장을 주는 상태
③ 원인 요인 : 병원체, 유전, 환경 등 질병의 발생 원인

2) 질병의 3가지 요인

병원체 (Agent)	• 병인 • 바이러스, 박테리아, 기생충 등 병원체의 특성 • 병원체의 독성, 감염력, 전파력 등
숙주 (Host)	• 개인의 면역력, 영양 상태, 유전적 감수성 등 • 연령, 성별, 기저 질환 유무 등 개인의 특성
환경 (Environment)	• 물, 공기, 토양 등 물리적 환경 요인 • 사회경제적 수준, 생활습관, 직업 등 사회환경 요인 • 기후, 기온, 계절 등 자연환경 요인

3) 병원체 요인

생물학적 요인	• 바이러스, 세균, 곰팡이, 기생충 등 • 병원체의 독성, 전염력, 내성 등
물리적 요인	• 방사선, 자외선, X선, 감마선 등의 전자기 방사선 • 온도, 기계적 손상, 전기, 소음, 진동 등
화학적 요인	화학물질, 독성물질, 방사선 등
사회학적 요인	• 스트레스 • 외상성 경험 : 신체적, 정서적, 성적 학대, 전쟁, 재난, 사고 등의 경험, 외상 후 스트레스 장애(PTSD) • 심리사회적 요인 : 가족 갈등, 대인관계 문제, 사회적 고립, 소외감 등 • 정신병리 : 불안, 우울, 강박, 정신질환 등 • 유전적, 신경생물학적 요인 : 약물, 알코올 남용 • 인지적 요인 : 비합리적 신념, 부적응적 사고방식, 지각 및 정보처리의 왜곡

4) 숙주적 요인

생물학적 요인	• 유전적 요인 : 유전자 변이나 유전적 소인 • 생리적 요인 : 신체 기능의 이상이나 노화 과정
사회학적 요인	• 사회경제적 요인 : 빈곤, 교육 수준, 직업 등 사회경제적 상황 등 • 생활습관 : 식이, 운동, 흡연, 음주 등의 생활습관 등 • 문화적 요인 : 문화적 가치관이나 행동 양식

5) 환경적 요인

기후 및 계절적 환경	온도, 습도, 강수량 등의 변화가 질병 발생률 및 전파 양상에 영향을 준다.
지리적 환경	지역, 기후, 지형 등의 특성이 특정 질병의 발생 분포와 연관된다.
사회경제적 환경	생활수준, 영양 상태, 주거 환경이 질병 발생과 중증도에 영향을 준다.

✔ 개념 체크

질병발생의 요인 중 숙주적 요인에 해당하지 않는 것은?

① 선천적 요인
② 연령
③ 생리적 방어기전
④ 경제적 수준

④

176 PART 01 • CHAPTER 05 공중위생관리

1) 인구 증가

인구증가	• 인구증가 = 자연증가 + 사회증가 • 인구증가 = (출생률 − 사망률) + (유입률 − 유출률)
자연증가	• 자연증가 = 출생률 − 사망률 • 출생률이 사망률보다 높으면 자연증가가 발생한다.
사회증가	• 사회증가 = 순 이동률(순 유입률) = 유입률 − 유출률 • 지역 간 인구 이동으로 인한 인구 변화를 의미한다. • 유입률이 유출률보다 높으면 사회증가가 발생한다.

2) 인구 증가의 문제

양적 문제	• 3P : 인구(Population), 빈곤(Poverty), 공해(Pollution) • 3M : 기아(Malnutrition), 질병(Morbidity), 사망(Mortality)	
질적 문제	• 교육 및 보건 수준의 저하 • 환경 및 자원 문제	• 사회 계층화 심화 • 문화적 정체성 약화

3) 인구 피라미드 (빈출)

유형	피라미드	특징
피라미드형		• 14세 이하 인구가 65세 이상 인구의 2배를 초과 • 인구 증가형 • 후진국형
종형		• 14세 이하 인구가 65세 이상 인구의 2배 정도 • 인구정지형 • 이상형
항아리형		• 14세 이하 인구가 65세 이상 인구의 2배 이하 • 인구감소형 • 선진국형

✓ 개념 체크

생산인구가 유입되는 도시형으로, 생산인구가 전체 인구의 50% 이상을 차지하는 인구 구성 형태는?

① 피라미드형
② 항아리형
③ 종형
④ 별형

④

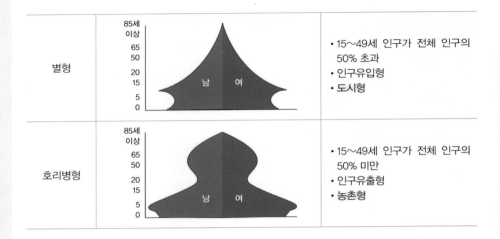

| 별형 | | • 15~49세 인구가 전체 인구의 50% 초과
• 인구유입형
• 도시형 |
| 호리병형 | | • 15~49세 인구가 전체 인구의 50% 미만
• 인구유출형
• 농촌형 |

4) 고령사회의 기준

고령화 사회 (Aging Society)	전체 인구 중 65세 이상 노인 인구의 비율이 7% 이상인 사회
고령사회 (Aged Society)	전체 인구 중 65세 이상 노인 인구의 비율이 14% 이상인 사회
초고령사회 (Super-aged Society)	전체 인구 중 65세 이상 노인 인구의 비율이 20% 이상인 사회

질병관리

빈출 태그 ▶ #역학 #질병 #병원체

▶ 합격 강의

KEYWORD 01 역학

1) 역학의 정의

- 질병, 건강 상태, 건강 관련 사건의 분포와 결정 요인을 연구하는 학문이다.
- 개인과 집단의 건강 수준을 이해한다.
- 질병의 원인을 파악한다.
- 질병 예방과 건강 증진을 목적으로 한다.

2) 역학의 역할

- 질병의 발생률, 유병률, 사망률 등 질병의 분포를 파악한다.
- 질병의 위험 요인과 결정 요인을 규명한다.
- 질병의 확산 과정 및 전파 경로를 분석한다.
- 질병 예방 및 건강 증진을 위한 전략을 수립한다.

3) 감염병의 발생 단계

병원체 → 병원소 → 병원소에서 병원체 탈출 → 병원체의 전파 → 새로운 숙주로 침입 → 감수성 있는 숙주의 감염

> 📝 권쌤의 노하우
>
> 질병의 구분은 꼭 나오는 중요한 부분입니다~!

KEYWORD 02 병원체

1) 병원체

인체나 생물체에 질병을 일으킬 수 있는 미생물이다.

구분	호흡기계	소화기계	피부 점막계
바이러스	인플루엔자, 코로나, 호흡기세포융합(RSV), 아데노	로타, 노로, 엔테로, 아스트로	단순 포진, 수두, 사람 유두종, 우두, 에이즈, 일본뇌염, 광견병
리케차	발진열, 큐열	발진열	발진열, 발진티푸스, 발진열, 쯔쯔가무시
세균	폐렴연쇄구균, 레지오넬라 폐렴균, 마이코플라즈마 폐렴균	살모넬라균, 대장균, 클로스트리듐 디피실레균, 캠필로박터균(식중독 유발)	포도상구균, 연쇄구균, 임질, 파상풍, 페스트, 매독

> 병원체의 크기
>
> 바이러스 〈 리케차 〈 세균 〈 진균(곰팡이) 〈 원충류

| 진균 | 아스페르길루스 곰팡이, 크립토코쿠스 곰팡이 | 칸디다균(칸디다증 유발) | 백선균, 칸디다균, 아스페르길루스 곰팡이(피부 진균증) |
| 원충류 | 폐포자충(폐포자충 폐렴) | 지아르디아증, 크립토스포리디움, 아메바성 이질 유발) | 주혈흡충(피부 침입 및 피부병변 유발) |

B 권쌤의 노하우

쉽게 말해서 병원체(病原)의 '소굴(巢)'입니다.

KEYWORD 03 병원소 빈출

1) 병원소(Reservoir, 病原巢)
병원체가 정상적으로 살아가며 증식할 수 있는 생물학적 환경이다.

① 인간 병원소(Human Reservoir)
인간이 병원체의 주요 생존처이며, 병원체가 인간 내부에서 증식할 수 있는 경우이다.

건강보균자 (Healthy Carrier)	• 병원체에 감염됐지만 임상증상이 없는 상태로 병원체를 지속적으로 배출하는 보균자이다. • 외관상 건강해 보이지만 실제로는 병원체를 보유하고 있는 경우이다. 예 대장균 O157 보균자, 장티푸스 보균자 등
잠복기 보균자 (Incubatory Carrier)	• 감염됐지만 아직 증상이 발현되지 않은 상태의 보균자이다. • 잠복기 동안 병원체를 배출할 수 있어 타인에게 전파될 수 있다. 예 에이즈 바이러스 잠복기, 말라리아 잠복기 등
회복기 보균자 (Convalescent Carrier)	• 질병에서 회복된 상태이지만 여전히 병원체를 배출하는 보균자이다. • 증상은 소실됐지만 균 배출이 지속되는 경우이다. 예 장티푸스 회복기 보균자, 디프테리아 회복기 보균자 등

② 동물 병원소(Animal Reservoir)
동물이 병원체의 주요 생존처이며, 병원체가 동물 내부에서 증식할 수 있는 경우이다.
• 포유류(Mammalia)

동물	병원체
소, 양, 염소	브루셀라증, 탄저, 결핵, 큐열 등
돼지	브루셀라증, 결핵, 일본 뇌염, 크로이츠펠트-야콥병, 살모넬라증, 포크 바이러스성 설사병, 트리히넬라증 등
말, 낙타	말 바이러스성 뇌염, 탄저 등
개, 고양이	광견병, 톡소플라즈마증, 피부사상균증
야생 고양이, 너구리	광견병, 라임병, 렙토스피라증
늑대, 여우	광견병, 탄저, 견과독
쥐	렙토스피라증, 쥐 공격성 바이러스, 출혈열, 폐쇄성 호흡기 증후군
다람쥐	라임병, 바베시아증
토끼	야토병
박쥐	광견병, 에볼라 출혈열, 코로나19

• 절지동물(Arthropoda)

동물	병원체
모기	말라리아, 뎅기열, 지카 바이러스 감염증, 치쿤구니야열, 황열
진드기	라임병, 중증열성혈소판감소증후군(SFTS), 발진열, 신증후군출혈열, 쯔쯔가무시증
파리	장티푸스, 콜레라, 이질, 결핵, 파라티푸스, 트리코마
이	발진열, 피로스병, 재귀열
빈대	쯔쯔가무시증, 발진열, 페스트, 트리파노소마병
바퀴벌레	살모넬라증, 이질 장티푸스, 장염, 포도상구균 감염증, 폐렴
벼룩	페스트, 발진열

③ 환경 병원소(Environmental Reservoir)

토양, 물, 공기 등의 비생물적 환경이 병원체의 주요 생존처인 경우이다.

토양	• 파상풍균, 탄저균, 유행성출혈열 바이러스 등이 토양에서 생존할 수 있다. • 감염된 동물의 배설물로 오염된 토양이 병원체 전파 경로가 될 수 있다.
물	• 콜레라균, 장티푸스균, 지카 바이러스 등이 물을 통해 전파된다. • 오염된 식수나 수영장수가 감염 경로가 될 수 있다.
공기	• 결핵균, 폐렴균, 바이러스 등이 먼지 입자에 부착되어 전파될 수 있다. • 특히 건조한 환경에서 병원체가 먼지와 함께 공기 중으로 퍼질 수 있다.

④ 병원소로부터 병원체 탈출 경로

호흡기계	• 기침과 재채기 → 결핵균, 인플루엔자 바이러스, SARS-CoV-2 • 호흡 중 방출/객담 → 결핵균, 폐렴구균
소화기계	• 구토 → 노로바이러스, 로타바이러스 • 대변 → 장티푸스균, 이질균, 살모넬라균 • 침 분비 → 폴리오바이러스, 엔테로바이러스
생식기관	• 성 접촉 → 임질균, 매독균, HIV, HPV • 체액 배출 → HIV, B형 간염 바이러스, 헤르페스 바이러스
상처	• 피부 접촉 → 화농성 연쇄구균, 포도상구균, 연조직 감염균 • 혈액 노출 → B형 간염 바이러스, C형 간염 바이러스, HIV 등
주사기 수혈	• 수혈 → B형 간염 바이러스, C형 간염 바이러스, HIV 등
곤충의 흡혈	• 모기 : 말라리아, 뎅기열, 지카 바이러스 등 • 진드기 : 라임병, 발진열, 크리미안-콩고 등 • 빈대 : 쯔쯔가무시병, 발진열 등

1) 직접전파

접촉 전파	감염된 사람이나 동물과 피부나 점막을 직접 접촉하면서 병원체가 전파된다. 예) 매독, 홍역, 수두 등의 전파
비말 전파	감염된 사람이 기침, 재채기 등을 통해 배출한 비말이 다른 사람의 호흡기에 직접 들어가면서 전파된다. 예) 인플루엔자, 코로나19, 결핵 등의 전파
수직 전파	감염된 임산부에서 태아나 신생아로 직접 병원체가 전파된다. 예) HIV, B형 간염, 풍진 등의 수직 전파
성 접촉 전파	성 접촉을 통해 감염된 사람에서 병원체가 직접 전파된다. 예) HIV, 매독, 임질 등의 성 접촉 전파

2) 간접전파

매개체 전파	모기, 진드기, 파리 등의 벡터가 병원체를 옮기면서 전파된다. 예) 말라리아, 뎅기열, 라임병 등의 매개체 전파
공기 전파	감염된 사람이 배출한 에어로졸이나 먼지가 공기 중에 떠다니다가 다른 사람에게 흡입되어 전파된다. 예) 결핵, 홍역, 수두 등의 공기 전파
오염된 물/ 식품 전파	오염된 물이나 식품을 섭취하면서 병원체가 전파된다. 예) 콜레라, 장티푸스, 살모넬라 등의 수인성 전파
오염된 환경 전파	감염된 사람이나 동물의 분비물로 오염된 환경(표면, 기구 등)을 통해 병원체가 전파된다. → '개달물(介達物)을 통한 개달전염(介達傳染)' 예) 노로바이러스, C형 간염, 성홍열 등의 환경 전파

KEYWORD 05 면역 (빈출)

1) 면역의 종류

① 선천적 면역

개인, 인종, 종족에 따라 습득되는 면역력이다.

② 후천적 면역 (빈출)

인공	능동	• 백신 접종을 통해 능동적으로 형성되는 면역이다. • 백신 내의 약화된 병원체로 인해 면역 체계가 스스로 항체를 생산하게 된다.
	수동	• 항체를 직접 주입하여 즉각적으로 면역력을 얻는 방식이다. • 주로 응급 상황이나 면역력이 약한 사람에게 사용된다.

✅ **개념 체크**

장티푸스, 결핵, 파상풍 등의 예방접종은 어떤 면역인가?

① 인공 능동면역
② 인공 수동면역
③ 자연 능동면역
④ 자연 수동면역

①

자연	능동	• 실제 병원체에 감염되어 스스로 면역력을 획득하는 경우이다. • 자연 감염을 통해 형성되는 능동적인 면역 반응이 이에 해당한다.
	수동	• 출생 전 모체로부터 항체를 받는 면역이다. • 태반을 통해 모체의 항체가 태아에게 전달되는 경우가 이에 해당한다.

• 인공능동면역

생균백신	약독화된 생병원체를 사용하여 실제 감염과 유사한 면역 반응을 유도한다. 예) 홍역, 볼거리, 풍진 백신(MMR), 경구 폴리오 백신(OPV), BCG 백신(결핵)
사균백신	열이나 화학물질로 비활성화한 병원체를 사용하여 면역 반응을 유도한다. 예) 인플루엔자 백신, 콜레라 백신, A형 간염 백신, 광견병 백신, 경피 폴리오 백신 (IPV)
순화독소	병원체가 분비하는 독소를 무독화하여 사용, 독소에 대한 항체를 형성한다. 예) 디프테리아 백신, 파상풍 백신

• 자연능동면역

영구면역	일생 동안 지속되는 강력한 면역 반응을 나타내는 경우이다. 예) 홍역, 볼거리, 풍진, 수두, 파상풍
일시면역	일정 기간만 면역력이 유지되는 경우이다. 예) 독감(인플루엔자), 폐렴, 장티푸스, 콜레라, 말라리아

2) 출생 후 주요 감염병 접종 시기

B형 간염	출생 직후, 1개월, 6개월
BCG(결핵)	생후 4주 이내 신생아
DTaP	• 디프테리아(Diphtheria), 파상풍(Pertussis), 백일해(Tetanus) • 2, 4, 6, 15~18개월, 만 4~6세
폴리오(IPV)	2, 4, 6개월, 만 4~6세
HIB(뇌수막염)	2, 4, 6개월, 12~15개월
MMR(홍역)	12개월, 만 4~6세
폐렴구균	2, 4, 6개월, 12~15개월
수두	12개월
일본뇌염(생백신)	12개월~36개월 1~2차
로타바이러스(RV)	생후 2개월~6개월 영아

SECTION 03 감염병

출제빈도 상 중 하
반복학습 1 2 3

빈출 태그 ▶ #법정감염병 #기생충 #검역

▶합격강의

KEYWORD 01 법정감염병

1) 제1급 감염병(17종)

- 생물테러감염병 또는 치명률이 높거나 집단 발생의 우려가 커서 발생 또는 유행 즉시 신고하여야 하고, 음압격리와 같은 높은 수준의 격리가 필요한 감염병을 말한다.
- 갑작스러운 국내 유입 또는 유행이 예견되어 긴급한 예방·관리가 필요하여 질병관리청장이 보건복지부장관과 협의하여 지정하는 감염병을 포함한다.
- 종류

> 에볼라바이러스병, 마버그열, 라싸열, 크리미안콩고출혈열, 남아메리카출혈열, 리프트밸리열, 두창, 페스트, 탄저, 보툴리눔독소증, 야토병, 신종감염병증후군, 중증급성호흡기증후군(SARS), 중동호흡기증후군(MERS), 동물인플루엔자 인체감염증, 신종인플루엔자, 디프테리아

2) 제2급 감염병(21종)

- 전파가능성을 고려하여 발생 또는 유행 시 24시간 이내에 신고하여야 하고, 격리가 필요한 감염병을 말한다.
- 갑작스러운 국내 유입 또는 유행이 예견되어 긴급한 예방·관리가 필요하여 질병관리청장이 보건복지부장관과 협의하여 지정하는 감염병을 포함한다.
- 종류

> 결핵(結核), 수두(水痘), 홍역(紅疫), 콜레라, 장티푸스, 파라티푸스, 세균성이질, 장출혈성대장균감염증, A형 간염, 백일해(百日咳), 유행성이하선염(流行性耳下腺炎), 풍진(風疹), 폴리오, 수막구균 감염증, B형헤모필루스인플루엔자, 폐렴구균 감염증, 한센병, 성홍열, 반코마이신내성황색포도알균(VRSA) 감염증, 카바페넴내성장내세균목(CRE) 감염증, E형 간염

3) 3급 감염병(28종)

- 그 발생을 계속 감시할 필요가 있어 발생 또는 유행 시 24시간 이내에 신고하여야 하는 감염병을 말한다.
- 갑작스러운 국내 유입 또는 유행이 예견되어 긴급한 예방·관리가 필요하여 질병관리청장이 보건복지부장관과 협의하여 지정하는 감염병을 포함한다.

- 종류

파상풍(破傷風), B형 간염, 일본뇌염, C형 간염, 말라리아, 레지오넬라증, 비브리오패혈증, 발진티푸스, 발진열(發疹熱), 쯔쯔가무시증, 렙토스피라증, 브루셀라증, 공수병(恐水病), 신증후군출혈열(腎症侯群出血熱), 후천성면역결핍증(AIDS), 크로이츠펠트-야콥병(CJD) 및 변종크로이츠펠트-야콥병(vCJD), 황열, 뎅기열, 큐열(Q熱), 웨스트나일열, 라임병, 진드기매개뇌염, 유비저(類鼻疽), 치쿤구니야열, 중증열성혈소판감소증후군(SFTS), 지카바이러스 감염증, 엠폭스(Mpox), 매독(梅毒)

4) 4급 감염병(22종)

- 제1급감염병부터 제3급감염병까지의 감염병 외에 유행 여부를 조사하기 위하여 표본감시 활동이 필요한 감염병을 말한다.
- 질병관리청장이 지정하는 감염병을 포함한다.
- 종류

인플루엔자, 회충증, 편충증, 요충증, 간흡충증, 폐흡충증, 장흡충증, 수족구병, 임질, 클라미디아감염증, 연성하감, 성기단순포진, 첨규콘딜롬, 반코마이신내성장알균(VRE) 감염증, 메티실린내성황색포도알균(MRSA) 감염증, 다제내성녹농균(MRPA) 감염증, 다제내성아시네토박터바우마니균(MRAB) 감염증, 장관감염증, 급성호흡기감염증, 해외유입기생충감염증, 엔테로바이러스감염증, 사람유두종바이러스 감염증

5) 기타 감염병 분류

① 인수공통감염병

개념	사람과 동물 간 전파되는 병원체에 의해 발생되는 감염병이다.
종류	광견병, 탄저병, 브루셀라병, 결핵, 큐열, 렙토스피라증, 신증후군출혈열, 조류독감(AI), 돼지인플루엔자, 보빈해면양뇌증(BSE), 중증열성혈소판감소증후군(SFTS), 지카바이러스 감염증, 라임병

② 성매개감염병

개념	주로 성접촉을 통해 전파되는 감염병이다.
종류	에이즈(HIV/AIDS), 성기 헤르페스, 임질, 클라미디아 감염증, 매독, 성기 사마귀, 트리코모나스 감염증, B형 간염, C형 간염

KEYWORD 02   주요 감염병의 특징

1) 호흡기계

결핵	• 만성 기침, 객혈, 체중 감소, 피로감 등을 증상으로 한다. • 장기간 항결핵약물 치료가 필요하다. • 투베르쿨린 검사로 감염 여부를 확인한다.
홍역	• 발열, 발진, 기침, 콧물, 결막염 등을 증상으로 한다. • 합병증으로 폐렴, 뇌염 등이 발생할 수 있다.

유행성 이하선염	• 귀밑의 이하선(침샘 중 귀밑샘) 부종이 특징이다. • 발열, 두통, 근육통 등의 증상을 특징으로 한다.
디프테리아	• 목 부위 가성막 형성, 호흡곤란을 증상으로 한다. • 독소에 의한 합병증이 발생할 수 있다.
백일해	• 지속적인 발작성 기침이 특징이다. • 합병증으로 폐렴, 뇌증 등이 발생할 수 있다.
인플루엔자(독감)	• 갑작스러운 고열, 근육통, 두통, 피로감 등을 증상으로 한다. • 합병증으로 폐렴, 심부전 등이 발생할 수 있다.
폐렴	• 다양한 병원체에 의해 발생한다. • 기침, 객담(가래), 호흡곤란, 발열 등을 증상으로 한다. • 세균성, 바이러스성, 곰팡이성 등 다양한 원인이 있다.
호흡기세포융합바이러스(RSV)	• 영유아에게서 주로 발생한다. • 기침, 콧물, 발열, 천명(쌕쌕거림) 등을 증상으로 한다. • 폐렴, 기관지염 등의 합병증이 발생할 수 있다.

2) 소화기계

폴리오 (소아마비)	• 주로 어린이에게서 발생한다. • 마비 증상이 특징적이다. • 백신으로 예방할 수 있다.
장티푸스	• 살모넬라 장티푸스균에 감염되어 발생한다. • 발열, 두통, 복통, 설사 등을 증상으로 한다. • 오염된 식수나 음식물을 통해 감염된다. • 항생제 치료가 필요하다.
콜레라	• 비브리오 콜레라균에 감염되어 발생한다. • 심한 설사와 탈수가 특징이다. • 오염된 식수나 음식물을 통해 감염된다. • 항생제 치료와 수분 보충이 중요하다.
이질	• 시겔라균에 감염되어 발생한다. • 혈성 설사, 복통, 발열을 증상으로 한다. • 주로 오염된 식수나 음식물을 통해 감염된다. • 항생제 치료가 필요하다.

KEYWORD 03 감염병의 매개

1) 포유동물 매개

광견병	• 광견병 바이러스에 감염된 동물(개, 늑대, 여우 등)에 물리거나 긁힐 때 전파된다. • 공포감, 과흥분, 경련, 혼수 등 중추신경계 증상이 특징이다.
탄저병	• 탄저균에 감염된 동물(소, 양, 염소 등)과 접촉, 오염된 고기 섭취 시 전파된다. • 피부병변, 폐렴, 패혈증 등 다양한 임상 양상이 관찰된다.

✅ 개념 체크

고열과 구역질을 동반한 감염병으로 바퀴벌레와 파리에 의해 전파되기도 하며 경구로 전염되는 감염병이 아닌 것은?

① 이질
② 콜레라
③ 장티푸스
④ 말라리아

④

렙토스피라증	• 설치류(쥐, 고양이 등)의 소변에 오염된 물이나 토양에 접촉 시 전파된다. • 발열, 두통, 근육통, 구토, 설사 등 비특이적 증상이 특징이다. • 간 및 신장 기능 장애, 황달, 출혈 등의 합병증이 발생할 수 있다.

2) 절지동물 매개

페스트	• 매개체 : 쥐벼룩 • 증상 : 림프절 종창, 폐렴, 패혈증 등 • 특징 : 치사율이 높은 중증 감염병임
발진티푸스	• 매개체 : 이 • 증상 : 발열, 두통, 발진 등 • 특징 : 중증 감염 시 신경계 및 심혈관계 합병증이 발생함
말라리아	• 매개체 : 말라리아 모기 • 증상 : 발열, 오한, 두통, 구토 등 • 특징 : 뇌말라리아 등의 합병증이 발생할 수 있음
쯔쯔가무시	• 매개체 : 털진드기 • 증상 : 발열, 발진, 림프절 종대 등 • 특징 : 중증 감염 시 폐렴, 뇌수막염 등의 합병증이 발생함
뎅기열	• 매개체 : 흰줄숲모기 • 증상 : 발열, 근육통, 관절통, 발진 등 • 특징 : 출혈열 등의 중증 합병증이 발생할 수 있음
라임병	• 매개체 : 참진드기 • 증상 : 발열, 발진, 관절통 등 • 특징 : 신경계 및 심장 합병증이 발생할 수 있음
출혈열	• 매개체 : 설치류, 진드기 등 • 증상 : 발열, 출혈, 쇼크 등 • 특징 : 치사율이 높은 중증 감염병임
일본뇌염	• 매개체 : 작은빨간집모기 • 증상 : 발열, 두통, 의식 저하, 경련 등 • 특징 : 신경계 합병증이 발생하고, 사망률이 높음

KEYWORD 04 기생충 질환 빈출

1) 선충류

① 특징

• 선형(線形)의 동물로, 몸이 실 모양으로 길쭉하다.
• 주로 소화기관(장관) 내부에 기생하며 토양 내에서 발육한다.
• 개인 위생과 식수 관리 등을 불량하게 하여 전파된다.

② 종류

회충	• 길이 15~35cm 정도의 큰 선충이다. • 주로 소장에 기생하며, 성충이 장관 내에 서식한다. • 배란과 수정이 이루어져 충란이 배출되고, 토양에서 발육한다. • 증상으로는 복통, 설사, 영양실조 등이 나타날 수 있다.
편충	• 성충 암컷의 길이는 8~13mm 정도이다. • 가려움증, 복통, 불면증 등의 증상이 나타날 수 있다.
요충	• 성충 암컷의 길이는 3~5cm 정도 • 주로 소장에 부화하여, 맹장과 상행결장에 기생한다. • 항문 주변으로 이동하여 산란한다. • 복통, 설사, 빈혈, 항문소양증 등의 증상이 나타날 수 있다. • 산란과 동시에 감염능력이 있어 집단감염이 잘 일어난다.
유구조충	• 소장에 기생하는 선충이다. • 성충 암컷의 길이는 1~2cm 정도이다. • 소장 점막에 부착하여 혈액을 섭취한다. • 철결핍성 빈혈, 복통, 설사 등의 증상이 나타날 수 있다.
십이지장	• 십이지장과 공장에 기생하는 선충이다. • 성충 암컷의 길이는 2~3mm 정도이다. • 토양에서 유충이 발육하여 피부를 통해 침입한다. • 복통, 설사, 흡수장애 등의 증상이 나타날 수 있다. • 면역저하자에게서 심각한 전신감염으로 이어질 수 있다.
말레이 사상충	• 폐동맥에 기생하는 선충이다. • 성충 암컷의 길이는 20~35mm 정도이다. • 주로 민물 달팽이를 통해 감염되며, 사람은 우연숙주이다. • 주요 증상으로 신경계 증상(두통, 경부강직, 마비 등)이 있다. • 드물지만 치명적일 수 있는 질환이다.

2) 흡충류

① 특징

• 몸이 납작하고 원반 모양이다.

• 몸 표면에 빨판 구조가 있어 숙주에 단단히 달라붙을 수 있어 숙주의 몸에 달라붙어 기생한다.

② 종류

간흡충	• 경로 : 쇠우렁이(제1 중간숙주) → 잉어, 붕어, 피라미(제2 중간숙주) → 사람 • 증상 : 만성 간염, 간암 등의 간 질환
폐흡충	• 경로 : 조개류(제1 중간숙주) → 가재, 게(제2 중간숙주) → 사람 • 증상 : 폐렴, 각혈, 흉막삼출 등의 폐 질환
요코가와흡충	• 경로 : 다슬기, 조개(제1 중간숙주) → 은어, 붕어(제2 중간숙주) → 사람 • 증상 : 복통, 설사, 위장관 출혈 등의 장 질환

3) 조충류

① 특징

• 몸이 긴 테이프 모양이다.

• 두부(머리)에 갈고리나 흡반이 있어 숙주의 소화기관에 단단히 부착되어 기생한다.

개념 체크

기생충 중 집단감염이 잘 되기 쉬우며 예방법으로 식사 전 손 씻기, 인체 항문 주위의 청결유지 등을 필요로 하는 것에 해당되는 기생충은?

① 회충
② 십이지장충
③ 요충
④ 촌충

③

개념 체크

민물 가재를 날것으로 먹었을 때 감염되기 쉬운 기생충 질환은?

① 회충
② 간디스토마
③ 폐디스토마
④ 편충

③

개념 체크

기생충과 인체 내 기생 부위의 연결이 잘못된 것은?

① 구충증 – 폐
② 간흡충증 – 간의 담도
③ 요충증 – 직장
④ 폐흡충 – 폐

①

② 종류

무구조충	• 경로 : 소 → 사람 • 증상 : 복통, 설사, 구토, 체중감소 등의 소화기 증상 • 특징 : 장폐색, 장천공 등의 심각한 합병증이 발생할 수 있음
유구조충	• 경로 : 돼지 → 사람 • 증상 : 복통, 설사, 구토, 체중감소 등의 소화기 증상 　– 간낭미충증 : 간 비대, 복통, 발열 등 　– 뇌낭미충증 : 두통, 경련, 의식장애 등
광절열두 조충	• 경로 : 물벼룩(제1 중간숙주) → 송어, 연어, 숭어, 농어(제2 중간숙주) → 사람 • 증상 : 복통, 설사, 위장관 출혈 등의 장 질환

KEYWORD 05 　검역

1) 개념

검역(檢疫, Quarantine)은 감염병을 예방하기 위한 조치로, 우리나라로 들어오거나 외국으로 나가는 사람, 운송수단 및 화물에 대해 전염병의 유무를 진단ㆍ검사ㆍ소독하는 절차이다.

2) 목적

국내외로 감염병이 퍼지는 것을 방지함으로써 국민의 건강을 유지ㆍ보호한다.

3) 검역감염병

• 국내 유입 시 전국적인 유행이 우려되는 감염병
• 검역 조치를 통해 효과적으로 차단할 수 있는 감염병
• 세계보건기구(WHO)가 지정한 국제적 공중보건 위기상황 유발 가능성이 있는 감염병
• 감시기간

종류	감시기간
콜레라	120시간(5일)
페스트	144시간(6일)
황열	144시간(6일)
중증 급성호흡기 증후군(SARS)	240시간(10일)
동물인플루엔자 인체감염증	240시간(10일)
신종인플루엔자	최장 잠복기(7일)
중동 호흡기 증후군(MERS)	14일
에볼라바이러스병	21일

✓ 개념 체크

공중보건사업의 개념상 그 관련성이 가장 적은 내용은?
① 가족계획 및 모자보건사업
② 검역 및 예방접종사업
③ 결핵 및 성병관리사업
④ 선천이상자 및 암환자의 치료

④

가족 및 노인보건

▶ 합격강의

빈출 태그 ▶ #가족보건 #모자보건 #노인보건

KEYWORD 01 가족보건

1) WHO(세계보건기구)의 가족보건의 정의
가족 구성원 개개인의 건강과 복지를 증진하고, 가족 간의 상호작용과 가족 기능을
강화하여 가족 전체의 건강과 안녕을 도모하는 것이다.

2) 가족계획의 필요성
- 가족 내 건강한 상호작용과 기능은 개인의 신체적, 정신적, 사회적 건강에 긍정적
  영향을 준다.
- 가족의 건강한 생활습관과 환경은 지역사회와 국가 전체의 건강 수준 향상으로
  이어진다.

3) 내용
- 가족 구성원 개개인의 신체적, 정신적, 사회적 건강을 증진한다.
- 임신, 출산, 육아 등의 가족생활주기 전반에 걸쳐 건강을 관리한다.
- 가족 간 상호작용과 의사소통 증진을 통해 가족기능을 강화한다.
- 가족의 건강한 생활양식 및 환경을 조성한다.
- 가족의 권리와 책임 및 자원 활용 등에 대해 교육하고 지원한다.

4) 방법
- 임신, 출산, 육아 등 가족생활주기별 보건의료 서비스를 제공한다.
- 가족 구성원 개개인의 건강관리 및 건강증진 교육을 실시한다.
- 가족 간 의사소통과 상호작용 증진을 위한 가족 상담 및 교육 프로그램을 운영한다.
- 가족의 건강한 생활양식 및 환경 조성을 위한 지역사회 자원을 연계한다.
- 가족의 건강권과 책임, 자원 활용 등에 대한 정보를 제공한다.
- 취약계층 가족에 대한 보건의료, 복지, 교육 등 통합적 지원 체계를 구축한다.

KEYWORD 02 모자보건

1) WHO(세계보건기구)의 모자보건의 정의
임산부, 출산부, 산욕부 및 영유아의 건강과 복지를 보호하고 증진하는 것이다.

2) 모자보건의 필요성

- 임신, 출산, 양육은 여성과 아동의 생명과 건강에 직결되는 중요한 시기이다.
- 모자보건 관리를 통해 산모와 영유아의 건강을 증진하고, 사망률을 낮출 수 있다.
- 건강한 미래 세대 육성을 위해 모자보건 관리는 필수적이다.
- 여성과 아동의 건강권 보장 및 삶의 질 향상에 기여한다.

3) 내용

- 산전 관리, 안전한 분만, 산후 관리 등 임신 및 출산을 관리한다.
- 신생아 관리, 예방접종, 성장발달 모니터링 등 신생아 및 영유아를 관리한다.
- 가족계획 및 피임 서비스를 제공한다.
- 취약계층 모자 대상 보건의료 서비스를 지원한다.

4) 방법

- 산전 진찰, 산후 관리 등 임신 · 출산 전 과정에서 의료서비스를 제공한다.
- 신생아 집중치료, 영유아 건강검진 등의 영유아 건강관리 체계를 구축한다.
- 가족계획 및 피임 상담, 피임기구 보급 등의 가족보건 서비스를 제공한다.
- 취약계층 모자 대상 보건의료, 영양, 교육 등의 통합적 지원 체계를 마련한다.
- 지역사회 기반 모자보건 관리 체계 구축하고, 지원 인프라를 확충한다.

KEYWORD 03 노인보건

1) WHO(세계보건기구)의 노인보건의 정의

노화와 관련된 건강 문제를 예방하고 관리하며, 노인의 건강과 삶의 질을 증진하는 것이다.

2) 노인보건의 필요성

- 전 세계적으로 인구 고령화가 빠르게 진행되어 노인 인구가 증가하고 있다.
- 노인의 건강 및 의료 수요가 급증하고 있어 이에 대한 대책이 필요하다.
- 노인의 건강한 삶을 지원하고 사회적 부담을 줄이기 위해 노인보건을 강화해야 한다.

3) 내용

- 노화에 따른 질병(만성질환, 장애, 치매 등)을 예방 및 관리한다.
- 노인의 기능적(신체적, 정신적, 사회적 기능) 능력을 유지 및 증진한다.
- 노인 친화적 보건의료체계를 구축하고, 지역사회를 기반으로 한 돌봄 체계를 마련한다.
- 보건의료, 사회서비스 등 노인의 자립적인 생활을 지원한다.
- 노인의 권리를 보호하고 사회참여를 증진한다.

4) 방법

- 개별접촉으로 건강검진, 예방접종, 건강교육 등의 예방적 건강관리 서비스를 제공한다.
- 만성질환 관리, 재활 서비스, 돌봄 서비스 등의 포괄적 의료·돌봄 서비스를 제공한다.
- 노인 친화적 시설 및 환경을 조성하여 지역사회 기반 통합 돌봄 체계를 구축한다.
- 노인 권리 보장 및 사회활동 지원을 통해 사회참여 기회를 확대한다.

5) 노령화의 문제

건강 문제	• 만성질환, 장애, 치매 등의 발생으로 돌봄 필요성이 증대됐다. • 노인 질환으로 인해 신체적·정신적 기능과 자립성이 저하한다.
경제적 문제	소득 감소, 의료비 지출 증가로 인해 가족 부양에 대한 부담이 증가한다.
사회적 문제	• 고립감, 소외감, 우울증 등 정신건강 문제가 발생한다. • 사회참여 기회 부족으로 인한 역할 상실이 발생한다.

 개념 체크

지역사회에서 노인층 인구에 가장 적절한 보건교육 방법은?

① 신문
② 집단교육
③ 개별접촉
④ 강연회

③

환경보건

빈출 태그 ▶ #환경보건 #기후 #산업보건

KEYWORD 01 환경보건

1) WHO(세계보건기구)의 환경보건의 정의

- 인간의 건강과 안녕에 영향을 미치는 물리적 · 화학적 · 생물학적 요인을 파악하고 평가하며, 이를 통제하는 것을 목적으로 하는 학문 분야이다.
- 대기 · 물 · 토양 · 폐기물 · 화학물질 · 방사선 등 다양한 환경 요인이 인체에 미치는 영향을 연구하고, 이를 바탕으로 환경 관리 정책을 수립하여 인간의 건강과 안녕을 증진하고, 지속가능한 환경을 조성하는 것이 환경보건의 핵심적인 목표이다.

KEYWORD 02 기후 빈출

1) 기후의 3대 요소

기온	• 기후를 결정하는 가장 중요한 요소 • 실내 쾌적 기온 : 18±2℃	
기습	• 공기 중에 포함된 수증기량을 나타내는 지표 • 실내 쾌적한 기습(습도) : 40~70%	
기류	기류는 공기의 움직임을 나타내는 지표	
	쾌적한 기류	• 실외 : 일반적으로 바람의 속도가 1~5㎧ 정도인 경우 • 실내 : 일반적으로 0.1~0.5㎧ 사이의 속도가 적절함 • 0.1~0.3㎧ : 공기를 부드럽게 순환시켜 쾌적감을 느낄 수 있는 기류 • 0.3~0.5㎧ : 실내에서는 약간 강한 편으로 실내 공기를 더욱 효과적으로 순환시킬 수 있지만, 지나치면 냉감을 느낌
	불감 기류	• 0.1㎧ 미만 : 완전히 정지된 상태로 느껴지는 수준 • 0.2㎧ : 가벼운 공기의 움직임을 겨우 감지할 수 있는 수준 • 0.5㎧ : 피부에 약간의 공기의 움직임을 느낄 수 있는 수준

2) 기후의 4대 온열 요소 : 기온, 기습, 기류, 복사열

3) 체감온도

기온, 습도, 바람 등 다양한 기상 요인들이 복합적으로 작용하여 실제 느껴지는 온도를 나타내는 지표이다.

✅ 개념 체크

다음 중 기후의 3대 요소는?

① 기온-복사량-기류
② 기온-기습-기류
③ 기온-기압-복사량
④ 기류-기압-일조량

②

4) 보건적 실내온도와 습도

실내온도	병실	21±2℃
	거실	18±2℃
	침실	15±1℃
온도별 실내습도	15℃	70~80%
	18~20℃	60~70%
	24℃이상	40~60%

5) 불쾌지수

개념	기온과 상대습도를 고려하여 실내 또는 실외 환경의 열적 불쾌감을 나타내는 지수
공식	불쾌지수(DI) = 0.72 × (Td + Tw) + 40.6
범위와 상태	• DI 〈 68 : 쾌적한 상태 • 68 ≤ DI 〈 75 : 다소 불쾌한 상태 • 75 ≤ DI 〈 80 : 불쾌한 상태 • 80 ≤ DI : 매우 불쾌한 상태

불쾌지수와 관련된 사항

- **RH(Relative humidity)** : 상대습도
  $$RH(\%) = \frac{현재\ 수증기량}{포화\ 수증기량} \times 100$$
- **건구온도(Td)** : 온도계의 구부를 공기 중에 직접 노출시켜 측정하는 온도
- **습구온도(Tw)** : 온도계의 구부를 물에 적신 얇은 천으로 감싼 후에 측정하는 온도
  $$Tw = Td - 0.4 \times (Td - 10) \times (1 - \frac{RH}{100})$$

KEYWORD 03 **대기오염**

1) 공기 성분

실내공기질 관리법
다중이용시설, 신축되는 공동주택 및 대중교통 차량의 실내공기질을 알맞게 유지하고 관리함으로써 그 시설을 이용하는 국민의 건강을 보호하고 환경상의 위해를 예방함을 목적으로 한다.

질소(N₂)		• 구성비 : 약 78.09% • 공기의 주성분으로 연소와 호흡에 직접 관여하지 않는다.
산소(O₂)		• 구성비 : 약 20.93% • 생물의 호흡에 필수적인 기체로 연소 반응에 필요하다.
아르곤(Ar)		• 구성비 : 약 0.93% • 비활성 기체로 화학적으로 매우 안정하다.
이산화탄소 (CO₂)		• 구성비 : 약 0.04% • 식물의 광합성에 필요하며, 과도하게 증가하면 온실효과를 일으킨다.
기타 성분	메테인(CH₄)	• 농도 : 약 1.8 ppm • 강력한 온실가스로 지구온난화의 주요 원인이다.
	일산화탄소(CO)	• 농도 : 약 0.1 ppm • 무색·무취의 독성 기체로, 연소 과정에서 발생한다.
	미량기체	수증기(H₂O), 네온(Ne), 헬륨(He), 크립톤(Kr), 제논(Xe), 수소(H₂) 등

2) 기체로 발생할 수 있는 질병

일산화탄소 중독	• 산소보다 먼저 헤모글로빈과 결합하여 산소 공급을 방해하므로 매우 위험하다. • 자동차 배기가스, 가정용 난방기구, 공장 등에서 발생된다. • 밀폐된 공간에서 축적되면 중독 사고의 위험이 있다.
질소 중독	• 감압병, 잠함병(잠수병)과 같이 압력이 급격히 감소할 때 발생한다. • 주로 잠수부나 고공 비행을 한 사람에게서 나타난다. • 피부 발진 및 가려움증, 관절 통증 및 근육 경련, 호흡 곤란, 두통, 어지럼증, 구토, 설사, 의식 저하, 혼수 등의 증상이 발생한다.
군집독	• 실내 공간에 수용 인원이 초과되는 경우 각종 오염물질과 열이 축적되어 군집독 현상이 발생한다. • 이산화탄소 중독, 산소 부족, 열 중독, 두통, 어지럼증, 구토, 피부 발진 등의 증상이 발생한다.

3) 대기 오염물질

1차 오염 물질	질소산화물(NOx)	• 질소와 산소가 결합한 화합물로 대표적인 1차 오염물질이다. • 자동차, 발전소, 산업시설에서 주로 배출된다. • 호흡기 질환, 산성비, 광화학스모그를 유발한다.	
	황산화물(SOx)	• 황과 산소가 결합한 화합물로 주로 연료의 연소 시 발생한다. • 산성비, 가시거리 악화, 호흡기 질환을 유발한다. • 특히 석탄 연소 시 다량 배출된다.	
	일산화탄소(CO)	• 탄소와 산소가 1:1로 결합한 무색 · 무취의 기체이다. • 자동차, 난방, 산업공정 등에서 배출된다. • 혈액 내 헤모글로빈과 결합하여 질식을 유발한다.	
	미세먼지 (PM10, PM2.5)	• 입자의 크기가 $10\mu m$, $2.5\mu m$ 이하인 먼지이다. • 자동차, 건설현장, 산업공정 등에서 배출된다. • 호흡기 질환, 심혈관 질환을 유발한다.	
	염화불화탄소(CFC)	• 인위적으로 제조되어 대기 중으로 직접 배출되는 화학물질이다. • 에어컨의 냉매로 쓰이며 프레온(Freon)이라고도 한다. • 대기 중에서 안정적으로 존재한다. • 성층권의 오존층을 파괴하는 주요 원인 물질로 알려져 있다.	
2차 오염 물질	오존(O_3)	• 질소산화물과 휘발성유기화합물의 광화학반응으로 생성된다. • 강한 산화력으로 인해 호흡기 질환을 유발한다. • 식물의 광합성을 저해하여 작물 피해를 초래한다.	
	황산염(SO_4^{2-})	• 황산화물이 산화되어 생성된 입자상 물질이다. • 산성비, 가시거리 악화, 호흡기 질환을 유발한다.	
	질산염(NO_3^-)	• 질소산화물이 산화되어 생성된 입자상 물질이다. • 산성비, 가시거리 악화, 호흡기 질환을 유발한다.	

4) 대기오염 현상

산성비	• 황산화물(SO_2)과 질소산화물(NO_2)이 대기 중에서 산화되어 황산과 질산을 형성하고, 이것이 강수에 녹아 내리는 현상이다. • 호수와 강, 토양, 건물 등에 피해를 준다. • 생태계 파괴, 작물 피해, 건물 부식 등을 일으킨다.
황사	• 중국 내륙 지역의 황토 등이 편서풍을 타고 한반도로 유입되는 현상이다. • 미세먼지(PM10, PM2.5) 농도가 매우 높아진다. • 호흡기 질환, 안구 자극, 농작물 피해 등을 일으킨다.
열섬 현상	• 도시 지역에서 건물, 도로, 아스팔트 등 인공 구조물이 열을 흡수하고 방출하여 주변보다 온도가 높아지는 현상이다. • 에너지 사용 증가, 열 스트레스 유발, 대기오염 심화 등의 문제를 야기한다.
광화학 스모그	• 질소산화물(NO_2)과 휘발성유기화합물(VOC_2)이 태양빛에 의해 광화학반응을 일으켜 오존(O_3)을 생성하는 현상이다. • 눈·코·목 자극, 호흡곤란 등의 건강 문제를 유발한다. • 식물 생장 저해, 가시거리 악화 등의 환경 문제를 초래한다.
기온역전	• 정상적인 대기 상태에서는 지표면에서 높이가 상승할수록 온도가 낮아지는데, • 기온역전 시 야간에 지표면이 빠르게 냉각되면 지표면 부근의 공기가 차가워진다. → 상대적으로 상층부의 공기가 더 따뜻해지는 현상이 발생한다. • 기온역전이 발생하면 대기 중 오염물질이 확산되지 못하고 지표면 부근에 갇힌다. • 대기오염 농도가 급격히 높아지는 현상이 나타난다. • 주로 겨울철 안정된 고기압하에서 많이 발생하며, 대도시 지역에서 나타난다.

5) 대기오염물질 기준 농도와 측정법

종류	기준 농도	측정법
이산화황(SO_2)	• 1시간 평균 기준: 0.15ppm 이하 • 24시간 평균 기준: 0.05ppm 이하 • 연간 평균 0.02ppm 이하	자외선 형광법
일산화탄소(CO)	8시간 평균 9ppm 이하	비분산적외선 분석법
이산화질소(NO_2)	연간 평균 0.03ppm 이하	화학발광법
미세먼지(PM10)	연간 평균 $50\mu g/m^3$ 이하	• 베타선 흡수법 • 중량법
초미세먼지(PM2.5)	연간 평균 $15\mu g/m^3$ 이하	
오존(O_3)	8시간 평균 0.06ppm 이하	자외선 광도법
납(Pb)	연간 평균 $0.5\mu g/m^3$ 이하	• 원자흡수분광법 • 유도결합 플라즈마 질량분석법
벤젠	연간 평균 $3\mu g/m^3$ 이하	• 가스크로마토그래피법 • 고성능 액체크로마토그래피법

1) 수질오염의 개념

물의 물리적, 화학적, 생물학적 특성이 변화하여 물의 본래 용도나 기능을 저해하는 상태로 수생 생태계의 건강성이 손상되어 수서생물의 생육이나 생식에 악영향을 미치는 상태이다.

2) 수질오염의 지표

DO (용존산소량)	• 물속에 녹아 있는 산소의 양을 나타내는 지표이다. • 수생생물 서식에 필수적이며, 값이 낮을수록 오염이 심각함을 나타낸다.
BOD (생물학적 산소요구량)	• 미생물에 의해 유기물이 분해될 때 필요한 산소량을 나타내는 지표이다. • 유기물 오염도를 반영하며, 값이 클수록 오염이 심각함을 나타낸다. • 하천, 호수 등의 수질 관리 기준으로 활용된다.
COD (화학적 산소요구량)	• 산화제에 의해 유기물이 산화될 때 필요한 산소량을 나타내는 지표이다. • BOD에 비해 더 광범위한 유기물 오염을 반영한다. • 산업폐수 등의 유기물 오염도 측정에 활용한다. • 값이 클수록 오염이 심각함을 나타낸다.
SS (부유물질)	• 물 속에 떠있는 입자상 물질의 양을 나타내는 지표이다. • 탁도와 관련되며, 수생태계에 악영향을 줄 수 있다.
pH (수소이온농도, 산도)	• 물의 산성도 또는 염기도를 나타내는 지표이다. • pH 7은 중성, 7 미만은 산성, 7 초과는 염기성을 나타낸다. • 수생 생태계에 적합한 pH 범위는 6.5~8.5이다.
대장균	• 대장균의 개체수를 나타내는 지표이다. • 주로 음용수, 수영장, 하천 등의 위생 상태를 평가하는 데 사용한다. • 대장균수가 많다는 것은 분변 오염이 심각하다는 것을 의미한다.

3) 물의 화합물 오염

수은	• 미나마타병 • 두통, 피로감, 시야 장애, 감각 이상, 운동 실조, 발음 장애 등
카드뮴	• 이타이이타이병(골연화증) • 구토, 설사, 복통, 신장 기능 저하, 골연화증
납	• 납 중독증, 납 중독성 뇌병증 • 두통, 복통, 구토, 변비, 신경계 증상(운동실조, 사지마비 등)
크로뮴	• 크로뮴 중독증 • 피부 자극, 구토, 설사, 복통, 신장 · 간 기능 저하
비소	• 비소 중독증, 비소 중독성 피부병 • 구토, 설사, 복통, 피부 색소 침착, 신경계 증상(감각 이상, 마비 등)

✅ 개념 체크

다음 중 하수에서 용존산소 (DO)가 아주 낮다는 의미는?

① 수생식물이 잘 자랄 수 있는 물의 환경이다.
② 물고기가 잘 살 수 있는 물의 환경이다.
③ 물의 오염도가 높다는 의미이다.
④ 하수의 BOD가 낮은 것과 같은 의미이다.

③

✅ 개념 체크

수질오염의 지표로 사용하는 "생물학적 산소요구량"을 나타내는 용어는?

① BOD
② DO
③ COD
④ SS

③

✅ 개념 체크

수돗물로 사용할 상수의 대표적인 오염지표는?(단, 심미적 영향물질은 제외한다.)

① 탁도
② 대장균수
③ 증발잔류량
④ COD

②

4) 상수 처리

취수 및 전처리	• 원수 취수 : 하천, 호수, 지하수 등에서 원수를 취수함 • 침사지 : 큰 입자성 물질을 제거함 • 혼화지 : 응집제 주입 후 약품과 물이 잘 혼합되도록 함 • 응집/침전 : 응집제에 의해 작은 입자가 뭉쳐 큰 플록이 되어 침전함 • 여과 : 침전 후 남은 부유물질을 모래 여과기로 제거함
정수 처리	• 소독 : 염소, 오존 등으로 병원성 미생물을 제거함 • 활성탄 여과 : 유기물, 냄새, 맛을 제거함 • 이온교환 : 경도를 낮추고, pH를 조정함 • 막여과 : 바이러스, 박테리아 등을 제거함
배수 및 송수	• 배수지 : 정수된 물을 저장함 • 가압펌프 : 물을 가압하여 배수함 • 배수관로 : 가정 및 기관으로 물을 공급함
수질 관리	• 잔류 염소 농도를 관리함 • pH, 탁도, 색도 등 수질을 모니터링함 • 배수관로 세척, 소독 등을 관리함

5) 하수 처리

취수 및 전처리	스크린 여과와 모래 등 중량 물질을 침전시킴
1차 처리 (기계적 처리)	침전지에서 부유물질이 가라앉아 제거됨
2차 처리 (생물학적 처리)	• 생물학적 처리로, 미생물이 유기물을 분해·산화함 • 활성슬러지법, 활성오니법, 생물막법 등의 방식으로 처리함
3차 처리 (고도 처리)	• 인, 질소 등 영양물질을 제거함 • 여과, 흡착, 막 분리 등의 방식으로 처리함
소독 및 방류	• 최종적으로 염소 소독 등으로 병원성 미생물을 제거함 • 처리된 물은 하천, 바다 등으로 방류함

6) 경도

물에 녹아 있는 칼슘이온(Ca^{2+})과 마그네슘이온(Mg^{2+})의 농도를 나타내는 지표

<table>
<tr><td rowspan="2">경수
(센물)</td><td>일시적
경수</td><td>• 탄산칼슘($CaCO_3$)과 탄산마그네슘($MgCO_3$)이 녹아 있는 물이다.
• 열을 가하거나 pH를 높이면 이들 이온들이 침전되어 경도가 낮아진다.
• 비누 사용 시 거품이 잘 나지 않으나, 비누를 충분히 사용하면 거품이 생긴다.</td></tr>
<tr><td>영구적
경수</td><td>• 황산칼슘($CaSO_4$)과 황산마그네슘($MgSO_4$)이 녹아 있는 물이다.
• 열을 가해도 이온들이 침전되지 않는다.
• 비누 사용 시 거품이 잘 생기지 않고, 비누를 많이 사용해도 거품이 잘 생기지 않는다.
• 이온 교환기나 역삼투 처리 등으로 제거하기 어렵다.</td></tr>
<tr><td colspan="2">연수
(단물)</td><td>• 경수와 반대로 칼슘, 마그네슘 이온이 거의 없는 물이다.
• 이온 교환 장치나 역삼투 처리를 통해 경수를 연수로 만들 수 있다.
• 비누 사용 시 거품이 풍부하게 생기고, 세탁이나 요리에 적합하다.</td></tr>
</table>

✅ 개념 체크

도시 하수처리에 사용되는 활성오니법의 설명으로 가장 옳은 것은?

① 상수도부터 하수까지 연결되어 정화시키는 법
② 대도시 하수만 분리하여 처리하는 방법
③ 하수 내 유기물을 산화시키는 호기성 분해법
④ 쓰레기를 하수에서 걸러내는 법

③

1) 천장의 높이 : 일반적으로 2.4m~2.7m

2) 자연조명, 창

- 창문은 가능한 한 남향이나 동 · 서향으로 내는 것이 좋다.
- 창의 면적은 바닥면적의 14~20%($\frac{1}{7} \sim \frac{1}{5}$) 정도가 적절하다.
- 창문의 높이는 바닥에서 0.8~1.2m 정도가 적절하다.

3) 인공조명

유형	특징
직접조명	조명기구에서 빛이 직접 공간으로 향하는 방식이다.
간접 조명	조명기구에서 나온 빛이 천장이나 벽면에 반사되어 간접적으로 공간을 밝히는 방식이다.
반간접 조명	• 직접 조명과 간접 조명의 중간 형태이다. • 조명기구에서 나온 빛의 일부는 직접 공간으로 향하고, 일부는 천장이나 벽면에 반사되어 비친다.

4) 작업장 적정 조명 기준

구분	초정밀	정밀	보통
조도	1,000~2,000ℓx	500~1,000ℓx	300~500ℓx
색온도	5,000~6,500K	4,000~6,500K	3,500~4,500K

1) 산업피로

① 개념
작업 수행 능력이 감소하고, 작업에 대한 동기와 흥미가 저하되며, 정신적, 신체적 증상(두통, 어지럼증, 근육통 등)이 나타나는 피로 상태이다.

② 원인
장시간 노동, 작업 강도 증가, 불규칙한 작업 스케줄, 열악한 작업 환경 등이 있다.

③ 종류

신체적 피로	근육통, 관절통, 두통, 어지러움, 피로감, 졸음 등
정신적 피로	집중력 저하, 기억력 저하, 판단력 저하, 반응 시간 지연
감정적 피로	우울감, 불안감, 짜증, 무관심, 감정 기복 등
사회적 피로	의사소통의 어려움, 사회적 상호작용 회피 등

✓ 개념 체크

주택의 자연조명을 위한 이상적인 주택의 방향과 창의 면적은?

① 남향, 바닥면적의 1/7~1/5
② 남향, 바닥면적의 1/5~1/2
③ 동향, 바닥면적의 1/10~1/7
④ 동향, 바닥면적의 1/5~1/2

①

안정피로

눈에 피로가 누적되어, 원래라면 피로를 느끼지 않을 정도의 사용에도 눈이 쉽게 피로해지는 증상

✓ 개념 체크

조도불량, 현휘가 과도한 장소에서 장시간 작업하면 눈에 긴장을 강요함으로써 발생되는 불량 조명에 기인하는 직업병은?

① 안정피로
② 근시
③ 원시
④ 안구진탕증

①

④ 산업피로의 대책
• 작업 시간 관리
• 작업 환경 개선
• 작업 강도 조절
• 교육 및 훈련 강화
• 근로자 건강관리

2) 산업재해

① 원인

인적 요인	• 부주의, 실수, 무경험 • 피로, 스트레스, 음주 등 근로자 상태	• 안전수칙 미준수, 안전의식 결여 • 부적절한 작업 방법이나 습관
환경적 요인	• 위험한 기계, 설비, 공구 등 • 위험물질, 유해 요인 노출	• 부적절한 작업 환경(온 · 습도, 조명, 소음 등) • 비상 대응 체계 미흡
기타 요인	• 관리 감독 부실 • 위험 요인 사전 파악 및 개선 미흡 • 작업 공간 및 작업 방식 부적절	• 안전 교육 및 훈련 부족 • 안전 관리 체계 및 제도 미비

② 산업재해 관련 지표

산업재해 발생률	• 근로자 100명당 발생한 재해 건수를 나타내는 지표 • (재해 건수 / 근로자 수) × 100
재해 강도율	• 100명의 근로자가 1년 동안 손실한 근로일수를 나타내는 지표 • (근로손실일수 / 근로자 수) × 100
재해 도수율	• 100만 시간 근로 시 발생한 재해 건수를 나타내는 지표 • (재해 건수 / 총 근로시간) × 1,000,000
사망만인율	• 10만 명의 근로자 중 사망한 근로자 수를 나타내는 지표 • (사망자 수 / 근로자 수) × 100,000
업종별 재해율	• 특정 업종의 재해 발생 수준을 나타내는 지표 • (해당 업종 재해 건수 / 해당 업종 근로자 수) × 100

③ 하인리히의 재해 비율(1:29:300의 법칙)

개념	중대 재해 1건당 경미한 부상 29건, 무상해 사고 300건이 발생한다는 비율이다.
의의	• 중대 재해를 예방하기 위해서는 경미한 부상과 무상해 사고에 주목해야 한다. • 경미한 부상과 무상해 사고를 예방하면 중대 재해도 예방할 수 있다. • 사고는 연쇄적으로 발생하므로, 사소한 사고에 대한 관심과 예방이 중요하다.

④ 소음허용 한계

2시간 작업 시 소음 한계치	4시간 작업 시 소음 한계치	8시간 작업 시 소음 한계치
91dB(A) 이하	88dB(A) 이하	85dB(A) 이하

SECTION 06
식품위생

출제빈도 상 중 하
반복학습 1 2 3

▶ 합격 강의

빈출 태그 ▶ #식품위생 #식중독 #독

KEYWORD 01 식품위생

1) WHO(세계보건기구)의 식품위생의 정의

식품을 안전하고 건전하며 영양가 있는 상태로 생산, 가공, 보관, 유통, 조리 및 소비되도록 하는 모든 조건과 수단이다.

2) 식품위생법의 의의

식품으로 인하여 생기는 위생상의 위해(危害)를 방지하고 식품영양의 질적 향상을 도모하며 식품에 관한 올바른 정보를 제공함으로써 국민 건강의 보호 · 증진에 이바지함을 목적으로 한다(식품위생법 제1조).

3) 식품위생법에서 정의하는 식품위생

'식품위생'이란 식품, 식품첨가물, 기구 또는 용기 · 포장을 대상으로 하는 음식에 관한 위생을 말한다(식품위생법 제2조 제1항).

KEYWORD 02 식품위생관리

1) 해썹(HACCP, Hazard Analysis and Critical Control Point, 위해요소중점관리기준)

식품의 생산, 가공, 조리, 유통 등 전 과정에서 발생할 수 있는 위해요소를 사전에 분석하고, 그 위해요소를 효과적으로 관리할 수 있는 중요 관리점(Critical Control Point)을 설정하여 식품의 안전성을 확보하는 예방적 위생관리 시스템이다.

2) 식품의 변질

변질(變質)	• 식품의 품질이나 영양가가 저하되는 현상이다. • 화학적 반응, 미생물 작용, 효소 활성 등에 의해 발생한다. • 단백질의 변성 등이 대표적인 사례이다. • 변패(變敗), 산패(酸敗), 부패(腐敗), 발효(醱酵) 등이 있다.
변패	• 식품의 외관, 질감, 향미 등이 변화하는 현상이다. • 미생물, 효소, 화학반응 등 다양한 요인에 의해 발생한다. • 과일, 채소, 유제품 등에서 주로 발생한다.

✓ 개념 체크

일반적으로 식품의 부패(Putrefaction)란 무엇이 변질된 것인가?

① 비타민
② 탄수화물
③ 지방
④ 단백질

④

산패		• 지방이나 유지의 산화에 의한 현상이다. • 식품의 향미와 품질이 저하되는 것이 특징이다. • 튀김유, 견과류, 유지 등에서 주로 발생한다.
부패		• 주로 세균에 의해 발생하는 변질 현상이다. • 단백질이 분해되어 악취가 발생하는 것이 특징이다. • 육류, 어류 등에서 주로 일어나는 현상이다.
발효		• 미생물이 식품 성분을 분해하여 새로운 물질을 생성하는 현상이다. • 치즈, 술, 김치 등 발효식품에서 의도적으로 일어나는 변화이다. • 미생물 대사산물에 의해 향미, 질감 등이 변화한다.

3) 식품의 보존방법

물리적 처리법	저온처리	• 냉장/냉동 처리하는 방법이다. • 저온에서 식품의 미생물 증식과 화학적 반응을 억제하여 보존한다. • 냉장(0~10℃), 냉동(−18℃ 이하)으로 구분한다. • 육류, 수산물, 유제품 등에 널리 사용한다.
	열처리	• 가열을 통해 식품 내 미생물을 사멸시켜 보존하는 방법이다. • 살균(70~100℃), 멸균(121℃ 이상) 등으로 구분한다. • 통조림, 레토르트 식품 등에 활용한다.
	건조처리	• 식품 내 수분을 제거하여 미생물 증식을 억제하는 방법이다. • 열풍건조, 동결건조, 감압건조 등의 방법을 사용한다. • 곡물, 과일, 채소 등에 적용한다.
	방사선 조사	• 감마선이나 전자선을 조사하여 미생물을 살균하는 방법이다. • 식품의 저장성을 향상할 수 있다. • 육류, 채소, 향신료 등에 활용한다.
	포장처리	• 식품을 공기, 빛, 습기 등으로부터 차단하여 보존하는 방법이다. • 진공포장, 가스치환포장, 활성포장 등의 방법을 사용한다. • 다양한 식품에 적용 가능하다.
화학적 처리법	염장	• 식품에 소금을 첨가하여 수분활성도를 낮추어 보존하는 방법이다. • 미생물 증식을 억제하고 효소 작용을 억제한다. • 육류, 어류, 채소 등에 적용한다.
	훈연	• 식품을 연기에 노출시켜 보존하는 방법하는 방법이다. • 연기 속의 페놀, 유기산 등이 미생물 생장을 억제한다. • 육류, 어류 등에 사용한다.
	첨가물사용	• 식품 보존을 위해 인위적으로 화학물질 첨가하는 방법이다. • 산화방지제, 방부제, 방충제 등이 대표적이다. • 다양한 식품에 적용할 수 있다.
	pH 조절	• 식품의 산성도(pH)를 조절하여 보존하는 방법이다. • 유기산 첨가, 발효 등을 통해 pH를 낮춘다. • 식초, 김치 등에 활용한다.
	저수분처리	• 식품의 수분 함량을 낮춰 미생물 생장을 억제하는 방법이다. • 농축, 건조, 동결건조 등의 방법을 사용한다. • 잼, 건조식품, 분말식품 등에 적용한다.

	설탕처리법	• 설탕을 첨가하여 식품의 수분활성도를 낮추는 방법이다. • 미생물 생장을 억제하여 보존성을 높일 수 있다. • 잼, 과일통조림, 건과류 등에 사용한다.
	가스저장법	• 식품을 특정 가스 분위기에서 저장하는 방법이다. • 이산화탄소, 질소, 아르곤 등의 가스를 사용한다. • 호흡 억제, 미생물 증식 억제 등의 효과가 있다. • 신선 과일, 채소, 육류 등에 적용한다.
생물학적 처리법	발효	• 젖산균, 효모 등의 미생물을 이용하여 식품을 발효시키는 방법이다. • 발효 과정에서 생성되는 유기산, 알코올 등이 식품을 보존한다. • 대표적으로 김치, 치즈, 와인, 된장 등이 있다.
	숙성	• 식품을 일정 기간 숙성시켜 품질을 향상하는 방법이다. • 미생물 작용으로 향미, 조직감 등의 변화가 일어난다. • 치즈, 햄, 와인 등의 숙성 과정에 활용한다.
	유산균 첨가	• 유산균을 식품에 첨가하여 보존성을 높이는 방법이다. • 유산균이 생성하는 유기산이 미생물 증식을 억제한다. • 요구르트, 프로바이오틱 제품 등에 활용한다.
	박테리오신 첨가	• 박테리오신이라는 항균성 단백질을 식품에 첨가하는 방법이다. • 병원성 세균의 생장을 선택적으로 억제한다. • 치즈, 육가공품 등에 적용한다.

KEYWORD 03 식중독 🔑

1) 정의

병원성 미생물, 독 물질 등이 오염된 식품을 섭취함으로써 발생하는 급성 질병이다.

2) 분류

① 세균성 식중독

	살모넬라 식중독	• 잠복기 : 12~72시간 • 감염 경로 : 오염된 달걀, 육류, 유제품 섭취 • 증상 : 구토, 설사, 복통, 발열 등의 위장관 증상
감염형 식중독	장염비브리오 식중독	• 잠복기 : 12~72시간 • 감염 경로 : 오염된 해산물 섭취 • 증상 : 급성 설사, 복통, 구토, 발열 등
	병원성 대장균 식중독	• 잠복기 : 1~10일 • 감염 경로 : 오염된 식품 및 물 섭취 • 증상 : 수양성 설사, 복통, 발열, 구토 등
독소형 식중독	포도상구균 식중독	• 잠복기 : 1~6시간 • 원인 : 독소를 생성하는 포도상구균 감염 • 증상 : 구토, 설사, 복통 등의 위장관 증상

✓ 개념 체크

식품을 통한 식중독 중 독소형
식중독은?

① 포도상구균 식중독
② 살모넬라균에 의한 식중독
③ 장염 비브리오 식중독
④ 병원성 대장균 식중독

①

	보툴리누스 식중독	• 잠복기 : 12~72시간 • 원인 : 보툴리눔 독소 섭취 • 증상 : 복시, 구음장애, 호흡곤란 등 신경학적 증상 • 특징 : 식중독 중 치사율이 가장 높음(5~10%)
	웰치균 식중독	• 잠복기 : 6~24시간 • 원인 : 웰치균 감염 • 증상 : 복통, 설사, 구토, 발열 등의 위장관 증상

② 기타 식중독

	노로바이러스 식중독	• 잠복기 : 12~48시간 • 원인 : 오염된 식품 섭취, 환자와의 접촉 • 증상 : 구토, 설사, 복통, 발열 등
바이러스성 식중독	로타바이러스 식중독	• 잠복기 : 1~3일 • 원인 : 오염된 물, 식품 섭취 • 증상 : 설사, 구토, 복통, 발열 등
화학성 식중독	중금속 중독	• 잠복기 : 수분~수시간 • 원인 : 중금속 함유 식품 섭취 • 증상 : 구토, 설사, 두통, 근육경련 등
	농약 중독	• 잠복기 : 수분~수시간 • 원인 : 농약 오염 식품 섭취 • 증상 : 두통, 구토, 설사, 근육경련 등
곰팡이성 식중독	곰팡이 독소 중독	• 잠복기 : 수분~수시간 • 원인 : 곰팡이 독소 오염 식품 섭취 • 증상 : 구토, 설사, 두통, 어지럼증 등

중금속(Heavy Metal)
비중이 물보다 큰(4 이상) 금속으로, 수은·납·카드뮴·크로뮴이 대표적이다.

3) 자연독

구분	내용	독성물질
식물성	버섯	무스카린(Muscarine), 아마니타(Amatoxin), 파롤린(Phallodin)
	감자	솔라닌(Solanine)
	목화씨	고시폴(Gossypol)
	독미나리	시큐톡신(Cicutoxin)
	맥각	에르고톡신(Ergotoxine)
	매실	아미그달린(Amygdalin)
동물성	복어	테트로도톡신(Tetrodotoxin)
	섭조개, 대합	삭시톡신(Saxitoxin)
	모시조개, 굴, 바지락	베네루핀(Venerupin)

보건행정

빈출 태그 ▶ #보건 #보건소

KEYWORD 01 보건행정

1) 보건행정의 정의

WHO	보건 행정은 개인, 가족, 지역사회의 건강을 증진하고 보호하기 위해 다양한 보건의료 자원을 계획, 조직, 지휘, 통제하는 과정이다.
미국 보건복지부	보건 행정은 보건의료 체계의 효과적이고 효율적인 운영을 위해 관리, 기획, 정책 수립, 재정 관리, 인력 관리 등의 기능을 수행하는 분야이다.
한국 보건행정학회	보건 행정은 보건의료 분야의 계획, 조직, 인사, 지휘, 통제 등의 관리 기능을 수행하여 국민 건강 증진을 도모하는 학문이자 실천 분야이다.

2) 보건행정의 특성

① 공공성 : 국민 건강 증진을 목적으로 하는 공공부문의 행정임
② 포괄성 : 개인 · 가족 · 지역사회 전체의 건강 문제를 다루며, 질병 예방, 건강 증진, 보건의료 서비스 제공 등 다양한 기능을 수행함
③ 전문성 : 보건의료, 역학, 사회복지, 경영학 등 다양한 학문 분야의 지식과 기술이 요구됨
④ 상호의존성 : 다른 분야(교육, 복지, 환경 등)와 밀접한 관련이 있음

3) 보건기획 과정

전제 → 예측 → 목표설정 → 구체적 행동계획

4) 보건행정기관

① 중앙 보건행정조직

보건 복지부	특징	• 국민의 보건과 복지에 관한 정책을 총괄하는 중앙행정기관이다. • 보건의료와 사회복지 분야의 최고 정책결정기관이다. • 보건의료, 사회복지, 인구, 가족, 아동, 노인, 장애인 등 광범위한 분야를 관장한다.
	역할	• 보건의료 정책 및 제도를 수립한다. • 국민건강증진 및 질병예방 사업을 계획 및 추진한다. • 의약품, 의료기기 등 의료관련 품목을 관리한다. • 국민연금, 건강보험 등 사회보장제도를 운영한다. • 저소득층, 노인, 장애인 등 취약계층 지원 정책을 수립한다. • 보건복지 관련 법령을 제 · 개정 및 감독한다. • 보건복지 관련 통계를 생산하고 정보를 관리한다.

> **개념 체크**
>
> 보건행정의 정의에 포함되는 내용이 아닌 것은?
> ① 국민의 수명연장
> ② 질병예방
> ③ 수질 및 대기보전
> ④ 공적인 행정활동
>
> ③

식품 의약품 안전처	특징	• 식품, 의약품, 화장품, 의료기기 등 국민 생활과 밀접한 제품의 안전관리를 담당한다. • 국무총리 산하 기관으로, 식품과 의약품 분야의 전문성을 갖춘 기관이다. • 식품 · 의약품 안전정책을 수립하고 관련 법령을 제 · 개정하는 역할을 수행한다.
	역할	• 식품, 의약품, 화장품, 의료기기 등의 안전기준을 마련하고 관리한다. • 식품 · 의약품 등의 허가, 검사, 시험, 검정 등 안전관리 업무를 수행한다. • 식품 · 의약품 등의 부작용 모니터링하고 리콜 조치를 한다. • 식품 · 의약품 등의 안전성 및 유효성을 평가한다. • 식품 · 의약품 관련 정보를 수집하고 제공한다. • 식품 · 의약품 관련 법령을 제 · 개정하고, 행정처분을 내린다.

② 지방 보건행정조직

시 · 도 보건행정조직	• 시 · 도 보건복지국(과) 또는 보건정책관실 등 • 시 · 도 단위의 보건의료 정책을 수립 및 시행한다. • 보건소 및 보건지소 등 하위기관을 관리 · 감독한다.
시 · 군 · 구 보건행정조직	• 보건소 : 시 · 군 · 구 보건행정조직 • 지역주민의 보건의료 및 건강증진 서비스를 제공한다. • 보건지소, 보건진료소 등 하위기관을 관리한다. • 지역 보건의료계획을 수립 및 시행한다.
보건지소 및 보건진료소	• 보건소 관할하에 있는 지역 의료기관이다. • 의사가 근무하지 않는 오지나 도서 · 벽지에 설치한다. • 간호사가 주로 근무하며 기초적인 의료서비스를 제공한다. • 보건지소 : 읍 · 면 단위의 보건행정 조직 • 보건진료소 : 리 단위의 도서 · 벽지의 보건행정 조직

③ 보건소의 주요 업무

지역보건 및 건강증진 사업	• 지역주민 건강증진 및 질병예방 프로그램을 운영한다. • 예방접종, 건강검진, 건강교육 등을 실시한다. • 모자보건, 노인보건, 정신보건 등의 특화 사업을 추진한다.
감염병 예방 및 관리	• 감염병의 발생을 감시하고, 예방 대책을 수립한다. • 역학조사를 실시하고, 환자를 관리한다. • 방역소독, 예방접종 등의 감염병 예방 활동을 한다.
공중보건 위생관리	• 식품위생, 공중위생업소를 관리한다. • 환경보건 및 수질관리 업무를 수행한다.
응급의료 체계 구축	• 응급의료기관을 지정 및 관리한다. • 응급의료정보센터를 운영한다.
보건의료 행정지원	• 보건소 내 진료 및 검사 업무를 수행한다. • 보건의료인력 관리 및 교육을 실시한다.

국민의 생활 안정과 복지 증진을 위해 마련된 제도이다.

사회보험	국민연금	노령, 장애, 사망에 대비한 소득보장
	건강보험	질병, 부상에 대한 의료비 지원
	고용보험	실업급여 지원, 직업능력개발 등
	산재보험	업무상 재해에 대한 보상 및 재활 지원
공공부조	국민기초생활보장제도	생계, 의료, 주거 등 지원
	긴급복지지원제	갑작스러운 위기상황에 대한 지원
	장애인연금	중증장애인의 생활안정을 위한 현금 지원
서비스	보육서비스	어린이집, 유치원 등 육아 지원
	노인장기요양보험	노인의 돌봄 서비스 제공
	장애인활동지원	장애인의 자립생활을 위한 활동 보조
기타	아동수당	만 7세 미만 아동에게 지급하는 현금 지원
	양육수당	어린이집, 유치원 등 이용하지 않는 아동에게 지급

국민건강보험제도
- 구 의료보험 제도
- 1988년 지방 시행, 1989년 전 국적 시행으로 국내 거주하는 국민(외국인 포함)이 건강보험 가입자 또는 피부양자가 됐다.

소독

▶ 합격강의

빈출 태그 ▶ #소독법 #화학적소독법 #물리적소독법

B 권쌤의 노하우

소독은 매우 자주 출제되는 부분
입니다!

KEYWORD 01   소독

1) 소독(Disinfectant, 消毒)의 정의

질병을 일으키는 병원체(세균, 바이러스 등)를 죽이거나 제거하여 물건이나 장소를
깨끗하게 만드는 과정이다.

2) 소독 용어

멸균	병원성 또는 비병원성 미생물 및 포자를 가진 것을 전부 사멸하게 하거나 제거한다.
살균	유해한 병원 미생물을 물리·화학적 작용에 의해 생활력을 파괴하여 감염의 위험성을 제거하는 조작으로, 포자(아포)는 잔존할 수 있다.
소독	사람에게 유해한 병원 미생물을 물리·화학적 작용에 의해 생활력을 파괴시켜 감염의 위험성을 제거하는 조작으로 포자(아포)는 파괴하지 못한다.
방부	병원성 미생물의 발육과 그 작용을 제거하거나 정지시켜서 음식물의 부패나 발효를 방지한다.

※ 소독의 세기 : 멸균 〉 살균 〉 소독 〉 방부

3) 소독에 미치는 요인

온도	• 온도가 높을수록 소독 효과가 향상된다. • 대부분의 병원균은 높은 온도에 취약하다. • 열에 의한 단백질 변성, 세포막 파괴 등으로 사멸된다.
시간	• 충분한 접촉 시간이 확보되어야 소독이 완료된 것이다. • 병원균 종류에 따라 필요한 최소 접촉 시간이 상이하다. • 시간이 길수록 소독 효과가 향상된다.
수분	• 적정 수분 조건이 유지되어야 소독 효과가 발휘된다. • 건조한 환경에서는 소독력이 저하된다. • 어느 정도의 수분이 있어야 화학소독제가 원활히 작용한다.
유기물 농도	• 유기물(혈액, 분비물 등)이 많으면 소독제 활성이 저하된다. • 유기물이 소독제와 반응하면 소독력이 저하된다. • 철저한 세척이 선행되어야 효과적으로 소독할 수 있다.

✓ 개념 체크

소독과 멸균에 관련된 용어 해
설 중 틀린 것은?

① 살균 : 생활력을 가지고 있
   는 미생물을 여러 가지 물
   리·화학적 작용에 의해 급
   속히 죽이는 것을 말한다.
② 방부 : 병원성 미생물의 발
   육과 그 작용을 제거하거나
   정지시켜서 음식물의 부패
   나 발효를 방지 하는 것을
   말한다.
③ 소독 : 사람에게 유해한 미생
   물을 파괴하여 감염의 위험
   성을 제거하는 비교적 강한
   살균작용으로 세균의 포자
   까지 사멸하는 것을 말한다.
④ 멸균 : 병원성 또는 비병원
   성 미생물 및 포자를 가진
   것을 전부 사멸 또는 제거
   하는 것을 말한다.

③

4) 소독제의 농도

퍼센트(%)	• 백분율을 나타내는 단위 • 소독액 100mL 속에 포함된 소독제의 양
퍼밀(‰)	• 천분율을 나타내는 단위 • 소독액 1,000mL 속에 포함된 소독제의 양
피피엠(ppm)	• 백만분율을 나타내는 단위 • 소독액 1,000,000mL 속에 포함된 소독제의 양

5) 소독제의 조건

살균력	• 다양한 세균, 바이러스, 곰팡이 등을 효과적으로 사멸시킬 수 있어야 한다. • 미생물에 대한 광범위한 살균력을 갖추어야 한다.
안전성	• 소독제는 사용자와 환경에 대한 독성이 낮아야 한다. • 피부 자극, 눈 자극, 호흡기 자극 등이 최소화되어야 한다.
사용 편의성	• 소독제는 사용이 간편하고 조작이 쉬워야 한다. • 부식성이 낮아 기구나 표면에 손상을 주지 않아야 한다.
경제성	• 소독제의 가격이 적절하고 경제적이어야 한다. • 소량으로도 효과적인 소독이 가능해야 한다.
안정성	• 소독제는 장기간 보관 시에도 살균력이 유지되어야 한다. • 온도, 습도 등 환경 변화에 안정적이어야 한다.
환경친화성	• 소독제는 환경오염이 적고 생분해가 잘되어야 한다. • 폐기 과정에서 2차 오염을 일으키지 않아야 한다.

6) 소독의 작용 기전

산화	차아염소산나트륨(차아염소산), 과산화수소, 오존 등
가수분해	알코올, 과산화수소, 과초산 등
단백질 응고	알코올, 폼알데하이드, 글루타르알데히드 등
탈수	알코올, 폼알데하이드, 글루타르알데히드 등
효소 불활성화	알코올, 페놀, 암모늄화합물 등
중금속염 형성	승홍수, 염화수은, 질산은 등
핵산에 작용	자외선, 방사선, 포르말린, 에틸렌옥사이드
삼투성 변화	암모늄화합물, 페놀, 차아염소산나트륨(차아염소산) 등

1) 건열에 의한 방법

화염멸균법	• 직접 불꽃을 이용하여 미생물을 소독하는 방법이다. • 실험실 기구, 주사기, 메스 등의 소독에 사용한다. • 기구 표면만 소독되므로 내부 오염은 제거되지 않는다. • 기구 손상 가능성이 있다.
소각법	• 폐기물을 고온에서 완전히 태워 없애는 방법이다. • 의료폐기물, 실험실 폐기물 등의 처리에 사용한다.
직접건열 멸균법	• 고온의 건조한 열을 직접 미생물에 가하여 살균하는 방법이다. • 170~180℃에서 1~2시간 처리한다. • 유리기구, 금속기구, 건조된 약물 등에 적용한다.

2) 습열에 의한 방법

자비소독법	• 100℃ 끓는 물에 담가 15~20분간 가열하는 방법이다. • 포자형성균에는 효과적이지 않다. • 소독효과 증대를 위해 석탄산(5%), 탄산나트륨(1~2%), 붕소(2%), 크레졸 비누액(2~3%) 등을 넣기도 한다.
고압증기 멸균법	• 가장 널리 사용되는 멸균 방법이다. • 고온고압 증기를 이용하여 미생물을 사멸시키는 방법이다. 　– 10lbs(파운드) : 115℃에서 25~30분 　– 15lbs(파운드) : 121℃에서 20~25분 　– 20lbs(파운드) : 126℃에서 10~15분 • 포자형성균을 포함한 모든 미생물을 완전히 사멸시킬 수 있다.
저온소독법	• 63~65℃에서 30분간 가열한다. • 우유, 과일 주스 등 식품의 병원성 미생물을 사멸시켜 안전하게 섭취할 수 있도록 한다. • 1860년대 프랑스의 루이 파스퇴르가 개발한 저온 살균 방법이다.
증기 소독법	• 물이 끓는 수증기를 이용하여 미생물을 사멸시키는 방법이다. • 100℃에서 30분간 소독 처리한다.
간헐 멸균법	• 내열성 저장 용기에 넣어 매일 약 15분에서 20분 동안 3일 연속으로 100℃로 끓이는 방법이다. • 나머지 시간 동안에는 상온 보관한다. • 1900년대 통조림, 식품 캔 멸균을 위해 사용했다.

3) 무가열에 의한 방법

일광 소독법	• 태양의 자외선(UVB, UVC)으로 미생물의 DNA를 파괴하는 방법이다. • 일반적으로 UVC 영역(200~290㎚)이 가장 살균력이 강하다.
자외선 살균법	• UVB(290~320㎚) 파장의 자외선을 이용하여 미생물의 DNA를 파괴하는 방법이다. • 공기, 물, 기구 및 용기 표면 살균에 사용한다. • 자외선 노출 시간이 중요하며 그늘진 부분은 살균할 수 없다.

자비(煮沸)

자비는 펄펄 끓는(沸) 물에 삶는다(煮)는 뜻이다.

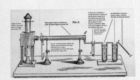

존 틴달에 의해 1860에 개발된 간헐멸균법(Tyndallization) 장치(출처: WIKIMEDIA)

방사선 살균법	• 감마선, X선 등의 방사선을 이용하여 미생물의 DNA를 파괴하는 방법이다. • 의료기구, 식품, 화장품 등의 살균에 사용한다. • 포자형성균을 포함한 모든 미생물을 완전히 사멸시킨다. • 복잡한 시설과 장비가 필요하여 비용이 높다.
초음파 살균법	• 20~100㎑의 고주파 초음파를 이용하여 미생물을 사멸시키는 방법이다. • 액체 및 고체 표면 살균에 사용한다.
세균여과법	• 미세 공극을 가진 여과막을 통과시켜 미생물을 제거한다. • 혈청, 주사액, 안약, 수액 등의 무균 처리에 사용한다. • 0.2~0.45㎛ 크기의 공극을 가진 멤브레인 필터를 사용한다. • 바이러스는 세균보다 작아 제거하기 어렵다.

KEYWORD 03 화학적 소독법 빈출

권쌤의 노하우

화학적 소독법과 물리적 소독법은 꼭 농도와 사용처를 외워 가야 합니다!

1) 소독제에 의한 방법

석탄산 (Phenol)	• 페놀이라고 하며 모든 소독제의 지표로 사용한다. • 강력한 살균력을 가지며, 단백질을 응고시키는 성질이 있다. • 일반적으로 3% 농도로 희석하여 사용한다. • 독성이 있어 인체에 사용하지 않는다. • 금속을 부식시키는 성질이 있고 포자에는 효과가 없다. • 고무제품, 가구, 의류 소독에 사용한다.
크레졸 (Cresol)	• 석탄산보다 살균력이 강하며, 지방 용해력이 있다. • 이 · 미용실 바닥청소나 도구 소독 시 3% 농도로 희석하여 사용한다. • 피부에 자극은 없지만 냄새가 매우 강하다.
승홍수 (HgCl₂)	• 강력한 살균력과 소독력을 가지며, 단백질을 응고시킨다. • 일반적으로 0.1% 농도로 희석하여 사용한다. • 독성이 강하고 금속을 부식시킴으로 인체나 금속에 부적합하다.
염소 (Chlorine)	• 강력한 산화력으로 인한 살균 및 소독 효과가 우수하다. • 자극적인 냄새가 나며 잔류성이 크다. • 상 · 하수 소독, 식수 처리, 수영장 소독, 표백제, 살균제 등에 사용한다.
에탄올 (Ethanol)	• 단백질 변성 및 세포막 파괴하여 강력하게 살균한다. • 일반적으로 70% 농도로 사용한다. • 피부 소독, 의료기구 소독, 이 · 미용 기구 소독 등에 사용한다.
과산화수소 (Hydrogen Peroxide)	• 산화력이 강해 세균, 바이러스, 곰팡이 등을 효과적으로 제거한다. • 3% 농도로 주로 사용한다. • 포자형성균에 효과가 있다. • 자극이 적고 창상 소독, 치과 처치, 표면 소독, 식품 살균 등에 사용한다.
생석회 (Calcium Oxide)	• 강알칼리성으로 단백질을 응고시켜 살균 효과가 있다. • 산화칼슘 98% 이상의 백색가루(표백분)의 형태이다. • 하수처리, 토양 소독, 병원 폐기물 소독 등에 사용한다.

포르말린 (Formalin)	• 강력한 살균 및 소독 효과를 가지며, 단백질을 응고시킨다. • 폼알데하이드 36% 농도 수용액의 형태이다. • 포자형성균에 효과가 있다. • 병리 표본 고정, 조직 보존, 살균 및 소독 등에 사용한다.
머큐로크롬 (Mercurochrome)	• 항균 및 창상 치료 효과가 있는 염료 성분이다. • 2% 수용액으로 주로 사용한다. • 피부 소독, 창상 치료, 상처 소독 등에 사용한다.

2) 가스에 의한 방법

포름알데히드 (Formaldehyde)	• 강력한 살균 및 소독 효과가 있다. • 주로 밀폐된 공간에서 가스 형태로 사용한다. • 바이러스, 세균, 곰팡이, 아포 등 다양한 미생물을 사멸시킨다. • 인체에 유해하므로 철저한 안전 관리가 필요하다.
오존 (Ozone, O_3)	• 산화력이 강력한 기체이다. • 세균, 바이러스, 곰팡이 등을 효과적으로 사멸시킨다. • 공기 중이나 물에 오존을 주입하여 소독을 진행함 • 인체에 유해하므로 사용 후 충분한 환기가 필요하다.
에틸렌옥사이드 (Ethylene Oxide, E.O.)	• 약 50℃ 이하의 저온에서도 소독할 수 있다. • 세균, 바이러스, 곰팡이, 아포 등 다양한 미생물을 사멸시킨다. • 포장재나 기구의 내부까지 깊이 침투하여 소독이 가능하다. • 적정 농도(450~1200mg/L)와 처리 시간(1~6시간)이 필요하다. • 인체에 매우 유해한 물질이므로 안전 관리가 매우 중요하다.

3) 비누

역성비누	• 음이온 계면활성제인 일반비누와는 반대로 양이온 계면활성제인 비누이다. • 세균, 바이러스, 곰팡이 등 다양한 미생물을 효과적으로 제거한다. • 세척력, 살균력, 소독력이 우수하여 의료기관, 식품 산업 등에 사용된다. • 피부 자극이 적고 안전성이 높은 편이다.
약용비누	• 비누에 석탄산, 살리실산, 황 등의 약제를 혼합한 것이다. • 살균 및 소독 효과가 있다. • 항염증, 항진균, 항균 효과가 있어 여드름, 건선, 습진 등에 사용한다.

KEYWORD 04 미용기구 위생 · 소독

1) 도구 및 환경 소독

가위, 칼, 트위저	• 사용 후 즉시 세척하여 소독한다. • 70% 알코올 용액에 10~15분간 담그거나 끓는 물에 5~10분간 소독한다.
브러시, 빗	• 세제와 미온수로 깨끗이 세척한 뒤 70% 알코올 용액에 30분 이상 담그거나 자외선 소독기로 소독한다. • 건조 시 음지에서 브러시모가 아래로 향하게 해서 말린다.

타월, 가운	• 세탁기로 세탁하고 고온에서 건조한다. • 세탁 시 락스나 차아염소산나트륨 등의 소독제를 함께 사용한다.
스펀지, 퍼프	• 사용 후 세제와 미온수로 깨끗이 세척하고 자외선 소독기로 소독한다. • 주기적으로 교체해야 한다.
유리제품 (거울, 병 등)	• 세제와 물로 깨끗이 닦은 뒤 70% 알코올 용액이나 락스 희석액(1:100)으로 추가 소독한다. • 건열멸균기를 사용한다.
기구함, 작업대 등 환경 소독	세제와 물로 깨끗이 세척한 뒤 락스 희석액(1:100)으로 닦는다.
전체적인 주의사항	• 소독 후 완전히 건조해야 한다. • 소독제 사용 시 반드시 환기해야 한다. • 기구나 물품 간 교차 오염이 되지 않도록 주의해야 한다.

2) 대상물에 따른 소독 방법

대상물	소독 방법
화장실, 쓰레기통	석탄산, 크레졸, 생석회
대소변, 배설물, 토사물	소각법, 석탄산, 크레졸, 생석회
의류, 침구류, 모직	일광 소독, 자비 소독, 증기 소독, 석탄산, 크레졸
유리, 목죽제품, 도자기류	자비 소독, 증기 소독, 석탄산, 크레졸
플라스틱, 고무, 가죽	석탄산, 역성비누, 에틸렌옥사이드, 포르말린
환자	석탄산, 크레졸, 승홍, 역성비누
병실	석탄산, 크레졸, 포르말린

미생물

▶ 합격강의

빈출 태그 ▶ #세균 #바이러스

KEYWORD 01 미생물

1) 미생물의 정의

- 매우 작아서 육안으로 관찰할 수 없는 0.10㎜ 이하의 미세한 생물체이다.
- 세균, 곰팡이, 리케차, 미코플라스마, 바이러스, 효모, 원생동물 등이 포함된다.

2) 미생물의 크기

곰팡이 〉 효모 〉 스피로헤타 〉 세균 〉 리케차 〉 바이러스

3) 미생물 연구의 역사

보일	• 생물체의 자연발생설을 반박하고 생물체의 유전체 재생산을 주장했다. • 이를 통해 생물학 발전의 토대를 마련했다.
레벤 후크	현미경 개발을 통해 세균, 원생동물 등 미생물을 최초로 관찰했다.
스팔란차니	자연발생설을 반박하고 미생물의 존재와 역할을 입증했다.
리스터	• 외과 수술 시 세균 감염을 줄이기 위해 소독법을 개발하여 수술 후 사망률을 크게 낮추었다. • 외과 수술의 안전성을 높이고 무균 수술법의 기반을 마련했다.
제멜바이스	• 산원에서 의사들의 손 씻기로 인한 산모 사망률 감소를 주장했다. • 병원 내 감염 예방의 중요성을 강조, 의료진의 위생관리 필요성을 제시했다.
제너	• 두창 예방 접종법을 개발하여 전 세계적으로 두창 퇴치에 기여했다. • 백신 개발의 시초가 됐으며, 예방 의학의 발전에 큰 영향을 끼쳤다.
파스퇴르	• 1864년 발효와 부패에 미생물이 관여한다는 사실을 밝혔다. • 1885년 광견병 백신을 개발하여 미생물 질병 예방의 기반을 마련했다. • 저온 멸균법, 간헐 멸균법, 고압 증기 멸균법, 건열 멸균법 등을 고안했다.

1) 세균(Bacteria)

바이러스보다 크지만 현미경으로 관찰해야 하는 가장 작은 단세포이다.

구균	세포 모양이 구형인 세균 예 포도상구균, 연쇄상구균, 폐렴구균, 임질균, 수막구균
간균	세포 모양이 막대모양인 세균 예 대장균, 결핵균, 탄저균, 클로스트리디움속 세균, 살모넬라균
나선균	세포 모양이 나선인 세균 예 비브리오균, 나선균속, 트레포네마균, 헬리코박터균, 보렐리아균

2) 바이러스(Virus)

- 세포 구조가 없고 유전물질(DNA 또는 RNA)과 단백질로만 구성되어 숙주 세포 내에서만 증식할 수 있는 기생체이다.
- 크기가 매우 작아 광학현미경 대신 전자현미경으로 관찰해야 한다.
- 바이러스 내의 유전물질에 따라 DNA형 바이러스·RNA형 바이러스, 기생하는 숙주에 따라 동물바이러스·식물바이러스·세균바이러스로 구분한다.

▼ 바이러스의 종류

종류	질병
DNA형 바이러스	파르보 바이러스, 파포바 바이러스, 하데노 바이러스, 헤르페스 바이러스 등
RNA형 바이러스	인플루엔자 바이러스, 마진 바이러스, 일본뇌염 바이러스, 광견병 바이러스, 풍진 바이러스 등
동물 바이러스	인플루엔자 바이러스, 에이즈 바이러스(HIV), 홍역 바이러스, 폴리오 바이러스 등
식물 바이러스	담배모자이크 바이러스, 감자바이러스, 토마토 잎말림 바이러스, 벼멸구 바이러스 등
세균 바이러스	T4 박테리오파지, λ(람다) 파지, M13 파지, 포도상구균 파지 등

3) 리케차(Rickettsia)

- 세균과 바이러스의 중간 크기의 미생물이다.
- 세포 내 기생체로, 숙주 세포 내에서만 증식할 수 있다.

종류	질병
발진열군 리케차	발진열, 지중해 점상열, 일본 점상열
발진티푸스군 리케차	발진티푸스, 유행성 발진티푸스, 유행열
Q열 리케차	Q열
쯔쯔가무시	쯔쯔가무시(유행열)

4) 진균

진핵생물, 세포벽 존재, 포자 형성, 호기성 대사의 특징이 있다.

표재성 진균	피부와 그 부속기관을 감염시키는 진균이다. 예 백선균, 칸디다 등
피하성 진균	피하조직을 감염시키는 진균이다. 예 마이세토마, 크로모블라스토미코시스 등
심재성 진균	내부 장기를 감염시키는 진균이다. 예 히스토플라즈마증, 콕시디오이데스진균증 등

5) 미코플라스마(Mycoplasma)

특징	• 세포벽이 없는 세균으로 가장 작은 자율생존 세균이다. • 항생제 내성이 높고 배양이 어렵다.
종류	• Mycoplasma Pneumoniae : 폐렴 유발균 • Mycoplasma Genitalium : 비임균성 요도염 유발균

6) 클라미디아(Chlamydia)

특징	• 세포 내부기생체로 독립적인 생존이 불가능하다. • 세포 내에서만 증식하며 세포 밖에서는 비활성 상태로 존재한다.
종류	• Chlamydia Trachomatis : 성병, 트라코마 유발 • Chlamydia Pneumoniae : 폐렴 유발

7) 스피로헤타(Spirochetes)

특징	• 나선형 구조의 그람음성 세균이다. • 운동성이 강하고 숙주 침투력이 높다.
종류	• Treponema Pallidum : 매독 유발 • Borrelia Burgdorferi : 라임병 유발 • Leptospira : 렙토스피라증 유발

8) 효모

- 단세포성 진핵생물로, 세포의 모양이 구형이나 계란형이다.
- 빵효모, 맥주효모, 발효, 생물공학 등에 산업적으로 이용한다.

9) 곰팡이(진균류)

특징	• 다세포성 진핵생물로 균사체(Hypha)라는 가늘고 긴 실 모양의 구조로 되어 있다. • 식품 발효, 의약품 생산, 토양 분해 등에 활용된다.
종류	푸른곰팡이(Penicillium), 아스퍼길루스(Aspergillus)

10) 원생동물

특징	• 단세포 진핵생물로 동물과 유사한 특징을 가진다. • 다양한 감염성 질환(아메바성 이질, 말라리아, 톡소플라즈마증 등)을 유발한다.
종류	아메바, 트리코모나스, 트립라노소마, 레이시아, 크립토스포리디움 등

KEYWORD 03 미생물의 번식 환경

1) 산소의 필요에 따른 분류

호기성 세균	산소가 필요하여 산소 존재하에서만 생장할 수 있는 세균이다. 예 녹농균, 결핵균, 백일해균 등
혐기성 세균	• 산소가 없어야만 생장할 수 있는 세균이다. • 산소가 있으면 생장할 수 없거나 사멸한다. 예 파상풍, 보툴리누스, 클로스트리디움속 세균, 박테로이데스속 세균 등
통성혐기성 세균	• 산소가 있으면 호기성, 없으면 혐기성으로 생장할 수 있는 세균이다. • 산소가 있으면 호기성 호흡을, 없으면 발효나 혐기성 호흡을 한다. 예 대장균, 폐렴구균, 포도상구균 등

2) 온도에 따른 분류

저온균	• 0~20℃의 낮은 온도에서 잘 자라는 세균이다. • 극지방, 심해, 빙하 등 저온 환경에서 발견된다. 예 아르티코모나스속, 알트로모나스속
중온균	• 20~45℃의 온도 범위에서 잘 자라는 세균이다. • 일반적인 환경에서 가장 흔하게 발견되는 세균이다.
고온균	• 45~80℃의 높은 온도에서 잘 자라는 세균이다. • 온천, 화산 지대, 발전소 등의 고온 환경에서 발견된다. 예 바실루스속, 아퀴팩스속
초고온성균	• 80℃ 이상의 극한 고온 환경에서 자라는 세균이다. • 주로 해저 온천, 화산 주변, 온천 등에서 서식한다. 예 피로코쿠스속, 서로로버스속

권쌤의 노하우

대부분의 세균은 중성균이며 pH 5.0 이하에서는 생육이 저하됩니다.

3) pH에 따른 분류

호염기성 세균	pH 7 이상의 염기성 환경에서 잘 자라는 세균이다. 예 바실루스속, 나트로노모나스속
중성균	pH 6~8 정도의 중성 환경에서 잘 자라는 세균이다. 예 대부분의 일반적인 세균
호산성 세균	pH 5 이하의 산성 환경에서 잘 자라는 세균이다. 예 황산화세균, 히스토플라즈마
극호산성 세균	pH 3 이하의 극도로 강산성 환경에서 자라는 세균이다. 예 티오박터리움속, 아시도바실루스속

개념 체크

산소가 있어야만 잘 성장할 수 있는 균은?
① 호기성균
② 혐기성균
③ 통기혐기성균
④ 호혐기성균

①

4) 유익한 미생물 분류

박테리아	• 유산균 : 요구르트, 치즈 등의 발효에 사용되며 장내 건강에 도움을 줌 • 프로바이오틱스 : 장내 유익균을 증식시켜 장 건강을 증진함 • 질소 고정 박테리아 : 토양 내 질소 고정에 도움을 줌
진균	• 효모 : 빵, 술, 치즈 등의 발효에 사용됨 • 버섯 : 식용 버섯은 영양가가 높고 약효가 있음 • 곰팡이 : 페니실린 등 항생제 생산에 이용됨
고세균	• 메탄 생성균 : 가축의 소화기관에서 메탄 생산에 기여함 • 염생 고세균 : 염전에서 소금 생산에 관여함
원생생물	토양에서 유해 미생물을 먹이로 하여 토양 정화에 기여함

5) 미생물의 증식 곡선

지연기 (Lag Phase)	• 미생물이 새로운 환경에 적응하는 단계이다. • 세포 크기가 증가하고 대사 활동이 활발해진다.
대수증식기 (Exponential Phase)	• 미생물이 가장 빠르게 증식하는 단계이다. • 세포 분열이 지속적으로 일어나 개체수가 지수적으로 증가한다. • 환경 조건이 최적일 때 이 단계가 나타난다.
정지기 (Stationary Phase)	• 증식 속도가 감소하여 개체수가 일정하게 유지되는 단계이다. • 영양분 고갈, 대사 산물 축적 등으로 생장이 멈춘다.
쇠퇴기 (Decline Phase)	• 환경 악화로 미생물이 사멸하기 시작하는 단계이다. • 사멸률이 증식률을 초과하여 개체수가 감소한다.
사멸기 (Death Phase)	• 거의 모든 미생물이 사멸하여 개체수가 극도로 감소하는 단계이다. • 일부 내성 세포만 생존할 수 있다.

6) 미생물의 증식

영양소	• 탄소, 질소, 인, 황 등의 영양소가 충분할 때 가장 빠르게 증식한다. • 영양소 부족 시 생장이 느려지고 사멸률이 증가한다.
수분	• 적정 수분 함량이 유지되어야 미생물 활동이 활발하다. • 50~80% 수분 함량이 가장 좋은 것으로 알려져 있다. • 과도한 건조 또는 습윤 상태는 미생물 생장을 억제한다.
온도	• 일반적으로 20~40℃에서 가장 빠른 증식을 보인다. • 온도가 높거나 낮을수록 생장이 느려진다.

SECTION 10 공중위생관리법규

출제빈도 상 중 하
반복학습 1 2 3

빈출 태그 ▶ #법령 #공중위생관리

▶ 합격 강의

KEYWORD 01 공중위생관리법

1) 목적
이 법은 공중이 이용하는 영업의 위생관리 등에 관한 사항을 규정함으로써 위생수준을 향상시켜 국민의 건강증진에 기여함을 목적으로 한다.

2) 정의
① **공중위생영업** : 다수인을 대상으로 위생관리서비스를 제공하는 영업으로서, 숙박업 · 목욕장업 · 이용업 · 미용업 · 세탁업 · 건물위생관리업을 말함
② **숙박업** : 손님이 잠을 자고 머물 수 있도록 시설 및 설비 등의 서비스를 제공하는 영업을 말함
③ **목욕장업** : 물로 목욕을 할 수 있는 시설 및 설비 등의 서비스나 맥반석 · 황토 · 옥 등을 직접 또는 간접 가열하여 발생되는 열기 또는 원적외선 등을 이용하여 땀을 낼 수 있는 시설 및 설비 등의 서비스를 손님에게 제공하는 영업을 말함
④ **이용업** : 손님의 머리카락 또는 수염을 깎거나 다듬는 등의 방법으로 손님의 용모를 단정하게 하는 영업을 말함
⑤ **미용업** : 손님의 얼굴, 머리, 피부 및 손톱 · 발톱 등을 손질하여 손님의 외모를 아름답게 꾸미는 영업을 말함
⑥ **세탁업** : 의류 기타 섬유제품이나 피혁제품 등을 세탁하는 영업을 말함
⑦ **건물위생관리업** : 공중이 이용하는 건축물 · 시설물 등의 청결유지와 실내공기정화를 위한 청소 등을 대행하는 영업을 말함

KEYWORD 02 영업의 신고 및 폐업

1) 영업신고
① 공중위생영업을 하고자 하는 자는 공중위생영업의 종류별로 보건복지부령이 정하는 시설 및 설비를 갖추고 시장 · 군수 · 구청장에게 신고하여야 한다.
② **첨부서류** : 영업시설 및 설비개요서, 위생교육 수료증, 면허증 원본, 임대차 계약서, 신분증
③ 신고서를 제출받은 시장 · 군수 · 구청장은 행정정보의 공동이용을 통하여 건축물대장, 토지이용계획확인서, 면허증을 확인해야 한다.

이 · 미용업 시설기준	• 미용기구는 소독을 한 기구와 소독을 하지 아니한 기구를 구분하여 보관할 수 있는 용기를 비치하여야 한다. • 소독기 · 자외선살균기 등 미용기구를 소독하는 장비를 갖추어야 한다. • 공중위생영업장은 독립된 장소이거나 공중위생영업 외의 용도로 사용되는 시설 및 설비와 분리(벽이나 층 등으로 구분하는 경우) 또는 구획(칸막이 · 커튼 등으로 구분 하는 경우)되어야 한다.

④ 보건복지부령이 정하는 중요한 사항을 변경하고자 하는 때에도 시장 · 군수 · 구청장에게 신고하여야 한다.

변경신고 사항	• 영업소의 명칭 또는 상호 • 미용업 업종 간 변경 또는 추가 • 영업장 면적의 3분의 1 이상의 증감 • 대표자의 성명 또는 생년월일 • 영업소의 소재지

🄑 권쌤의 노하우

'미용업 업종 간 변경 또는 추가'는 다음의 경우를 말하는 거예요.
• 한 미용업을 다른 미용업으로 바꿀 때
• 기존의 미용업에 별도로 다른 미용업을 추가할 때

2) 폐업

① 공중위생영업의 신고를 한 자(이하 공중위생영업자)는 공중위생영업을 폐업한 날부터 20일 이내에 시장 · 군수 · 구청장에게 신고하여야 한다.

② 이용업 또는 미용업의 신고를 한 자의 사망으로 이 법에 의한 면허를 소지하지 아니한 자가 상속인이 된 경우에는 그 상속인은 상속받은 날부터 3개월 이내에 시장 · 군수 · 구청장에게 폐업신고를 하여야 한다.

③ 시장 · 군수 · 구청장은 공중위생영업자가 「부가가치세법」 제8조에 따라 관할 세무서장에게 폐업신고를 하거나 관할 세무서장이 사업자등록을 말소한 경우에는 보건복지부령으로 정하는 바에 따라 신고 사항을 직권으로 말소할 수 있다.

④ 시장 · 군수 · 구청장은 직권말소를 위하여 필요한 경우 관할 세무서장에게 공중위생영업자의 폐업여부에 대한 정보 제공을 요청할 수 있다. 이 경우 요청을 받은 관할 세무서장은 「전자정부법」 제36조 제1항에 따라 공중위생영업자의 폐업여부에 대한 정보를 제공하여야 한다.

3) 영업의 승계

① 공중위생영업자가 그 공중위생영업을 양도하거나 사망한 때 또는 법인의 합병이 있는 때에는 그 양수인 · 상속인 또는 합병 후 존속하는 법인이나 합병에 의하여 설립되는 법인은 그 공중위생영업자의 지위를 승계한다.

② 민사집행법에 의한 경매, 「채무자 회생 및 파산에 관한 법률」에 의한 환가나 국세징수법 · 관세법 또는 「지방세징수법」에 의한 압류재산의 매각 그 밖에 이에 준하는 절차에 따라 공중위생영업 관련시설 및 설비의 전부를 인수한 자는 이 법에 의한 그 공중위생영업자의 지위를 승계한다.

③ ① 또는 ②의 규정에 불구하고 이용업 또는 미용업의 경우에는 이 법에 의한 면허를 소지한 자에 한하여 공중위생영업자의 지위를 승계할 수 있다.

④ ① 또는 ②의 규정에 의하여 공중위생영업자의 지위를 승계한 자는 1월 이내에 보건복지부령이 정하는 바에 따라 시장 · 군수 또는 구청장에게 신고하여야 한다.

1) 이 · 미용업자(공중위생영업자)의 위생관리의무

- 점빼기 · 귓볼뚫기 · 쌍꺼풀수술 · 문신 · 박피술 그 밖에 이와 유사한 의료행위를 하여서는 아니 된다.
- 피부미용을 위하여 「약사법」에 따른 의약품 또는 「의료기기법」에 따른 의료기기를 사용하여서는 아니 된다.
- 미용기구 중 소독을 한 기구와 소독을 하지 아니한 기구는 각각 다른 용기에 넣어 보관하여야 한다.
- 1회용 면도날은 손님 1인에 한하여 사용하여야 한다.
- 영업장안의 조명도는 75럭스 이상이 되도록 유지하여야 한다.
- 영업소 내부에 미용업 신고증 및 개설자의 면허증 원본을 게시하여야 한다.
- 영업소 내부에 최종지급요금표를 게시 또는 부착하여야 한다.
- 신고한 영업장 면적이 66제곱미터 이상인 영업소의 경우 영업소 외부에도 손님이 보기 쉬운 곳에 「옥외광고물 등 관리법」에 적합하게 최종지급요금표를 게시 또는 부착하여야 한다. 이 경우 최종지급요금표에는 일부항목(5개 이상)만을 표시할 수 있다.
- 3가지 이상의 미용서비스를 제공하는 경우에는 개별 미용서비스의 최종 지급가격 및 전체 미용서비스의 총액에 관한 내역서를 이용자에게 미리 제공하여야 한다. 이 경우 미용업자는 해당 내역서 사본을 1개월간 보관하여야 한다.
- 이용업자는 이용업소표시등을 영업소 외부에 설치해야 한다.

2) 공중위생영업자의 불법카메라 설치 금지

공중위생영업자는 영업소에 「성폭력범죄의 처벌 등에 관한 특례법」 제14조 제1항에 위반되는 행위에 이용되는 카메라나 그 밖에 이와 유사한 기능을 갖춘 기계장치를 설치해서는 아니 된다.

3) 이 · 미용기구의 소독기준 및 방법

① 일반기준(공중위생관리법 시행규칙 별표3)

- 외선소독 : 1㎠당 85㎼ 이상의 자외선을 20분 이상 쬐어 줌
- 건열멸균소독 : 100℃ 이상의 건조한 열에 20분 이상 쐬어 줌
- 증기소독 : 100℃ 이상의 습한 열에 20분 이상 쐬어 줌
- 열탕소독 : 100℃ 이상의 물속에 10분 이상 끓여 줌
- 석탄산수소독 : 석탄산수(석탄산 3%, 물 97%의 수용액)에 10분 이상 담가 둠
- 크레졸소독 : 크레졸수(크레졸 3%, 물 97%의 수용액)에 10분 이상 담가 둠
- 에탄올소독 : 에탄올수용액(에탄올이 70%인 수용액)에 10분 이상 담가 두거나 에탄올수용액을 머금은 면 또는 거즈로 기구의 표면을 닦아 줌

② 공통기준(보건복지부 고시)

- 소독을 한 기구와 소독을 하지 아니한 기구로 분리하여 보관한다.
- 소독 전에는 브러시나 솔을 이용하여 표면에 붙어 있는 머리카락 등의 이물질을 제거한 후, 소독액이 묻어있는 천이나 거즈를 이용하여 표면을 닦아 낸다.
- 사용 중 혈액이나 체액이 묻은 기구는 소독하기 전, 흐르는 물에 씻어 혈액 및 체액을 제거한 후 소독액이 묻어있는 일회용 천이나 거즈를 이용하여 표면을 닦아 물기를 제거한다.

기타 사항	• 각 손님에게 세탁된 타월이나 가운(덧옷)을 제공하여야 하며, 한번 사용한 타월이나 가운(덧옷)은 사용 즉시 구별이 되는 용기에 세탁 전까지 보관하여야 한다. • 사용한 타월이나 가운(덧옷)은 세제로 세탁한 후 건열멸균소독 · 증기소독 · 열탕소독 중 한 방법을 진행한 후 건조하거나, 0.1% 차아염소산나트륨용액(유효염소농도 1000ppm)에 10분간 담가 둔 후 세탁하여 건조하기를 권장한다. • 혈액이 묻은 타월, 가운(덧옷)은 폐기하거나 0.1% 차아염소산나트륨 용액(유효염소농도 1000ppm)에 10분간 담가 둔 후 세제로 세탁하고 열탕소독(100℃ 이상의 물속에 10분 이상 끓여 줌)을 실시한 후 건조하여 재사용해야 한다. • 스팀타월은 사용 전 80℃ 이상의 온도에서 보관하고, 사용 시 적정하게 식힌 후 사용하고 사용 후에는 타월 및 가운(덧옷)과 동일한 방법으로 소독한다.

③ 기구별 소독기준

기구명	위험도	소독 방법
• 가위 • 바리캉 · 클리퍼 • 푸셔 • 빗	피부감염 및 혈액으로 인한 바이러스 전파우려	• 표면에 붙은 이물질과 머리카락 등을 제거한다. • 위생티슈 또는 소독액이 묻은 천이나 거즈로 날을 중심으로 표면을 닦는다. • 마른 천이나 거즈를 사용하여 물기를 제거한다.
• 토우 세퍼레이터 • 라텍스 • 퍼프 • 해면	감염매체의 전달이나 자체 감염 우려	• 천을 이용하여 표면의 이물질을 닦아 낸다. • 세척 후 소독액에 10분 이상 담근 후 흐르는 물에 헹구고 물기를 제거한다. • 자외선 소독 후 별도의 용기에 보관한다.
브러시 (화장 · 분장용)	감염매체의 전달이나 자체 감염 우려	• 표면의 이물질을 제거한다. • 세척제를 사용하여 세척한다. • 자외선 소독 후 별도의 용기에 보관한다.

④ 영업종료 후

이물질 등을 제거하고 일반기준에 의해 소독작업 후, 별도의 용기에 보관하여 위생적으로 관리하여야 한다.

KEYWORD 04 면허

1) 면허발급

- 이용사 또는 미용사가 되고자 하는 자는 다음에 해당하는 자로서 보건복지부령이 정하는 바에 의하여 시장 · 군수 · 구청장의 면허를 받아야 한다.

- 전문대학 또는 이와 같은 수준 이상의 학력이 있다고 교육부 장관이 인정하는 학교에서 이용 또는 미용에 관한 학과를 졸업한 자
- 「학점인정 등에 관한 법률」 제8조에 따라 대학 또는 전문대학을 졸업한 자와 같은 수준 이상의 학력이 있는 것으로 인정되어 같은 법 제9조에 따라 이용 또는 미용에 관한 학위를 취득한 자
- 고등학교 또는 이와 같은 수준의 학력이 있다고 교육부 장관이 인정하는 학교에서 이용 또는 미용에 관한 학과를 졸업한 자
- 초ㆍ중등교육법령에 따른 특성화고등학교, 고등기술학교나 고등학교 또는 고등기술학교에 준하는 각종 학교에서 1년 이상 이용 또는 미용에 관한 소정의 과정을 이수한 자
- 「국가기술자격법」에 의한 이용사 또는 미용사의 자격을 취득한 자

2) 면허 결격 사유

• 아래에 해당하는 자는 이용사 또는 미용사의 면허를 받을 수 없다.
   - 피성년후견인
   - 「정신건강증진 및 정신질환자 복지서비스 지원에 관한 법률」 제3조 제1호에 따른 정신질환자
   - 공중의 위생에 영향을 미칠 수 있는 감염병환자로서 보건복지부령이 정하는 자
   - 마약 기타 대통령령으로 정하는 약물 중독자
   - 면허가 취소된 후 1년이 경과되지 아니한 자

3) 기타 사항

• 면허증을 발급받은 사람은 다른 사람에게 그 면허증을 빌려주어서는 아니 되고, 누구든지 그 면허증을 빌려서는 아니 된다.
• 누구든지 면허증을 빌려주거나 빌리는 금지된 행위를 알선하여서는 아니 된다.

4) 면허증 재발급 신청 사유

• 면허증을 잃어버린 경우
• 면허증이 헐어서 사용하지 못하는 경우
• 면허증의 기재사항이 변경된 경우

5) 면허취소와 정지

① 시장ㆍ군수ㆍ구청장은 이용사 또는 미용사가 다음에 해당하는 때에는 그 면허를 취소하거나 6월 이내의 기간을 정하여 그 면허의 정지를 명할 수 있다.

면허 취소	면허 정지
• 피성년후견인 • 「정신건강증진 및 정신질환자 복지서비스 지원에 관한 법률」 제3조 제1호에 따른 정신질환자. 다만, 전문의가 이용사 또는 미용사로서 적합하다고 인정하는 사람은 그러하지 아니함 • 마약 기타 대통령령으로 정하는 약물 중독자 • 「국가기술자격법」에 따라 자격이 취소된 때 • 이중으로 면허를 취득한 때(나중에 발급받은 면허) • 면허정지처분을 받고도 그 정지 기간에 업무를 한 때	• 면허증을 다른 사람에게 대여한 때 • 「국가기술자격법」에 따라 자격정지처분을 받은 때(「국가기술자격법」에 따른 자격정지처분 기간에 한정) • 「성매매알선 등 행위의 처벌에 관한 법률」이나 「풍속영업의 규제에 관한 법률」을 위반하여 관계 행정기관의 장으로부터 그 사실을 통보받은 때

② 규정에 의한 면허취소·정지처분의 세부적인 기준은 그 처분의 사유와 위반의 정도 등을 감안하여 보건복지부령으로 정한다.

KEYWORD 05 업무 빈출

1) 업무의 범위

① 규정에 의한 이용사 또는 미용사의 면허를 받은 자가 아니면 이용업 또는 미용업을 개설하거나 그 업무에 종사할 수 없다. 다만, 이용사 또는 미용사의 감독을 받아 이용 또는 미용 업무의 보조를 행하는 경우에는 그러하지 아니하다.

업무 보조 범위	• 이·미용 업무를 위한 사전 준비에 관한 사항 • 이·미용 업무를 위한 기구제품 등의 관리에 관한 사항 • 영업소의 청결 유지 등 위생관리에 관한 사항 • 그 밖에 머리감기 등 이·미용 업무의 보조에 관한 사항

② 이용 및 미용의 업무는 영업소 외의 장소에서 행할 수 없다. 다만, 보건복지부령이 정하는 특별한 사유가 있는 경우에는 그러하지 아니하다.

특별한 사유	• 질병 고령 장애나 그 밖의 사유로 영업소에 나올 수 없는 자에 대하여 이용 또는 미용을 하는 경우 • 혼례나 그 밖의 의식에 참여하는 자에 대하여 그 의식 직전에 이용 또는 미용을 하는 경우 • 사회복지시설에서 봉사활동으로 이용 또는 미용을 하는 경우 • 방송 등의 촬영에 참여하는 사람에 대하여 그 촬영 직전에 이용 또는 미용을 하는 경우 • 특별한 사정이 있다고 시장·군수·구청장이 인정하는 경우

③ ①의 규정에 의한 이용사 및 미용사의 업무범위와 이용·미용의 업무보조 범위에 관하여 필요한 사항은 보건복지부령으로 정한다.

KEYWORD 06 행정지도감독

1) 보고 및 출입·검사

① 특별시장·광역시장·도지사(이하 시·도지사) 또는 시장·군수·구청장은 공중위생관리상 필요하다고 인정하는 때에는 공중위생영업자에 대하여 필요한 보고를 하게 하거나 소속공무원으로 하여금 영업소·사무소 등에 출입하여 공중위생영업자의 위생관리의무이행 등에 대하여 검사하게 하거나 필요에 따라 공중위생영업장부나 서류를 열람하게 할 수 있다.

② 시·도지사 또는 시장·군수·구청장은 공중위생영업자의 영업소에 법령에 따라 설치가 금지되는 카메라나 기계장치가 설치됐는지를 검사할 수 있다. 이 경

우 공중위생영업자는 특별한 사정이 없으면 검사에 따라야 한다.

③ ②의 경우에 시·도지사 또는 시장·군수·구청장은 관할 경찰관서의 장에게 협조를 요청할 수 있다.

④ ②의 경우에 시·도지사 또는 시장·군수·구청장은 영업소에 대하여 검사 결과에 대한 확인증을 발부할 수 있다.

⑤ ① 및 ②의 경우에 관계공무원은 그 권한을 표시하는 증표를 지녀야 하며, 관계인에게 이를 내보여야 한다.

⑥ ① 및 ②의 규정을 적용함에 있어서 「관광진흥법」 제4조에 따라 등록한 관광숙박업의 경우에는 해당 관광숙박업의 관할행정기관의 장과 사전에 협의하여야 한다. 다만, 보건위생관리상 위해요인을 방지하기 위하여 긴급한 사유가 있는 경우에는 그러하지 아니하다.

2) 영업의 제한

시·도지사 또는 시장·군수·구청장은 공익상 또는 선량한 풍속을 유지하기 위하여 필요하다고 인정하는 때에는 공중위생영업자 및 종사원에 대하여 영업시간 및 영업행위에 관한 필요한 제한을 할 수 있다.

3) 위생지도 및 개선명령

• 시·도지사 또는 시장·군수·구청장은 다음의 어느 하나에 해당하는 자에 대하여 보건복지부령으로 정하는 바에 따라 기간을 정하여 그 개선을 명할 수 있다.
  − 공중위생영업의 종류별 시설 및 설비기준을 위반한 공중위생영업자
  − 위생관리의무 등을 위반한 공중위생영업자

4) 영업소의 폐쇄

① 시장·군수·구청장은 공중위생영업자가 다음의 어느 하나에 해당하면 6월 이내의 기간을 정하여 영업의 정지 또는 일부 시설의 사용중지를 명하거나 영업소 폐쇄 등을 명할 수 있다.

• 영업신고를 하지 아니하거나 시설과 설비기준을 위반한 경우

• 변경신고를 하지 아니한 경우

• 지위승계신고를 하지 아니한 경우

• 공중위생영업자의 위생관리의무 등을 지키지 아니한 경우

• 불법 카메라나 기계장치를 설치한 경우

• 영업소 외의 장소에서 이용 또는 미용 업무를 한 경우

• 보고를 하지 아니하거나 거짓으로 보고한 경우 또는 관계 공무원의 출입, 검사 또는 공중위생영업 장부 또는 서류의 열람을 거부·방해하거나 기피한 경우

• 개선명령을 이행하지 아니한 경우

• 「성매매알선 등 행위의 처벌에 관한 법률」, 「풍속영업의 규제에 관한 법률」, 「청소년 보호법」, 「아동·청소년의 성보호에 관한 법률」, 「의료법」 또는 「마약류 관리에 관한 법률」을 위반하여 관계 행정기관의 장으로부터 그 사실을 통보받은 경우

② 시장·군수·구청장은 영업정지처분을 받고도 그 영업정지 기간에 영업을 한 경우에는 영업소 폐쇄를 명할 수 있다.

③ 시장·군수·구청장은 다음의 어느 하나에 해당하는 경우에는 영업소 폐쇄를 명할 수 있다.

- 공중위생영업자가 정당한 사유 없이 6개월 이상 계속 휴업하는 경우
- 공중위생영업자가 「부가가치세법」 제8조에 따라 관할 세무서장에게 폐업신고를 하거나 관할 세무서장이 사업자등록을 말소한 경우
- 공중위생영업자가 영업을 하지 아니하기 위하여 영업시설의 전부를 철거한 경우

④ 행정처분의 세부기준은 그 위반행위의 유형과 위반 정도 등을 고려하여 보건복지부령으로 정한다.

⑤ 시장·군수·구청장은 공중위생영업자가 규정에 의한 영업소폐쇄명령을 받고도 계속하여 영업을 하는 때에는 관계공무원으로 하여금 해당 영업소를 폐쇄하기 위하여 다음의 조치를 하게 할 수 있으며, 신고를 하지 아니하고 공중위생영업을 하는 경우에도 또한 같다.

- 해당 영업소의 간판 기타 영업표지물의 제거
- 해당 영업소가 위법한 영업소임을 알리는 게시물 등의 부착
- 영업을 위하여 필수불가결한 기구 또는 시설물을 사용할 수 없게 하는 봉인

⑥ 시장·군수·구청장은 영업소를 봉인을 한 후 봉인을 계속할 필요가 없다고 인정되는 때와 영업자등이나 그 대리인이 해당 영업소를 폐쇄할 것을 약속하는 때 및 정당한 사유를 들어 봉인의 해제를 요청하는 때에는 그 봉인을 해제할 수 있으며. 위법한 영업소임을 알리는 게시물 등의 제거를 요청하는 경우에도 또한 같다.

5) 과징금처분

① 시장·군수·구청장은 규정에 의한 영업정지가 이용자에게 심한 불편을 주거나 그 밖에 공익을 해할 우려가 있는 경우에는 영업정지 처분에 갈음하여 1억원 이하의 과징금을 부과할 수 있다. 다만, 「성매매알선 등 행위의 처벌에 관한 법률」, 「아동·청소년의 성보호에 관한 법률」, 「풍속영업의 규제에 관한 법률」, 「마약류 관리에 관한 법률」 또는 이에 상응하는 위반행위로 인하여 처분을 받게 되는 경우를 제외한다.

② 규정에 의한 과징금을 부과하는 위반행위의 종별·정도 등에 따른 과징금의 금액 등에 관하여 필요한 사항은 대통령령으로 정한다.

③ 시장·군수·구청장은 규정에 의한 과징금을 납부하여야 할 자가 납부기한까지 이를 납부하지 아니한 경우에는 대통령령으로 정하는 바에 따라 과징금 부과처분을 취소하고, 영업정지 처분을 하거나 「지방행정제재·부과금의 징수 등에 관한 법률」에 따라 이를 징수한다.

④ ①의 규정에 의하여 시장·군수·구청장이 부과·징수한 과징금은 해당 시·군·구에 귀속된다.

⑤ 시장·군수·구청장은 과징금의 징수를 위하여 필요한 경우에는 다음의 사항을 기재한 문서로 관할 세무관서의 장에게 과세정보의 제공을 요청할 수 있다.

- 납세자의 인적사항
- 사용목적
- 과징금 부과기준이 되는 매출금액

6) 행정제재처분효과의 승계

① 공중위생영업자가 그 영업을 양도하거나 사망한 때 또는 법인의 합병이 있는 때에는 종전의 영업자에 대하여 위반을 사유로 행한 행정제재처분의 효과는 그 처분기간이 만료된 날부터 1년간 양수인·상속인 또는 합병후 존속하는 법인에 승계된다.
② 공중위생영업자가 그 영업을 양도하거나 사망한 때 또는 법인의 합병이 있는 때에는 위반을 사유로 하여 종전의 영업자에 대하여 진행중인 행정제재처분 절차를 양수인·상속인 또는 합병 후 존속하는 법인에 대하여 속행할 수 있다.
③ ①과 ②에도 불구하고 양수인이나 합병 후 존속하는 법인이 양수하거나 합병할 때에 그 처분 또는 위반사실을 알지 못한 경우에는 그러하지 아니하다.

7) 같은 종류의 영업 금지

① 불법카메라 설치 금지, 「성매매알선 등 행위의 처벌에 관한 법률」·「아동·청소년의 성보호에 관한 법률」·「풍속영업의 규제에 관한 법률」·「청소년 보호법」 또는 「마약류 관리에 관한 법률」(이하 「『성매매알선 등 행위의 처벌에 관한 법률』 등'」)을 위반하여 폐쇄명령을 받은 자(법인인 경우에는 그 대표자를 포함)는 그 폐쇄명령을 받은 후 2년이 경과하지 아니한 때에는 같은 종류의 영업을 할 수 없다.
② 「성매매알선 등 행위의 처벌에 관한 법률」 등 외의 법률을 위반하여 폐쇄명령을 받은 자는 그 폐쇄명령을 받은 후 1년이 경과하지 아니한 때에는 같은 종류의 영업을 할 수 없다.
③ 「성매매알선 등 행위의 처벌에 관한 법률」 등의 위반으로 폐쇄명령이 있은 후 1년이 경과하지 아니한 때에는 누구든지 그 폐쇄명령이 이루어진 영업장소에서 같은 종류의 영업을 할 수 없다.
④ 「성매매알선 등 행위의 처벌에 관한 법률」 등 외의 법률의 위반으로 폐쇄명령이 있은 후 6개월이 경과하지 아니한 때에는 누구든지 그 폐쇄명령이 이루어진 영업장소에서 같은 종류의 영업을 할 수 없다.

8) 이용업소표시등의 사용제한

누구든지 시·군·구에 이용업 신고를 하지 아니하고 이용업소표시등을 설치할 수 없다.

9) 위반사실 공표

시장·군수·구청장은 행정처분이 확정된 공중위생영업자에 대한 처분 내용, 해당 영업소의 명칭 등 처분과 관련한 영업 정보를 대통령령으로 정하는 바에 따라 공표하여야 한다.

개념 체크

다음 중 청문을 실시하여야 할 경우에 해당되는 것은?

① 영업소의 필수불가결한 기구의 봉인을 해제하려 할 때
② 폐쇄명령을 받은 후 폐쇄명령을 받은 영업과 같은 종류의 영업을 하려 할 때
③ 벌금을 부과 처분하려 할 때
④ 영업소 폐쇄명령을 처분하고자 할 때

④

10) 청문

보건복지부장관 또는 시장 · 군수 · 구청장은 다음의 어느 하나에 해당하는 처분을 하려면 청문을 하여야 한다.

- 이용사와 미용사의 면허취소 또는 면허정지
- 영업정지명령, 일부 시설의 사용중지명령 또는 영업소 폐쇄명령

KEYWORD 07 업소의 위생등급

1) 위생서비스수준의 평가

① 시 · 도지사는 공중위생영업소(관광숙박업의 경우를 제외)의 위생관리수준을 향상시키기 위하여 위생서비스평가계획을 수립하여 시장 · 군수 · 구청장에게 통보하여야 한다.
② 시장 · 군수 · 구청장은 평가계획에 따라 관할지역별 세부평가계획을 수립한 후 공중위생영업소의 위생서비스수준을 평가하여야 한다.
③ 시장 · 군수 · 구청장은 위생서비스평가의 전문성을 높이기 위하여 필요하다고 인정하는 경우에는 관련 전문기관 및 단체로 하여금 위생서비스평가를 실시하게 할 수 있다.
④ 위생서비스평가의 주기 · 방법, 위생관리등급의 기준 기타 평가에 관하여 필요한 사항은 보건복지부령으로 정한다.

평가의 주기	2년
방법	• 평가계획에 따라 관할 지역별 세부평가계획을 수립한 후 평가한다. • 관련 전문기관 및 단체로 하여금 위생서비스평가를 실시할 수 있다.
위생관리 등급	• 최우수업소 : 녹색 등급 • 우수업소 : 황색 등급 • 일반관리대상업소 : 백색 등급

2) 위생관리등급 공표

① 시장 · 군수 · 구청장은 보건복지부령이 정하는 바에 의하여 위생서비스평가의 결과에 따른 위생관리등급을 해당 공중위생영업자에게 통보하고 이를 공표하여야 한다.
② 공중위생영업자는 규정에 의하여 시장 · 군수 · 구청장으로부터 통보받은 위생관리등급의 표지를 영업소의 명칭과 함께 영업소의 출입구에 부착할 수 있다.
③ 시 · 도지사 또는 시장 · 군수 · 구청장은 위생서비스평가의 결과 위생서비스의 수준이 우수하다고 인정되는 영업소에 대하여 포상을 실시할 수 있다.
④ 시 · 도지사 또는 시장 · 군수 · 구청장은 위생서비스평가의 결과에 따른 위생관리등급별로 영업소에 대한 위생감시를 실시하여야 하는데, 이 경우 영업소에 대한 출입 · 검사와 위생감시의 실시주기 및 횟수 등 위생관리등급별 위생감시기준은 보건복지부령으로 정한다.

개념 체크

공중위생영업소 위생관리 등급의 구분에 있어 최우수업소에 내려지는 등급은 다음 중 어느 것인가?

① 백색 등급
② 황색 등급
③ 녹색 등급
④ 청색 등급

③

3) 공중위생감시원

① 관계공무원의 업무를 행하게 하기 위하여 특별시·광역시·도 및 시·군·구(자치구에 한함)에 공중위생감시원을 둔다.

② 규정에 의한 공중위생감시원의 자격·임명·업무범위 기타 필요한 사항은 대통령령으로 정한다.

• 다음 어느 하나에 해당하는 소속 공무원 중에서 공중위생감시원으로 임명한다.
  - 위생사 또는 환경기사 2급 이상의 자격증이 있는 사람
  - 「고등교육법」에 따른 대학에서 화학·화공학·환경공학 또는 위생학 분야를 전공하고 졸업한 사람 또는 법령에 따라 이와 같은 수준 이상의 학력이 있다고 인정되는 사람
  - 외국에서 위생사 또는 환경기사의 면허를 받은 사람
  - 「1년 이상 공중위생 행정에 종사한 경력이 있는 사람

• 시·도지사 또는 시장·군수·구청장은 위에 해당하는 사람만으로는 공중위생감시원의 인력확보가 곤란하다고 인정되는 때에는 공중위생 행정에 종사하는 사람 중에서 공중위생 감시에 관한 교육훈련을 2주 이상 받은 사람을 공중위생 행정에 종사하는 기간 동안 공중위생감시원으로 임명할 수 있다.

• 공중위생감시원의 업무
  - 시설 및 설비의 확인
  - 공중위생영업 관련 시설 및 설비의 위상상태 확인·검사
  - 공중위생영업자의 위생관리 의무 및 영업자준수사항 이행 여부 확인
  - 공중위생영업소의 영업의 정지, 일부 시설의 사용중지 또는 영업소 폐쇄명령 이행 여부의 확인
  - 위생교육 이행 여부의 확인

4) 명예공중위생감시원

① 시·도지사는 공중위생의 관리를 위한 지도·계몽 등을 행하게 하기 위하여 명예공중위생감시원을 둘 수 있다.

② ①의 규정에 의한 명예공중위생감시원의 자격 및 위촉방법, 업무범위 등에 관하여 필요한 사항은 대통령령으로 정한다.

• 명예공중위생감시원은 시·도지사가 다음에 해당하는 자 중에서 위촉한다.
  - 공중위생에 관한 지식과 관심이 있는 자
  - 소비자단체, 공중위생관련 협회 또는 단체의 소속 직원 중에서 당해 단체 등의 장이 추천하는 자

• 명예공중위생감시원의 업무
  - 공중위생감시원이 행하는 검사대상물의 수거 지원
  - 법령 위반행위에 대한 신고 및 자료 제공
  - 그 밖에 공중위생에 관한 홍보 계몽 등 공중위생관리업무와 관련하여 시·도지사가 따로 정하여 부여하는 업무

권쌤의 노하우

공중위생감시원과 명예공중위생감시원의 차이는 구분해주셔야 합니다!

- 시ㆍ도지사는 명예감시원의 활동 지원을 위하여 예산의 범위 안에서 시ㆍ도지사가 정하는 바에 따라 수당 등을 지급할 수 있다.
- 명예감시원의 운영에 관하여 필요한 사항은 시ㆍ도지사가 정한다.

5) 공중위생 영업자단체의 설립
공중위생영업자는 공중위생과 국민보건의 향상을 기하고 그 영업의 건전한 발전을 도모하기 위하여 영업의 종류별로 전국적인 조직을 가지는 영업자단체를 설립할 수 있다.

KEYWORD 08 위생교육

1) 위생교육
① 공중위생영업자는 매년 위생교육을 받아야 한다.
② 규정에 의하여 신고를 하고자 하는 자는 미리 위생교육을 받아야 한다. 다만, 보건복지부령으로 정하는 부득이한 사유로 미리 교육을 받을 수 없는 경우에는 영업개시 후 6개월 이내에 위생교육을 받을 수 있다.
③ ① 및 ②에 따른 위생교육을 받아야 하는 자 중 영업에 직접 종사하지 아니하거나 2 이상의 장소에서 영업을 하는 자는 종업원 중 영업장별로 공중위생에 관한 책임자를 지정하고 그 책임자로 하여금 위생교육을 받게 하여야 한다.
④ ①~③에 따른 위생교육은 보건복지부장관이 허가한 단체 또는 공중위생영업자단체가 실시할 수 있다.
⑤ ①~④에 따른 위생교육의 방법ㆍ절차 등에 관하여 필요한 사항은 보건복지부령으로 정한다.

KEYWORD 09 처벌

1) 벌칙

1년 이하의 징역 또는 1천만원 이하의 벌금	• 신고를 하지 아니하고 공중위생영업(숙박업은 제외)을 한 자 • 영업정지명령 또는 일부 시설의 사용중지명령을 받고도 그 기간중에 영업을 하거나 그 시설을 사용한 자 또는 영업소 폐쇄명령을 받고도 계속하여 영업을 한 자
6월 이하의 징역 또는 500만원 이하의 벌금	• 변경신고를 하지 아니한 자 • 공중위생영업자의 지위를 승계한 자로서 규정에 의한 신고를 하지 아니한 자 • 건전한 영업질서를 위하여 공중위생영업자가 준수하여야 할 사항을 준수하지 아니한 자

| 300만원 이하의 벌금 | • 다른 사람에게 이용사 또는 미용사의 면허증을 빌려주거나 빌린 사람
• 이용사 또는 미용사의 면허증을 빌려주거나 빌리는 것을 알선한 사람
• 다른 사람에게 위생사의 면허증을 빌려주거나 빌린 사람
• 위생사의 면허증을 빌려주거나 빌리는 것을 알선한 사람
• 면허의 취소 또는 정지 중에 이용업 또는 미용업을 한 사람
• 면허를 받지 아니하고 이용업 또는 미용업을 개설하거나 그 업무에 종사한 사람 |

2) 양벌규정

① 법인의 대표자나 법인 또는 개인의 대리인, 사용인, 그 밖의 종업원이 그 법인 또는 개인의 업무에 관하여 제20조의 위반행위를 하면 그 행위자를 벌하는 외에 그 법인 또는 개인에게도 해당 조문의 벌금형을 과(科)한다.

② 다만, 법인 또는 개인이 그 위반행위를 방지하기 위하여 해당 업무에 관하여 상당한 주의와 감독을 게을리하지 아니한 경우에는 그러하지 아니하다.

3) 과태료

| 300만원 이하의 과태료 | • 규정에 의한 보고를 하지 아니하거나 관계공무원의 출입 · 검사 기타 조치를 거부 · 방해 또는 기피한 자
• 개선명령에 위반한 자
• 이용업 신고를 하지 아니하고 이용업소표시등을 설치한 자 |
| 200만원 이하의 과태료 | • 이용업소의 위생관리 의무를 지키지 아니한 자
• 미용업소의 위생관리 의무를 지키지 아니한 자
• 영업소 외의 장소에서 이용 또는 미용업무를 행한 자
• 위생교육을 받지 아니한 자 |

위생교육
• 미용업 위생교육은 매년 3시간 받아야 하며, 영업신고 전에 받아야 한다.
• 위생교육 미수료시 60만원의 과태료 처분을 받는다(200만원 이하의 과태료 처분).
• 2025년 기준으로 20만원의 과태료 처분을 받는다.

KEYWORD 10 ┃ 행정처분 기준

위반행위	행 정 처 분 기 준			
	1차 위반	2차 위반	3차 위반	4차 이상 위반
1) 영업신고를 하지 않거나 시설과 설비기준을 위반한 경우				
① 영업신고를 하지 않은 경우	영업장 폐쇄 명령			
② 시설 및 설비기준을 위반한 경우	개선명령	영업정지 15일	영업정지 1월	영업장 폐쇄 명령
2) 변경신고를 하지 않은 경우				
① 신고를 하지 않고 영업소의 명칭 및 상호, 미용업 업종간 변경을 했거나 영업장 면적의 3분의 1 이상을 변경한 경우	경고 또는 개선 명령	영업정지 15일	영업정지 1월	영업장 폐쇄 명령

② 신고를 하지 않고 영업소의 소재지를 변경한 경우	영업정지 1월	영업정지 2월	영업장 폐쇄 명령	
3) 지위승계신고를 하지 않은 경우	경고	영업정지 10일	영업정지 1월	영업장 폐쇄 명령
4) 공중위생영업자의 위생관리의무등을 지키지 않은 경우				
① 소독을 한 기구와 소독을 하지 않은 기구를 각각 다른 용기에 넣어 보관하지 않거나 1회용 면도날을 2인 이상의 손님에게 사용한 경우	경고	영업정지 5일	영업정지 10일	영업장 폐쇄 명령
② 피부미용을 위하여 「약사법」에 따른 의약품 또는 「의료기기법」에 따른 의료기기를 사용한 경우	영업정지 2월	영업정지 3월	영업장 폐쇄 명령	
③ 점빼기, 귓불뚫기, 쌍꺼풀수술, 문신·박피술 그 밖에 이와 유사한 의료행위를 한 경우	영업정지 2월	영업정지 3월	영업장 폐쇄 명령	
④ 미용업 신고증 및 면허증 원본을 게시하지 않거나 업소 내 조명도를 준수하지 않은 경우	경고 또는 개선 명령	영업정지 5일	영업정지 10일	영업장 폐쇄 명령
⑤ 개별 미용서비스의 최종 지급가격 및 전체 미용서비스의 총액에 관한 내역서를 이용자에게 미리 제공하지 않은 경우	경고	영업정지 5일	영업정지 10일	영업정지 1월
5) 카메라나 기계장치를 설치한 경우	영업정지 1월	영업정지 2월	영업장 폐쇄 명령	
6) 면허 정지 및 면허 취소 사유에 해당하는 경우				
① 피성견후견인, 정신질환자, 감염병환자, 약물 중독자인 경우	면허취소			
② 면허증을 다른 사람에게 대여한 경우	면허정지 3월	면허정지 6월	면허취소	
③ 「국가기술자격법」에 따라 자격이 취소된 경우	면허취소			
④ 「국가기술자격법」에 따라 자격정지처분을 받은 경우(「국가기술자격법」에 따른 자격정지처분 기간에 한정)	면허취소			
⑤ 이중으로 면허를 취득한 경우(나중에 발급 받은 면허)	면허취소			
⑥ 면허정지처분을 받고도 그 정지 기간 중 업무를 한 경우	면허취소			
7) 영업소 외의 장소에서 미용 업무를 한 경우	영업정지 1월	영업정지 2월	영업장 폐쇄명령	
8) 보고를 하지 않거나 거짓으로 보고한 경우 또는 관계 공무원의 출입, 검사 또는 공중위생영업 장부 또는 서류의 열람을 거부·방해하는 경우	영업정지 10일	영업정지 20일	영업정지 1월	영업장 폐쇄명령

9) 개선명령을 이행하지 않은 경우		경고	영업정지 20일	영업정지 1월	영업장 폐쇄명령

10) 「성매매알선 등 행위의 처벌에 관한 법률」, 「풍속영업의 규제에 관한 법률」, 「청소년 보호법」, 「아동·청소년의 성보호에 관한 법률」 또는 「의료법」을 위반하여 관계 행정기관의 장으로부터 그 사실을 통보받은 경우

① 손님에게 성매매알선 등 행위 또는 음란 행위를 하게 하거나 이를 알선 또는 제공한 경우	영업소	영업정지 3월	영업장 폐쇄명령		
	미용사	영업정지 3월	면허취소		
② 손님에게 도박 그 밖에 사행행위를 하게 한 경우		영업정지 1월	영업정지 2월	영업장 폐쇄명령	
③ 음란한 물건을 관람, 열람하게 하거나 진열 또는 보관한 경우		경고	영업정지 15일	영업정지 1월	영업장 폐쇄명령
④ 무자격 안마사로 하여금 안마사의 업무에 관한 행위를 하게 한 경우		영업정지 1월	영업정지 2월	영업장 폐쇄명령	
11) 영업정지처분을 받고 그 영업정지 기간에 영업을 한 경우		영업장 폐쇄명령			
12) 공중위생영업자가 정당한 사유 없이 6개월 이상 계속 휴업하는 경우		영업장 폐쇄명령			
13) 공중위생영업자가 「부가가치세법」 제8조에 따라 관할 세무서장에게 폐업신고를 하거나 관할 세무서장이 사업자등록을 말소한 경우		영업장 폐쇄명령			
14) 공중위생영업자가 영업을 하지 않기 위하여 영업시설의 전부를 철거한 경우		영업장 폐쇄명령			

※ 공중위생관리법 시행규칙 별표7의 기준입니다.

MEMO

자주 출제되는
기출문제 120선

01 | 미용업 안전과 위생관리

합격 강의

- 미용사의 손 소독 시 역성비누를 권장한다.
- 화학물질 사용이 많아 발생되는 쓰레기는 반드시 재활용과 일반쓰레기로 분리 배출해야 한다.

001 미용실의 쓰레기 분리배출 방법으로 <u>틀린</u> 것은?

① 음료수 용기는 재활용 쓰레기로 분리 배출한다.
② 염모제 용기는 뚜껑과 분리하여 재활용 쓰레기로 분리 배출한다.
③ 머리카락은 일반쓰레기로 배출한다.
④ 사용하고 용기에 남은 염색제는 휴지로 깨끗이 닦아 내고 휴지는 일반쓰레기로 배출한다.

사용하고 용기에 남은 염색제는 닦아내고 휴지는 일반쓰레기, 용기는 재활용 쓰레기로 분리배출해야 한다.

002 헤어커트 중 손을 베어 출혈이 발생했을 때 응급 처치 중 <u>틀린</u> 것은?

① 출혈이 심하면 10분 이상 압박해서 지혈한다.
② 먼저 손을 깨끗이 씻은 후 출혈 부위를 흐르는 물로 씻어 낸다.
③ 창상 부위가 감염되지 않도록 붕대로 감는다.
④ 출혈이 멈출 때까지 출혈 부위를 압박하지 않는다.

출혈 발생 시 먼저 손을 깨끗이 씻고 출혈 부위를 흐르는 물로 씻어 내고 출혈이 멈추지 않으면 10분 이상 압박하여 출혈이 멈출 때까지 출혈 부위를 압박한다. 이후 창상 부위가 감염되지 않도록 붕대로 감아 준다.

003 다음 중 일반적으로 이 · 미용사의 손 소독용으로 가장 좋은 것은?

① 역성비누액
② 알칼리성비누액
③ 클로르칼키
④ 포르말린수

오답 피하기

② 대표적인 손소독제로 도구 소독에도 사용한다.
③ 간이 상수도 소독제이다.
④ 독성이 있어 사람에게 사용하지 않는다.

02 | 한국의 미용

합격 강의

- 조선시대
  - 쪽(진) 머리 : 부녀자들 사이에서 유행했다.
- 고려시대
  - 면약과 두발 염색이 시작됐다.
  - 분대화장은 기생 중심의 짙은 화장법이다.

004 조선시대 후반기에 유행하였던 일반 부녀자들의 머리 형태는?

① 쌍쌍투 머리
② 귀밑 머리
③ 쪽진 머리
④ 푼기명 머리

권쌤의 노하우

시대별로 다양한 머리 스타일이 있지만 한국의 미용에서는 조선시대와 고려시대가 자주 출제됩니다.

005 우리나라 미용사에서 면약(일종의 안면용 화장품)의 사용과 두발 염색이 최초로 행해졌던 시대는?

① 삼국시대
② 삼한시대
③ 고려시대
④ 조선시대

오답 피하기

시대별 특징은 꼭 기억하기!
① 삼국시대
• 신라 : 영육일치, 남성의 화장, 여성의 가채 사용
• 고구려 : 쌍상투(쌍계)머리
• 백제 : 일본으로의 화장품 제조기술 전수
② 삼한시대
• 최초로 머리모양으로 신분을 구분한 시대이다.
④ 조선시대
• 유교사상
• 외모보다 내면의 미를 중시한 시대이다.

006 조선시대에 부녀자들의 일반적인 머리모양으로 낭자머리라고도 불리는 것은?

① 새앙머리
② 어유미
③ 거두미
④ 쪽머리

• 현종의 십미도
: 당나라의 현종은 열 종류의 눈썹 모양을 소개한 십미도를 통해 미인을 평가하는 기준을 제시하였다.
• 근대 시대의 퍼머넌트 웨이브
– 1875년 마셀 그라토의 마셀 웨이브
– 1905년 찰스 네슬러의 스파이럴식 웨이브
– 1925년 조셉 메이어의 크로키놀식 웨이브
– 1936년 J.B. 스피크먼의 콜드 웨이브

007 중국에서, 십미도를 통해 열 가지 모양의 눈썹 모양을 표현한 시기는?

① 순종 때
② 희종 때
③ 현종 때
④ 단종 때

008 퍼머넌트 웨이브를 개발한 연대순으로 옳게 나열된 것은?

① 찰스 네슬러 → 조셉 메이어 → 마셀 그라토 → J.B. 스피크먼
② 마셀 그라토 → 찰스 네슬러 → 조셉 메이어 → J.B. 스피크먼
③ 찰스 네슬러 → J.B. 스피크먼 → 조셉 메이어 → 마셀 그라토
④ 마셀 그라토 → 찰스 네슬러 → J.B. 스피크먼 → 조셉 메이어

권쌤의 노하우

자주 출제되는 문제 중 하나죠? 웨이브의 개발 연대는 꼭 알아두고 가야 해요!
마, 찰, 죠, 스

04 | 두부의 구분

합격 강의

① 정중선 : C.P부터 N.P까지 이어 두피를 세로로 둘로 나누는 선이다.
② 측중선 : T.P와 E.P에서 수직으로 내려간 선이다.
③ 수평선 : E.P 높이에서 가로로 두피를 반으로 나누는 선이다.
④ 측두선 : F.S.P에서 측중선 방향으로 이은 선이다.
⑤ 얼굴선 : S.C.P에서 시작해 C.P를 거쳐 반대편 S.C.P까지 이은 선이다.
⑥ 목뒷선 : 한쪽 N.S.P에서 시작해 반대쪽 N.S.P까지 이은 선이다.
⑦ 목옆선 : E.P에서 시작해 N.S.P까지 이은 선이다.
⑧ 헴 라인(Hem Line) : 피부와 모발이 자라난 두피의 경계 라인 모두이다.

---

009 프론트, 사이드, 네이프에서 모발이 나기 시작하는 선은?

① 헴 라인(Hem Line)
② 브릿지 라인(Bridge Line)
③ 가이드 라인(Guide Line)
④ 그래비티 스플릿(Gravity Split)

오답 피하기
② 슬라이스한 파넬의 접선을 이은 선이다.
③ 헤어커트 시, 기준의 길이가 되는 머리칼, 제일 처음에 커트하는 머릿단. 대부분 헴 라인의 것이다.
④ 모발을 늘어뜨렸을 때, 두피에 자연적으로 생기는 금이다.

---

05 | 미용 가위

합격 강의

- 가위 제작에 사용되는 소재
  : 탄소강, 스텐인레스강, 코발트 합금 등
- 착강가위
  : 협신부는 연강, 날은 특수강으로 연결하여 만든 가위이다.

---

010 가위의 소재가 **아닌** 것은?

① 탄소강
② 스텐인리스강
③ 코발트 합금
④ 주석

주석은 비교적 연한 금속이며, 가위와 같은 정밀한 도구에 필요한 강도와 날카로움을 제공하기에는 적합하지 않다.

오답 피하기
① 탄소강은 날카로움과 강도를 제공한다.
② 스텐인리스강은 부식에 강하여 유지 · 관리하기 쉽다.
③ 코발트 합금은 높은 내구성과 날카로움을 제공

---

011 착강 가위에 대한 설명 중 **틀린** 것은?

① 날은 특수강철, 협신부는 연철로 된 가위이다.
② 착강 가위는 부분적인 수정을 할 때 조정하기 쉽다.
③ 날은 연철, 협신부는 특수강철로 된 가위이다.
④ 양쪽에 연철과 특수강철을 연결하여 만들어졌다.

가위의 협신부(혹은 경첩부)는 가위의 두 날이 만나는 중앙 부분으로 주로 협신부는 연강으로 날부분은 특수강으로 만든다.

---

012 가위 선택 시 유의사항으로 옳은 것은?

① 잠금나사는 느슨한 것이 좋다.
② 양날의 견고함이 동일한 것이 좋다.
③ 일반적으로 도금된 것은 강철의 질이 좋다.
④ 일반적으로 협신에서 날 끝으로 갈수록 만곡도가 큰 것이 좋다.

가위를 선택할 때는 양날의 견고함이 동일한 것이 중요하다. 이는 가위의 내구성과 절삭력을 유지하는 데 도움이 된다.

미용에서 사용하는 브러시는 라운드 브러시와 하프 라운드 브러시로 나뉘며 털로 되어 있는 페이스 브러시(Face Brush)도 있다.

013 브러시의 손질법으로 틀린 것은?

① 보통 비눗물이나 탄산소다수에 담그고 부드러운 털은 손으로 가볍게 비벼 세척한다.
② 소독 방법으로 석탄산수를 사용해도 된다.
③ 털이 빳빳한 것은 세정 브러시로 닦아 낸다.
④ 털이 위로 가도록 하여 햇볕에 말린다.

브러시는 털이 아래로 가도록 하여 음지(음달)에서 말리는 것이 브러시의 형태를 유지하기에 가장 좋은 방법이다.

014 헤어 브러시로 가장 적합한 것은?

① 부드럽고 매끄러운 연모로 된 것
② 부드러운 나일론, 비닐계의 제품일 것
③ 털이 촘촘한 것보다 듬성듬성 박힌 것
④ 탄력 있고 털이 촘촘히 박힌 강모로 된 것

아이론 열판에는 주로 탄소강, 스텐인레스강, 코발트 합금 등을 사용한다.

015 아이론을 손에 쥔 상태에서 여닫을 때 사용하는 손가락은?

① 엄지와 검지
② 검지와 약지
③ 중지와 엄지
④ 소지와 약지

그루브 핸들은 약지와 소지를 이용하여 움직이고, 집게형 아이론은 그루브 레버를 엄지로 눌러 사용한다.

샴푸제는 미용의 기본 중에 하나이다.

중성 샴푸제(Neutral Shampoo)
• pH가 약산성에서 약알칼리성 사이(약 pH 5.5~7)인 샴푸이다.
• 대부분의 일반적인 샴푸들이 이 범주에 속한다.
• 모든 두피 타입에 일반적으로 사용할 수 있으며, 특별한 두피 문제가 없는 경우에 적합하다.

프로틴 샴푸제(Protein Shampoo)
• 단백질이 함유된 샴푸로, 모발의 구조적인 손상을 보완하고 강화하기 위한 샴푸이다.
• 특히 손상된 모발이나 염색 후에 모발의 탄력과 강도를 회복시키는 데 도움을 준다.
• 보통 탄력이나 강도를 강화하려는 모발 타입에 추천한다.

산성 샴푸제(Acidic Shampoo)
• pH가 낮은 샴푸(보통 pH 4.5~6)로, 주로 두피와 모발의 pH를 조절하고 보호하기 위해 사용된다.
• 두피의 천연 지질층을 보호하고, 모발의 빛과 윤기를 유지하는 데 도움을 준다.
• 염색된 모발이나 펌이나 탈색 후에 모발 컬러를 보호하고 유지하는 데 좋다.

알칼리성 샴푸제(Alkaline Shampoo)
• pH가 높은 샴푸로, 보통 pH 7 이상이다.
• 주로 특정 질환이나 두피 문제를 해결하기 위해 의료 목적으로 사용된다.
• 일반적으로 일상적인 샴푸로 사용되지 않으며, 두피나 모발에 미치는 부작용을 줄이기 위해 조심해서 사용되어야 한다.

016 콜드 퍼머넌트 웨이브 작업 전에 사용하는 가장 적절한 샴푸제는?

① 알칼리성 샴푸제
② 과산화수소 샴푸제
③ 중성 샴푸제
④ 산성 샴푸제

산성 샴푸제는 모발의 pH 균형을 유지하고, 모발을 부드럽게 하여 퍼머넌트 웨이브 작업에 적합하다.

017 샴푸제 선정 시 다공성 두발에 가장 적합한 것은?

① 중성 샴푸제
② 프로테인 샴푸제
③ 산성 샴푸제
④ 알칼리성 샴푸제

다공성 두발은 염색, 펌, 탈색 등으로 두피와 모발이 손상된 상태를 말한다. 이런 상태의 두피와 모발에 가장 적합한 샴푸는 pH가 약산성인 산성 샴푸제이다.

018 핫 오일 샴푸(Hot Oil Shampoo) 시 두피, 두발에 침투시킬 필요가 있을 때의 작용으로 **틀린** 것은?

① 히팅 캡
② 자외선
③ 헤어스티머
④ 적외선

자외선은 피부나 눈에 해를 끼칠 수 있으며, 일반적으로 핫 오일 샴푸와는 관련이 없다.

019 손상모의 샴푸 방법이 **아닌** 것은?

① 스팀타월 후 두피와 모발 전체를 충분히 매뉴얼 테크닉을 하고 샴푸한다.
② 노폐물이 모공에 남아 있지 않도록 깨끗이 세척한다.
③ 미온수로 모발을 세척한 후 적당량의 샴푸로 세척하고 다시 적은 양의 샴푸로 매뉴얼 테크닉 하듯 충분히 샴푸한다.
④ 샴푸 전 거친 브러싱은 피한다.

• 손상된 모발은 매뉴얼 테크닉(직접 손으로 샴푸를 하는 방법)을 사용할 경우 더욱 손상될 수 있다. 손상된 모발은 부드럽고 조심스럽게 다루는 것이 중요하다.
• 일반적으로 손상된 모발을 샴푸할 때는 부드러운 마사지를 통해 샴푸를 여러 번 반복하는 것보다는 부드럽게 샴푸를 하고, 매뉴얼 테크닉을 최소화하는 것이 더 바람직하다.

020 살균소독작용이 있는 물질(염화벤젤코늄)을 배합한 린스제를 탈지면에 묻혀 바르거나 직접 두피에 바른 후 매뉴얼테크닉을 하며, 경증의 비듬과 가벼운 두피질환에 효과적인 린스는?

① 컬러린스
② 오일린스
③ 식초린스
④ 약용린스

약용린스는 특정한 약용 성분이 첨가된 린스로, 예를 들어 염화벤젤코늄과 같은 살균소독 작용이 있는 물질이 포함될 수 있다. 이런 성분들은 두피의 질환을 완화하고 예방하는 데 도움을 줄 수 있다.

021 샴푸제에 음이온 계면활성제를 주로 사용하는 이유로 옳은 것은?

① 기포력, 세정력이 우수하기 때문이다.
② 대전방지 효과가 높기 때문이다.
③ 세정력이 적당하고 자극성이 작기 때문이다.
④ 기름과 물을 유화시키는 힘이 강하기 때문이다.

음이온 계면활성제는 세정력이 뛰어나면서도 피부나 두피에 대한 자극이 적어 안전하게 사용할 수 있다.

022 두피 손질방법 중 화학적 방법에 사용되는 것은?

① 스팀 타월
② 브러싱
③ 헤어 로션
④ 헤어스티머

헤어 로션은 두피에 직접 바르거나 스프레이 형태로 사용되어 두피 상태를 개선하거나 특정 문제를 해결하기 위해 화학적 성분이 포함된 제품이다.

09 | 헤어커트의 종류

합격 강의

헤어커트의 의의
헤어커트에는 다양한 기법과 스타일이 있으며, 각각의 기법은 헤어스타일의 모양과 구조를 결정짓는 중요한 요소이다.

주요 헤어커트 기법
- 블런트 커트(Blunt Cut)
  - 머리 끝부터 머리채까지 일정한 길이로 단단히 잘라내는 기법이다.
  - 끝이 깔끔하고 딱딱한 형태가 특징이며, 머리에 볼륨을 줄 때 유용하게 사용된다.
- 그래듀에이션(Graduation)
  - 머리채를 위에서 아래로 자르면서 길이를 달리하여 모양을 만드는 기법이다.
  - 뒤쪽에서는 길이가 길고, 앞쪽으로 갈수록 길이가 짧아지는 형태를 만든다.
  - 헤어스타일의 부피감을 만들 때 주로 사용된다.
- 레이어드 커트(Layered Cut)
  - 두피에서 끝까지 다양한 길이의 층을 만드는 기법이다.
  - 레이어를 추가함으로써 더 많은 볼륨과 움직임을 만들어내며, 자연스럽고 부드러운 효과를 준다.
  - 머리카락의 질감이나 두께를 조절할 수 있다.
- 테이퍼링(Tapering)
  - 머리의 특정 부분을 점점 더 짧게 다듬어 가는 기법이다.
  - 일반적으로 머리측면이나 목뒤 등에서 사용되며, 머리를 깔끔하게 정리하는 데 유용하다.
- 프린지 커트(Fringe Cut)
  - 앞머리를 단단하게 잘라내어 만든 머리채로 앞쪽으로 떨어지는 것이 특징이다.
  - 얼굴형을 강조하거나 보정하는 데 사용된다.
- 프리핸드 커트(Freehand Cut)
  - 가위를 사용하여 무작정 커팅하는 기법이다.
  - 자연스러운 모양과 느낌을 만드는 데 중점을 둔다.
  - 특히 헤어아티스트가 자신만의 창의적인 스타일을 추가하고 싶을 때 많이 사용한다.

---

023 헤어커트할 때 커팅 포인트(Cutting Point)가 베이스(Base)를 벗어나 두발이 심한 사선라인이 되도록 하는 것은?

① 온 더 베이스(On The Base)
② 사이드 베이스(Side Base)
③ 프리 베이스(Free Base)
④ 오프 더 베이스(Off The Base)

오답 피하기
① 두피와 들어올린 섹션의 중심 모발이 직각을 이루는 경우로, 잘린 모발의 길이가 동일하다는 특징이 있다.
② 모다발의 한쪽 면이 직각이 될 수 있도록 당겨 잡은 경우로, 잘린 모발의 길이의 한쪽이 짧아진다는 특징이 있다.
③ 온 더 베이스와 사이드 베이스가 절충된 베이스이다.

---

024 헤어커트의 기법 중 애프터 커팅(After Cuting)의 설명으로 옳은 것은?

① 퍼머넌트 웨이브 작업 후 디자인에 맞춰서 커트하는 것
② 가지런하지 않은 두발의 길이를 정리하여 와인딩하기 쉽게 하는 것
③ 두발 숱이 너무 많을 때 로드를 감기 쉽도록 두발 끝을 1~2㎝ 테이퍼링 하는 것
④ 손상모 등을 간단하게 추려내는 것

오답 피하기
각각 ② 프레 커트, ③ 틴닝, ④ 트리밍에 대한 설명이다.

---

025 헤어커트 작업과 관련된 내용으로 가장 거리가 먼 것은?

① 빗질은 모발의 흐름과 반대 방향으로 한다.
② 바른 자세로 커트한다.
③ 올바른 가위 조작 방법을 행한다.
④ 슬라이스마다 균일한 텐션으로 커트한다.

헤어커트 작업에서 빗질은 일반적으로 모발의 자연스러운 흐름을 따라가는 것이 좋다. 모발의 흐름과 반대 방향으로 빗질을 하면 모발이 더욱 엉키고 손상될 수 있다.

026 미디움 스트로크 커트 시 두발에 대한 가위의 각도는?

① 95°~130° 정도
② 0°~5° 정도
③ 10°~45° 정도
④ 50°~90° 정도

미디움 스트로크 커트(Medium Stroke Cut)는 헤어커트 기법 중 하나로, 일반적으로 가위의 각도가 10°~45° 정도로 설정된다.

027 보기에서 설명하는 커트 유형은?

> 커트할수록 두발의 길이가 층이 많이 나며 위에서 아래로 내려갈수록 길게 커트하는 방법이다.

① 인크리스 레이어
② 유니폼 레이어
③ 그래듀에이션
④ 이사도라

그래듀에이션은 커트할수록 두발의 길이가 층이 많이 나며, 위에서 아래로 내려갈수록 길이가 길어지는 헤어커트 기법이다.

028 네이프에서 탑 부분으로 올라갈수록 두발의 길이가 점점 길어지며 단차가 생기는 커트는?

① 패럴렐보브 커트
② 그래듀에이션 커트
③ 원랭스 커트
④ 레이어 커트

네이프에서 탑 부분으로 올라갈수록 두발의 길이가 점점 길어지며 단차가 생기는 커트는 레이어 커트이다. 레이어 커트 시 다양한 길이와 층을 만들기 위해 두피에서 머리 끝까지 서로 다른 길이로 커트한다.

029 클럽 커팅(Clup Cutting) 기법에 해당하는 것은?

① 스트록 커트(Stroke Cut)
② 테이퍼링(Tapering)
③ 틴닝(Thinning)
④ 스퀘어 커트(Square Cut)

클럽 커팅의 종류에는 원랭스 커트, 스퀘어 커트, 그라데이션 커트, 레이어 커트가 있다.

030 블런트 커트(Blunt Cut)의 특징이 아닌 것은?

① 잘린 단면이 모발 끝으로 가면서 가늘다.
② 두발의 손상이 적다.
③ 잘린 부분이 명확하다.
④ 딱딱한 형태의 커트 방법이다.

단면이 모발 끝으로 가면서 가늘어지는 것은 블런트 기법의 특성이 아니다. 블런트 커트는 잘린 단면이 두꺼운 것이 특징이다.

합격 강의

직모
- 직선형 또는 매우 약하게 물결치는 모양의 머리카락이다.
- 모낭이 피부 표면에서 일직선으로 자란다.
- 모발 단면이 원형이다.
- 주로 아시아인에게 많이 나타난다.

곱슬모
- 곱슬모는 나선형 또는 물결 모양의 머리카락이다.
- 모낭이 피부 표면에서 비스듬히 자란다.
- 모발 단면은 타원형이다.
- 주로 아프리카계 사람들에게 많이 나타난다.

손상모
- 물리적 · 화학적 · 환경적 요인(잦은 염색, 퍼머, 열 스타일링, 자외선 노출 등)으로 인해 손상된 머리카락이다.
- 건조하고 부서지기 쉬우며, 윤기가 없다.

다공성모
- 모발의 큐티클층이 손상되어 수분과 영양분이 쉽게 빠져나간 상태이다.
- 주로 탈색이나 잦은 염색으로 인해 발생한다.
- 염색약을 빠르게 흡수하지만, 건조 시간이 길어진다.
- 모발의 보습을 촉진하기 위해 열을 사용하여 균일하게 제품을 흡수시켜야 한다.

---

031 모발의 구조와 성질에 대한 설명으로 틀린 것은?

① 시스틴 결합은 알칼리에는 강한 저항력을 가지고 있으나 물, 알코올, 약산성, 염분에는 약하다.

② 케라틴은 다른 단백질에 비해 황의 함유량이 높은데, 이 황(S)은 시스틴에 함유되어 있다.

③ 케라틴의 폴리펩타이드는 쇠사슬 구조로서, 두발의 장축 방향으로 배열되어 있다.

④ 모발은 주요성분을 구성하고 있는 모표피, 모표질, 모수질 등으로 이루어져 있으며, 주로 탄력성이 풍부한 단백질로 이루어져 있다.

단백질은 주로 강도와 구조를 결정하지만, 탄력성과는 무관하다. 모발의 탄력성은 주로 탄성 섬유(Elastic Fibers)와 관련이 있다.

032 발수성모의 사전처리법으로 옳은 것은?

① 린스를 적당히 하여 두발을 부드럽게 해준다.

② 특수활성제를 도포한 후 스티머를 적용한다.

③ PPT 제품의 용액을 도포하여 두발 끝에 탄력을 준다.

④ 헤어트리트먼트 크림을 도포 후 스티머를 적용한다.

발수성모는 두피와 모발이 너무 많은 수분을 흡수하거나 빨리 건조되는 상태를 말한다. 이런 경우 특수활성제를 사용하여 모발에 추가적인 보습을 제공하고, 스티머(증기 처리)를 통해 수분 공급을 보다 깊이 할 수 있다.

033 모발 손상의 원인 중 생리적 원인에 의한 손상으로 옳은 것은?

① 빗질, 마찰에 의한 손상, 배기가스에 의한 손상, 영양의 불균형

② 산화제에 의한 손상, 드라이어에 의한 손상, 두피의 이상 현상

③ 스트레스, 영양의 불균형, 알칼리에 의한 변화

④ 호르몬의 불균형, 개인마다 다른 성향의 모질, 스트레스

해당 원인들은 모발 건강에 직접적으로 영향을 미칠 수 있다.
- **스트레스** : 스트레스는 두피의 혈액 순환에 영향을 미치며, 이로 인해 모발의 영양 공급이 저하될 수 있다.
- **영양의 불균형** : 영양 성분이 부족하거나 과잉한 경우에 모발의 건강이 영향을 받을 수 있다.
- **알칼리에 의한 변화** : pH 값이 너무 높은 제품이나 환경적 요인으로 인해 모발의 pH 균형이 깨질 수 있다.

034 헤어 트리트먼트와 목적과 가장 거리가 먼 것은?

① 모발의 손실성분을 인공적으로 보강한다.
② 모발에 윤기와 영향을 주고 엉킴을 방지한다.
③ 모발의 정전기 방지를 한다.
④ 수렴제는 모발의 모표피를 유연하게 한다.

수렴제는 주로 피부에 사용되며, 피부를 수축시켜 결손을 막거나 피부를 진정시킨다. 모발 트리트먼트의 목적은 주로 모발의 건강을 회복시키고 강화하는 데 있으며, 모발의 손상을 보강하고 보호하는 것이 주된 목표이다. 따라서 수렴제가 모발의 모표피를 유연하게 하는 것은 헤어 트리트먼트의 목적과 맞지 않다.

035 스캘프 매니퓰레이션의 처치 방법 중 가장 거리가 먼 것은?

① 샴푸제 등은 충분히 헹구어 낸다.
② 두피를 자극하지 않도록 한다.
③ 두피의 상태를 잘 파악하여 처방한다.
④ 강한 모발은 부드럽게 하기 위해 펌제를 주로 사용해도 된다.

스캘프 매니퓰레이션은 두피의 건강을 유지하고 개선하기 위한 방법으로, 펌제 사용은 두피에 자극을 줄 수 있어 적절하지 않다.

036 헤어 팩(Hair Pack)에 대한 설명으로 가장 거리가 먼 것은?

① 필요하지 않은 모발을 제거하는 것이다.
② 모표피가 많이 상한 모발에 효과적이다.
③ 푸석푸석하고 윤기가 없는 모발에 효과적이다.
④ 모발에 영양을 준다.

헤어 팩은 손상된 모발에 영양을 공급하고, 푸석푸석하고 윤기 없는 모발을 개선하는 데 효과적이다. 필요하지 않은 모발을 제거하는 것은 헤어 팩의 기능과는 거리가 멀다.

037 헤어 컨디셔너제의 기능과 가장 거리가 먼 것은?

① 이미 손상된 두발을 보호해 준다.
② 두발의 과잉 성장을 억제해 준다.
③ 손상된 두발에 영양을 공급해 준다.
④ 두발이 손상되지 않도록 도와준다.

헤어 컨디셔너는 주로 손상된 두발을 보호하고, 영양을 공급하며, 두발이 손상되지 않도록 돕는 역할을 한다.

038 두피에 매뉴얼 테크닉을 행하는 기술은?

① 댄드러프 트리트먼트(Dandruff Treatment)
② 헤어 리컨디셔닝(Hair Reconditioning)
③ 브러싱(Blushing)
④ 스캘프 머니플레이션(Scalp Manipulation)

이 기술은 손을 이용하여 두피를 마사지하거나 자극하는 방법으로, 혈액순환을 촉진하고 두피 건강을 개선하는 데 도움을 준다.

콜드 펌(Cold Perm)

- 열을 사용하지 않고 화학 용액만으로 모발을 곱슬거리게 하는 방식이다.
- 모발을 롤러나 로드에 감고, 화학 용액을 사용하여 컬을 고정한다.
- 열을 사용하지 않아 모발 손상이 비교적 적다.
- 컬의 유지력이 히트펌에 비해 약할 수 있어 유지 · 관리가 필요하다.

히트펌(Heat Perm)

- 스파이럴식(Spiral Perm)
  : 모발을 나선형으로 감아 길고 자연스러운, 탄력 있는 컬을 형성한다.
- 크로키놀식(Crinkle Perm)
  : 모발을 끝부터 시작하여 뿌리 쪽으로 감아올리는 방식으로, 두발 끝에는 컬(Curl)이 작고 두피 쪽으로 가면서 컬이 커진다.

039 다음 중 언더 프로세싱(Under Processing) 된 모발의 그림은?

〈보기〉

(가)　(나)　(다)　(라)

① (가)　② (나)　③ (다)　④ (라)

040 콜드 웨이브(Cold Wave) 작업에 관한 사항으로 가장 거리가 먼 것은?

① 작업 전에 모질과 손상모 유무를 확인하여야 한다.

② 미용실 실내온도는 20℃ 내외가 가장 적당하며 습도는 상대습도 60% 정도가 알맞다.

③ 콜드 웨이브 사후처치로는 반드시 샴푸를 행하여야 한다.

④ 경모이거나 발수성모일 경우에는 스팀타월 등을 5~10분간 사용하면 웨이브 형성에 효과적이다.

콜드 웨이브의 사후 처치로 물로만 시행하는 플레인 린스를 행하여야 한다.

041 산성 퍼머넌트 웨이브제의 특징이 아닌 것은?

① 두발의 pH와 유사한 성분으로서 웨이브의 형성력은 약하다.

② 주로 손상모에 사용할 수 있다.

③ 텐션은 주지 말고 와인딩해야 한다.

④ 가는 로드의 사용과 섹션은 얇게 떠야한다.

산성 퍼머넌트 웨이브제는 보통 미디엄 텐션(중간 힘)을 사용하여 웨이브를 형성하는 것이 일반적이다. 따라서 텐션(힘)을 주지 말고 와인딩(고정)하는 방법은 적절하지 않다. 올바른 방법은 적당한 텐션을 유지하면서 와인딩하여 모발을 영구적으로 곡률 형태로 만드는 것이다.

042 퍼머넌트 웨이브 와인딩 시 프로세싱 솔루션의 침투가 잘되도록 특수활성제의 도포가 가장 필요한 모발은?

① 흡수성모
② 건강모
③ 다공성모
④ 발수성모

발수성모는 수분은 물론이고, 펌제까지도 흡수하지 못하기 때문에 솔루션을 침투시키려면 미리 활성제를 도포해야 한다.

043 와인딩(Winding)에 대한 설명 중 옳은 것은?

① 리버스 와인딩(Reverse Winding) : 로드를 겹치게 쌓아 올려 와인딩
② 스파이럴 와인딩(Spiral Winding) : 중간중간에 와인딩하지 않고 모발을 그대로 남겨두는 방법
③ 트위스트(Twist) : 모발을 자연 그대로 와인딩
④ 더블 와인딩(Double Winding) : 하나의 스트랜드에 2개의 로드를 번갈아 가면서 와인딩

오답 피하기
① 로드를 겹치게 쌓아서 반대 방향으로 와인딩하는 방법이다.
② 모발을 곡률 형태로 균일하게 와인딩하는 방법이다.
③ 와인딩과는 다른 기술이다.

044 와인딩 시 블로킹을 크게 하는 것이 좋은 두발은?

① 숱이 많은 두발
② 장발
③ 가는 두발
④ 뻣뻣한 두발

숱이 많은 두발이나 가모는 블로킹을 작게 하고, 모발이 가늘거나 숱이 없는 두발은 블로킹을 크게 해야한다.

045 핀컬의 스템에서 회전하는 점을 뜻하는 것은?

① 베이스(Base)
② 피벗 포인트(Pivot Point)
③ 리지(Ridge)
④ 루프(Loop)

피벗 포인트는 핀컬에서 머리카락을 말기 시작하는 지점을 가리킨다. 핀컬은 머리카락의 곡률이나 웨이브를 형성하는 부분을 말한다. 따라서 피벗 포인트는 모발이 곡률의 중심축이 되는 지점으로, 스타일링이나 커트 작업 시 중요한 기준점이 된다.

합격 강의

헤어 염색은 모발에 인공적으로 색상을 입히는 과정이다.

염색 과정
- (일반적인 경우에) 두 가지 약을 섞는다.
- 암모니아가 모발을 부풀게 하여 염료가 잘 스며들게 한다.
- 과산화수소가 멜라닌 색소를 파괴하여 탈색된 후 염료가 자리를 잡는다.

지속기간에 따른 염색의 종류
- 일시적 염색 : 한 번의 샴푸로 지워지는 염색
- 반영구적 염색 : 2~6주 정도 지속되는 염색 · 영구적 염색 : 오랫동안 색상이 유지되는 염색

염모제의 종류
- 식물성 염모제(특히 헤나)
  - 살균 효과가 있어 피부병 치료에도 사용되며, 모발 손상이 적다.
  - 붉은색이 도는 갈색 등 색상이 한정적이다.
  - 시간이 오래 걸린다.
- 광물성 염모제
  - 금속과 반응하여 색을 입힌다.
  - 색상이 둔탁하다.
  - 현재는 거의 사용되지 않는다.
- 유기합성 염모제
  - 산화 염료가 주로 사용된다.
  - 모발 손상이 적고 다양한 색상을 표현할 수 있다.
  - 크림 타입과 액상 타입이 있으며, 제1액과 제2액을 혼합하여 사용한다.

046 다음의 염 · 탈색 기법 중 지속 기간이 가장 짧은 것은?

① 퍼머넌트 컬러(Pernanent Color)
② 세미 퍼머넌트 컬러(Semi-pernanent Color)
③ 블리치(Bleach)
④ 템퍼러리 컬러(Temporary Color)

오답 피하기
① 영구적으로 모발을 염색하는 기법으로, 재염색이 필요할 때까지 지속된다.
② 일시적으로 모발을 염색하는 기법으로, 색상이 점점 퇴색되며 일반적으로 4주에서 6주간 지속된다.
③ 모발을 밝은 색상으로 탈색하는 기법으로, 영구적인 변화를 줄 수 있으며, 이후에 새로운 컬러를 입히는 과정에서 사용될 수 있다.

047 산화 염모제의 2제인 산화제에 가장 많이 사용하는 과산화수소의 농도는?

① 3%
② 12%
③ 9%
④ 6%

산화 염모제의 제2제인 산화제로 과산화수소 6%, 암모니아 28%의 용액을 가장 많이 사용한다.

048 새로 자란 두발 부분을 앞서 염색한 색과 같은 색으로 염색하는 것은?

① 블리치(Bleach)
② 블리치 터치 업(Bleach Touch Up)
③ 다이 터치 업(Dye Touch Up)
④ 헤어 컬러링(Hair Coloring)

오답 피하기
① 탈색을 의미한다.
② 탈색한 부분을 다시 탈색하는 것이다.
④ 염색 자체를 의미한다.

합격 강의

헤어디자인은 사람의 머리카락을 스타일링하고 다양한 방법으로 조작하여 원하는 룩을 만드는 과정이다.

헤어디자인의 주요 요소
- 질감(Texture)
  - 머리카락의 질감은 곱슬, 직모 등 다양하다.
  - 각각의 질감에 옳은 스타일링 기법이 있다.
  - 질감을 바꾸는 방법으로도 다양한 스타일을 표현할 수 있다.
- 형태(Form)
  - 헤어디자인에서 형태는 머리카락의 길이, 레이어, 컷, 그리고 스타일의 전반적인 모양을 의미한다.
  - 각 개인의 얼굴 형태와 특징을 고려하여 어울리는 형태를 선택해야 한다.
- 색상(Color)
  - 헤어 컬러링은 머리카락의 색을 변화시켜 다양한 시각적 효과를 만들어 낸다.
  - 자연스러운 톤부터 화려하고 대비가 강한 컬러까지 다양한 선택이 가능하다.

049 업스타일 디자인의 3대 요소가 <u>아닌</u> 것은?

① 질감
② 형태
③ 장식
④ 색상

헤어디자인의 주요 구성 요소는 형태, 질감, 색상, 구조이다. 장식 (Decoration)은 업스타일 디자인의 3대 요소에 포함되지 않는다.

050 헤어디자인 구성 요소와 관련이 <u>없는</u> 것은?

① 작업에 필요한 도구 및 제품
② 작품에 필요한 기술
③ 고객의 요구에 옳은 이미지
④ 작업자의 감정 표현

헤어디자인의 구성 요소는 주로 작업에 필요한 도구 및 제품, 작품에 필요한 기술, 그리고 고객의 요구에 옳은 이미지 등이 포함된다. 작업자의 감정 표현은 직접적인 구성 요소와는 관련이 없다.

051 고객의 헤어스타일 연출을 아름답게 구상하기 위해서 얼굴형과의 조화를 고려하고자 할 때 기본적인 요소로 <u>틀린</u> 것은?

① 헤어라인
② 목선의 형태
③ 얼굴형(정면)
④ 얼굴 피부의 색

헤어스타일 연출을 위해 얼굴형과의 조화를 고려할 때 기본적으로 중요한 요소는 헤어라인, 목선의 형태, 얼굴형(정면)이다. 얼굴 피부의 색은 헤어스타일 연출보다는 메이크업이나 색조 선택에 더 관련이 있다.

---

14 | 피부학

피부의 개념
• 피부는 신체에서 가장 크고 넓은 기관이다.
• 세 개의 주요 층으로 구성되어 있다.

피부의 기능
• 외부 환경으로부터 신체를 보호한다.
• 체온을 조절한다.
• 감각을 느끼게 한다.

피부의 구성
• 표피(Epidermis)
  – 피부의 가장 바깥층으로, 주로 각질형성세포로 이루어져 있다.
  – 외부로부터의 물리적 손상과 병원균 침입을 막아 준다.
  – 멜라닌 세포가 있어 피부색을 결정하고 자외선으로부터 보호한다.
• 진피(Dermis)
  – 중간층으로, 콜라겐과 엘라스틴 섬유가 있어 피부에 탄력과 강도를 제공한다.
  – 신경, 혈관, 땀샘, 피지선, 모낭 등이 포함되어 있어 감각을 느끼고 체온을 조절하며, 피부를 촉촉하게 유지한다.
• 지방층(Subcutaneous Layer)
  – 가장 안쪽 층으로, 주로 지방세포로 이루어져 있다.
  – 신체를 보호하고, 에너지를 저장하며, 체온을 유지하는 역할을 한다.

052 피부 내 멜라닌형성세포의 주요한 기능은?

① 저장의 기능
② 흡수의 기능
③ 보호의 기능
④ 배설의 기능

멜라닌형성세포의 주요한 기능은 보호의 기능이다. 멜라닌은 자외선을 흡수하여 피부를 보호하는 역할을 한다.

053 표피의 설명으로 <u>틀린</u> 것은?

① 신경의 분포가 없다.
② 림프관이 없다.
③ 혈관과 신경분포 모두 있다.
④ 입모근(털세움근)이 없다.

표피는 혈관과 신경이 분포하지 않는 조직이다. 혈관은 진피층부터 존재하며, 신경도 주로 진피층에 분포한다.

248 PART 02 • 자주 출제되는 기출문제 120선

054 표피의 구성 세포가 <u>아닌</u> 것은?

① 랑게르한스 세포

② 각질형성 세포

③ 섬유아 세포

④ 머켈 세포

섬유아 세포는 진피를 구성하는 세포이다.

오답 피하기

①·③·④를 비롯해 색소형성 세포가 표피를 구성하고 있다.

055 단순 지성피부와 관련한 내용으로 <u>틀린</u> 것은?

① 지성 피부에서는 여드름이 쉽게 발생할 수 있다.

② 세안 후에는 충분하게 헹구어 주는 것이 좋다.

③ 일반적으로 외부의 자극에 영향이 많아 관리가 어려운 편이다.

④ 다른 지방 성분에는 영향을 주지 않으면서 과도한 피지를 제거하는 것이 원칙이다.

지성 피부는 피지분비량이 많아 여드름이 쉽게 발생할 수 있으므로, 세안 후에는 충분히 헹궈주는 것이 좋다. 또한, 과도한 피지를 제거하되 피부의 다른 지방 성분에는 영향을 주지 않는 것이 중요하다. 그러나 지성 피부는 일반적으로 외부 자극에 강한 편이며, 건성 피부보다 관리가 상대적으로 쉬운 경우가 많다.

056 화장품의 피부 흡수에 대한 설명으로 옳은 것은?

① 세포간지질에 녹아 흡수되는 경로가 가장 중요한 흡수경로이다.

② 피지선이나 모낭을 통한 흡수는 시간이 지나면서 점차 증가하게 된다.

③ 분자량이 높을수록 피부 흡수가 잘 된다.

④ 피지에 잘 녹는 지용성 성분은 피부 흡수가 안 된다.

오답 피하기

② 피지선이나 모낭을 통한 흡수는 시간이 지나면서 급격하게 증가하지 않는다.

③ 분자량이 낮을수록 피부 흡수가 잘된다.

④ 피지에 잘 녹는 지용성 성분은 피부 흡수가 잘된다.

057 혈액 응고에 관여하고 비타민 P와 함께 모세혈관벽을 튼튼하게 하는 것은?

① 비타민 C

② 비타민 K

③ 비타민 B

④ 비타민 E

혈액응고에 관여하고 비타민 P와 함께 모세혈관벽을 튼튼하게 하는 것은 비타민 K이다.

권쌤의 노하우

비타민 P는 비타민 C의 상승제 역할을 합니다. 비타민 C의 작용을 도와 세포를 건강하고 튼튼하게 하는 역할을 해서, 같이 먹었을 때 시너지 효과를 발휘한다고도 합니다. 물론, 혈관벽도 세포의 일종이기는 하지만 순환계의 작용에 도움을 주는 것에 초점을 두면 비타민 K가 더 적절할 수 있습니다.

058 조절소에 속하는 것은?

① 단백질   ② 무기질

③ 탄수화물   ④ 지방질

조절소는 신체 기능을 조절하고 유지하는 데 필요한 영양소를 말한다. 무기질은 조절소에 속하며, 단백질, 탄수화물, 지방질은 주로 에너지원이나 구조를 형성하는 역할을 한다.

059 원발진에 속하는 피부의 병변이 <u>아닌</u> 것은?

① 홍반   ② 반점

③ 결절   ④ 가피

원발진에 속하는 피부 병변은 질환의 초기 병변으로, 반점, 구진, 결절, 종양, 팽진, 수포, 농포 등이 포함된다. 반면, 가피는 속발진에 속하는 병변이다.

060 피부에 손상을 미치는 활성산소는?

① 하이알루론산

② 글리세린

③ 비타민

④ 슈퍼옥사이드

슈퍼옥사이드는 활성산소의 일종으로, 피부 세포의 DNA와 단백질을 손상시키고 염증을 유발할 수 있다.

합격 강의

화장품의 정의
화장품은 피부, 머리카락, 손톱 및 신체의 다른 부분에 사용되어 미용, 보호, 청결 또는 향기를 부여하는 제품이다.

화장품의 특징
• 화장품은 다양한 성분으로 구성되어 있다.
• 피부타입에 따라 선택하여 사용하여야 한다.
• 안전성과 효과를 보장하기 위해 규정을 준수하여 제조된다.

화장품의 주요 기능
• 미용 효과
  – 화장품은 피부 톤을 개선하고 결점을 가리는 데 도움을 준다.
  – 메이크업 제품(파운데이션, 블러셔, 립스틱 등)은 외모를 아름답게 가꾸는 데 사용된다.
• 보습 및 영양
  – 크림, 로션, 세럼 등은 피부에 수분을 공급하고 영양을 제공하여 피부 건강을 유지하는 데 기여한다.
• 세정
  – 클렌저와 같은 제품은 피부와 모발의 불순물, 오염물 및 메이크업을 제거한다.
• 보호
  – 일부 화장품은 외부 자극으로부터 피부를 보호하는 성분을 포함하고 있다.
  – 특히, 자외선 차단제는 피부를 자외선으로부터 보호한다.
• 향기
  – 향수와 바디 스프레이는 사용자의 향기를 좋게 하여 기분을 향상시킨다.

---

061 화장품의 정의로 옳은 것은?

① 인체를 청결·미화하여 인체의 질병 치료를 위해 인체에 사용되는 물품으로서 인체에 대해 작용이 강력한 것을 말한다.
② 인체를 청결·미화하여 인체의 질병 치료를 위해 인체에 사용되는 물품으로서 인체에 대해 작용이 경미한 것을 말한다.
③ 인체를 청결·미화하여 인체의 질병 진단을 위해 인체에 사용되는 물품으로서 인체에 대해 작용이 경미한 것을 말한다.
④ 인체를 청결·미화하여 피부·모발 건강을 유지 또는 증진하기 위하여 인체에 사용되는 물품으로서 인체에 대해 작용이 경미한 것을 말한다.

화장품은 주로 인체의 외관을 아름답게 하거나 피부와 모발의 건강을 유지 또는 증진하기 위해 사용되며, 인체에 대한 작용이 경미한 것이 특징이다.

---

062 화장품에서 요구되는 4대 품질 특성의 설명으로 옳은 것은?

① 안전성 : 미생물 오염이 없을 것
② 보습성 : 피부표면의 건조함을 막아 줄 것
③ 안정성 : 독성이 없을 것
④ 사용성 : 사용이 편리해야 할 것

화장품의 4대 요건에는 안전성, 유효성, 안정성, 사용성(적합성)이 있다.

---

063 화장품 원료 중 심해 상어의 간유에서 추출한 성분이 아닌 것은?

① 레시틴
② 스쿠알렌
③ 파라핀
④ 라놀린

파라핀은 석유에서 추출되는 물질로, 심해 상어의 간유와는 관련이 없다. 레시틴, 스쿠알렌, 라놀린은 각각 심해 상어의 간유에서 추출할 수 있는 성분이다.

합격 강의

자외선의 개념과 특징
- 가시광선에서 보라색 바깥의 광선이다.
- 파장에 따라 크게 세 가지로 나뉜다.
- 자외선의 유형에 따라 피부에 미치는 영향이 다르므로, 적절한 자외선 차단제를 사용하여 피부를 보호하는 것이 중요하다.

UVA(320~400㎚)
- 특징 : 장파장 자외선으로, 피부의 깊은 층까지 침투한다.
- 영향 : 피부 노화(주름, 탄력 저하)와 색소침착을 유발하며, 피부암의 원인 중 하나이다.
- 차단 : 일반적인 자외선 차단제에서 차단 가능하다.

UVB(290~320㎚)
- 특징 : 중간파장 자외선으로, 피부의 표면층에 주로 작용한다.
- 영향 : 일광화상과 피부암의 주요 원인이며, 비타민 D 합성에 중요한 역할을 한다.
- 차단 : SPF 지수로 차단 효과가 측정되며, 자외선 차단제에서 효과적으로 차단할 수 있다.

UVC(100~290㎚)
- 특징 : 단파장 자외선으로, 대부분 대기 중의 오존층에 의해 차단된다.
- 영향 : 지구에 도달하지는 않지만, 인공적인 UVC 램프(예 살균용)에서 발생할 수 있으며, 매우 해로운 영향을 미칠 수 있다.
- 차단 : 대기 중에서 거의 차단되므로 일반적으로 피부에 영향을 미치지 않는다.

064 자외선 차단제와 관련한 설명으로 틀린 것은?

① 자외선의 강약에 따라 차단제의 효과 시간이 변한다.
② 기초제품 마무리 단계 시 차단제를 사용하는 것이 좋다.
③ SPF라 한다.
④ SPF 1 이란 대략 1시간을 의미한다.

....

SPF(Sun Protection Factor)는 자외선 B(UVB)로부터 피부를 보호하는 정도를 나타내는 지표로, SPF 1은 1시간의 보호 효과를 의미하는 것이 아니라, SPF 수치가 높을수록 더 오랜 시간 동안 자외선으로부터 보호된다는 의미이다. 예를 들어, SPF 30은 이론적으로 30배 더 오랜 시간 동안 자외선을 차단할 수 있다는 뜻이다.

065 UVA와 관련한 내용으로 가장 거리가 먼 것은?

① 지연 색소 침착
② 즉시 색소 침착
③ 생활 자외선
④ 320~400㎚의 장파장

....

즉시 색소 침착은 주로 UVB(자외선 B)와 관련이 있으며, UVA는 주로 지연 색소 침착을 유도한다. 따라서 UVA와 관련하여 가장 거리가 먼 내용은 즉시 색소 침착이다.

066 화장품을 선택할 때에 검토해야 하는 조건이 아닌 것은?

① 보존성이 좋아서 잘 변질되지 않는 것
② 피부나 점막, 모발 등에 손상을 주거나 알레르기 등을 일으킬 염려가 없는 것
③ 사용 중이나 사용 후에 불쾌감이 없고 사용감이 산뜻한 것
④ 구성 성분이 균일한 성상으로 혼합되어 있지 않은 것

....

화장품을 선택할 때 구성 성분이 균일하게 혼합되어 있어야 하며, 이는 제품의 효과와 안정성에 중요한 요소이다.

067 자외선 차단 성분의 기능이 아닌 것은?

① 미백작용 활성화
② 일광화상 방지
③ 노화방지
④ 과색소 침착방지

....

자외선 차단 성분은 일광화상 방지, 노화 방지, 과색소 침착 방지와 관련된 기능이 있지만, 미백작용을 활성화하는 것은 자외선 차단 성분의 주요 기능이 아니다. 미백 효과는 주로 다른 성분에 의해 이루어진다.

068 강한 자외선에 노출될 때 생길 수 있는 현상과 가장 거리가 먼 것은?

① 홍반반응
② 색소침착
③ 아토피 피부염
④ 비타민 D 합성

아토피 피부염은 주로 유전적 요인과 환경적 요인에 의해 발생하며, 자외선 노출과는 직접적인 관련이 없다.

069 자외선 차단제의 성분이 <u>아닌</u> 것은?

① 벤조페논-3
② 파라아미노안식향산
③ 알파하이드록시산
④ 옥틸디메틸파바

알파하이드록시산(AHA)은 주로 각질 제거와 피부 재생을 돕는 성분으로, 자외선 차단제에는 포함되지 않는다.

070 에탄올이 화장품 원료로 사용되는 이유가 <u>아닌</u> 것은?

① 에탄올은 유기용매로서 물에 녹지 않는 비극성 물질을 녹이는 성질이 있다.
② 탈수 성질이 있어 건조 목적이 있다.
③ 공기 중의 습기를 흡수해서 피부 표면 수분을 유지시켜 피부나 털의 건조를 방지한다.
④ 소독작용이 있어 수렴화장수, 스킨로션, 남성용 애프터셰이브 등으로 쓰인다.

에탄올은 오히려 휘발성이 강해 피부를 건조하게 만들 수 있다.

071 피지의 과잉 분비를 억제하고 피부를 수축시키는 것은?

① 영양 화장수
② 수렴 화장수
③ 소염 화장수
④ 유연 화장수

수렴 화장수는 피지분비를 억제하고 피부를 수축시키는 효과가 있어, 주로 지성 피부나 여드름 피부에 사용된다.

072 일반적으로 여드름의 발생 가능성이 가장 <u>적은</u> 것은?

① 코코바 오일
② 호호바 오일
③ 라눌린
④ 미네랄 오일

호호바 오일은 피부에 유사한 성분을 가지고 있어, 일반적으로 여드름 발생 가능성이 가장 적고 비누 성분이 적어 지성 피부에도 잘 맞는다.

073 메이크업 화장품에서 색상의 커버력을 조절하기 위해 주로 배합하는 것은?

① 체질 안료
② 펄 안료
③ 백색 안료
④ 착색 안료

백색 안료는 메이크업 화장품에서 색상의 커버력을 조절하는 데 주로 사용된다. 백색 안료는 다른 색상의 안료와 혼합되어 색상을 밝게 하거나 커버력을 높이는 역할을 한다.

074 기능성 화장품의 정의에 해당하지 않는 것은?

① 피부를 곱게 태워주거나 자외선으로부터 피부를 보호하는 데 도움을 주는 제품
② 피부의 미백에 도움을 주는 제품
③ 피부 · 모발의 건강을 유지 또는 증진하는 제품
④ 피부의 주름 개선에 도움을 주는 제품

기능성화장품의 범위에 자외선 차단, 태닝, 미백, 주름 개선의 효과가 있는 제품이 포함된다. ③의 경우 일반적인 화장품의 정의로 볼 수 있다.

---

17 | 공중위생Ⅰ – 보건지표

합격 강의

보건지표의 개념과 역할
• 개념 : 국민의 건강 상태와 보건 정책의 효과성을 평가하기 위해 사용되는 다양한 통계자료이다.
• 역할 : 정부의 보건 정책 수립, 평가 및 개선에 중요한 역할을 하며, 국민 건강 증진을 위한 기초 자료로 활용된다.

주요 보건지표
• 생명 기대 수명 : 태어날 때부터 기대할 수 있는 평균 생명 기간을 나타내며, 국민의 전반적인 건강 수준을 반영한다.
• 영아 사망률 : 1세 미만의 영아가 사망하는 비율로, 보건 서비스의 질과 모자 건강을 나타내는 중요한 지표이다.
• 산모 사망률 : 임신이나 출산 관련 원인으로 사망한 여성의 수를 나타내며, 모성 건강 관리의 수준을 반영한다.
• 질병 유병률과 사망률 : 특정 질병이 인구에서 얼마나 퍼져 있는지(유병률)와 그로 인해 사망하는 비율(사망률)을 나타낸다.
• 건강 관련 삶의 질 : 신체적, 정신적, 사회적 건강 상태를 반영하는 지표로, 국민의 전반적인 삶의 질을 평가하는 데 사용된다.
• 정신 건강 지표 : 우울증, 불안 장애 등 정신 질환의 유병률 및 치료 접근성을 나타낸다.
• 예방접종률 : 어린이와 성인의 예방접종률은 감염병 예방의 중요한 지표로, 보건 정책의 효과성을 평가하는 데 사용된다.

---

075 우리나라의 건강보험제도의 성격으로 가장 적합한 것은?

① 의료비의 과중 부담을 경감하는 제도
② 공공기관의 의료비 부담
③ 의료비를 면제해 주는 제도
④ 의료비의 전액 국가 부담

우리나라의 건강보험제도는 국민이 의료 서비스를 이용할 때 발생하는 의료비의 부담을 경감하기 위해 설계된 제도로, 보험료를 통해 의료비의 일부를 지원받는 시스템이다.

---

076 인구의 사회증가를 나타내는 것으로 옳은?

① 고정인구 – 전출인구
② 출생인구 – 사망인구
③ 전입인구 – 전출인구
④ 생산인구 – 소비인구

인구의 사회증가분을 산출하는 공식은 '전입인구 – 전출인구'이며, 자연증가분을 산출하는 공식은 '출생인구 – 사망인구'이다.

---

077 인구 구성 중 14세 이하가 65세 이상 인구의 2배 정도이며 출생률과 사망률이 모두 낮은 유형은?

① 피라미드형(Pyramid Form)
② 별형(Accessive Form)
③ 종형(Bell Form)
④ 항아리형(Pot Form)

문제에서 설명하는 인구피라미드의 형태는 '종형'이며, 해당 인구 구성은 인구정지형 · 이상형이라고도 한다.

078 Winslow가 정의한 공중보건학의 학습내용에 포함되는 것으로만 구성된 것은?

① 환경위생 향상 – 개인위생 교육 – 질병 예방 – 생명 연장
② 환경위생 향상 – 전염병 치료 – 질병 치료 – 생명 연장
③ 환경위생 향상 – 개인위생 교육 – 질병 치료 – 생명연장
④ 환경위생 향상 – 개인위생 교육 – 생명 연장 – 사후 처치

Winslow의 공중보건학 정의에 따르면, 공중보건은 환경 위생, 개인 위생 교육, 질병 예방, 생명 연장을 포함하는 개념이다.

079 보건행정의 특성과 거리가 <u>먼</u> 것은?

① 과학성과 기술성
② 조장성과 교육성
③ 독립성과 독창성
④ 공공성과 사회성

보건행정은 일반적으로 과학성과 기술성, 조장성과 교육성, 공공성과 사회성을 강조한다. 그러나 독립성과 독창성은 보건행정의 주된 특성과 거리가 먼 개념이다. 보건행정은 대개 공공의 이익을 위한 협력과 조화를 중시한다.

080 한 나라의 건강수준을 나타내며 다른 나라들과의 보건수준을 비교할 수 있는 세계보건기구가 제시한 지표는?

① 비례사망지수
② 질병이환율
③ 국민소득
④ 인구증가율

비례사망지수는 특정 기간의 사망률을 기준으로 하여 한 나라의 건강수준을 나타내고, 다른 나라들과의 보건 수준을 비교하는 데 사용된다. 세계보건기구(WHO)는 이 지표를 통해 각국의 건강 상태를 평가하고 비교할 수 있도록 한다.

---

18 | 공중위생 II – 소독

합격 강의

소독의 개요
• 개념 : 병원체를 제거하거나 비활성화하여 감염의 위험을 줄이는 과정이다.
• 목적
　– 병원체를 제거하여 감염병의 전파를 예방한다.
　– 공공보건을 유지하고 감염병의 확산을 방지한다.
　– 의료 및 보건 산업·식품 산업·가정생활 등 다양한 분야에서 사용되며, 특히 수술 도구·병원 환경·식품의 위생에 큰 역할을 한다.

소독의 절차와 방법
• 소독의 절차
　– 청소 : 소독 전에 표면의 먼지와 오염물을 제거한다.
　– 소독 : 청소 후 소독제를 사용하여 병원체를 제거한다.
　– 건조 : 소독 후 물기를 제거하여 병원체의 생존 가능성을 낮춘다.
• 소독의 방법
　– 화학적 소독 : 알코올, 염소 계열, 과산화수소, 요오드 등의 화학물질을 사용하여 병원체를 제거한다.
　– 물리적 소독 : 열(자비, 증기), UV(자외선) 등을 이용하여 병원체를 비활성화한다.

소독과 살균의 차이
• 소독 : 병원체의 수를 줄인다.
• 살균 : 모든 병원체를 완전히 제거한다.

---

081 소독약의 검증 혹은 살균력의 비교에 가장 흔하게 이용되는 방법은?

① 석탄산계수 측정법
② 최소 발육저지농도 측정법
③ 시험관 희석법
④ 균수 측정법

석탄산계수 측정법은 소독약의 살균력을 비교하고 검증하는 데 가장 흔하게 사용되는 방법으로, 특정 농도의 석탄산과 비교하여 소독제의 효과를 평가한다. 다른 방법들은 주로 특정 조건에서의 효능을 평가하는 데 사용한다.

082 석탄산 90배 희석액과 어느 소독제 135배 희석액이 같은 살균력을 나타낸다면 이 소독제의 석탄산계수는?

① 2.0
② 1.5
③ 0.5
④ 1.0

석탄산계수를 구하려면 석탄산과 소독제의 희석 배수를 비교해야 한다. 석탄산계수는 두 희석 배수의 비율로 계산할 수 있다.

$$석탄산계수 = \frac{소독제의\ 희석배수}{석탄산의\ 희석배수}$$

문제의 석탄산의 희석 배수는 90배이고, 소독제의 희석 배수는 135배이므로,
∴ 석탄산계수 = 135 / 90 = 1.5

---

083 석탄산계수가 2인 소독제 A를 석탄산계수 4인 소독제 B와 같은 효과를 내게 하려면 그 농도를 어떻게 조정하면 되는가? (단, A, B의 용도는 같다)

① A를 B보다 4배 짙게 조정한다.
② A를 B보다 50% 묽게 조정한다.
③ A를 B보다 2배 짙게 조정한다.
④ A를 B보다 25% 묽게 조정한다.

석탄산계수가 A가 2이고 B가 4인 경우, A의 농도를 B와 동일한 효과를 내기 위해서는 A를 B보다 2배 더 농축해야 한다. 따라서 A의 농도를 2배 짙게 조정하면 같은 효과를 낼 수 있다.

---

084 공중위생관리법상, 이·미용기구 소독 방법의 일반 기준에 해당하지 <u>않는</u> 것은?

① 방사선소독
③ 증기소독
③ 크레졸소독
④ 자외선소독

공중위생관리법 시행규칙 별표 3의 기준에 방사선 소독은 없으며, 방사선 소독의 경우 일반적으로 의약 분야나 식품 공정에서 많이 사용된다.

---

085 고압증기멸균기의 소독대상물로 적합하지 <u>않은</u> 것은?

① 의류
② 분말 제품
③ 약액
④ 금속성 기구

고압증기멸균기는 일반적으로 금속성 기구, 의류, 약액 등과 같은 물품을 소독하는 데 적합하지만, 분말 제품은 고압증기멸균기에 적합하지 않다. 고압증기멸균법은 수분이 필요한 방법이기 때문에 분말 제품은 소독 과정에서 고르게 멸균되기 어렵다.

---

086 다음 중 물의 일시경도를 나타내는 원인 물질은?

① 염화물
② 중탄산염
③ 황산염
④ 질산염

물의 일시경도는 주로 중탄산염(탄산수소나트륨)과 관련이 있다. 중탄산염은 물속에서 칼슘 및 마그네슘 이온과 반응하여 경도를 형성하기 때문에, 일시경도의 주요 원인 물질로 간주된다.

---

087 할로겐계에 속하지 <u>않는</u> 소독제는?

① 표백분
② 염소 유기화합물
③ 석탄산
④ 차아염소산 나트륨

석탄산은 페놀계 소독제로 할로겐계에 속하지 않는다. 표백분, 염소 유기화합물, 차아염소산 나트륨은 모두 할로겐계 소독제에 해당한다.

🅑 권쌤의 노하우

'할로겐'은 플루오린(불소), 염소, 브로민(브롬, 취소) 등의 원소들을 말하는 것입니다. 이들은 주로 소독제나 표백제에 많이 쓰인답니다.

088 성층권의 오존층을 파괴하는 대표적인 기체는?

① 이산화탄소(CO_2)
② 일산화탄소(CO)
③ 아황산가스(SO_2)
④ 염화불화탄소(CFC)

염화불화탄소(CFC)는 성층권의 오존층을 파괴하는 대표적인 기체로, 오존 층의 감소와 관련이 깊다. CFC는 대기 중에서 분해되면서 오존을 파괴하는 작용을 한다.

089 일산화탄소(CO)에 대한 설명으로 틀린 것은?

① 헤모글로빈과의 결합능력이 뛰어나다.
② 물체가 불완전 연소할 때 많이 발생된다.
③ 확산성과 침투성이 강하다.
④ 공기보다 무겁다.

일산화탄소(CO)는 공기보다 가벼운 기체로, 밀도가 공기의 약 0.97배 정도이다.

090 세균, 포자, 곰팡이, 원충류 및 조류 등과 같이 광범위한 미생물에 대한 살균력을 갖고 페놀에 비해 강한 살균력을 갖는 반면, 독성은 훨씬 약한 소독제는?

① 수은 화합물
② 무기염소 화합물
③ 유기염소 화합물
④ 아이오딘 화합물

유기염소 화합물은 광범위한 미생물에 대한 살균력을 가지며, 페놀에 비해 강한 살균력을 가지면서도 독성이 상대적으로 약하다.

개념
전염병은 감염병의 일종으로, 병원체(세균, 바이러스, 곰팡이 등)가 사람에서 사람으로 전파되어 발생하는 질병이다.

전파 경로
공기, 비말, 직·간접 접촉, 음식물과 물을 통한 감염 등으로 다양하다.

병원체
• 전염병의 원인은 바이러스(독감, 감기 등), 세균(결핵) 등으로 다양하다.
• 각 병원체는 특유의 전파 방식과 감염 경로를 가지고 있다.

증상 및 경과
• 증상은 병원체에 따라 다르나, 일반적으로 발열·기침·인후통·설사 등의 증상이 나타날 수 있다.
• 일부 전염병은 심각한 합병증을 초래할 수 있다.

예방 및 관리
• 전염병은 전 세계적으로 큰 영향을 미치며, 특히 면역력이 낮은 사람이나 고위험군에서 더 심각한 결과를 초래할 수 있다.
• 전염병을 예방하기 위해서는 손 씻기, 마스크 착용 등 개인 위생 관리가 가장 중요하다.
• 또한 예방 접종도 효과적인 예방법이다.
• 전염병 발생 시에는 감염자의 격리, 접촉자의 추적 조사 등의 공공 보건 조치가 필요하다.

전염병의 예
• 독감, 결핵, COVID-19, 홍역, 수두 등이 있다.

091 환자 및 병원체 보유자와 직접 또는 간접접촉을 통해서 혹은 균에 오염된 식품, 바퀴벌레 파리 등을 매개로 하는 경구감염으로 전파되는 것은?

① 이질
② B형 간염
③ 결핵
④ 파상풍

오답 피하기
② 주로 혈액이나 체액을 통해 전파된다.
③ 공기 중 비말로 전파된다.
④ 상처를 통해 감염된다.

092 다음 중 투베르쿨린 반응이 양성인 경우는?

① 건강 보균자
② 나병 보균자
③ 결핵 감염자
④ AIDS 감염자

건강 보균자나 나병 보균자는 결핵과 관련이 없으며, AIDS 감염자는 면역력이 저하되어 있기 때문에 투베르쿨린 반응이 음성일 수도 있다.

093 우리나라에서 일반적으로 세균성 식중독이 가장 많이 발생할 수 있는 때는?

① 5~9월
② 9~11월
③ 1~3월
④ 계절과 관계없음

우리나라에서 세균성 식중독은 주로 더운 여름철인 5월부터 9월 사이에 많이 발생한다. 이 시기에는 기온이 높아 세균의 증식이 활발해지므로 식중독의 위험이 증가한다.

094 미생물의 증식을 억제하는 영양의 고갈과 건조 등의 불리한 환경 속에서 생존하기 위하여 세균이 생성하는 것은?

① 점질층
② 세포벽
③ 아포
④ 협막

세균이 불리한 환경에서 생존하기 위해 생성하는 구조는 아포이다. 아포는 세균이 극한의 조건에서도 생존할 수 있게 하며, 극한 환경(고온, 건조, 영양 고갈 등)에서도 생명력을 유지할 수 있게 한다.

095 감염병 유행조건에 해당하지 <u>않는</u> 것은?

① 감염경로
② 감염원
③ 감수성 숙주
④ 예방인자

감염병 유행 조건에는 감염경로, 감염원, 감수성 숙주가 포함되지만, 예방인자는 유행 조건에 해당하지 않는다. 예방인자는 감염병의 발생을 줄이거나 방지하는 요소로 작용한다.

096 세균성 식중독의 특성이 <u>아닌</u> 것은?

① 감염병보다 잠복기가 길다.
② 다량의 균에 의해 발생한다.
③ 수인성 전파는 드물다.
④ 2차 감염률이 낮다.

세균성 식중독은 일반적으로 감염병에 비해 잠복기가 짧은 경우가 많다.

097 감염병의 예방 및 관리에 관한 법률상 즉시 신고해야 하는 감염병이 <u>아닌</u> 것은?

① 두창
② 디프테리아
③ 중증급성호흡기증후군(SARS)
④ 말라리아

한국의 감염병 예방 및 관리에 관한 법률에 따르면, 두창, 디프테리아, 중증급성호흡기증후군(SARS)은 즉시 신고해야 하는 감염병에 해당한다. 반면에 말라리아는 3급 감염병으로 24시간 이내에 신고해야 한다.

098 다음 감염병 중 감수성(접촉감염) 지수가 가장 큰 것은?

① 디프테리아
② 성홍열
③ 백일해
④ 홍역

홍역은 감수성(접촉감염) 지수가 가장 큰 감염병 중 하나로, 매우 높은 전염성을 가지고 있다. 홍역 바이러스에 감염된 사람과의 접촉만으로도 쉽게 전파될 수 있다.

099 이·미용업소에서 공기 중 비말전염으로 가장 쉽게 전파될 수 있는 감염병은?

① 장티푸스
② 인플루엔자
③ 뇌염
④ 대장균

이·미용업소와 같은 밀폐된 공간에서는 공기 중 비말을 통해 인플루엔자와 같은 호흡기 감염병이 쉽게 전파될 수 있다. 장티푸스, 뇌염, 대장균 감염은 일반적으로 비말 전파와는 관련이 적다.

100 다음 중 성질이 <u>다른</u> 하나는?

① 테트로도톡신(Tetrodotoxin)
② 솔라닌(Solanine)
③ 삭시톡신(Saxitoxin)
④ 베네루핀(Venerupin)

솔라닌은 자연독 중 식물성 독성물질에 해당한다. 나머지는 전부 동물성 독성물질이다.

20 | 공중위생Ⅳ – 법규   합격 강의

우리나라의 공중위생법은 공공의 건강과 안전을 보호하기 위해 제정된 법률로, 주로 공중위생과 관련된 여러 가지 사항을 규정한다.

공중위생 관리
공공장소, 음식점, 숙박업체 등에서의 위생 관리 기준을 정하고, 이를 준수하게 한다.

감염병 예방
감염병의 발생과 전파를 예방하기 위한 조치 및 신고 의무를 규정하며, 감염병 관리와 관련된 교육 및 훈련을 실시할 수 있도록 한다.

위생교육
위생교육을 통해 종사자들이 위생 관리에 대한 지식을 갖추도록 하고, 교육을 이수한 자에게 수료증을 교부하는 등의 절차를 마련한다.

시설 기준
식품의 제조 및 판매, 공중목욕탕, 이·미용업소 등 다양한 시설의 위생 기준을 설정하고, 이를 감독하고 검사할 수 있는 권한을 부여한다.

벌칙 및 제재
법을 위반한 경우에 대한 벌칙과 제재 조치를 명시하여, 위생 기준을 준수하도록 유도한다.

101 위생교육에 관한 설명으로 **틀린** 것은?

① 위생교육 실시단체의 장은 위생교육을 수료한 자에게 수료증을 교부하고, 교육실시 결과를 교육 후 1개월 이내에 시장·군수·구청장에게 통보하여야 하며, 수료증 교부대장 등 교육에 관한 기록을 2년 이상 보관·관리하여야 한다.

② 위생교육의 내용은 「공중위생관리법」 및 관련 법규, 소양교육(친절 및 청결에 관한 사항을 포함한다), 기술교육, 그 밖에 공중위생에 관하여 필요한 내용으로 한다.

③ 위생교육을 받아야 하는 자 중 영업에 직접 종사하거나 2 이상의 장소에서 영업을 하는 자는 종업원 중 영업장별로 공중위생에 관한 책임자를 지정하고 그 책임자로 하여금 위생교육을 받게 하여야 한다.

④ 위생교육 대상자 중 보건복지부장관이 고시하는 섬·벽지지역에서 영업을 하고 있거나 하려는 자에 대하여는 법령에 따른 교육교재를 배부하여 이를 익히고 활용하도록 함으로써 교육에 갈음할 수 있다.

위생교육을 받아야 하는 자 중 영업에 직접 종사하지 아니하거나 2 이상의 장소에서 영업을 하는 자는 종업원 중 영업장별로 공중위생에 관한 책임자를 지정하고 그 책임자로 하여금 위생교육을 받게 하여야 한다.

102 공중위생감시원의 업무로 옳지 **않은** 것은?

① 공중위생영업 관련시설 및 설비의 위생상태 확인·검사

② 위생교육 이행 여부의 확인

③ 이·미용업의 개선 향상에 필요한 조사 연구 및 지도

④ 위생지도 및 개선명령 이행 여부의 확인

'이·미용업의 개선 향상에 필요한 조사 연구 및 지도' 업무는 보통 공중위생감시원의 업무 범위에 포함되지 않는다.

103 개인(또는 법인)의 대리인, 사용인 기타 종업원이 그 개인의 업무에 관하여 벌칙에 해당하는 위반행위를 한 때에 행위자를 벌하는 외에 그 개인에 대하여도 동조의 벌금형을 과할 수 있는 제도는?

① 양벌규정 제도　　② 형사처벌 규정

③ 과태료처분 제도　　④ 위임제도

개인(또는 법인)의 대리인, 사용인 기타 종업원이 그 개인의 업무에 관하여 벌칙에 해당하는 위반행위를 한 때에 행위자를 벌하는 외에 그 개인에 대하여도 동조의 벌금형을 과할 수 있는 제도는 '① 양벌규정 제도'이다.

104 이·미용사가 되고자 하는 자는 누구의 면허를 받아야 하는가?

① 고용노동부장관

② 시·도지사

③ 시장·군수·구청장

④ 보건복지부장관

공중위생관리법 제6조에 따르면, 이·미용사가 되기 위해서는 보건복지부령이 정하는 바에 의하여 시장·군수·구청장의 면허를 받아야 한다.

105 이·미용사가 면허정지 처분을 받고 정지 기간 중 업무를 한 경우 1차 위반 시 행정처분 기준은?

① 면허정지 3월

② 면허취소

③ 영업장 폐쇄

④ 면허정지 6월

공중위생관리법 시행규칙 별표7에 따르면, 이·미용사가 면허정지 처분을 받고도 정지기간 중 업무를 한 경우 1차 위반 시 행정처분 기준은 면허취소이다.

106 위생서비스 평가 결과 위생서비스의 수준이 우수하다고 인정되는 영업소에 포상을 실시할 수 있는 자로 옳지 <u>않은</u> 것은?

① 보건소장
② 군수
③ 구청장
④ 시 · 도지사

공중위생관리법 제14조 제3항에 따르면, 위생서비스 평가 결과 위생서비스의 수준이 우수하다고 인정되는 영업소에 대한 포상은 시 · 도지사 또는 시장 · 군수 · 구청장이 실시할 수 있다.

107 공중위생영업에 관한 설명으로 옳은 것은?

① 공중위생영업이라 함은 숙박업, 목욕장업, 미용업, 이용업, 세탁업, 위생관리용역업, 의료용품관련업 등을 말한다.
② 공중위생영업의 양수인 상속인 또는 합병에 의하여 설립되는 법인 등은 공중위생영업자의 지위를 승계하지 못한다.
③ 공중위생영업을 하고자 하는 자는 시장 · 군수 · 구청장에게 신고 후 시장 등이 지정하는 시설 및 설비를 구비해도 된다.
④ 공중위생영업을 위한 설비와 시설은 물론 신고의 방법 및 절차는 보건복지부령으로 정한다.

① 공중위생영업이라 함은 숙박업, 목욕장업, 이용업, 미용업, 세탁업, 건물위생관리업을 말한다.
② 양수인 · 상속인 또는 합병 후 존속하는 법인이나 합병에 의하여 설립되는 법인은 그 공중위생영업자의 지위를 승계한다.
③ 공중위생영업을 하고자 하는 자는 공중위생영업의 종류별로 보건복지부령이 정하는 시설 및 설비를 갖추고 시장 · 군수 · 구청장에게 신고하여야 한다.

108 이 · 미용업자가 준수하여야 하는 위생관리 기준으로 거리가 가장 <u>먼</u> 것은?

① 피부미용을 위하여 약사법에 따른 의약품을 사용하여서는 아니 된다.
② 영업소 내부에 개설자의 면허증 원본을 게시하여야 한다.
③ 발한실 안에는 온도계를 비치하고 주의사항을 게시하여야 한다.
④ 영업장 안의 조명도는 75럭스 이상이 되도록 유지하여야 한다.

발한실은 목욕장업에 해당하는 기준이다.

109 이 · 미용업을 하는 자가 지켜야 하는 사항으로 옳지 <u>않은</u> 것은?

① 이 · 미용사면허증을 영업소 안에 게시하여야 한다.
② 의약품을 사용하여 화장과 피부미용을 하지 않아야 한다.
③ 이 · 미용기구 중 소독을 한 기구와 소독을 하지 아니한 기구는 각각 다른 용기에 넣어 보관하여야 한다.
④ 1회용 면도날은 사용 후 정해진 소독기준과 방법에 따라 소독하여 재사용하여야 한다.

1회용 면도날은 사용 후 폐기하여야 하며 재사용하여서는 안 된다.

110 이 · 미용 영업소 폐쇄명령을 받고도 계속 영업을 할 때 관계공무원으로 하여금 조치하는 사항이 <u>아닌</u> 것은?

① 이 · 미용 면허증을 부착할 수 없게 하는 봉인
② 해당 영업소의 간판 기타 영업표지물의 제거
③ 해당 영업소가 위법한 영업소임을 알리는 게시물의 부착
④ 영업을 위하여 필수불가결한 기구 또는 시설물을 사용할 수 없게 하는 봉인

'면허증을 부착할 수 없게 하는 봉인'은 공중위생관리법 제11조 제5항의 각 목에 해당하지 않는 내용이다.

111 공중위생감시원의 자격으로 옳지 <u>않은</u> 것은?

① 위생사 이상의 자격증이 있는 사람
②「고등교육법」에 따른 대학에서 화학 · 화공학 · 환경공학 또는 위생학 분야를 전공하고 졸업한 사람
③ 6개월 이상 공중위생 행정에 종사한 경력이 있는 사람
④ 외국에서 환경기사의 면허를 받은 사람

공중위생관리법 시행령 제8조 제1항에서는 1년 이상 공중위생 행정에 종사한 경력을 공중위생감시원의 자격으로 규정하고 있다.

112 명예공중위생감시원의 위촉대상자가 <u>아닌</u> 자는?

① 소비자단체장이 추천하는 소속직원
② 공중위생관련 협회장이 추천하는 소속직원
③ 공중위생에 대한 지식과 관심이 있는 자
④ 3년 이상 공중위생 행정에 종사한 경력이 있는 공무원

'3년 이상 공중위생 행정에 종사한 경력이 있는 공무원'은 공중위생관리법 시행령 제9조의 2 제1항의 각목에 해당하지 않는 내용이다.

113 공중위생관리법상 이용업과 미용업은 다룰 수 있는 신체범위가 구분되어 있다. 다음 중 법령상 미용업이 손질할 수 있는 손님의 신체 범위를 가장 잘 정의한 것은?

① 머리, 피부, 손톱, 발톱
② 얼굴, 손, 머리
③ 얼굴, 머리, 피부 및 손톱 · 발톱
④ 손, 발, 얼굴, 머리

공중위생관리법에 따르면, 미용업이 손질할 수 있는 손님의 신체 범위는 '얼굴, 머리, 피부 및 손톱 · 발톱'이다.

114 영업소 이외의 장소라 하더라도 이 · 미용의 업무를 행할 수 있는 경우 중 옳은 것은?

① 학교 등 단체의 인원을 대상으로 할 경우
② 영업상 특별한 서비스가 필요할 경우
③ 혼례에 참석하는 자에 대하여 그 의식 직전에 행할 경우
④ 일반 가정에서 초청이 있을 경우

공중위생관리법 시행규칙 제13조에 따르면, 이 · 미용의 업무를 영업소 이외의 장소에서 행할 수 있는 경우는 다음과 같다.
• 질병, 고령, 장애 등으로 영업소에 나올 수 없는 사람에 대해 미용을 하는 경우
• 혼례나 그 밖의 의식에 참여하는 사람에 대해 그 의식 직전에 미용을 하는 경우
• 사회복지시설에서 봉사활동으로 미용을 하는 경우
• 방송 등의 촬영에 참여하는 사람에 대해 그 촬영 직전에 미용을 하는 경우
• 그 밖에 특별한 사정이 있다고 시장 · 군수 · 구청장이 인정하는 경우

115 공중위생 영업소의 위생서비스 평가 계획을 수립하는 자는?

① 대통령
② 시 · 도지사
③ 행정안전부장관
④ 시장 · 군수 · 구청장

공중위생 영업소의 위생서비스 평가 계획을 수립하는 자는 시 · 도지사이다.

116 이용 또는 미용의 면허가 취소된 후 계속하여 업무를 행한 자에 대한 벌칙으로 옳은 것은?

① 300만원 이하의 벌금
② 200만원 이하의 벌금
③ 6월 이하의 징역 또는 500만원 이하의 벌금
④ 500만원 이하의 벌금

이용 또는 미용의 면허가 취소된 후 계속하여 업무를 행한 자에 대한 벌칙은 300만원 이하의 벌금이다.

117 이·미용 영업소에서 소독한 기구와 소독하지 아니한 기구를 각각 다른 용기에 보관하지 아니한 때의 1차 위반 행정처분기준은?

① 개선명령
② 경고
③ 영업정지 5일
④ 시정명령

이·미용 영업소에서 소독한 기구와 소독하지 않은 기구를 각각 다른 용기에 보관하지 않은 경우의 처분은 아래와 같다.
• 1차 위반 : 경고 • 2차 위반 : 영업정지 5일
• 3차 위반 : 영업정지 10일 • 4차 위반 : 영업장 폐쇄

118 공중위생영업자가 관계공무원의 출입·검사를 거부·기피하거나 방해한 때의 1차 위반 행정처분은?

① 영업정지 10일
② 영업정지 20일
③ 영업정지 1월
④ 영업장 폐쇄명령

공중위생영업자가 관계공무원의 출입·검사를 거부·기피하거나 방해한 경우의 처분은 아래와 같다.
• 1차 위반 : 영업정지 10일 • 2차 위반 : 영업정지 20일
• 3차 위반 : 영업정지 30일 • 4차 위반 : 영업장 폐쇄

119 이·미용업 영업자가 변경신고를 해야 하는 것을 〈보기〉에서 모두 고른 것은?

〈보기〉
㉠ 영업소의 주소
㉡ 신고한 영업소 면적의 3분의 1 이상의 증감
㉢ 종사자의 변동사항
㉣ 영업자의 재산변동사항

① ㉠
② ㉠, ㉡, ㉢
③ ㉠, ㉡, ㉢, ㉣
④ ㉠, ㉡

이·미용업 영업자가 변경신고를 해야 하는 사항은 다음과 같다.
• 영업소의 명칭 또는 상호(㉠)
• 영업소의 주소(㉡)
• 신고한 영업장 면적의 3분의 1 이상의 증감
• 대표자의 성명 또는 생년월일
• 미용업 업종 간 변경 또는 업종의 추가

120 공중위생영업자는 공중위생영업을 폐업한 날로부터 며칠 이내에 신고해야 하는가?

① 20일
② 15일
③ 30일
④ 7일

공중위생영업자는 공중위생영업을 폐업한 날로부터 20일 이내에 시장·군수·구청장에게 신고해야 한다.

PART

03

공개 기출문제

01 주로 짧은 헤어스타일의 헤어커트 시 두부 상부에 있는 두발은 길고 하부로 갈수록 짧게 커트해서 두발의 길이에 작은 단차가 생기게 한 커트 기법은?

① 스퀘어 커트(Square Cut)
② 원랭스 커트(One Length Cut)
③ 레이어 커트(Layer Cut)
④ 그라데이션 커트(Gradation Cut)

해당 설명은 그라데이션 커트에 대한 설명입니다. 그럼 다른 커트들은 어떻게 나오는지 알아야겠죠?

오답 피하기

① 스퀘어 커트
• 섹션라인이 수직으로 떨어지게 자르는 커트이다.
• 베이스 온 더 베이스, 프리 베이스, 사이드 베이스, 오프 더 베이스 등이 혼합되어 있다.
② 원랭스 커트
• 완성된 두발을 빗으로 빗어 내렸을 때 모든 두발이 하나의 선상으로 떨어지도록 커트한다.
• 이사도라, 스파니엘, 보브 커트
③ 레이어 커트
• 두피 면에서의 모발의 각도를 90도 이상으로 커트한다.
• 머리형이 가볍고 부드러워 다양한 스타일을 만들 수 있다.
• 네이프라인에서 탑 부분으로 올라가면서 모발의 길이가 점점 짧아지는 커트이다.

02 한국의 고대 미용의 발달사를 설명한 것 중 틀린 것은?

① 헤어스타일(모발형)에 관해서 문헌에 기록된 고구려 벽화는 없었다.
② 헤어스타일(모발형)은 신분의 귀천을 나타냈다.
③ 헤어스타일(모발형)은 조선시대 때 쪽진머리, 큰머리, 조짐머리가 성행하였다.
④ 헤어스타일(모발형)에 관해서 삼한시대에 기록된 내용이 있다.

한국의 고대 미용은 고대 벽화들에서도 확인할 수 있는데, 특히 무용총과 쌍영총 등의 고분벽화에서 볼 수 있다.

03 미용의 필요성으로 가장 거리가 먼 것은?

① 인간의 심리적 욕구를 만족시키고 생산의 욕을 높이는 데 도움을 주므로 필요하다.
② 미용의 기술로 외모의 결점 부분까지도 보완하여 개성미를 연출해 주므로 필요하다.
③ 노화를 전적으로 방지해 주므로 필요하다.
④ 현대생활에서는 상대방에게 불쾌감을 주지 않는 것이 중요하므로 필요하다.

미용은 아름다움을 추구하며, 노화를 방지하고, 미적 욕망을 충족시키려는 목적이 있지만 노화를 전적으로 방지해 주지는 않는다.

04 프라이머의 사용 방법이 아닌 것은?

① 프라이머는 한 번만 바른다.
② 주요 성분은 메타크릴릭산(Methacrylic Acid)이다.
③ 피부에 닿지 않게 조심해서 다루어야 한다.
④ 아크릴 볼이 잘 접착되도록 자연 손톱에 바른다.

네일 프라이머는 산성제품으로 피부에 닿으면 통증이 유발되며 인조네일을 하기 전에 잘 접착되는 용도로 사용된다. 한 번만 바르지는 않고 1~2회 도포한다.

권쌤의 노하우

기출문제가 출제될 시점에는 미용사(네일) 자격증 시험이 시행되기 전이라 네일 문제가 간혹 섞여서 나올 수 있습니다. 해당 문제는 네일제품에 관련된 문제입니다.

정답 01 ④ 02 ① 03 ③ 04 ①

05 동물의 부드럽고 긴 털을 사용한 것이 많고 얼굴이나 턱에 붙은 털이나 비듬 또는 백분을 떨어내는 데 사용하는 브러시는?

① 포마드 브러시　　② 쿠션 브러시
③ 훼이스 브러시　　④ 롤 브러시

훼이스 브러시(Facee Brush)는 부드러운 털로 되어 있어서 털, 파우더, 등을 털어내는 데 사용한다.

06 누에고치에서 추출한 성분과 난황성분을 함유한 샴푸제로서 모발에 영양을 공급해 주는 샴푸는?

① 산성 샴푸(Acid Shampoo)
② 컨디셔닝 샴푸(Conditioning Shampoo)
③ 프로틴 샴푸(Protein Shampoo)
④ 드라이 샴푸(Dry Shampoo)

단백질(케라틴)을 원료로 사용하는 샴푸로 모발의 탄력을 회복시키고 강도를 증가시키는 샴푸는 프로틴 샴푸이다.

07 전체적인 머리 모양을 종합적으로 관찰하여 수정 보완시켜 완전히 끝맺도록 하는 것은?

① 통칙　　② 제작
③ 보정　　④ 구상

미용의 4단계 과정은 [소재의 확인-구상-제작-보정]이다. 보정 단계는 최종적으로 형태와 조화를 점검하고 미세 조정을 통해 고객의 만족을 이끌어내는 완성 단계이므로 보정이 정답이다.

08 과산화수소(산화제) 6%의 설명이 옳은 것은?

① 10볼륨　　② 20볼륨
③ 30볼륨　　④ 40볼륨

6% 과산화수소는 머리카락 내의 멜라닌 색소를 분해하여 밝게 하는 데 사용된다. 농도에 따라서 볼륨이 달라지는데 3%는 10볼륨, 6%는 20볼륨, 9%는 30볼륨이다.

B 권쌤의 노하우

볼륨은 용액 1L가 분해될 때 방출되는 산소의 양(L)으로 20 볼륨의 과산화수소는 1L의 과산화수소 용액이 완전히 분해될 때 20L의 산소를 방출함을 의미합니다.

09 헤어세트용 빗의 사용과 취급방법에 대한 설명 중 틀린 것은?

① 두발의 흐름을 아름답게 매만질 때는 빗살이 고운살 로 된 세트빗을 사용한다.
② 엉킨 두발을 빗을 때는 빗살이 얼레살로 된 얼레빗을 사용한다.
③ 빗은 사용 후 브러시로 털거나 비눗물에 담가 브러시 로 닦은 후 소독하도록 한다.
④ 빗의 소독은 손님 약 5인에게 사용했을 때 1회씩 하는 것이 적합하다.

빗은 손님 1명이 사용하면 바로 소독하는 게 좋다.

10 마셀 웨이브 시술에 관한 설명 중 틀린 것은?

① 프롱은 아래쪽, 그루브는 위쪽을 향하도록 한다.
② 아이론의 온도는 120~140℃를 유지시킨다.
③ 아이론을 회전시키기 위해서는 먼저 아이론을 정확하게 쥐고 반대쪽에 45° 각도로 위치시킨다.
④ 아이론의 온도가 균일할 때 웨이브가 일률적으로 완성된다.

그루브(클램프)는 홈이 파여 있는 부분으로 프롱에 얹어진 모발을 고정한다. 그루브가 밑으로, 프롱이 위로 되어 있는 형태로 사용한다.

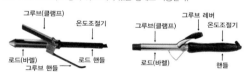

11 모발의 결합 중 수분에 의해 일시적으로 변형되며, 드라이어의 열을 가하면 다시 결합되어 형태가 만들어지는 결합은?

① S-S 결합
② 펩타이드 결합
③ 수소 결합
④ 염 결합

모발의 주요 구성 요소인 케라틴 단백질 사이의 수소 결합은 상대적으로 약하며, 물이나 열을 통해 쉽게 끊어지고 재결합될 수 있다.

12 다음 중 염색시술 시 모표피의 안정과 염색의 퇴색을 방지하기 위해 가장 적합한 것은?

① 샴푸(Shampoo)
② 플레인 린스(Plain Rinse)
③ 알칼리 린스(Alkali Rinse)
④ 산성균형 린스(Acid Balanced Rinse)

염색의 퇴색을 방지하기 위해서 가장 적합한 건 pH 밸런스를 조정하는 제품, 산성균형 린스(Acid Balanced Rinse)가 적합하다.
산성균형 린스는 모발 보호, 색상 유지, 손상 보호 등의 효과가 있다.

오답 피하기
② 모발의 표면을 매끄럽게 하여 광택을 주고, 정전기 방지 효과를 가지고 있는 기본적인 형태의 린스이다.
③ 알칼리성(pH 7 초과)의 린스로, 모발을 약간 팽창시켜 염색이나 펌과 같은 화학 처리가 모발 내부에 더 잘 침투하도록 도와주는 제품이다.

13 원형 얼굴을 기본형에 가깝도록 하기 위한 각 부위의 화장법으로 옳은 것은?

① 얼굴의 양 관자놀이 부분을 화사하게 해 준다.
② 이마와 턱의 중간부는 어둡게 해 준다.
③ 눈썹은 활모양이 되지 않도록 약간 치켜 올린듯하게 그린다.
④ 콧등은 뚜렷하고 자연스럽게 뻗어 나가도록 어둡게 표현한다.

지금은 미용사(메이크업) 문제에서 출제되는 타입이다. 메이크업은 자신의 얼굴의 형태를 계란형으로 보이게 만드는 것이 목적으로 원형 얼굴은 아치형 눈썹(자연스러운 아치형은 얼굴을 더 길고 갸름해 보이게 하는 효과)이나 약간 각진 눈썹(날카롭지 않으면서도 약간의 각을 주는 눈썹 모양)이 잘 어울린다.

14 두부 라인의 명칭 중에서 코의 중심을 통해 두부 전체를 수직으로 나누는 선은?

① 정중선
② 측중선
③ 수평선
④ 측두선

정중선은 C.P부터 N.P까지 이어 두피를 세로로 둘로 나누는 선이다.

15 다음 중 스퀘어 파트에 대하여 설명한 것은?

① 이마의 양쪽은 사이드 파트를 하고, 두정부 가까이에서 얼굴의 두발이 난 가장자리와 수평이 되도록 모나게 가르마를 타는 것
② 이마의 양각에서 나누어진 선이 두정부에서 함께 만난 세모꼴의 가르마를 타는 것
③ 사이드(Side) 파트로 나눈 것
④ 파트의 선이 곡선으로 된 것

오답 피하기
② 트라이앵귤러 파트
③ 사이드 파트
④ 라운드 사이드 파트

16 헤어 샴푸의 목적과 가장 거리가 먼 것은?

① 두피와 두발에 영양을 공급
② 헤어트리트먼트를 쉽게 할 수 있는 기초
③ 두발의 건전한 발육 촉진
④ 청결한 두피와 두발을 유지

두피와 두발에 영양을 공급하는 건 샴푸가 아니라 트리트먼트의 역할이다.

17 건강모발의 pH 범위는?

① pH 3~4
② pH 4.5~5.5
③ pH 6.5~7.5
④ pH 8.5~9.5

건강모발의 pH는 4.5~5.5, 건강한 피부의 pH는 5.5~6.5이다.

정답 11 ③ 12 ④ 13 ③ 14 ① 15 ① 16 ① 17 ②

18 옛 여인들의 머리 모양 중 뒤통수에 낮게 머리를 땋아 틀어 올리고 비녀를 꽂은 머리 모양은?

① 민머리 ② 얹은머리
③ 풍기병식 머리 ④ 쪽진 머리

쪽진 머리는 역사적으로 동아시아, 특히 한국과 중국에서 볼 수 있었던 전통적인 머리 모양으로 특히 조선 시대 한국에서 널리 보급된 머리 스타일이다.

19 다음은 모발의 구조와 성질을 설명한 내용이 맞지 <u>않는</u> 것은?

① 두발은 주요 부분을 구성하고 있는 모표피, 모피질, 모수질 등으로 이루어졌으며, 주로 탄력성이 풍부한 단백질로 이루어져 있다.
② 케라틴은 다른 단백질에 비하여 유황의 함유량이 많은데, 황(S)은 시스틴(Cystine)에 함유되어 있다.
③ 시스틴 결합(−S−S−)은 알칼리에는 강한 저항력을 갖고 있으나 물, 알코올, 약산성이나 소금류에 대해서 약하다.
④ 케라틴의 폴리펩타이드는 쇠사슬 구조로서, 두발의 장축방향(長軸方向)으로 배열되어 있다.

시스틴 결합(디설파이드 결합(−S−S−)은 알칼리에 저항력을 가지고 있지만 물, 알코올, 약산성이나 소금류, 강한 환원제에는 시스틴 결합이 분해될 수 있다.

20 퍼머 2액의 취소산염류의 농도로 옳은 것은?

① 1~2% ② 3~5%
③ 6~7.5% ④ 8~9.5%

퍼머넌트(Permanents) 2액은 취소산나트륨(브로민산나트륨)과 취소산칼륨(브로민산칼륨)이 주로 사용되며 적정 농도는 3~5%이다.

21 고기압 상태에서 올 수 있는 인체 장애는?

① 안구 진탕증
② 잠함병
③ 레이노이드병
④ 섬유증식증

잠함병은 감압병, 잠수부병이라고도 한다.

오답 피하기

① 무의식적으로 눈이 떨리며 움직이는 증상이다.
③ 과도한 혈관 수축으로 인하여 손가락에 혈액이 공급되지 않아 창백하게 변하는 병이다.
④ 조직이 손상된 후, 해당 부위에 섬유질 조직이 과도하게 증가하는 상태이다.

22 접촉자의 색출 및 치료가 가장 중요한 질병은?

① 성병
② 암
③ 당뇨병
④ 일본뇌염

성병중 임질(Gonorrhea)과 매독(Syphilis)은 무증상 전파가 가능하여 치료하지 않을 경우 심각한 건강 문제를 야기할 수 있기 때문에, 감염된 사람과 성적 접촉이 있었던 모든 사람들의 신속한 색출과 치료가 중요하다.

23 다음 기생충 중 산란과 동시에 감염능력이 있으며 건조에 저항성이 커서 집단감염이 가장 잘되는 기생충은?

① 회충
② 십이지장충
③ 광절열두조충
④ 요충

요충 감염증은 주로 항문 주위 가려움증(항문 소양증)을 유발하며, 감염경로는 주로 '항문-구강'이다. 감염된 사람이 항문을 긁은 후 손을 통해 요충의 알이 환경에 퍼지고, 이 알이 다른 사람의 손이나 물건을 통해 입으로 들어가면서 감염이 이루어진다. 직접적인 접촉이나 오염된 물건, 식품을 통해서도 전파될 수 있다. 어린이 집단시설 같은 곳에서 전파되기 쉽다.

정답 18 ④ 19 ③ 20 ② 21 ② 22 ① 23 ④

24 보건행정의 정의에 포함되는 내용과 가장 거리가 먼 것은?

① 국민의 수명연장
② 질병예방
③ 공적인 행정활동
④ 수질 및 대기보전

보건행정은 개인과 공동체의 건강 증진, 의료 서비스의 질 개선, 의료 자원의 효율적 배분, 건강 관련 정책의 개발 및 실행을 목표로 한다. 하지만 수질 및 대기보전은 보건의 정의 정의나 목적에 포함되지 않는다.

25 생물학적 산소요구량(BOD)과 용존산소량(DO)의 값은 어떤 관계가 있는가?

① BOD와 DO는 무관하다.
② BOD가 낮으면 DO는 낮다.
③ BOD가 높으면 DO는 낮다.
④ BOD가 높으면 DO도 높다.

- 생물학적 산소요구량(BOD ; Biological Oxygen Demand) : 물 속에 존재하는 유기물이 미생물에 의해 분해될 때 필요한 산소의 양이다.
- 용존산소량(DD ; Dissolved Oxygen) : 물 속에 용해되어 있는 산소의 양이다.
- 화학적 산소요구량(COD ; Chemical Oxygen Demand) : 유기물과 일부 무기물을 산화시키는 데 필요한 산소의 양으로 오·폐수, 하수 등의 오염지표로 사용된다.

26 장티푸스, 결핵, 파상풍 등의 예방접종은 어떤 면역인가?

① 인공 능동면역
② 인공 수동면역
③ 자연 능동면역
④ 자연 수동면역

예방 접종을 통해 획득되는 면역이다.

오답 피하기

② 항체를 직접 주입하여 발생하는 단기간의 면역이다.
③ 개인이 직접 병원체에 노출되어 그 병원체에 대한 면역 반응을 경험하고 얻을 수 있는 면역이다.
④ 어머니로부터 아기가 받는 면역이다.

27 식품을 통한 식중독 중 독소형 식중독은?

① 포도상구균 식중독
② 살모넬라균에 의한 식중독
③ 장염 비브리오 식중독
④ 병원성 대장균 식중독

식품 내에서 번식하며 엔테로톡신(Enterotoxins)이라는 독소를 생성하는 독소형 식중독이다. 섭취 시 구토, 설사, 복통 등의 증상이 나타난다.

오답 피하기

② 감염된 동물성 식품(예 날달걀, 날고기) 섭취로 인해 발생하며 균 자체가 장 내에서 번식하여 발생하는 감염형 식중독
③ 오염된 해산물 섭취로 인해 발생균이 인체 내에서 번식하여 발생하는 감염형 식중독
④ 오염된 음식이나 물을 통해 섭취되며, 또는 균이 장내에서 독소를 생성하여 발생되는 감염형 식중독

28 야간작업의 폐해가 아닌 것은?

① 주야가 바뀐 부자연스러운 생활
② 수면 부족과 불면증
③ 피로회복 능력 강화와 영양 저하
④ 식사시간, 습관의 파괴로 소화불량

야간작업 시 폐해로 피로회복 능력의 강화보다는 피로회복 능력의 저하가 일어날 수 있다.

29 일반적으로 이·미용업소의 실내 쾌적 습도 범위로 가장 알맞은 것은?

① 10~20%
② 20~40%
③ 40~70%
④ 70~90%

실내의 쾌적한 습도는 40~70%이다.

30 다음 중 환경보전에 영향을 미치는 공해 발생원인으로 가장 먼 것은?

① 실내의 흡연
② 산업장 폐수방류
③ 공사장의 분진 발생
④ 공사장의 굴착작업

실내의 흡연은 공해 발생원인보다는 실내 공기오염으로 볼 수 있다.

31 소독과 멸균에 관련된 용어 해설 중 틀린 것은?

① 살균 : 생활력을 가지고 있는 미생물을 여러 가지 물리·화학적 작용에 의해 급속히 죽이는 것을 말한다.
② 방부 : 병원성 미생물의 발육과 그 작용을 제거하거나 정지시켜서 음식물의 부패나 발효를 방지하는 것을 말한다.
③ 소독 : 사람에게 유해한 미생물을 파괴시켜 감염의 위험성을 제거하는 비교적 강한 살균작용으로 세균의 포자까지 사멸하는 것을 말한다.
④ 멸균 : 병원성 또는 비병원성 미생물 및 포자를 가진 것을 전부 사멸 또는 제거하는 것을 말한다.

소독은 세균의 포자까지 사멸시키지 못한다.

권쌤의 노하우

포자란, 세균이 극한의 환경(고온, 건조, 영양분 부족)에서 생존하기 위해 형성하는 것으로 내구성이 강하며, 불리한 조건을 견딜 수 있게 하는 것입니다.

32 이상적인 소독제의 구비조건과 거리가 먼 것은?

① 생물학적 작용을 충분히 발휘할 수 있어야 한다.
② 빨리 효과를 내고 살균 소요시간이 짧을수록 좋다.
③ 독성이 적으면서 사용자에게도 자극성이 없어야 한다.
④ 원액 혹은 희석된 상태에서 화학적으로는 불안정된 것이라야 한다.

소독제는 생물학적 작용을 충분히 발휘할 수 있고, 빨리 효과를 내고 살균 소요시간이 짧아야 하며, 독성이 적으면서 사용자에게도 자극성이 없어야 한다. 그리고 원액 혹은 희석된 상태에서 화학적으로는 안정된 것이라야 한다.

33 소독약 10mL를 용액(물) 40mL와 혼합하면 몇 %의 수용액이 되는가?

① 2%   ② 10%
③ 20%   ④ 50%

소독약 10mL를 용액(물) 40mL에 혼합할 경우.
• 전체 용액의 부피
　[소독약 부피 + 물의 부피]
　= 10mL + 40mL = 50mL
• 소독약 농도(%)
　이를 백분율(%)로 표현을 변환하면
　= (소독약 부피/전체 용액 부피) × 100
　= (10mL/50mL) × 100
　= 0.2 / 100 = 20%
　따라서, 소독약 10mL를 용액(물) 40mL에 혼합하면 20%의 수용액이 된다.

34 건열멸균법에 대한 설명 중 틀린 것은?

① 드라이 오븐(Dry Oven)을 사용한다.
② 유리제품이나 주사기 등에 적합하다.
③ 젖은 손으로 조작하지 않는다.
④ 110~130℃에서 1시간 내에 실시한다.

일반적인 건열멸균의 조건은 160℃에서 2시간 또는 170℃에서 1시간 정도이다.

정답　30 ①　31 ③　32 ④　33 ③　34 ④

35 이·미용업소에서 종업원이 손을 소독할 때 가장 보편적이고 적당한 것은?

① 승홍수
② 과산화수소
③ 역성비누
④ 석탄수

이·미용업소에서 종업원이 손을 소독할 때 가장 보편적이고 적당한 것은 역성비누이다.

36 살균력이 좋고 자극성이 적어서 상처소독에 많이 사용되는 것은?

① 승홍수
② 과산화수소
③ 포르말린
④ 석탄산

상처소독에 주로 사용하는 것은 과산화수소이다.

오답 피하기

승홍수, 석탄산, 포르말린은 매우 자극적이며, 피부와 점막에 대한 독성이 있어서 접촉 시 심각한 화학적 화상을 일으킬 수 있다.

37 다음 중 음용수의 소독에 사용되는 소독제는?

① 표백분
② 염산
③ 과산화수소
④ 요오드팅크

주성분이 염소인 표백분은 물 소독에 사용될 수 있지만, 주로 수영장물 처리나 폐수 처리 등에 쓰인다. 음용수 처리에도 사용될 수 있으나 적절한 농도 조절과 후처리가 필요하다.

오답 피하기

② 염산은 강산으로, 음용수 소독에 사용되지 않는다.
③ 과산화수소는 물 소독제로 사용하며, 미생물의 세포벽을 파괴하여 박테리아·바이러스·곰팡이 등을 비활성화하는 데 효과적이고 환경에 대한 부담이 적고, 처리 후 잔류물이 거의 남지 않는다는 장점이 있다. 음용수 처리·수영장 물 소독·산업용수 처리에 사용한다.
④ 주로 피부 소독이나 상처 치료에 사용된다. 음용수 소독에 사용하지 않는다.

38 다음 중 음용수의 소독방법으로 가장 적당한 방법은?

① 일광소독
② 자외선등 사용
③ 염소소독
④ 증기소독

보편적으로 액체 염소, 염소산나트륨(표백제), 염소산 칼슘 등을 사용한다.

39 이·미용실의 기구(가위, 레이저) 소독으로 가장 적당한 약품은?

① 70~80%의 알코올
② 100~200배 희석 역성비누
③ 5% 크레졸비누액
④ 50%의 페놀액

70~80%의 알코올을 추천한다.

오답 피하기

② 100~200배 희석 역성비누와 ③ 5% 크레졸비누액은 사용할 수는 있지만 알코올만큼 효과적이진 않다.
④ 50%의 페놀액 : 자극적이며 독성이 있어서 사용하지 않는다.

40 소독작용에 영향을 미치는 요인에 대한 설명으로 <u>틀린</u> 것은?

① 온도가 높을수록 소독 효과가 크다.
② 유기물질이 많을수록 소독 효과가 크다.
③ 접속시간이 길수록 소독 효과가 크다.
④ 농도가 높을수록 소독 효과가 크다.

유기물질은 세균 같은 유기체의 물질들이며, 많을수록 소독효과가 떨어진다.

41 다음 중 탄수화물, 지방, 단백질의 3가지를 지칭하는 것은?

① 구성영양소
② 열량영양소
③ 조절영양소
④ 구조영양소

탄수화물, 지방, 단백질은 열량영양소로 열량을 내는 3가지의 영양소이다.
• 탄수화물 : g당 약 4kcal   • 단백질 : g당 약 4Kcal
• 지방 : g당 약 9kcal

정답 35 ③ 36 ② 37 ①, ③ 38 ③ 39 ① 40 ② 41 ②

42 다음 중 기초화장품의 주된 사용 목적에 속하지 않는 것은?

① 세안
② 피부정돈
③ 피부보호
④ 피부채색

피부 채색은 메이크업화장품의 목적이다.

43 상피조직의 신진대사에 관여하며 각화정상화 및 피부재생을 돕고 노화방지에 효과가 있는 비타민은?

① 비타민 C
② 비타민 E
③ 비타민 A
④ 비타민 K

비타민 A는 지용성 비타민으로 다음과 같은 작용을 한다.
• 시각 기능 유지 : 망막에서 로돕신이라는 물질의 구성 요소로 작용한다.
• 세포 성장과 분화 : 피부, 점막 및 여러 장기의 정상적인 발달에 작용한다.
• 항산화 작용 : 세포를 손상시킬 수 있는 자유 라디칼로부터 보호하여 만성 질환의 위험을 감소시키는 데 도움을 준다.

44 다음 중 일반적으로 건강한 모발의 상태는?

	단백질	수분	pH
①	10~20%	10~15%	2.5~4.5
②	20~30%	70~80%	4.5~5.5
③	50~60%	25~40%	7.5~8.5
④	70~80%	10~15%	4.5~5.5

건강한 모발의 조건은 다음과 같다.
• 단백질 : 70~80%
• 수분 : 10~15%
• pH 4.5~5.5

45 다음 중 글리세린의 가장 중요한 작용은?

① 소독 작용
② 수분유지 작용
③ 탈수 작용
④ 금속염제거 작용

피부나 다른 표면에 수분을 유지하도록 돕는 물질로, 보습제로 널리 사용된다.

46 다음 중 멜라닌 색소를 함유하고 있는 부분은?

① 모표피
② 모피질
③ 모수질
④ 모유두

모피질(Hair Cortex)은 강도, 색상, 질감 등을 결정하는 역할을 한다.

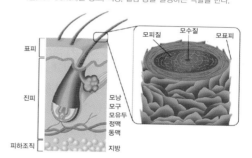

47 피지선의 활성을 높여 주는 호르몬은?

① 안드로겐
② 에스트로겐
③ 인슐린
④ 멜라닌

안드로겐은 테스토스테론과 함께 피지샘에 작용하여 피지샘의 성장과 발달에 영향을 주고, 피지샘을 자극하여 피지를 생산하게 한다.

정답 42 ④ 43 ③ 44 ④ 45 ② 46 ② 47 ①

48 다음 중 식물성 오일이 <u>아닌</u> 것은?

① 아보카도 오일　　② 피마자 오일
③ 올리브 오일　　　④ 실리콘 오일

실리콘 오일은 화학 오일이다.

49 피부의 기능이 <u>아닌</u> 것은?

① 피부는 강력한 보호 작용을 지니고 있다.
② 피부는 체온의 외부발산을 막고 외부온도
　변화를 내부로 전달하는 작용을 한다.
③ 피부는 땀과 피지를 통해 노폐물을 분비,
　배설한다.
④ 피부도 호흡한다.

피부는 체온의 외부발산을 막고 외부온도 변화가 내부로 전해지는 것을 막는
작용을 한다.

50 여러 가지 꽃 향의 혼합된 세련되고 로맨틱한 향
으로 아름다운 꽃다발을 안고 있는 듯, 화려하면
서도 우아한 느낌을 주는 향수의 타입은?

① 싱글 플로럴(Single Floral)
② 플로럴 부케(Floral Boupuet)
③ 우디(Woody)
④ 오리엔탈(Oriental)

여러 가지 꽃의 향은 플로럴 부케향으로 볼 수 있다.

오답 피하기

① 한 가지 꽃으로 만들어진 향수이다.
③ 나무향이 메인인 향수이다.
④ 꽃, 향신료, 나무, 동물의 머스크나 바닐라와 같은 달콤하고 풍부한 성분으
　로 복잡한 향의 조합이 특징이다.

51 공중위생관리법에서 규정하고 있는 공중위생영
업의 종류에 해당하지 <u>않는</u> 것은?

① 이 · 미용업　　　② 위생관리용역업
③ 학원영업　　　　④ 세탁업

공중위생영업에는 이 · 미용업, 세탁업, 건물위생관리업(구 위생관리용역업),
숙박업, 목욕장업 등이 포함되어 있다.

52 영업소 외의 장소에서 이 · 미용 업무를 행할 수
있는 경우가 <u>아닌</u> 것은?

① 질병으로 영업소에 나올 수 없는 경우
② 결혼식 등의 의식 직전은 경우
③ 손님의 간곡한 요청이 있을 경우
④ 시장 · 군수 · 구청장이 인정하는 경우

공중위생관리법에 따라 ① · ② · ④의 경우는 영업소 외의 장소에서 이 · 미
용 업무를 행할 수 있다.

53 영업자의 지위를 승계한 자로서 신고를 하지 아
니하였을 경우 해당하는 처벌기준은?

① 1년 이하의 징역 또는 1천만원 이하의 벌금
② 6월 이하의 징역 또는 500만원 이하의 벌금
③ 200만원 이하의 벌금
④ 100만원 이하의 벌금

영업자의 지위를 승계한 자로서 신고를 하지 아니한 때에는, 6월 이하의 징역
또는 500만원 이하의 벌금에 처한다.

54 공익상 또는 선량한 풍속유지를 위하여 필요하
다고 인정하는 경우에 이 · 미용업의 영업시간
및 영업행위에 관한 필요한 제한을 할 수 있는
자는?

① 관련 전문기관 및 단체장
② 보건복지부장관
③ 시 · 도지사
④ 시장 · 군수 · 구청장

영업의 제한은 주체는 시 · 도지사이다.

55 다음 중 이 · 미용사 면허를 취득할 수 <u>없는</u> 자는?

① 면허 취소 후 1년 경과자
② 독감환자
③ 마약중독자
④ 전과기록자

....

공중위생관리법 등에 따라 마약 중독과 같이 공중위생에 심각한 위해를 끼칠 수 있는 상태의 사람은 이 · 미용업 등 공중위생 관련 업무를 수행할 수 없다.

56 처분기준이 2백만원 이하의 과태료가 <u>아닌</u> 것은?

① 규정을 위반하여 영업소 이외 장소에서 이 · 미용업무를 행한 자
② 위생교육을 받지 아니한 자
③ 위생 관리 의무를 지키지 아니한 자
④ 관계 공무원의 출입 · 검사 · 기타 조치를 거부 · 방해 또는 기피한 자

....

공중위생관리법 제22조 제1항 제4호에 의거하여, 관계 공무원의 출입 · 검사 · 기타 조치를 거부 · 방해 또는 기피한 경우 300만원 이하의 과태료에 처한다.

57 다음 중 이 · 미용사 면허를 받을 수 <u>없는</u> 경우에 해당하는 것은?

① 전문대학 또는 동등 이상의 학력이 있다고 교육과학 기술부장관이 인정하는 학교에서 이용 또는 미용에 관한 학과 졸업자
② 교육과학기술부장관이 인정하는 인문계 학교에서 1년 이상 이 · 미용사자격을 취득한 자
③ 국가기술자격법에 의한 이 · 미용사자격을 취득한 자
④ 교육과학기술부장관이 인정한 고등기술학교에서 1년 이상 이 · 미용에 관한 소정의 과정을 이수한 자

....

교육과학기술부장관(현 교육부장관)이 인정하는 인문계 학교에서 1년 이상 이 · 미용사자격을 취득한 자는 인문계 학교가 아니라 고등기술학교라고 변경되어야 한다.

58 이 · 미용기구의 소독기준 및 방법을 정한 것은?

① 대통령령
② 보건복지부령
③ 환경부령
④ 보건소령

....

이 · 미용기구의 소독기준은 보건복지부령으로 정한다.

59 이 · 미용업자의 준수사항 중 <u>틀린</u> 것은?

① 소독한 기구와 하지 아니한 기구는 각각 다른 용기에 넣어 보관할 것
② 조명은 75럭스 이상 유지되도록 할 것
③ 신고증과 함께 면허증 사본을 게시할 것
④ 1회용 면도날은 손님 1인에 한하여 사용할 것

....

영업신고증과 함께 면허증 원본을 게시해야 한다.

60 공중위생관리법상의 위생교육에 대한 설명 중 옳은 것은?

① 위생교육 대상자는 이 · 미용업 영업자이다.
② 위생교육 대상자는 이 · 미용사이다.
③ 위생교육 시간은 매년 8시간이다.
④ 위생교육은 공중위생관리법 위반자에 한하여 받는다.

....

위생교육 대상자는 이 · 미용업 영업자이다.

오답 피하기

③ 위생교육 시간은 매년 3시간이다.
④ 위생교육은 최초 영업신고 전, 영업 시 매년 받는다.

....

01 다음 용어의 설명으로 틀린 것은?

① 버티컬 웨이브(Vertical Wave) : 웨이브 흐름이 수평
② 리세트(Reset) : 세트를 다시 마는 것
③ 호리존탈 웨이브(Horizontal Wave) : 웨이브 흐름이 가로 방향
④ 오리지널 세트(Original Set) : 기초가 되는 최초의 세트

버티컬 웨이브(Vertical Wave)는 웨이브 흐름이 수직인 것을 의미한다.

02 핑거웨이브(Finger Wave)와 관계없는 것은?

① 세팅로션, 물, 빗
② 크레스트(Crest), 리지(Ridge), 트로프(Trough)
③ 포워드비기닝(Forward Beginning), 리버스비기닝(Reverse Beginning)
④ 테이퍼링(Tapering), 싱글링(Shingling)

테이퍼링(Tapering)과 싱글링(Shingling)은 핑거웨이브와 관계가 없다.

오답 피하기
① 핑거웨이브(Finger Wave)는 세팅로션, 물, 빗을 사용하여 손가락과 빗으로 머리에 웨이브를 만드는 기법이다.
② 크레스트(Crest), 리지(Ridge), 트로프(Trough)는 웨이브를 형성하는 요소들이다.
③ 포워드비기닝(Forward Beginning)과 리버스비기닝(Reverse Beginning)도 핑거웨이브의 시작 방향을 설명하는 용어이다.

03 스캘프 트리트먼트(Scalp Treatment)의 시술과정에서 화학적 방법과 관련 없는 것은?

① 양모제　　　② 헤어토닉
③ 헤어크림　　④ 헤어스티머

스캘프 트리트먼트(Scalp Treatment)에서 화학적 방법과 관련된 제품으로는 양모제, 헤어토닉, 헤어크림 등이 있다. 반면, 헤어스티머는 열을 이용하여 두피와 모발을 관리하는 기기로, 화학적 방법과는 관련이 없다.

04 빗(Comb)의 손질법에 대한 설명으로 틀린 것은? (단, 금속 빗은 제외)

① 빗살 사이의 때는 솔로 제거하거나 심한 경우는 비눗물에 담근 후 브러시로 닦고 나서 소독한다.
② 증기소독과 자비소독 등 열에 의한 소독과 알코올 소독을 해 준다.
③ 빗을 소독할 때는 크레졸수, 역성비누액 등이 이용되며, 세정이 바람직하지 않은 재질은 자외선으로 소독한다.
④ 소독용액에 오랫동안 담가 두면 빗이 휘어지는 경우가 있어 주의하고 끄집어낸 후 물로 헹구고 물기를 제거한다.

나무나 플라스틱 빗은 열에 의해(증기소독, 자비소독) 변형될 수 있으므로 열소독은 적절하지 않다.

05 다음 중 헤어블리치에 관한 설명으로 틀린 것은?

① 과산화수소는 산화제이고 암모니아수는 알칼리제이다.
② 헤어블리치는 산화제의 작용으로 두발의 색소를 엷게 한다.
③ 헤어블리치제는 과산화수소에 암모니아수 소량을 더하여 사용한다.
④ 과산화수소에서 방출된 수소가 멜라닌색소를 파괴시킨다.

헤어블리치 과정에서 과산화수소(H_2O_2)는 산화제로 작용하여 멜라닌 색소를 산화시킨다. 과산화수소에서 방출된 산소(O_2)가 멜라닌 색소를 파괴하는 것이다. 따라서 수소가 멜라닌 색소를 파괴한다는 설명은 잘못되었다.

정답 01 ① 　02 ④ 　03 ④ 　04 ② 　05 ④

06 네일 에나멜(Nail Enamel)에 함유된 주된 필름 형성제는?

① 톨루엔(Toluent)
② 메타크릴산(Methacrylic Acid)
③ 니트로셀룰로오스(Nitro Cellulose)
④ 라놀린(Lanoline)

니트로셀룰로오스는 네일 에나멜에서 중요한 성분으로, 네일 에나멜이 손톱 위에 얇고 단단한 필름을 형성하도록 돕는다.

07 두발이 지나치게 건조해 있을 때나 두발의 염색에 실패했을 때의 가장 적합한 샴푸 방법은?

① 플레인 샴푸
② 에그 샴푸
③ 약산성 샴푸
④ 토닉 샴푸

에그 샴푸는 계란에 포함된 단백질과 영양소가 두발에 영양을 공급하고 건조한 상태를 개선하는 데 도움이 된다.

08 미용의 과정이 바른 순서로 나열된 것은?

① 소재 → 구상 → 제작 → 보정
② 소재 → 보정 → 구상 → 제작
③ 구상 → 소재 → 제작 → 보정
④ 구상 → 제작 → 보정 → 소재

미용의 과정에서 일반적으로 바른 순서는 다음과 같다.
소재 → 구상 → 제작 → 보정
1. **소재** : 스타일이나 디자인에 필요한 재료(소재)를 준비하는 단계이다.
2. **구상** : 어떤 스타일이나 디자인을 할지 계획하고 구상하는 단계이다.
3. **제작** : 실제로 스타일이나 디자인을 만드는 단계이다.
4. **보정** : 만들어진 스타일이나 디자인을 마지막으로 수정하고 다듬는 단계이다.

09 다음 중 커트를 하기 위한 순서로 가장 옳은 것은?

① 위그 → 수분 → 빗질 → 블로킹 → 슬라이스 → 스트랜드
② 위그 → 수분 → 빗질 → 블로킹 → 스트랜드 → 슬라이스
③ 위그 → 수분 → 슬라이스 → 빗질 → 블로킹 → 스트랜드
④ 위그 → 수분 → 스트랜드 → 빗질 → 블로킹 → 슬라이스

커트를 하기 위한 일반적인 순서는 다음과 같다.
위그 → 수분 → 빗질 → 블로킹 → 슬라이스 → 스트랜드
1. **위그** : 커트를 시작하기 전에 위그(가발)를 준비한다.
2. **수분** : 머리를 적셔서 자르기 쉽게 한다.
3. **빗질** : 머리를 빗어서 엉킴을 풀고 정리한다.
4. **블로킹** : 머리를 섹션으로 나누어 블로킹한다.
5. **슬라이스** : 자를 부분을 슬라이스로 나눈다.
6. **스트랜드** : 각 스트랜드(섹션)를 따라 커트한다.

10 첩지에 대한 내용으로 틀린 것은?

① 첩지의 모양은 봉과 개구리 등이 있다.
② 첩지는 조선시대 사대부의 예장 때 머리 위 가르마를 꾸미는 장식품이다.
③ 왕비는 은 개구리첩지를 사용하였다.
④ 첩지는 내명부나 외명부의 신분을 밝혀 주는 중요한 표시이기도 했다.

왕비는 금으로 만든 개구리첩지를 사용하였다. 은 개구리첩지는 왕비가 아닌 다른 계급의 여성이 사용하였다.

11 레이어드 커트(Layered Cut)의 특징이 <u>아닌</u> 것은?

① 커트라인이 얼굴정면에서 네이프라인과 일직선인 스타일이다.
② 두피 면에서의 모발의 각도를 90도 이상으로 커트한다.
③ 머리형이 가볍고 부드러워 다양한 스타일을 만들 수 있다.
④ 네이프라인에서 탑 부분으로 올라가면서 모발의 길이가 점점 짧아지는 커트이다.

———————————————————

레이어드 커트는 모발의 길이를 층층이 다르게 잘라내어 머리카락에 층을 주는 스타일로, 머리카락이 가볍고 부드럽게 보이게 한다. 커트라인이 얼굴 정면에서 네이프라인과 일직선인 스타일은 레이어드 커트의 특징이 아니다.

12 두발 커트시 두발 끝 ⅓ 정도를 테이퍼링하는 것은?

① 노멀 테이퍼링
② 딥 테이퍼링
③ 엔드 테이퍼링
④ 보스 사이드 테이퍼

———————————————————

엔드 테이퍼링은 머리카락 끝 부분을 얇게 깎아내어 자연스럽고 부드러운 느낌을 주는 기법이다.

13 시스테인 퍼머넌트에 대한 설명으로 <u>틀린</u> 것은?

① 아미노산의 일종인 시스테인을 사용한 것이다.
② 환원제로 티오글리콜산염이 사용 된다.
③ 모발에 대한 잔류성이 높아 주의가 필요하다.
④ 연모, 손상모의 시술에 적합하다.

———————————————————

시스테인 퍼머넌트는 아미노산의 일종인 시스테인을 사용하여 모발의 결합을 재구성하는 방식으로, 환원제로 티오글리콜산염이 아닌 시스테인을 사용한다. 티오글리콜산염은 일반적인 퍼머넌트 웨이브에서 사용되는 환원제이다.

14 영구적 염모제에 대한 설명 중 <u>틀린</u> 것은?

① 제1액의 알칼리제로는 휘발성이라는 점에서 암모니아가 사용된다.
② 제2제인 산화제는 모피질 내로 침투하여 수소를 발생시킨다.
③ 제1제 속의 알칼리제가 모표피를 팽윤시켜 모피질 내 인공색소와 과산화수소를 침투시킨다.
④ 모피질 내의 인공색소는 큰 입자의 유색 염료를 형성하여 영구적으로 착색된다.

———————————————————

제2제인 산화제는 모피질 내로 침투하여 산소를 발생시키는 역할을 한다. 산화제가 수소를 발생시킨다는 설명은 잘못된 것이다.

15 두피타입에 알맞은 스캘프 트리트먼트(Scalp Treatment)의 시술방법의 연결이 <u>틀린</u> 것은?

① 건성두피 – 드라이스캘프 트리트먼트
② 지성두피 – 오일리 스캘프 트리트먼트
③ 비듬성두피 – 핫 오일 스캘프 트리트먼트
④ 정상두피 – 플레인 스캘프 트리트먼트

———————————————————

비듬성 두피에는 일반적으로 항균 및 항진균 효과가 있는 트리트먼트가 적합하다. 한편, 핫 오일 스캘프 트리트먼트는 비듬성 두피에 적합하지 않으며, 보통 건성 두피에 사용된다.

16 샴푸제의 성분이 <u>아닌</u> 것은?

① 계면활성제
② 점증제
③ 기포증진제
④ 산화제

———————————————————

산화제는 주로 염색제나 파마제에서 사용되는 성분으로, 샴푸제의 성분으로는 적절하지 않다.

오답 피하기
① 세정력을 제공하는 주요 성분이다.
② 샴푸의 점도를 높여주는 성분이다.
③ 샴푸를 사용할 때 거품이 잘 나게 하는 성분이다.

17 파운데이션 사용 시, 양 볼은 어두운 색으로 이마 상단과 턱의 하부는 밝은 색으로 표현하면 좋은 얼굴형은?

① 긴형
② 둥근형
③ 사각형
④ 삼각형

······

둥근형 얼굴은 양 볼이 넓고 이마와 턱이 짧은 형태이므로, 양 볼에 어두운 색을 사용하여 얼굴을 슬림하게 보이게 하고, 이마 상단과 턱 하부에 밝은 색을 사용하여 길어 보이게 하는 것이 좋다.

18 가위에 대한 설명 중 틀린 것은?

① 양날의 견고함이 동일해야 한다.
② 가위의 길이나 무게가 미용사의 손에 맞아야 한다.
③ 가위 날이 반듯하고 두꺼운 것이 좋다.
④ 협신에서 날 끝으로 갈수록 약간 내곡선인 것이 좋다.

······

가위 날이 반듯하고 두꺼운 것이 좋다는 설명은 틀린 설명이다. 미용 가위는 날이 얇고 날카로워야 정밀한 커트가 가능합니다. 두꺼운 날은 세밀한 작업에 적합하지 않다.

19 모발의 측쇄 결합으로 볼 수 없는 것은?

① 시스틴 결합(Cystine Bond)
② 염 결합(Salt Bond)
③ 수소 결합(Hydrogen Bond)
④ 폴리펩타이드결합(Poly Peptide Bond)

······

폴리펩타이드 결합은 모발의 주 사슬 결합으로, 단백질 구조를 형성하는 아미노산 간의 결합이다.

오답 피하기

모발의 측쇄 결합은 다음과 같다.
① 이황화 결합이라고도 하며, 매우 강한 결합이다.
② 약한 결합으로 pH 변화에 의해 쉽게 변한다.
③ 물이나 습기에 의해 쉽게 변화하는 약한 결합이다.

20 두발에서 퍼머넌트 웨이브의 형성과 직접 관련이 있는 아미노산은?

① 시스틴(Cystine)
② 알라닌(Alanine)
③ 멜라닌(Melanin)
④ 티로신(Tyrosin)

······

시스틴은 두 개의 시스테인 분자가 이황화 결합(디설파이드 결합)을 통해 연결된 형태의 아미노산이다. 퍼머넌트 웨이브는 모발의 이황화 결합을 일시적으로 끊고 다시 형성하는 과정을 통해 웨이브를 만드는 과정이다. 따라서 시스틴이 퍼머넌트 웨이브 형성과 직접적으로 관련이 있다.

21 수질오염을 측정하는 지표로서 물에 녹아 있는 유리산소를 의미하는 것은?

① 용존산소(DO)
② 생물화학적산소요구량(BOD)
③ 화학적산소요구량(COD)
④ 수소이온농도(pH)

······

용존산소(DO ; Dissolved Oxygen)는 물에 녹아 있는 산소의 양을 의미하며, 수질의 상태를 평가하는 중요한 지표 중 하나이다. DO값이 높을수록 물이 깨끗하고 생물이 살기 좋은 환경임을 나타내며, DO 수치가 낮을수록 오염이 진행되었음을 알 수 있다.

22 출생률보다 사망률이 낮으며 14세 이하 인구가 65세 이상 인구의 2배를 초과하는 인구 구성형은?

① 항아리형
② 종형
③ 피라미드형
④ 별형

······

피라미드형 인구 구성은 일반적으로 출생률이 높고 사망률이 낮은 개발도상국에서 볼 수 있는 형태로, 젊은 인구가 많고 고령 인구가 적은 양상을 띤다. 이 구조는 전체 인구 중 어린이와 청소년 비율이 매우 높고, 노인 비율이 상대적으로 낮은 특징을 갖는다.

23 보건행정에 대한 설명으로 가장 올바른 것은?

① 공중보건의 목적을 달성하기 위해 개인의 책임하에 수행하는 행정활동
② 개인보건의 목적을 달성하기 위해 공공의 책임하에 수행하는 행정활동
③ 국가 간의 질병교류를 막기 위해 공공의 책임하에 수행하는 행정활동
④ 공중보건의 목적을 달성하기 위해 공공의 책임하에 수행하는 행정활동

보건행정은 공공의 건강을 보호하고 증진하기 위해 정부나 공공기관이 수행하는 행정활동을 의미한다. 이는 공중보건의 목적을 달성하기 위해 공공의 책임하에 이루어지며, 개인의 건강뿐만 아니라 지역사회 전체의 건강을 대상으로 한다.

24 콜레라 예방접종은 어떤 면역방법인가?

① 인공수동면역
② 인공능동면역
③ 자연수동면역
④ 자연능동면역

인공능동면역은 백신을 통해 체내에 항원을 주입하여 면역 반응을 유도하고, 그에 따라 항체를 생성하여 향후 감염에 대비하는 방법이다. 콜레라 예방접종 역시 백신을 통해 콜레라균에 대한 면역을 형성하는 과정이므로 인공능동면역에 해당한다.

25 기생충의 인체 내 기생 부위 연결이 <u>잘못된</u> 것은?

① 구충증 – 폐
② 간흡충증 – 간의 담도
③ 요충증 – 직장
④ 폐흡충 – 폐

구충(Ancylostoma, 십이지장충)은 주로 소장에서 기생하며, 구충증은 주로 소장에서 발생한다. 폐는 구충의 주된 기생 부위가 아니다.

26 다음 중 불량 조명에 의해 발생되는 직업병이 <u>아닌</u> 것은?

① 안정피로
② 근시
③ 근육통
④ 안구진탕증

불량 조명은 주로 시각적인 문제를 일으키며, 눈의 피로, 근시, 안구진탕증 등 눈과 관련된 직업병을 유발할 수 있다. 근육통은 일반적으로 조명보다는 자세나 작업 환경 등의 다른 요인에 의해 발생한다.

27 주로 여름철에 발병하며 어패류 등의 생식이 원인이 되어 복통, 설사 등의 급성위장염 증상을 나타내는 식중독은?

① 포도상구균 식중독
② 병원성대장균 식중독
③ 장염비브리오 식중독
④ 보튤리누스균 식중독

장염비브리오균(Vibrio Parahaemolyticus)은 주로 해산물, 특히 어패류를 통해 감염되며, 여름철 따뜻한 온도에서 번식하기 쉽다. 이 균에 오염된 음식을 섭취하면 복통, 설사 등의 급성위장염 증상을 일으킬 수 있다.

28 다음 중 비타민(Vitamin)과 그 결핍증과의 연결이 <u>틀린</u> 것은?

① Vitamin B2 – 구순염
② Vitamin D – 구루병
③ Vitamin A – 야맹증
④ Vitamin C – 각기병

각기병은 비타민 B1(티아민)의 결핍으로 발생하는 질병이다. 비타민 C의 결핍으로 발생하는 질병은 괴혈병이다.

29 일반적으로 돼지고기 생식에 의해 감염될 수 <u>없</u>는 것은?

① 유구조충
② 무구조충
③ 선모충
④ 살모넬라

무구조충(소조충)은 주로 쇠고기를 통해 감염되는 기생충이다. 반면, 유구조충(돼지조충), 선모충(Trichinella Spiralis), 살모넬라(Salmonella)는 날것의 돼지고기, 덜 익은 돼지고기, 오염된 돼지고기를 먹었을 때 감염될 수 있다.

30 실내에 다수인이 밀집한 상태에서 실내공기의 변화는?

① 기온 상승 – 습도 상승 – 이산화탄소 감소
② 기온 하강 – 습도 상승 – 이산화탄소 감소
③ 기온 상승 – 습도 상승 – 이산화탄소 증가
④ 기온 상승 – 습도 하강 – 이산화탄소 증가

많은 사람이 밀집된 공간에서는 사람들의 체온과 호흡으로 인해 실내 기온이 상승하고, 습도도 상승하게 된다. 또한, 사람들이 호흡하면서 이산화탄소를 배출하기 때문에 이산화탄소 농도도 증가한다.

31 고압증기 멸균법에서 20파운드(lbs)의 압력에서는 몇 분간 처리하는 것이 가장 적절한가?

① 5분
② 15분
③ 30분
④ 40분

고압증기 멸균법(오토클레이브)에서 20파운드의 압력에서는 15분간 처리하는 것이 가장 적절하다. 일반적으로 고압증기 멸균법은 121℃(20파운드의 압력)에서 15분간 처리하는 것이 표준이다.

32 광견병의 병원체는 어디에 속하는가?

① 세균(Bacteria)
② 바이러스(Virus)
③ 리케차(Rickettsia)
④ 진균(Fungi)

광견병은 라브도바이러스과(Rhabdoviridae)에 속하는 광견병 바이러스(Rabies Virus)에 의해 발생하는 질병이다.

33 다음 중 열에 대한 저항력이 커서 자비소독법으로 사멸되지 <u>않는</u> 균은?

① 결핵균
② 콜레라균
③ 살모넬라균
④ B형 간염 바이러스

바이러스는 일반적인 자비 소독법으로 완전히 사멸되지 않을 수 있다. 바이러스는 내열성이 있어 보다 높은 온도와 더 긴 소독시간이 필요하다.

34 레이저(Razor) 사용 시 헤어살롱에서 교차 감염을 예방하기 위해 주의할 점이 <u>아닌</u> 것은?

① 고객마다 새로 소독된 면도날을 사용해야 한다.
② 면도날을 매번 고객마다 갈아 끼우기 어렵지만, 하루에 한 번은 반드시 새것으로 교체해야만 한다.
③ 레이저 날이 한 몸체로 분리가 안 되는 경우 70% 알코올을 적신 솜으로 반드시 소독 후 사용한다.
④ 면도날을 재사용해서는 안 된다.

고객마다 새로 소독된 면도날을 사용하는 것이 중요하며, 면도날을 재사용해서는 안 된다. 하루에 한 번만 교체하는 것은 교차 감염의 위험을 증가시킬 수 있다.

정답 29 ② 30 ③ 31 ② 32 ② 33 ④ 34 ②

35 손 소독과 주사할 때 피부소독 등에 사용되는 에틸알코올(Ethylalcohol)은 어느 정도의 농도에서 가장 많이 사용되는가?

① 20% 이하
② 60% 이하
③ 70~80%
④ 90~100%

손 소독과 주사할 때 피부소독 등에 사용되는 에틸알코올의 농도는 70~80%이다. 이 농도에서 에틸알코올은 세균, 바이러스, 곰팡이 등을 효과적으로 소독할 수 있다. 너무 낮은 농도나 너무 높은 농도에서는 소독 효과가 떨어질 수 있다.

36 이·미용업소에서 일반적 상황에서의 수건 소독법으로 가장 적합한 것은?

① 석탄산 소독
② 크레졸 소독
③ 자비 소독
④ 적외선 소독

자비 소독(끓는 물을 이용한 소독)은 비교적 간편하고 효과적으로 수건을 소독할 수 있는 방법이다. 이는 대부분의 세균과 바이러스를 사멸시킬 수 있다.

37 이·미용업소에서 B형 간염의 전염을 방지하려면 다음 중 어느 기구를 가장 철저히 소독하여야 하는가?

① 수건
② 머리빗
③ 면도칼
④ 클리퍼(전동형)

B형 간염 바이러스는 혈액을 통해 전염될 수 있기 때문에 피부를 절개하거나 상처를 낼 수 있는 면도칼은 특히 철저한 소독이 필요하다.

38 소독제의 살균력을 비교할 때 기준이 되는 소독약은?

① 아이오딘
② 승홍수
③ 알코올
④ 석탄산

석탄산 계수(페놀 계수)는 다양한 소독제의 살균력을 평가하는 데 사용되며, 석탄산의 살균력을 기준으로 다른 소독제의 상대적인 효과를 비교한다.

39 3%의 크레졸 비누액 900mL를 만드는 방법으로 옳은 것은?

① 크레졸 원액 270mL에 물 630mL를 가한다.
② 크레졸 원액 27mL에 물 873mL를 가한다.
③ 크레졸 원액 300mL에 물 600mL를 가한다.
④ 크레졸 원액 200mL에 물 700mL를 가한다.

3%의 크레졸 비누액 900mL를 만들기 위해서는 전체 용액 중 크레졸 원액이 3%를 차지하도록 해야 한다. 즉, 크레졸 원액의 양은 900mL의 3%가 되어야 한다.
900mL × 0.03 = 27mL
따라서 크레졸 원액 27mL에 물 873mL를 가하면 3%의 크레졸 비누액 900mL가 된다.

40 소독약의 구비조건으로 틀린 것은?

① 값이 비싸고 위험성이 없다.
② 인체에 해가 없으며 취급이 간편하다.
③ 살균하고자 하는 대상물을 손상시키지 않는다.
④ 살균력이 강하다.

소독약은 값이 비싸지 않고, 위험성이 없어야 한다.

41 다음 중 피부의 각질, 털, 손톱, 발톱의 구성성분인 케라틴을 가장 많이 함유한 것은?

① 동물성 단백질
② 동물성 지방질
③ 식물성 지방질
④ 탄수화물

케라틴은 주로 동물성 단백질로 이루어져 있으며, 이는 강한 구조적 단백질로서 피부, 머리카락, 손톱, 발톱 등의 주요 성분이다.

42 노화피부의 특징이 아닌 것은?

① 노화피부는 탄력이 없고 수분이 없다.
② 피지분비가 원활하지 못하다.
③ 주름이 형성되어 있다.
④ 색소침착 불균형이 나타난다.

모두 노화피부의 특징에 해당한다. 문제에 오류가 있어 보이지만 출제의 의도에 따라 가장 거리가 먼것을 고르자면 ①이 될 수 있다. 노화피부는 탄력이 없지만, 수분까지 없다라고 볼 수는 없다. 현재는 기출문제에서만 볼 수 있는 문제이다.

43 피부진균에 의하여 발생하며 습한 곳에서 발생 빈도가 가장 높은 것은?

① 모낭염   ② 족부백선
③ 봉소염   ④ 티눈

족부백선은 발에 생기는 곰팡이 감염으로, 흔히 무좀이라고 불린다. 이 질환은 주로 습하고 따뜻한 환경에서 발생 빈도가 높다.

44 기미를 악화시키는 주요한 원인이 아닌 것은?

① 경구피임약의 복용
② 임신
③ 자외선 차단
④ 내분비 이상

기미는 피부에 갈색 또는 회색의 색소침착이 나타나는 현상으로, 주요 원인으로는 경구피임약의 복용, 임신, 내분비 이상 등이 있다. 자외선 차단은 기미를 예방하거나 악화되지 않도록 도와주는 방법이지, 기미를 유발하는 원인은 아니다.

45 다음 중 피지선과 가장 관련이 깊은 질환은?

① 사마귀
② 주사(Rosacea)
③ 한관종
④ 백반증

주사(Rosacea)는 얼굴에 붉은 발진과 염증이 나타나는 만성 피부 질환으로, 피지선의 과다 활동과 관련이 깊다. 피지선의 과다 활동이 염증을 유발하고, 이는 주사의 주요 증상 중 하나이다.

46 박하(Peppermint)에 함유된 시원한 느낌으로 혈액순환 촉진 성분은?

① 자일리톨(Xylitol)
② 알코올(Alcohol)
③ 멘톨(Menthol)
④ 마조람오일(Majoram Oil)

멘톨은 박하에서 추출되는 화합물로, 피부와 점막에 시원한 감각을 주며 혈액순환을 촉진하는 효과가 있다.

47 다음 중 표피에 존재하며, 면역과 가장 관계가 깊은 세포는?

① 멜라닌 세포
② 랑게르한스 세포
③ 메컬 세포
④ 섬유아 세포

랑게르한스 세포는 표피에 존재하는 면역 세포로, 외부에서 침입하는 병원체를 인식하고 면역 반응을 유도하는 역할을 한다.

48 다음 중 필수 아미노산에 속하지 않는 것은?

① 트립토판   ② 트레오닌
③ 발린   ④ 알라닌

필수 아미노산은 인체가 자체적으로 합성할 수 없어서 반드시 음식물로 섭취해야 하는 아미노산이다. 트립토판, 트레오닌, 발린은 모두 필수 아미노산에 속하지만, 알라닌은 비필수 아미노산으로 인체에서 합성할 수 있다.

정답 41 ① 42 ① 43 ② 44 ③ 45 ② 46 ③ 47 ② 48 ④

49 AHA(Alpha Hydroxy Acid)에 대한 설명으로 **틀린** 것은?

① 화학적 필링

② 글리콜산, 젖산, 주석산, 능금산, 구연산

③ 각질세포의 응집력 강화

④ 미백작용

AHA는 화학적 필링에 사용되며, 글리콜산, 젖산, 주석산, 능금산, 구연산 등이 포함된다. 또한, AHA는 미백작용도 가지고 있다. 하지만 AHA는 각질세포의 응집력을 강화하는 것이 아니라 오히려 각질세포 간의 응집력을 약화하여 각질을 제거하는 데 도움을 준다.

50 다음 정유(Essential Oil) 중에서 살균, 소독작용이 가장 강한 것은?

① 타임 오일(Thyme Oil)

② 주니퍼 오일(Juniper Oil)

③ 로즈마리 오일(Rosemary Oil)

④ 클라리세이지 오일(Clarysage Oil)

타임 오일은 강력한 항균, 항바이러스, 항진균 기능이 있어 살균 및 소독작용이 매우 뛰어나다.

51 영업신고를 하지 아니하고 영업소의 소재지를 변경한 때 행정처분은?

① 경고

② 면허정지

③ 면허취소

④ 영업장 폐쇄명령

영업신고를 하지 않은 경우와 법령에서 규정하는 중대한 사항이 변경된 점을 신고하지 않은 경우에는 6개월 이내 영업정지 또는 영업장 폐쇄명령을 명할 수 있다.

52 이·미용업에 있어 청문을 실시하여야 하는 경우가 **아닌** 것은?

① 면허취소 처분을 하고자 하는 경우

② 면허정지 처분을 하고자 하는 경우

③ 일부시설의 사용중지 처분을 하고자 하는 경우

④ 위생교육을 받지 아니하여 1차 위반한 경우

공중위생관리법 제12조에서는 다음의 경우에 청문을 실시한다고 규정한다.
• 이용사와 미용사의 면허취소 또는 면허정지
• 위생사의 면허취소
• 영업정지명령, 일부 시설의 사용중지명령 또는 영업소 폐쇄명령

53 이·미용업소에서의 면도기 사용에 대한 설명으로 가장 옳은 것은?

① 1회용 면도날만을 손님 1인에 한하여 사용

② 정비용 면도기를 손님 1인에 한하여 사용

③ 정비용 면도기를 소독 후 계속 사용

④ 손님마다 소독한 정비용 면도기 교체사용

1회용 면도날만을 손님 1인에 한하여 사용하여야 한다. 이와 같은 규정은 위생과 안전을 위해 마련된 것이다. 1회용 면도날은 한 번 사용 후 바로 폐기함으로써 교차 감염의 위험을 줄일 수 있다.

54 부득이한 사유가 없는 한 공중위생영업소를 개설할 자는 언제 위생교육을 받아야 하는가?

① 영업개시 후 2월 이내

② 영업개시 후 1월 이내

③ 영업개시 전

④ 영업개시 후 3월 이내

공중위생관리법에 따르면, 영업을 시작하기 전에 반드시 필요한 위생교육을 이수해야 한다. 이는 영업자가 위생에 대한 기본적인 지식과 규정을 숙지하도록 하여 공중위생을 유지하기 위한 조치이다.

정답 49 ③ 50 ① 51 ④ 52 ④ 53 ① 54 ③

55 다음 중 공중위생영업을 하고자 할 때 필요한 것은?

① 허가　　　　② 통보
③ 인가　　　　④ 신고

공중위생관리법에 따라 공중위생영업을 하려는 자는 해당 관할 관청에 영업 신고를 해야 한다. 이는 공중위생을 유지하고 관리하기 위한 절차이다.

56 공중위생영업자가 준수하여야 할 위생관리기준은 다음 중 어느 것으로 정하고 있는가?

① 대통령령
② 국무총리령
③ 고용노동부령
④ 보건복지부령

보건복지부령은 공중위생영업의 위생기준과 관련된 세부사항을 규정하며, 이를 통해 공중위생영업자는 위생기준을 준수해야 한다.

57 이용 또는 미용의 면허가 취소된 후 계속하여 업무를 행한 자에 대한 벌칙사항은?

① 6월 이하의 징역 또는 300만원 이하의 벌금
② 500만원 이하의 벌금
③ 300만원 이하의 벌금
④ 200만원 이하의 벌금

이용 또는 미용의 면허가 취소된 후 계속하여 업무를 행한 자에 대한 벌칙사항은 300만원 이하의 벌금이다.
이는 관련 법령에 따라 무면허로 영업을 지속하는 행위에 대한 제재로, 공중위생과 안전을 확보하기 위함이다.

58 이 · 미용영업자에게 과태료를 부과 징수할 수 있는 처분권자에 해당하지 <u>않는</u> 자는?

① 보건복지부장관　　② 시장
③ 군수　　　　　　　④ 구청장

현행(2024년) 공중위생관리법 제22조에 따른 과태료는 대통령령으로 정하는 바에 따라 보건복지부장관 또는 시장 · 군수 · 구청장이 부과 · 징수한다.

※ **출제 당시(2010년)의 법령과 현행법령이 달라 출간일 기준으로는 정답이 없다.**

59 대통령령이 정하는 바에 의하여 관계전문기관 등에 공중위생관리 업무의 일부를 위탁할 수 있는 자는?

① 시 · 도지사
② 시장 · 군수 · 구청장
③ 보건복지부장관
④ 보건소장

보건복지부장관은 대통령령이 정하는 바에 의하여 관계 전문기관에 그 업무의 일부를 위탁할 수 있다.

60 이 · 미용사의 면허증을 재교부받을 수 있는 자는 다음 중 누구인가?

① 공중위생관리법의 규정에 의한 명령을 위반한 자
② 간질병자
③ 면허증을 다른 사람에게 대여한 자
④ 면허증이 헐어 못쓰게 된 자

다른 선택지에 해당하는 경우는 위법 행위로 인해 면허가 취소되거나 발급이 제한되어 재교부를 받을 수 없다. 그러나 면허증이 헐어 못쓰게 된 경우에는 재교부받을 수 있다.

정답 55 ④　56 ④　57 ③　58 ①(정답 없음)　59 ③　60 ④

01 물에 적신 모발을 와인딩한 후 퍼머넌트 웨이브 1제를 도포하는 방법은?

① 워터 래핑
② 슬래핑
③ 스파이럴 랩
④ 크로키놀 랩

워터 래핑(Water Wrapping)은 모발에 물을 적신 후 와인딩을 하고, 그 후 퍼머넌트 웨이브 1제를 도포하는 기법이다. 이 방법은 모발에 균일하게 약제를 도포하는 데 효과적이다.

02 한국 현대 미용사에 대한 설명 중 옳은 것은?

① 경술국치 이후 일본인들에 의해 미용이 발달했다.
② 1933년 일본인이 우리나라에 처음으로 미용원을 열었다.
③ 해방 전 우리나라 최초의 미용교육기관은 정화고등기술학교이다.
④ 오엽주 씨가 화신 백화점 내에 미용원을 열었다.

오엽주 선생은 한국 미용사 역사에서 중요한 인물로, 1933년에 화신 백화점 내에 미용원을 열어 한국 미용의 발전에 기여하였다.

03 퍼머 제1액 처리에 따른 프로세싱 중 언더프로세싱의 설명으로 틀린 것은?

① 언더프로세싱은 프로세싱 타임 이상으로 제1액을 두발에 방치하는 것을 말한다.
② 언더프로세싱일 때에는 두발의 웨이브가 거의 나오지 않는다.
③ 언더프로세싱일 때에는 처음에 사용한 솔루션 보다 약한 제1액을 다시 사용한다.
④ 제1액의 처리 후 두발의 테스트컬로 언더프로세싱 여부가 판명된다.

언더프로세싱은 프로세싱 타임보다 짧게 제1액을 두발에 바른 채 방치한 것을 말한다. 프로세싱 타임보다 오래 방치한 것은 오버프로세싱이다.

04 헤어 컬러링 기술에서 만족할 만한 색채효과를 얻기 위해서는 색채의 기본적인 원리를 이해하고 이를 응용할 수 있어야 하는데 색의 3속성 중의 명도만을 갖고 있는 무채색에 해당하는 것은?

① 적색
② 황색
③ 청색
④ 백색

백색·흑색·회색같이 명도만을 가지며, 색상이 없는 색은 무채색이다. 한편 적색·황색·청색같이 색상과 명도, 채도를 가지고 있는 색은 유채색이다.

05 아이론의 열을 이용하여 웨이브를 형성하는 것은?

① 마셀 웨이브
② 콜드 웨이브
③ 핑거 웨이브
④ 섀도 웨이브

① 마셀 웨이브는 마셀 그라토(Marcel Grateau)가 개발한 방식으로, 아이론을 사용하여 열을 가해 모발에 웨이브를 형성하는 방법이다.

오답 피하기
② 화학 약품을 이용해 실온에서 웨이브를 만드는 방법이다.
③·④ 손가락과 빗을 이용해 모발을 스타일링하는 기술이다.

06 다음 중 산성 린스의 종류가 아닌 것은?

① 레몬 린스
② 비니거 린스
③ 오일 린스
④ 구연산 린스

산성 린스는 모발의 pH를 조절하고, 모발 표면을 매끄럽게 만들어주는 역할을 한다. 레몬 린스, 비니거(식초) 린스, 구연산 린스는 모두 산성을 띠며, 모발의 pH를 약산성으로 유지하는 데 도움을 준다. 반면, 오일 린스는 주로 모발에 영양을 공급하고 보습을 제공하는 역할을 하지만, 산성을 띠지는 않는다.

정답 01 ① 02 ④ 03 ① 04 ④ 05 ① 06 ③

07 다음 중 블런트 커트와 같은 의미인 것은?

① 클럽커트 ② 싱글링
③ 클리핑 ④ 트리밍

블런트 커트(Blunt Cut)는 모발을 일자로 자르는 커트 기술을 의미하며, 클럽커트(Club Cut)라고도 불린다. 이는 모발 끝을 똑바르게 정돈하는 방식으로, 층을 내지 않고 일자로 자르는 것이 특징이다.

08 브러시 세정법으로 옳은 것은?

① 세정 후 털은 아래로 하여 양지에서 말린다.
② 세정 후 털은 아래로 하여 음지에서 말린다.
③ 세정 후 털은 위로 하여 양지에서 말린다.
④ 세정 후 털은 위로 하여 음지에서 말린다.

브러시는 세정 후 잔여 수분을 털고, 털을 아래로 하여 음지(응달, 그늘)에서 말려야 한다.

09 콜드 퍼머넌트시 제1액을 바르고 비닐캡을 씌우는 이유로 거리가 가장 먼 것은?

① 체온으로 솔루션의 작용을 빠르게 하기 위하여
② 제1액의 작용이 두발 전체에 골고루 행하여지게 하기 위하여
③ 휘발성 알칼리의 휘산작용을 방지하기 위하여
④ 두발을 구부러진 형태대로 정착시키기 위하여

비닐캡을 씌우는 것은 두발을 구부러진 형태대로 정착시키기 위한 것이 아니며, 이는 주로 로드를 이용해 두발을 감아서 형태를 만드는 과정에서 이루어진다.

10 미용의 특수성에 해당하지 않는 것은?

① 자유롭게 소재를 선택한다.
② 시간적 제한을 받는다.
③ 손님의 의사를 존중한다.
④ 여러 가지 조건에 제한을 받는다.

자유롭게 소재를 선택한다는 것은 미용의 특수성과는 거리가 멀다. 미용사는 고객의 필요와 선호, 그리고 업계의 표준에 따라 적절한 제품과 도구를 사용해야 하므로, 자유롭게 모든 소재를 선택할 수 있는 것은 아니다.

11 염모제로서 헤나를 처음으로 사용했던 나라는?

① 그리스
② 이집트
③ 로마
④ 중국

고대 이집트인들은 헤나를 염모제로 사용하여 머리카락과 손톱을 염색했으며, 미용 및 의식 등 다양한 목적으로도 활용하였다.

12 빗의 보관 및 관리에 관한 설명 중 옳은 것은?

① 빗은 사용 후 소독액에 계속 담가 보관한다.
② 소독액에서 빗을 꺼낸 후 물로 닦지 않고 그대로 사용해야 한다.
③ 증기소독은 자주 해 주는 것이 좋다.
④ 소독액으로 석탄산수, 크레졸비누액 등이 좋다.

오답 피하기
① 빗을 소독액에 계속 담가두면 손상될 수 있으며, 이는 올바른 보관 방법이 아니다.
② 소독액에서 꺼낸 후에는 반드시 깨끗한 물로 헹궈야 한다. 이 과정은 소독액의 잔여물을 제거하고 안전한 사용을 위해 필요하다.
③ 증기소독은 모든 소재의 빗에 적합하지 않으며, 자주 하면 빗이 손상될 수 있다.

13 유기합성 염모제에 대한 설명 중 틀린 것은?

① 유기합성 염모제 제품은 알칼리성의 제1액과 산화제인 제2액으로 나누어진다.
② 제1액은 산화염료가 암모니아수에 녹아 있다.
③ 제1액의 용액은 산성을 띠고 있다.
④ 제2액은 과산화수소로서 멜라닌색소를 파괴하고, 염료를 산화시켜 발색시킨다.

제1액은 알칼리성(염기성)을 띤다.

오답 피하기
① 유기합성 염모제는 일반적으로 두 가지 용액으로 구성된다.
② 제1액은 산화염료가 포함된 알칼리성 용액으로, 암모니아수가 포함되어 있어 모발의 큐티클을 열어 염료가 모발 내부로 침투할 수 있게 한다. 이 용액은 알칼리성을 띠고 있다.
④ 제2액은 과산화수소를 포함한 산화제 용액으로, 멜라닌 색소를 파괴하고 산화염료를 산화시켜 색을 발현시킨다.

14 비듬이 없고 두피가 정상적인 상태일 때 실시하는 것은?

① 댄드러프 스캘프 트리트먼트
② 오일리 스캘프 트리트먼트
③ 플레인 스캘프 트리트먼트
④ 드라이 스캘프 트리트먼트

플레인 스캘프 트리트먼트는 정상적인 두피 상태를 유지하고 건강하게 관리하는 데 사용된다.

오답 피하기
① 비듬이 있는 두피를 관리하기 위한 트리트먼트
② 기름진 두피를 관리하기 위한 트리트먼트
④ 건조한 두피를 관리하기 위한 트리트먼트

15 땋거나 스타일링하기 쉽도록 세 가닥 혹은 한 가닥으로 만들어진 헤어피스는?

① 웨프트   ② 스위치
③ 폴   ④ 위글렛

오답 피하기
① 웨프트(Weft) : 가로로 긴 형태로 여러 가닥의 머리카락이 한 줄로 연결된 헤어 익스텐션이다.
③ 폴(Fall) : 전체적으로 길게 떨어지는 헤어피스로, 주로 볼륨을 더하거나 길이를 늘리기 위해 사용된다.
④ 위글렛(Wiglet) : 작은 부분 가발로, 머리의 특정 부분에 볼륨을 더하거나 스타일을 변화시키기 위해 사용된다.

16 다음 중 옳게 짝지어진 것은?

① 아이론 웨이브 – 1830년 프랑스의 무슈 크루아샷
② 콜드 웨이브 – 1936년 영국의 스피크먼
③ 스파이럴 퍼머넌트 웨이브 – 1925년 영국의 조셉 메이어
④ 크로키놀식 웨이브 – 1875년 프랑스의 마셀 그라토

오답 피하기
① 아이론 웨이브는 1872년 프랑스의 마셀 그라토(Marcel Grateau)에 의해 발명되었다.
③ 스파이럴 퍼머넌트 웨이브는 1905년 찰스 네슬러에 의해 개발되었다
④ 크로키놀식 웨이브는 1925년 미국의 조셉 메이어에 의해 개발되었다.

17 헤어스타일 또는 메이크업에서 개성미를 발휘하기 위한 첫 단계는?

① 구상
② 보정
③ 소재의 확인
④ 제작

소재의 확인 – 구상 – 제작 – 보정

18 두정부의 가마로부터 방사상으로 나눈 파트는?

① 카우릭 파트
② 이어 투 이어 파트(Ear to Ear Part)
③ 센터 파트(Center Part)
④ 스퀘어 파트(Square Part)

오답 피하기
② 한쪽 귀에서 다른 쪽 귀까지 수평으로 나누는 파트를 말한다.
③ 정중앙에서 수직으로 나누는 파트를 말한다.
④ 정사각형으로 나누는 파트를 말한다.

정답 13 ③ 14 ③ 15 ② 16 ② 17 ③ 18 ①

19 컬의 목적으로 가장 옳은 것은?

① 텐션, 루프, 스템을 만들기 위해
② 웨이브, 볼륨, 플러프를 만들기 위해
③ 슬라이싱, 스퀘어, 베이스를 만들기 위해
④ 세팅, 뱅을 만들기 위해

컬을 만드는 주요 목적은 머리카락에 다양한 형태와 질감을 부여하여 스타일을 완성하는 것이다. 이를 통해 웨이브, 볼륨, 플러프와 같은 다양한 효과를 연출할 수 있다.

오답 피하기
① 텐션, 루프, 스템 : 이들은 컬의 형성과 관련된 요소들이지만, 컬의 목적 자체를 설명하는 것은 아니다.
③ 슬라이싱, 스퀘어, 베이스 : 이들은 헤어컷이나 스타일링 기술과 관련이 있는 용어들이다.
④ 세팅, 뱅 : 세팅은 스타일을 고정하는 과정이고, 뱅은 이마를 덮는 앞머리 스타일을 의미한다.

20 코의 화장법으로 좋지 않은 방법은?

① 큰 코는 전체가 드러나지 않도록 코 전체를 다른 부분보다 연한 색으로 펴 바른다.
② 낮은 코는 코의 양측면에 세로로 진한 크림 파우더 또는 다갈색의 아이섀도를 바르고 콧등에 엷은 색을 바른다.
③ 코끝이 둥근 경우 코끝의 양측면에 진한 색을 펴 바르고 코끝에는 엷은 색을 펴 바른다.
④ 너무 높은 코는 코 전체에 진한 색을 펴 바른 후 양측면에 엷은 색을 바른다.

큰 코는 T존 부위는 하이라이트, 양 측면의 코벽부위는 섀딩으로 작아보일 수 있고 입체감을 살려주고 단점을 보완하는 메이크업 방법이 필요하다.

※ 해당 문제는 예전 미용사(메이크업) 시험이 없을 때의 문제로 현재는 메이크업 관련 문제는 잘 출제되지 않는다.

21 간흡충증(디스토마)의 제1 중간숙주는?

① 다슬기   ② 쇠우렁
③ 피라미   ④ 게

간흡충은 다음과 같은 순서로 전염된다.
· 제1 중간숙주 : 쇠우렁
· 제2 중간숙주 : 물고기(예 피라미, 붕어, 잉어 등)
· 최종 숙주 : 사람 및 기타 포유동물

22 납중독과 가장 거리가 먼 증상은?

① 빈혈   ② 신경마비
③ 뇌중독   ④ 과다행동장애

오답 피하기
① 납은 혈액 내의 철분 대사를 방해하여 빈혈을 일으킬 수 있다.
② 납중독은 신경계에 영향을 미쳐 신경마비를 일으킬 수 있다.
③ 납은 중추신경계에 영향을 미쳐 뇌중독을 일으킬 수 있다. 이는 두통, 혼란, 발작 등으로 나타날 수 있다.

23 간헐적으로 유행할 가능성이 있어 지속적으로 그 발생을 감시하고 방역대책의 수립이 필요한 감염병은?

① 말라리아
② 콜레라
③ 디프테리아
④ 유행성이하선염

말라리아는 모기에 의해 전파되는 질병으로 우리나라에서는 중국 얼룩날개모기 암컷이 말라리아 원충을 전파한다. 해외 특정 지역 풍토병 형태로 존재하지만 흔한 곤충인 모기가 옮기는 질병이다 보니 지속적으로 그 발생을 감시하고 꾸준한 방역 대책을 세워야 하는 감염병이다.

오답 피하기
② 콜레라는 제3종 법정 전염병으로 지정되어 있다. 아프리카 등 적도지방에서 흔하며 대한민국에서는 현재 극히 드물게 발생한다.

24 수질오염의 지표로 사용하는 '생물학적 산소요구량'을 나타내는 용어는?

① BOD   ② DO
③ COD   ④ SS

BOD(Biochemical Oxygen Demand)는 생물학적 산소요구량으로, 물속의 유기물이 미생물에 의해 분해될 때 필요한 산소량을 측정하는 지표이다. 주로 수질오염을 평가할 때 사용된다.

오답 피하기
② DO(Dissolved Oxygen) : 용존산소로, 물에 용해된 산소의 양을 나타낸다. DO의 수치가 높으면 수질이 좋음을 의미한다.
③ COD(Chemical Oxygen Demand) : 화학적 산소요구량으로, 물속의 유기물질과 무기물질이 화학적으로 산화될 때 필요한 산소의 양을 측정하는 지표이다.
④ SS(Suspended Solids) : 물속에 부유하고 있는 고형물질의 양을 나타낸다.

정답 19 ② 20 ① 21 ② 22 ④ 23 ① 24 ①

25 국가의 건강 수준을 나타내는 지표로서 가장 대표적으로 사용하고 있는 것은?

① 인구증가율　　② 조사망률
③ 영아사망률　　④ 질병발생률

영아사망률은 출생 후 1년 이내에 사망하는 영아의 수를 천 명당 비율로 나타낸 지표로, 국가의 보건 및 의료 수준을 평가하는 데 중요한 역할을 한다. 영아사망률이 낮을수록 해당 국가의 보건의료 시스템이 잘 작동하고 있음을 의미한다.

오답 피하기
① 전체 인구의 증가 속도를 나타내지만, 건강 수준을 직접적으로 나타내지는 않는다.
② 인구 1,000명당 사망자 수를 나타내지만, 이는 모든 연령층을 포함하므로 건강 수준을 평가하는 데는 한계가 있다.
④ 특정 질병의 발생 빈도를 나타내는 지표로, 특정 질병에 대한 정보를 제공하지만 전체적인 건강 수준을 나타내기에는 부족하다.

26 지역사회에서 노인층 인구에 가장 적절한 보건교육 방법은?

① 신문　　　　② 집단교육
③ 개별접촉　　④ 강연회

노인층 인구는 개별적인 건강 상태와 교육 수준이 다양하기 때문에, 개인별로 맞춤형 보건교육을 제공하는 것이 더 효과적일 수 있다. 개별접촉을 통해 개별적인 건강 문제와 필요를 파악하고, 적절한 정보를 제공할 수 있다.

오답 피하기
① 글을 읽기 어려운 노인들이 있을 수 있으며, 개별적인 건강 문제를 다루기엔 한계가 있다.
② 여러 사람에게 동시에 정보를 전달할 수 있지만, 개인별로 필요한 정보를 맞춤형으로 제공하기 어렵다.
④ 정보 전달은 가능하지만, 참여자의 이해도와 관심도에 따라 효과가 달라질 수 있다.

27 예방접종에서 생균제제를 사용하는 것은?

① 장티푸스
② 파상풍
③ 결핵
④ 디프테리아

결핵 예방을 위한 BCG 백신은 생균제제를 사용한다. BCG 백신은 약화한 결핵균을 사용하여 면역 반응을 유도하며, 결핵에 대한 면역력을 제공한다.

오답 피하기
① 주로 비활성화된 백신을 사용한다.
②·④ 톡소이드 백신, 즉 비활성화된 독소를 사용한다.

28 저온노출에 의한 건강장애는?

① 동상 – 무좀 – 전신체온 상승
② 참호족 – 동상 – 전신체온 하강
③ 참호족 – 동상 – 전신체온 상승
④ 동상 – 기억력저하 – 참호족

저온에 오래 노출되면 다음과 같은 건강장애가 발생할 수 있다.
• **참호족(塹壕足)** : 오래된 습기와 추위에 발이 노출되었을 때 발생하는 질환으로, 발의 혈액 순환이 저하되고 통증 · 부종 · 피부 변색 등이 나타난다.
• **동상** : 극한의 추위에 노출되어 신체 부위가 얼어붙는 질환으로, 조직 손상과 괴사가 발생할 수 있다.
• **전신체온 하강** : 저체온증으로, 체온이 비정상적으로 낮아져서 생명에 위협을 줄 수 있다.

29 다음 식중독 중에서 치명률이 가장 높은 것은?

① 살모넬라증
② 포도상구균 중독
③ 연쇄상구균 중독
④ 보툴리누스균 중독

보툴리누스균은 신경독소를 생성하며, 이 독소는 매우 치명적이다. 보툴리누스 중독은 호흡근의 마비를 일으켜 적절한 치료를 받지 못할 경우 사망에 이를 수 있다.

오답 피하기
① 일반적으로 심각한 설사와 복통을 유발하지만, 치명률은 상대적으로 낮다.
② 주로 구토와 설사를 유발하며, 치명률은 매우 낮다.
③ 연쇄상구균에 의한 식중독은 드물고, 치명률도 상대적으로 낮다.

30 다음 중 파리가 전파할 수 있는 소화기계 전염병은?

① 페스트
② 일본뇌염
③ 장티푸스
④ 황열

장티푸스는 살모넬라 타이피균(Salmonella Typhi)에 의해 발생하는 질병으로, 오염된 음식물이나 물을 통해 감염된다. 특히 파리는 이 균의 매개체 중 하나이다.

오답 피하기
① 페스트균에 감염된 벼룩과 그 벼룩에 물린 쥐에 의해 전파된다.
②·④ 모기에 의해 전파된다.

정답 25 ③　26 ③　27 ③　28 ②　29 ④　30 ③

31 소독의 정의로서 옳은 것은?

① 모든 미생물 일체를 사멸하는 것
② 모든 미생물을 열과 약품으로 완전히 죽이거나 또는 제거하는 것
③ 병원성 미생물의 생활력을 파괴하여 죽이거나 또는 제거하여 감염력을 없애는 것
④ 균을 적극적으로 죽이지 못하더라고 발육을 저지하고 목적하는 것을 변화시키지 않고 보존하는 것

······

①·② 멸균에 대한 정의이다. 멸균은 모든 형태의 미생물을 열과 약품으로 완전히 제거하는 것이다.
④ 방부에 대한 정의이다. 방부는 균을 적극적으로 죽이지 못하더라도 발육을 저지하고 목적하는 것을 변화시키지 않고 보존하는 것이다.

32 AIDS나 B형 간염 등과 같은 질환의 전파를 예방하기 위한 이·미용기구의 가장 좋은 소독방법은?

① 고압증기 멸균기
② 자외선 소독기
③ 음이온계면활성제
④ 알코올

······

고압증기 멸균기는 높은 온도와 압력을 이용하여 모든 형태의 미생물을 효과적으로 사멸시킬 수 있는 방법이다. 특히 병원성 바이러스와 세균을 포함한 다양한 병원체를 제거하는 데 가장 효과적이다.

오답 피하기
② 자외선 소독은 표면 소독에 유용할 수 있지만, 모든 병원체를 완전히 제거하는 데는 한계가 있다.
③ 주로 세정 목적으로 사용되며, 소독제로서의 효과는 제한적이다.
④ 70% 이상의 농도로 사용하면 많은 병원체를 사멸시킬 수 있지만, 모든 병원체를 완전히 제거하는 데 고압증기 멸균기만큼 효과적이지는 않다.

33 일반적으로 사용되는 소독용 알코올의 적정 농도는?

① 30%   ② 70%
③ 50%   ④ 100%

······

70% 농도의 알코올은 미생물의 단백질을 변성시키고 세포막을 파괴하여 효과적으로 소독할 수 있다. 이 농도는 물과의 적절한 혼합을 통해 알코올이 미생물 내부로 더 잘 침투할 수 있도록 도와준다.

34 다음 중 이·미용사의 손을 소독하려 할 때 가장 알맞은 것은?

① 역성비누액
② 석탄산수
③ 포르말린수
④ 과산화수소수

······

역성비누액(양이온성 계면활성제)은 피부에 사용하기 적합하며, 세균을 효과적으로 제거할 수 있다. 손 소독을 위한 용도로 널리 사용된다.

오답 피하기
② 피부에 자극적이며, 손 소독에 적합하지 않다.
③ 강력한 소독제이지만, 피부에 사용하기에는 독성이 높아서 적합하지 않다.
④ 상처 소독에 사용될 수 있지만, 손 소독제로는 자극이 있을 수 있다.

35 다음 중 음용수 소독에 사용되는 약품은?

① 석탄산
② 액체 염소
③ 승홍
④ 알코올

······

액체염소(차아염소산나트륨 또는 염소기체)는 음용수를 소독하는 데 널리 사용되는 방법이다. 염소는 물속의 병원성 미생물을 효과적으로 제거하여 안전한 음용수를 제공한다.

오답 피하기
① 주로 소독제나 방부제로 사용되지만, 음용수 소독에는 적합하지 않다.
③ 수은 화합물로 매우 독성이 강해 음용수 소독에 사용되지 않는다.
④ 음용수 소독에 사용되지 않는다. 주로 피부나 기구 소독에 사용된다.

36 소독에 영향을 미치는 인자가 아닌 것은?

① 온도
② 수분
③ 시간
④ 풍속

······

풍속(風速)은 일반적으로 소독의 효과에 직접적인 영향을 미치지 않는다.

오답 피하기
소독의 효과에 영향을 미치는 주요 인자들은 다음과 같다.
① 높은 온도는 소독 효과를 증가시킨다.
② 습도나 수분은 소독제의 작용을 돕는다.
③ 소독제가 작용하는 시간은 소독의 효과에 중요한 영향을 미친다.

정답 31 ③   32 ①   33 ②   34 ①   35 ②   36 ④

37 소독제의 구비조건에 <u>부적합한</u> 것은?

① 장시간에 걸쳐 소독의 효과가 서서히 나타나야 한다.

② 소독대상물에 손상을 입혀서는 안 된다.

③ 인체 및 가축에 해가 없어야 한다.

④ 방법이 간단하고 비용이 적게 들어야 한다.

소독제는 신속하게 작용하여 단시간 내에 소독 효과를 발휘하는 것이 바람직하다.

38 소독제의 살균력 측정검사의 지표로 사용되는 것은?

① 알코올 ② 크레졸
③ 석탄산 ④ 포르말린

석탄산계수(Phenol Coefficient)는 소독제의 살균력을 평가하는 표준 지표로 사용된다. 이는 표준 상태에서 석탄산과 비교했을 때 특정 소독제가 얼마나 더 강력한지 또는 약한지를 나타내는 척도이다.

39 화장실, 하수도, 쓰레기통 소독에 가장 적합한 것은?

① 알코올 ② 연소
③ 승홍수 ④ 생석회

생석회(소석회)는 강력한 소독 효과를 가지고 있으며, 특히 화장실, 하수도, 쓰레기통과 같은 장소에서의 소독에 효과적이다. 생석회는 유기물과 반응하여 소독 작용을 하며, 냄새 제거에도 도움이 된다.

오답 피하기

① 주로 피부나 의료 기구의 소독에 사용되며, 대규모 환경 소독에는 적합하지 않다.

② 쓰레기를 태우는 방법으로, 소독보다는 폐기물 처리를 위한 방법이며, 화장실이나 하수도 소독에 직접적으로 사용되지 않는다.

③ 중금속의 하나인 수은 화합물로, 독성이 강해 일반적인 환경 소독에 사용되지 않는다.

40 상처 소독에 적당치 <u>않은</u> 것은?

① 과산화수소 ② 요오드팅크제
③ 승홍수 ④ 머큐로크롬

승홍수(염화제이수은)는 독성이 매우 강하고, 피부에 흡수되면 중독을 일으킬 수 있다. 따라서 상처 소독에 사용하기에는 부적합하다.

41 생명력이 없는 상태의 무색, 무핵층으로서 손바닥과 발바닥에 주로 있는 층은?

① 각질층
② 과립층
③ 투명층
④ 기저층

투명층(Stratum Lucidum)은 주로 손바닥과 발바닥의 두꺼운 피부에 존재하며, 각질층과 과립층 사이에 위치한다. 이 층은 세포가 무색이고 핵이 없는 상태로, 빛을 투과시키는 특성이 있어 투명층이라고 불린다.

42 천연보습인자(NMF)에 속하지 <u>않는</u> 것은?

① 아미노산
② 암모니아
③ 젖산염
④ 글리세린

천연보습인자(NMF)는 각질층에 있는 수용성 성분을 총칭하는 것이다. 아미노산 · 젖산염 · 암모니아 · 요소 등으로 구성되며, 피부의 수분보유량을 조절한다.

43 즉시 색소 침착 작용을 하는 광선으로 인공 선탠에 사용되는 것은?

① UVA ② UVB
③ UVC ④ UVD

UVA(자외선 A)는 피부 깊숙이 침투하여 멜라닌 색소를 산화시켜 즉각적인 색소 침착을 일으킨다. 이는 인공 선탠기에서 주로 사용되는 자외선이다.

44 갑상선의 기능과 관계있으며 모세혈관 기능을 정상화하는 것은?

① 칼슘 ② 인
③ 철분 ④ 아이오딘

아이오딘(요오드)은 갑상선 호르몬(T3, T4)의 중요한 구성 요소로, 갑상선 기능에 필수적인 역할을 한다. 갑상선 호르몬은 물질의 대사 조절뿐만 아니라 모세혈관을 포함한 여러 조직의 기능을 정상화하는 데 기여한다.

정답 37 ① 38 ③ 39 ④ 40 ③ 41 ③ 42 ④ 43 ① 44 ④

45 피부의 생리작용 중 지각 작용은?

① 피부표면에서 수증기가 발산된다.
② 피부에는 땀샘, 피지선 모근은 피부생리 작용을 한다.
③ 피부 전체에 퍼져 있는 신경에 의해 촉각, 온각, 냉각, 통각 등을 느낀다.
④ 피부의 생리작용에 의해 생긴 노폐물을 운반한다.

지각 작용은 피부에 존재하는 다양한 감각 수용체가 자극을 받아 뇌로 전달하여 촉각, 온각, 냉각, 통각 등의 감각을 느끼는 과정을 말한다. 이러한 감각 수용체는 피부 전체에 퍼져 있으며, 신경을 통해 정보를 전달한다.

46 교원섬유(Collagen)와 탄력섬유(Elastin)로 구성되어 있어 강한 탄력성을 지니고 있는 곳은?

① 표피 ② 진피
③ 피하조직 ④ 근육

교원섬유는 피부의 구조적 지지와 강도를 제공하며, 탄력섬유는 피부가 늘어나고 다시 원래 상태로 돌아갈 수 있도록 도와준다.

오답 피하기
진피는 피부의 중간층으로, 교원섬유와 탄력섬유가 풍부하게 존재하여 피부의 강도와 탄력성을 제공한다.

47 자외선의 영향으로 인한 부정적인 효과는?

① 홍반반응
② 비타민 D 형성
③ 살균효과
④ 강장효과

홍반반응은 자외선에 의해 피부가 붉어지고 염증이 생기는 현상으로, 자외선 노출 후 나타나는 일반적인 부작용 중 하나이다. 이는 자외선 B(UVB)에 의해 주로 발생하며, 심한 경우 피부 화상으로 이어질 수 있다.

오답 피하기
② 자외선 B(UVB)는 피부에서 비타민 D를 합성하는 데 중요한 역할을 한다.
③ 자외선은 살균 작용을 하여 세균과 바이러스를 제거하는 데 사용한다.
④ 적당한 자외선 노출은 기분을 좋게 하고, 신체 활동을 촉진하는 긍정적인 효과를 줄 수 있다.

48 피부에서 땀과 함께 분비되는 천연 자외선 흡수제는?

① 우로칸산 ② 글리콜산
③ 글루탐산 ④ 레틴산

우로칸산(Urocanic Acid)은 피부의 각질층과 땀에서 발견되는 물질로, 자외선을 흡수하여 피부를 보호하는 역할을 합니다. 이는 천연 자외선 흡수제로 작용하여 자외선으로 인한 피부 손상을 줄이는 데 도움을 준다.

49 광노화와 거리가 먼 것은?

① 피부 두께가 두꺼워진다.
② 섬유아세포수의 양이 감소한다.
③ 콜라겐이 비정상적으로 늘어난다.
④ 점다당질이 증가한다.

광노화는 자외선(UV) 노출로 인해 피부가 손상되고 노화되는 현상이다. 자외선은 콜라겐의 합성을 억제하고 콜라겐 분해 효소를 활성화하여 콜라겐이 줄어들게 하므로, 콜라겐이 비정상적으로 늘어난다는 설명은 틀린 것이다.

오답 피하기
광노화의 주요 특징은 다음과 같다.
① 피부 두께가 두꺼워진다 : 광노화는 피부층이 얇아지는 자연적 노화와 다르게 피부층이 두꺼워지고 피부 건조와 피부결의 거칠어짐이 나타난다.
② 섬유아세포수의 양이 감소한다 : 섬유아세포는 콜라겐과 엘라스틴을 생성하는 세포로, 자외선에 의해 손상되면 그 수가 감소한다.
④ 점다당질이 증가한다 : 자외선 노출로 인해 피부 내의 점다당질(글리코사미노글리칸)이 증가하여 피부의 탄력성과 수분 유지에 문제가 생긴다.

50 피지분비와 가장 관계가 있는 호르몬은?

① 에스트로겐
② 프로게스테론
③ 인슐린
④ 안드로겐

안드로겐은 남성호르몬으로, 피지선의 활동을 자극하여 피지분비를 증가시킨다. 안드로겐 호르몬의 대표적인 예로는 테스토스테론이 있으며, 이는 특히 사춘기 동안 피지분비를 증가시켜 여드름 등의 피부 문제를 유발할 수 있다.

오답 피하기
① 여성호르몬의 일종으로, 피지분비를 억제하는 경향이 있다.
② 여성호르몬의 일종으로, 피지분비에 미치는 영향이 어느 정도 있지만 안드로겐만큼 강하지 않다.
③ 주로 혈당 조절과 관련이 있으며, 피지분비와 직접적인 관계는 적다.

정답 45 ③ 46 ② 47 ① 48 ① 49 ③ 50 ④

51 이용 및 미용업 영업자의 지위를 승계한 자가 관계기관에 신고를 해야 하는 기간은?

① 1년 이내   ② 3월 이내

③ 6월 이내   ④ 1월 이내

영업자의 지위 승계 신고는 관계 법령에 따라 정해진 기간 내에 이루어져야 하며, 일반적으로 이러한 신고는 1개월(1월) 이내에 해야 한다.

52 이용업 및 미용업은 다음 중 어디에 속하는가?

① 공중위생영업

② 위생관련영업

③ 위생처리업

④ 위생관리용역업

공중위생영업은 공중의 건강과 위생을 보호하고 증진하기 위해 법적으로 관리되는 영업 형태로, 이용업과 미용업이 이에 해당한다. 이러한 업종은 공중의 위생과 직접 관련이 있으며, 규제와 관리가 필요하다.

53 다음 ( ) 안에 들어갈 내용으로 알맞은 것은?

> 이·미용업 영업자가 공중위생관리법을 위반하여 관계행정기관의 장의 요청이 있는 때에는 ( ) 이내의 기간을 정하여 영업의 정지 또는 일부시설의 사용중지 혹은 영업소 폐쇄 등을 명할 수 있다.

① 3월

② 6월

③ 1년

④ 2년

이·미용업 영업자가 공중위생관리법을 위반하여 관계행정기관의 장의 요청이 있는 때에는 6개월 이내에 기간을 정하여 영업의 정지 또는 일부 시설의 사용 중지 혹은 영업소 폐쇄 등을 명할 수 있다.

54 이·미용업소 내 반드시 게시하여야 할 사항으로 옳은 것은?

① 요금표 및 준수사항만 게시하면 된다.

② 이·미용업 신고증만 게시하면 된다.

③ 이·미용업 신고증 및 면허증사본, 요금표를 게시하면 된다.

④ 이·미용업 신고증 및 면허증원본, 요금표를 게시하여야 한다.

공중위생관리법 시행규칙 별표4에 따르면, 이·미용업소는 다음과 같은 사항을 반드시 게시해야 한다.
• 이·미용업 신고증
• 면허증 원본
• 요금표

55 다음 중 이·미용사의 면허정지를 명할 수 있는 자는?

① 행정안전부장관

② 시·도지사

③ 시장·군수·구청장

④ 경찰서장

공중위생관리법에 따르면, 이·미용사의 면허정지 등 행정처분 권한은 시장·군수·구청장에게 있다.

56 이·미용 영업소에서 1회용 면도날을 손님 2인에게 사용한 때의 1차 위반시 행정처분은?

① 시정명령   ② 개선명령

③ 경고   ④ 영업정지 5일

이·미용 영업소에서 1회용 면도날을 손님 2인에게 사용한 경우, 1차 위반 시의 행정처분은 경고이다.

정답 51 ④ 52 ① 53 ② 54 ④ 55 ③ 56 ③

57 관련법상 이·미용사의 위생교육에 대한 설명 중 옳은 것은?

① 위생교육 대상자는 이·미용업 영업자이다.
② 위생교육 대상자에는 이·미용사의 면허를 가지고 이·미용업에 종사하는 모든 자가 포함된다.
③ 위생교육은 시·군·구청장만이 할 수 있다.
④ 위생교육 시간은 분기당 4시간으로 한다.

위생교육 대상자는 이·미용업 영업자(이·미용업소의 대표)이다. 이·미용 업에 종사하는 모든 사람(종업원, 보조원, 계산원 등)이 받아야 하는 것은 아 니다.

58 다음 중 이·미용사의 면허를 받을 수 없는 자는?

① 전문대학의 이·미용에 관한 학과를 졸업 한 자
② 교육인적자원부장관이 인정하는 고등기술 학교에서 1년 이상 이·미용에 관한 소정의 과정을 이수한 자
③ 국가기술자격법에 의한 이·미용사의 자격 을 취득한 자
④ 외국의 유명 이·미용학원에서 2년 이상 기술을 습득한 자

대한민국에서 이·미용사의 면허를 받기 위해서는 국내에서 정해진 교육기 관을 졸업하거나, 국가기술자격법에 따른 자격을 취득해야 한다. 외국의 학원 에서 기술을 습득한 경우, 그 학원이 한국의 교육부(구 교육인적자원부)나 관 련 기관에서 공식적으로 인정되지 않는 한 면허를 받기 어렵다.

59 신고를 하지 않고 영업소 명칭(상호)을 바꾼 경 우에 대한 1차 위반 시의 행정처분은?

① 주의
② 경고 또는 개선명령
③ 영업정지 15일
④ 영업정지 1월

공중위생관리법에 따라 영업소 명칭 변경 시에는 반드시 신고를 해야 하며, 이를 위반할 경우 처음에는 경고나 개선명령을 받는다.

60 다음 중 과태료처분 대상에 해당하지 않는 자는?

① 관계공무원의 출입·검사 등 업무를 기피 한 자
② 영업소 폐쇄명령을 받고도 영업을 계속한 자
③ 이·미용업소 위생관리 의무를 지키지 아 니한 자
④ 위생교육 대생자 중 위생교육을 받지 아니 한 자

② 1년 이하의 징역 또는 1천만원 이하의 벌금에 처한다.

오답 피하기

① 300만원 이하의 과태료에 처한다.
③·④ 200만원 이하의 과태료에 처한다.

정답 57 ① 58 ④ 59 ② 60 ②

01 다음 중 콜드 퍼머넌트 웨이브 시술 시 두발에 부착된 제1액을 씻어 내는 데 가장 적합한 린스는?

① 에그 린스(Egg Rinse)
② 산성 린스(Acid Rinse)
③ 레몬 린스(Lemon Rinse)
④ 플레인 린스(Plain Rinse)

플레인 린스는 기본적으로 물로만 헹구는 것을 의미하며, 이는 퍼머넌트 웨이브 시술 후 남아있는 화학 물질을 깨끗이 씻어 내는 데 적합하다.

02 퍼머넌트 웨이브 시술 중 테스트 컬(Test Curl)을 하는 목적으로 가장 적합한 것은?

① 2액의 작용 여부를 확인하기 위해서이다.
② 굵은 모발, 혹은 가는 두발에 로드가 제대로 선택되었는지 확인하기 위해서이다.
③ 산화제의 작용이 미묘하기 때문에 확인하기 위해서이다.
④ 정확한 프로세싱 시간을 결정하고 웨이브 형성 정도를 조사하기 위해서이다.

테스트 컬은 퍼머넌트 웨이브 시술에서 중요한 단계로, 모발의 상태와 반응을 확인하여 적절한 시술 시간을 결정하는 데 사용된다. 이를 통해 웨이브가 원하는 형태로 잘 형성되고 있는지 확인할 수 있다.

03 스트로크 커트(Stroke Cut) 테크닉에 사용하기 가장 적합한 것은?

① 리버스 시저스(Reverse Scissors)
② 미니 시저스(Mini Scissors)
③ 직선날 시저스(Cutting Scissors)
④ 곡선날 시저스(R-scissors)

스트로크 커트는 머리카락을 자를 때 가위의 날을 직선으로 사용하여 자르는 기술이다. 이 기술은 주로 직선날 시저스를 사용하면 정확하고 깔끔한 커트를 할 수 있다.

04 다음 중 가는 로드를 사용한 콜드 퍼머넌트 직후에 나오는 웨이브로 가장 가까운 것은?

① 내로우 웨이브(Narrow Wave)
② 와이드 웨이브(Wide Wave)
③ 섀도 웨이브(Shadow Wave)
④ 호리존탈 웨이브(Horizontal Wave)

가는 로드를 사용하면 웨이브의 곡률이 작아져서 더 촘촘하고 좁은 웨이브가 형성된다. 이는 내로우 웨이브(Narrow Wave)와 가장 가까운 형태이다.

05 두발의 양이 많고, 굵은 경우 와인딩과 로드의 관계가 옳은 것은?

① 스트랜드를 크게 하고, 로드의 직경도 큰 것을 사용한다.
② 스트랜드를 적게 하고, 로드의 직경도 작은 것을 사용한다.
③ 스트랜드를 크게 하고, 로드의 직경도 작은 것을 사용한다.
④ 스트랜드를 적게 하고, 로드의 직경도 큰 것을 사용한다.

두발의 양이 많고 굵은 경우 스트랜드를 적게 하고 로드의 직경도 작은 것을 사용해야 균일한 와인딩이 가능하다.

06 손톱을 자르는 기구는?

① 큐티클 푸셔(Cuticle Pusher)
② 큐티클 니퍼즈(Cuticle Nippers)
③ 네일 파일(Nail File)
④ 네일 니퍼즈(Nail Nippers)

네일 니퍼즈는 손톱을 깎거나 다듬는 데 사용되는 도구이다. 큐티클 푸셔와 큐티클 니퍼즈는 주로 큐티클을 정리하는 데 사용되고, 네일 파일은 손톱을 다듬는 데 사용된다.

정답 01 ④ 02 ④ 03 ③ 04 ① 05 ② 06 ④

07 두발을 탈색한 후 초록색으로 염색하고 얼마의 기간이 지난 후 다시 다른 색으로 바꾸고 싶을 때 보색 관계를 이용하여 초록색의 흔적을 없애려면 어떤 색을 사용하면 좋은가?

① 노란색
② 오렌지색
③ 적색
④ 청색

두발을 탈색한 후 초록색으로 염색한 상태에서 다른 색으로 바꾸고 싶을 때, 초록색의 흔적을 없애기 위해 보색 관계를 이용하면 적색을 사용하는 것이 좋다. 보색 관계에서 초록색과 반대되는 색은 적색이다. 적색을 사용하면 초록색을 중화시켜 자연스럽게 다른 색으로 염색할 수 있다.

08 헤어린스의 목적과 관계없는 것은?

① 두발의 엉킴 방지
② 모발의 윤기 부여
③ 이물질 제거
④ 알카리성을 약산성화

헤어린스는 주로 두발의 엉킴을 방지하고, 모발에 윤기를 부여하며, 알칼리성을 약산성으로 중화하는 역할을 한다. 이물질 제거는 주로 샴푸의 역할이다.

09 화장법으로는 흑색과 녹색의 두 가지 색으로 윗눈꺼풀에 악센트를 넣었으며, 붉은 찰흙을 샤프란(꽃의 이름)과 조금씩 섞어서 이것을 볼에 붉게 칠하고 입술 연지로도 사용한 시대는?

① 고대 그리스
② 고대 로마
③ 고대 이집트
④ 중국 당나라

고대 이집트에서는 화장이 중요한 문화의 일부로, 특히 눈 화장과 볼 및 입술의 화장이 강조되었다. 흑색과 녹색의 아이 메이크업, 그리고 붉은 찰흙과 샤프란을 사용한 화장법은 고대 이집트에서 흔히 사용되었던 방식이다.

10 현대미용에 있어서 1920년대에 최초로 단발머리를 함으로써 우리나라 여성들의 머리형에 혁신적인 변화를 일으키게 된 계기가 된 사람은?

① 이숙종
② 김활란
③ 김상진
④ 오엽주

김활란 여사는 1920년대에 단발머리를 처음 시도하여 당시 한국 사회에서 큰 반향을 일으켰으며, 이는 현대적인 헤어스타일의 시작을 알리는 중요한 계기가 되었다.

11 업스타일을 시술할 때 백코밍의 효과를 크게 하고자 세모난 모양의 파트로 섹션을 잡는 것은?

① 스퀘어 파트
② 트라이앵귤러 파트
③ 카우릭 파트
④ 렉탱귤러 파트

업스타일을 시술할 때 백코밍의 효과를 크게 하고자 세모난 모양의 파트로 섹션을 잡는 것은 트라이앵귤러 파트(Triangular Part)이다. 트라이앵귤러 파트를 사용하면 백코밍을 더 효과적으로 할 수 있으며, 모발에 볼륨을 더하고 업스타일을 더욱 안정적으로 만들 수 있다.

12 원랭스의 정의로 가장 적합한 것은?

① 두발의 길이에 단차가 있는 상태의 커트
② 완성된 두발을 빗으로 빗어 내렸을 때 모든 두발이 하나의 선상으로 떨어지도록 자르는 커트
③ 전체의 머리 길이가 똑같은 커트
④ 머릿결을 맞추지 않아도 되는 커트

원랭스 컷은 모든 머리카락이 같은 길이로 자라서 하나의 선을 형성하게 하는 커트 기법으로, 전체적으로 동일한 길이로 자르는 것이 특징이다.

13 고객이 추구하는 미용의 목적과 필요성을 시각적으로 느끼게 하는 과정은 어디에 해당하는가?

① 구상
② 소재
③ 제작
④ 보정

보정 단계에서는 고객의 요구와 필요를 시각적으로 표현하고, 최종 결과물을 예상할 수 있도록 한다. 이 과정에서 다양한 아이디어와 디자인을 시각화하여 고객이 원하는 결과를 명확히 이해하고 이를 구현할 수 있도록 한다.

14 플랫 컬의 특징을 가장 잘 표현한 것은?

① 컬의 루프가 두피에 대하여 0° 각도로 평평하고 납작하게 형성된 컬을 말한다.
② 일반적 컬 전체를 말한다.
③ 루프가 반드시 90° 각도로 두피 위에 세워진 컬로 볼륨을 내기 위한 헤어스타일에 주로 이용된다.
④ 두발의 끝에서부터 말아온 컬을 말한다.

플랫 컬은 컬의 루프가 두피에 평평하게 밀착된 형태로, 볼륨이 거의 없고 평평하게 형성되는 것이 특징이다.

15 다음의 눈썹에 대한 설명 중 틀린 것은?

① 눈썹은 눈썹머리, 눈썹산, 눈썹꼬리로 크게 나눌 수 있다.
② 눈썹산의 표준 형태는 전체 눈썹의 ½되는 지점에 위치하는 것이다.
③ 눈썹산이 전체 눈썹의 ½되는 지점에 위치해 있으면 볼이 넓게 보이게 된다.
④ 수평상 눈썹은 긴 얼굴을 짧게 보이게 할 때 효과적이다.

눈썹산(Arch)은 일반적으로 전체 눈썹 길이의 ⅔ 지점에 위치하는 것이 표준이다. 눈썹산이 전체 눈썹의 ½ 지점에 위치하면 얼굴이 넓어 보일 수 있다.

16 완성된 두발선 위를 가볍게 다음에 커트하는 방법은?

① 테이퍼링(Tapering)
② 틴닝(Thinning)
③ 트리밍(Trimming)
④ 싱글링(Shingling)

트리밍은 이미 커트된 머리의 길이나 모양을 유지하거나 다듬기 위해 가볍게 자르는 것을 의미한다.

17 레이저(Razor)에 대한 설명 중 가장 거리가 먼 것은?

① 세이핑 레이저를 이용하여 커팅하면 안정적이다.
② 초보자는 오디너리 레이저를 사용하는 것이 좋다.
③ 솜털 등을 깎을 때 외곡선상의 날이 좋다.
④ 녹이 슬지 않게 관리를 한다.

초보자는 일반적으로 더 안전하고 사용이 쉬운 도구를 사용하는 것이 좋으며, 오디너리 레이저는 사용이 까다로울 수 있다. 따라서 초보자에게는 안전면도기나 전기면도기와 같은 더 안전하고 사용하기 쉬운 도구가 권장된다.

18 이마의 양쪽 끝과 턱의 끝 부분을 진하게, 뺨 부분을 옅게 화장하면 가장 잘 어울리는 얼굴형은?

① 삼각형 얼굴
② 원형 얼굴
③ 사각형 얼굴
④ 역삼각형 얼굴

역삼각형 얼굴은 이마가 넓고 턱이 좁은 형태로, 이마와 턱 부분을 강조하고 뺨 부분을 옅게 화장하여 얼굴의 균형을 맞출 수 있다.

19 다공성 모발에 대한 사항 중 **틀린** 것은?

① 다공성모란 두발의 간층 물질이 소실되어 두발 조직 중에 공동이 많고 보습작용이 적어져서 두발이 건조해지기 쉬우므로 손상모를 말한다.

② 다공성모는 두발이 얼마나 빨리 유액을 흡수하느냐에 따라 그 정도가 결정된다.

③ 다공성의 정도에 따라서 콜드웨이빙의 프로세싱 타임과 웨이빙의 용액의 정도가 결정된다.

④ 다공성의 정도가 클수록 모발의 탄력이 적으므로 프로세싱 타임을 길게 한다.

다공성 모발은 손상된 모발로, 이미 손상되어 있는 경우 프로세싱 타임을 길게 하면 모발이 더 손상될 수 있다. 다공성 모발은 처리 시간을 줄여야 모발 손상을 최소화할 수 있다.

20 언더 메이크업을 가장 잘 설명한 것은?

① 베이스 컬러라고도 하며 피부색과 피부결을 정돈하여 자연스럽게 해 준다.

② 유분과 수분, 색소의 양과 자르 제조 공정에 따라 여러 종류로 구분된다.

③ 효과적인 보호막을 결정해 주며 피부의 결점을 감추려 할 때 효과적이다.

④ 파운데이션이 고루 잘 펴지게 하며 화장이 오래 잘 지속되게 해주는 작용을 한다.

언더 메이크업은 파운데이션을 바르기 전에 하는 과정이다. 프라이머로 요철을 없애거나, 메이크업 베이스로 톤을 조절하고, 고정력을 높여 화장이 고르게 발리도록 한다.

21 다음 중 특별한 장치를 설치하지 아니한 일반적인 경우에 실내의 자연적인 환기에 가장 큰 비중을 차지하는 요소는?

① 실내외 공기 중 CO_2의 함량의 차이

② 실내외 공기의 습도 차이

③ 실내외 공기의 기온 차이 및 기류

④ 실내외 공기의 불쾌지수 차이

실내외 공기의 기온 차이와 기류는 자연 환기의 주된 원인이 된다. 온도 차이로 인해 발생하는 밀도 차이와 바람에 의해 공기가 이동하면서 실내 공기가 외부로 배출되고 외부 공기가 실내로 유입된다. 이는 자연 환기의 가장 중요한 요소이다.

22 비타민 결핍증인 불임증 및 생식불능과 피부의 노화방지 작용 등과 가장 관계가 깊은 것은?

① 비타민 A

② 비타민 B 복합체

③ 비타민 E

④ 비타민 D

비타민 E는 항산화제로서 세포막을 보호하고 피부의 노화를 방지하는 역할을 한다. 또한 생식 건강에 중요한 역할을 하여 불임증 및 생식불능과도 관련이 있다.

23 환경오염의 발생요인인 산성비의 가장 주요한 원인과 산도는?

① 이산화탄소, pH 5.6이하

② 아황산가스, pH 5.6이하

③ 염화불화탄소, pH 6.6이하

④ 탄화수소, pH 6.6이하

산성비는 주로 아황산가스(SO_2)와 질소산화물(NO_x)이 대기 중에 방출되어 물과 반응하여 황산(H_2SO_4)과 질산(HNO_3)을 형성함으로써 발생한다. 이로 인해 비의 pH가 5.6 이하로 떨어지게 된다.

정답 19 ④ 20 ① 21 ③ 22 ③ 23 ②

24 세계보건기구(WHO)에서 규정된 건강의 정의를 가장 적절하게 표현한 것은?

① 육체적으로 완전히 양호한 상태
② 정신적으로 완전히 양호한 상태
③ 질병이 없고 허약하지 않은 상태
④ 육체적, 정신적, 사회적 안녕이 완전한 상태

WHO는 건강을 단순히 질병이나 허약이 없는 상태가 아닌, 신체적, 정신적, 사회적으로 완전히 안녕한 상태라고 정의하고 있다.

25 주로 7~9월에 많이 발생되며, 어패류가 원인이 되어 발병 · 유행하는 식중독은?

① 포도상구균 식중독
② 살모넬라 식중독
③ 보툴리누스균 식중독
④ 장염 비브리오 식중독

장염 비브리오 식중독은 여름철에 해산물이 부패하면서 발생하는 경우가 많으며, 특히 온도가 높고 습한 7~9월에 자주 발생한다.

26 돼지와 관련이 있는 질환으로 거리가 <u>먼</u> 것은?

① 유구조충
② 살모넬라증
③ 일본뇌염
④ 발진티푸스

발진티푸스는 주로 이나 벼룩 같은 기생충에 의해 전파되며, 돼지와는 관련이 없다.

오답 피하기

① 돼지를 숙주로 하는 기생충으로, 돼지고기를 통해 사람에게 감염될 수 있다.
② 돼지와 같은 가축의 고기나 그 제품을 통해 사람에게 전파될 수 있다.
③ 돼지는 일본뇌염 바이러스의 증폭 숙주로 알려져 있다.

27 한 국가가 지역사회의 건강수준을 나타내는 지표로서 대표적인 것은?

① 질병이환률
② 영아사망률
③ 신생아사망률
④ 조사망률

영아사망률은 생후 1년 이내에 사망하는 영아 수를 1,000명당 비율로 나타낸 것이다. 이 지표는 국가나 지역사회의 보건 수준, 특히 모자 보건 상태를 잘 반영하는 중요한 지표로 사용된다.

28 위생해충의 구제방법으로 가장 효과적이고 근본적인 방법은?

① 성충 구제
② 살충제 사용
③ 유충 구제
④ 발생원 제거

위생해충의 발생원을 제거하면 해충이 서식하고 번식할 수 있는 환경 자체를 없애기 때문에 가장 근본적이고 지속적인 효과를 볼 수 있다.

29 파리에 의해 주로 전파될 수 있는 전염병은?

① 페스트
② 장티푸스
③ 사상충증
④ 황열

파리는 장티푸스균을 포함한 다양한 병원체를 음식물이나 물에 옮길 수 있으며, 이를 통해 인간에게 전파될 수 있다. 한편, 페스트는 주로 벼룩에 의해, 사상충증은 모기에 의해, 황열은 또한 모기에 의해 전파된다.

정답 24 ④ 25 ④ 26 ④ 27 ② 28 ④ 29 ②

30 기온측정 등에 관한 설명 중 <u>틀린</u> 것은?

① 실내에서는 통풍이 잘되는 직사광선을 받지 않은 곳에 매달아 놓고 측정하는 것이 좋다.

② 평균기온은 높이에 비례하여 하강하는데, 고도 11,000m 이하에서는 보통 100m당 0.5~0.7℃ 정도이다.

③ 측정할 때 수은주 높이와 측정자의 눈의 높이가 같아야 한다.

④ 정상적인 날의 하루 중 기온이 가장 낮을 때는 밤 12시경이고 가장 높을 때는 오후 2시경이 일반적이다.

일반적인 날(맑은 날)의 하루 중 기온이 가장 낮을 때는 새벽 4시에서 6시 사이이고, 가장 높을 때는 오후 2시에서 4시 사이가 일반적이다. 밤 12시는 기온이 가장 낮은 시간이 아니다.

31 고압멸균기를 사용하여 소독하기에 가장 적합하지 <u>않은</u> 것은?

① 유리기구
② 금속기구
③ 약액
④ 가죽제품

고압멸균기는 높은 온도와 압력을 사용하여 멸균을 진행하므로, 가죽제품과 같은 열에 민감한 물질은 손상될 수 있다. 유리기구, 금속기구, 약액은 고압멸균기를 통해 효과적으로 멸균될 수 있지만, 가죽제품은 적합하지 않다.

32 다음 중 소독의 정의를 가장 잘 표현한 것은?

① 미생물의 발육과 생활을 제지 또는 정지시켜 부패 또는 발효를 방지할 수 있는 것

② 병원성 미생물의 생활력을 파괴 또는 멸살시켜 감염 또 는 증식력을 없애는 조작

③ 모든 미생물의 생활력을 파괴하거나 미생물 자체를 멸살하려는 조작

④ 오염된 미생물을 깨끗이 씻어 내는 작업

소독은 병원성 미생물을 제거하거나 무력화시켜 감염을 예방하는 것을 목표로 한다. 모든 미생물을 제거하는 것은 멸균의 정의에 더 가깝다.

33 병원성 미생물이 일반적으로 증식이 가장 잘 되는 pH의 범위는?

① 3.5~4.5
② 4.5~5.5
③ 5.5~6.5
④ 6.5~7.5

대부분의 병원성 미생물은 중성에 가까운 pH 환경에서 가장 잘 증식한다. 인간의 체액과 조직의 pH가 대략 이 범위에 해당하기 때문에, 병원성 미생물들이 이러한 환경에서 증식하기에 유리하다.

34 다음 중 일회용 면도기를 사용함으로써 예방 가능한 질병은? (단, 정상적인 사용의 경우를 말함)

① 옴(개선)병
② 일본뇌염
③ B형 간염
④ 무좀

B형 간염은 혈액이나 체액을 통해 전파되는 바이러스성 질환으로, 면도기와 같은 개인 위생 용품을 공유하면 전염될 수 있다. 일회용 면도기를 사용함으로써 타인의 혈액에 노출될 가능성을 줄여 B형 간염과 같은 감염병을 예방할 수 있다.

35 소독약의 살균력 지표로 가장 많이 이용되는 것은?

① 알코올
② 크레졸
③ 석탄산
④ 폼알데하이드

석탄산(페놀)은 소독제의 살균력을 비교하는 기준으로 사용되며, 이를 통해 다른 소독제의 상대적인 효능을 평가할 수 있다. 이 지표를 '페놀 계수'라고 한다.

36 산소가 있어야만 잘 성장할 수 있는 균은?

① 호기성균
② 혐기성균
③ 통기혐기성균
④ 호혐기성균

호기성균은 말 그대로 공기에 호감을 갖는 균이다. 산소가 있는 환경에서 성장이 잘 이루어지며, 산소가 없는 환경에서는 생존이 어렵다.

37 다음 중 화학적 살균법이라고 할 수 없는 것은?

① 자외선살균법
② 알코올살균법
③ 염소살균법
④ 과산화수소살균법

자외선살균법은 물리적인 방법으로, 자외선(UV) 빛을 사용하여 미생물의 DNA를 손상시켜 살균한다. 반면에 알코올살균법, 염소살균법, 과산화수소살균법은 화학적인 물질을 사용하여 미생물을 살균하는 방법이다.

38 소독약의 구비조건에 해당하지 않는 것은?

① 높은 살균력을 가질 것
② 인축에 해가 없어야 할 것
③ 저렴하고 구입과 사용이 간편할 것
④ 기름, 알코올 등에 잘 용해되어야 할 것

소독약의 구비조건은 일반적으로 높은 살균력, 인축(사람과 동물들)에 대한 안전성, 경제성과 사용의 편리성 등을 포함한다. 그러나 반드시 기름, 알코올 등에 잘 용해되어야 한다는 조건은 없다. 소독약은 화학적 특성(결합의 극성)에 따라 물, 유류, 특정 용매 등 다양한 용매에 용해된다.

39 다음 중 세균의 단백질 변성과 응고작용에 의한 기전을 이용하여 살균하고자 할 때 주로 이용되는 방법은?

① 가열
② 희석
③ 냉각
④ 여과

가열은 세균의 단백질을 변성시키고 응고시켜 살균하는 매우 효과적인 방법이다. 고온에서 단백질은 구조가 파괴되고 기능을 상실하게 되어 세균이 사멸한다.

40 소독액을 표시할 때 사용하는 단위로 용액 100mL 속에 용질의 함량을 표시하는 수치는?

① 푼
② 퍼센트(%)
③ 퍼밀(‰)
④ 피피엠(PPM)

퍼센트(%)는 전체 100 중 얼마를 차지하는지를 나타내는 단위로, 용액 100mL 중에 용질의 양을 퍼센트로 표현하는 것이 일반적이다.

41 피부의 구조 중 진피에 속하는 것은?

① 과립층
② 유극층
③ 유두층
④ 기저층

진피는 표피 아래층으로, 유두층과 망상층으로 구성되어 있다. 유두층은 진피의 상부에 위치하며, 유두 모양의 돌기가 있어 표피와의 접촉면을 넓혀 준다.

42 안면의 각질제거를 용이하게 하는 것은?

① 비타민 C
② 토코페롤
③ AHA
④ 비타민 E

AHA(Alpha Hydroxy Acid, 알파 하이드록시산)는 각질 제거에 효과적인 성분으로, 피부의 표면에 있는 죽은 세포를 제거하여 피부를 매끄럽게 하고 밝게 만들어준다. AHA는 젖산, 글리콜산 등 다양한 형태로 사용된다.

43 피부의 산성도가 외부의 충격으로 파괴된 후 자연 회복되는 데 걸리는 최소한의 시간은?

① 약 1시간 경과 후
② 약 2시간 경과 후
③ 약 3시간 경과 후
④ 약 4시간 경과 후

피부의 pH 균형은 외부 자극에 의해 영향을 받을 수 있으며, 자연 재생 과정에서 피부의 산성도가 회복되는 데는 약 2시간 정도가 소요된다.

44 다음 중 결핍 시 피부표면이 경화되어 거칠어지는 주된 영양물질은?

① 단백질과 비타민 A
② 비타민 D
③ 탄수화물
④ 무기질

단백질은 피부 세포의 재생과 복구에 중요한 역할을 하며, 비타민 A는 피부의 세포 성장과 각질 형성에 필수적이다. 이 두 가지 영양소가 부족하면 피부가 건조하고 거칠어질 수 있다.

45 세포분열을 통해 새롭게 손·발톱을 생산해 내는 곳은?

① 조체
② 조모
③ 조소피
④ 조하막

조모(爪母, Matrix)는 손톱과 발톱의 기저부에 위치하며, 이곳에서 세포분열이 활발하게 일어나 손톱과 발톱이 자라나게 된다.

46 피부색소의 멜라닌을 만드는 색소형성세포는 어느 층에 위치하는가?

① 과립층
② 유극층
③ 각질층
④ 기저층

기저층은 표피의 가장 바닥에 있는 층으로, 이곳에서 멜라닌세포가 멜라닌 색소를 생성하여 피부색을 결정하는 중요한 역할을 한다.

47 한선(땀샘)의 설명으로 틀린 것은?

① 체온을 조절한다.
② 땀은 피부의 피지막과 산성막을 형성한다.
③ 땀을 많이 흘리면 영양분과 미네랄을 잃는다.
④ 땀샘은 손, 발바닥에는 없다.

땀샘은 손과 발바닥에도 존재한다. 손과 발바닥에는 특히 에크린샘이 많이 분포되어 있어, 체온 조절 및 피부의 미끄럼 방지 역할을 한다.

정답 42 ③ 43 ② 44 ① 45 ② 46 ④ 47 ④

48 다음 중 피부의 면역기능에 관계하는 것은?

① 각질형성 세포
② 랑게르한스 세포
③ 말피기 세포
④ 머켈 세포

랑게르한스 세포는 표피의 유극층에 위치하며, 항원을 인식하고 면역 반응을 유도하는 역할을 한다. 따라서 피부의 면역기능에 중요한 역할을 한다.

오답 피하기

① 각질(형성) 세포는 기저층에서 각질을 만들어, 이것을 위로 점점 밀어내어 피부표면에 위치하게 하는 세포이다.
③ 말피기 세포는 신장(콩팥)을 구성하는 세포로, 외부에서 신장으로 들어오는 혈액을 걸러 원뇨를 생성하는 역할을 한다.
④ 머켈 세포는 피부의 감각을 수용하는 세포이다.

권쌤의 노하우

랑게르한스 세포는 피부에도 있고, 췌장에도 있습니다. 피부의 랑게르한스 세포는 피부의 면역을 담당하는 세포이고, 췌장의 랑게르한스 세포(랑게르한스섬)은 항상성을 조절하는 호르몬을 내보내는 세포입니다.

49 세포의 분열증식으로 모발이 만들어지는 곳은?

① 모모(毛母)세포
② 모유두
③ 모구
④ 모소피

모모세포는 모낭의 기저부에 위치하며, 이곳에서 세포가 활발하게 분열하고 성장하면서 모발이 형성된다.

50 세안용 화장품의 구비조건으로 부적당한 것은?

① 안정성 : 물이 묻거나 건조해지면 형과 질이 잘 변해야 한다.
② 용해성 : 냉수나 온탕에 잘 풀려야 한다.
③ 기포성 : 거품이 잘나고 세정력이 있어야 한다.
④ 자극성 : 피부를 자극하지 않고 쾌적한 방향이 있어야 한다.

세안용 화장품은 안정성이 중요하며, 물이 묻거나 건조해지더라도 형과 질이 잘 변하지 않아야 한다. 따라서 형과 질이 잘 변해야 한다는 조건은 적당하지 않다.

51 이·미용사의 면허를 받을 수 없는 자는?

① 전문대학에서 이용 또는 미용에 관한 학과를 졸업한 자
② 교육과학기술부장관이 인정하는 이·미용 고등학교를 졸업한 자
③ 교육과학기술부장관이 인정하는 고등기술학교에서 6개월 수학한 자
④ 국가기술자격법에 의한 이·미용사 자격취득자

이·미용사의 면허를 받기 위해서는 고등기술학교에서 미용에 관한 소정의 과정을 1년 이상 이수한 자여야 한다.

52 다음 중 이·미용업 영업자가 변경신고를 해야 하는 것을 모두 고른 것은?

> ㄱ. 영업소의 소재지
> ㄴ. 영업소 바닥의 면적의 3분의 1 이상의 증감
> ㄷ. 종사자의 변동사항
> ㄹ. 영업자의 재산변동사항

① ㄱ
② ㄱ, ㄴ
③ ㄱ, ㄴ, ㄷ
④ ㄱ, ㄴ, ㄷ, ㄹ

변경신고를 해야 하는 사항에는 ㄱ. 영업소의 소재지와 ㄴ. 영업소 바닥의 면적의 3분의 1 이상의 증감이 있다. 종사자의 변동사항이나 영업자의 재산변동사항은 변경신고 대상이 아니다.

정답 48 ② 49 ① 50 ① 51 ③ 52 ②

53 영업소 외에서의 이용 및 미용업무를 할 수 없는 경우는?

① 관할 소재 동 지역 내에서 주민에게 이 · 미용을 하는 경우

② 질병, 기타의 사유로 인하여 영업소에 나올 수 없는 자에 대하여 미용을 하는 경우

③ 혼례나 기타 의식에 참여하는 자에 대하여 그 의식의 직전에 미용을 하는 경우

④ 특별한 사정이 있다고 인정하여 시장 · 군수 · 구청장이 인정하는 경우

영업소 외에서의 이용 및 미용업무를 할 수 없는 경우는 관할 소재 동 지역 내에서 주민에게 이 · 미용을 하는 경우이다. 다른 경우들은 특정한 상황에서 예외적으로 영업소 외에서 이 · 미용업무를 할 수 있는 경우들이다.

54 시장 · 군수 · 구청장이 영업정지가 이용자에게 심한 불편을 주거나 그 밖에 공익을 해할 우려가 있는 경우에 영업정지처분에 갈음한 과징금을 부과할 수 있는 금액기준은?

① 1천만원 이하

② 2천만원 이하

③ 3천만원 이하

④ 4천만원 이하

현행 공중위생관리법 제11조의 2에 따르면 시장 · 군수 · 구청장이 영업정지 처분에 갈음하여 과징금을 부과할 수 있는 금액기준은 1억원 이하이다.

※ 출제 당시의 법령과 현행법령이 달라 출간일 기준으로는 정답이 없다.

55 이 · 미용사 면허증을 분실하여 재교부를 받은 자가 분실한 면허증을 찾았을 때 취하여야 할 조치로 옳은 것은?

① 시 · 도지사에게 찾은 면허증을 반납한다.

② 시장 · 군수에게 찾은 면허증을 반납한다.

③ 본인이 모두 소지하여도 무방하다.

④ 재교부받은 면허증을 반납한다.

이 · 미용사 면허증을 분실하여 재교부를 받은 자가 분실한 면허증을 찾았을 때는 시장 · 군수 · 구청장에게 찾은 면허증을 반납해야 한다.

56 영업자의 지위를 승계한 자는 몇 월 이내에 시장 · 군수 · 구청장에게 신고를 하여야 하는가?

① 1월

② 2월

③ 6월

④ 12월

영업자의 지위를 승계한 자는 1개월 이내에 시장 · 군수 · 구청장에게 신고를 해야 한다.

57 이용사 또는 미용사의 면허를 받지 아니한 자 중, 이용사 또는 미용사 업무에 종사할 수 있는 자는?

① 이 · 미용 업무에 숙달된 자로 이 · 미용사 자격증이 없는 자

② 이 · 미용사로서 업무정지 처분 중에 있는 자

③ 이 · 미용업소에서 이 · 미용사의 감독을 받아 이 · 미용업무를 보조하고 있는 자

④ 학원 설립 · 운영에 관한 법률에 의하여 설립된 학원에서 3월 이상 이용 또는 미용에 관한 강습을 받은 자

이 · 미용업무를 보조하는 자는 면허가 없더라도 이 · 미용사의 감독하에 업무를 보조할 수 있다.

58 이 · 미용소의 조명시설은 몇 럭스 이상이어야 하는가?

① 50럭스

② 75럭스

③ 100럭스

④ 125럭스

이 · 미용소의 조명시설은 75럭스 이상이어야 한다.

정답 53 ① 54 ③(정답 없음) 55 ② 56 ① 57 ③ 58 ②

59 다음 위법사항 중 가장 무거운 벌칙기준에 해당하는 자는?

① 신고를 하지 아니하고 영업한 자
② 변경신고를 하지 아니하고 영업한 자
③ 면허정지처분을 받고 그 정지 기간 중 업무를 행한 자
④ 관계 공무원 출입 · 검사를 거부한 자

벌칙 · 과태료	행정처분
① 1년 이하의 징역 또는 1천만원 이하의 벌금	• 1차 위반 : 경고 또는 개선명령 • 2차 위반: 영업정지 15일 • 3차 위반: 영업정지 1월(= 30일) • 4차 위반 : 영업장 폐쇄명령

오답 피하기

벌칙 · 과태료	행정처분
② 6개월 이하의 징역 또는 2천만 원 이하의 벌금	• 1차 위반 : 경고 또는 개선명령 • 2차 위반: 영업정지 15일 • 3차 위반: 영업정지 1월(= 30일) • 4차 위반: 영업장 폐쇄 명령
③ 300만원 이하의 벌금	1차 위반 : 면허 취소
④ 300만원 이하(150만원)의 과태료	• 1차 위반 : 영업정지 10일 • 2차 위반 : 영업정지 20일 • 3차 위반 영업정지 1월(= 30일) • 4차 위반 : 영업장 폐쇄명령

60 이 · 미용업 영업자가 위생교육을 받지 아니한 때에 대한 1차 위반시 행정처분 기준은?

① 경고
② 개선명령
③ 영업정지 5일
④ 영업정지 10일

이 · 미용업 영업자가 위생교육을 받지 아니한 경우 200만원 이하의 과태료에 처한다.

※ 출제 당시의 법령과 현행법령이 달라 출간일 기준으로는 정답이 없다.

정답 59 ① 60 ①(정답 없음)

PART

04

최신 기출문제

*저자진이 직접 응시하여 복원한 최신 기출문제 6회분을 수록하였습니다.

01 지성피부의 설명으로 틀린 것은?

① 스팀타월을 사용하여 불순물 제거와 수분을 공급한다.
② 표피 각질층의 두께가 두꺼워지고 진피의 두께는 얇아진다.
③ 레몬 아로마 오일을 사용하여 관리한다.
④ 살이 쪄서 뚱뚱해지면 피지가 과다하게 생성된다.

02 좋은 아이론을 선택하기 위한 조건이 아닌 것은?

① 프롱과 그루브의 크기가 같아야 한다.
② 프롱과 그루브가 구부러져 있어야 한다.
③ 프롱과 그루브 접촉면 사이가 잘 맞물려 있어야 한다.
④ 프롱과 그루브 표면이 거칠지 않아야 한다.

03 헤어 셰이핑 브러시에 대한 설명으로 옳은 것은?

① 브러싱을 할수록 비듬과 각질이 생긴다.
② 크레졸, 알코올로 소독한다.
③ 흐트러진 머리를 정리할 때 사용한다.
④ 브러시의 길이가 길면 좋다.

04 가위에 대한 설명으로 옳지 않은 것은?

① 전강 가위로 블런트 커트를 한다.
② 대부분의 가위는 착강 가위이다.
③ 가위의 전체가 특수강으로 만들어진 것을 전강 가위라고 한다.
④ 착강 가위의 경우 협신부는 연강으로 되어 있고, 날은 특수강으로 되어 있다.

05 위생교육에 대한 내용으로 옳지 않은 것은?

① 위생교육을 받은 자가 위생교육을 받은 날부터 3년 이내에 위생교육을 받은 업종과 같은 업종의 영업을 하려는 경우에는 해당 영업에 대한 위생교육을 받은 것으로 본다.
② 영업신고 전에 위생교육을 받아야 하는 자 중 천재지변, 본인의 질병, 교육을 실시하는 단체의 사정 등으로 미리 교육을 받기 불가능한 경우에는 영업신고를 한 후 6개월 이내에 위생교육을 받을 수 있다.
③ 위생교육의 내용은 공중위생관리법 및 관련 법규 소양교육, 기술교육, 그 밖에 공중위생에 관하여 필요한 내용으로 한다.
④ 위생교육 실시단체는 교육교재를 편찬하여 교육 대상자에게 제공하여야 한다.

06 병원체가 바이러스에 해당하는 것은?

① 결핵
② 폴리오
③ 발진열
④ 파상풍

07 지성피부의 특징으로 옳은 것은?

① 모공이 적고 피부결이 섬세하다.
② 피지선 기능 이상으로 세균 감염이 잘된다.
③ 모공이 크고 불규칙하여 거칠어 보인다.
④ 수분이 유분보다 부족해서 부분적으로 각질과 비듬이 생긴다.

08 기생충과 숙주의 관계로 옳지 <u>않은</u> 것은?

① 폐디스토마 – 잉어, 피라미
② 간디스토마 – 쇠우렁이, 잉어
③ 요코가와흡충 – 은어, 숭어
④ 광절열두조충 – 송어, 연어

09 여드름을 유발하지 않는 논코메도제닉 (Noncomedogenic) 화장품의 성분은?

① 올렌산
② 미네랄 오일
③ 소르비톨
④ 세타아릴 알코올

10 염색을 한 두발에 가장 적합한 샴푸제는?

① 프로틴 샴푸제
② 논 스트리핑 샴푸제
③ 댄드러프 샴푸제
④ 핫오일 샴푸제

11 뱅(Bang)에 대한 설명으로 옳지 <u>않은</u> 것은?

① 플러프 뱅 – 부드럽고 자연스럽게 볼륨을 낸 뱅
② 롤뱅 – 롤을 이용하여 둥글게 말아진 뱅
③ 프렌치 뱅 – 풀 혹은 웨이브로 만든 뱅
④ 프린지 뱅 – 가르마 가까이에 작게 낸 뱅

12 미용업소에서 사용한 쓰레기 중 재활용이 되지 <u>않는</u> 품목은?

① 머리카락
② 종이류
③ 고무장갑
④ 펌 1제의 빈 용기

13 기생충과 중간숙주의 연결이 옳지 <u>않은</u> 것은?

① 유구조충 – 채소
② 무구조충 – 소
③ 폐흡충 – 가재, 게
④ 간흡충 – 잉어, 붕어

14 미용사가 위생교육을 받지 않았을 시의 과태료는?

① 60만원 이하의 과태료
② 100만원 이하의 과태료
③ 200만원 이하의 과태료
④ 300만원 이하의 과태료

15 피부의 광노화 현상에 대한 설명으로 옳은 것은?

① 피지선의 기능 저하로 피부에 윤기가 없어진다.
② 땀샘의 기능 저하로 체온조절 기능이 저하된다.
③ 콜라겐의 양과 질이 감소하여 진피층이 얇아진다.
④ 멜라닌세포의 증가하며 자외선으로 인한 색소침착이 나타난다.

16 에탄올에 의한 소독 대상물로 가장 적절한 것은?

① 쓰레기통
② 플라스틱
③ 고무
④ 가위

17 피부 진피층에 많이 함유되어 있는 보습 성분은?

① 하이알루론산
② 섬유아세포
③ 엘라이딘
④ 세라마이드

18 금속 소독에 사용하지 않는 소독제는?

① 석탄산
② 에탄올
③ 포르말린
④ 역성비누

19 샤기 커트를 할 때 제일 빠르게 시술할 수 있는 도구는?

① 셰이핑 레이저
② 오디너리 레이저
③ 미니 가위
④ 틴닝 가위

20 헤나를 처음 사용한 나라는?

① 이집트
② 그리스
③ 중국
④ 프랑스

21 명예공중위생감시원의 업무가 아닌 것은?

① 위생지도 및 개선명령 이행 여부의 확인
② 공중위생감시원이 행하는 검사대상물의 수거지원
③ 법령 위반행위에 대한 신고 및 자료 제공
④ 공중위생에 관한 홍보, 계몽 등 공중위생관리업무와 관련하여 시·도지사가 따로 정하여 부여하는 업무

22 건강한 손톱에 관한 설명으로 옳지 않은 것은?

① 매끄럽고 광택이 나며 노란빛을 띠어야 한다.
② 단단하고 탄력이 있어야 한다.
③ 뿌리와 끝 부분이 강하게 부착되어 있어야 한다.
④ 둥근 아치모양을 형성해야 한다.

23 스캘프펀치(워터펀치)를 이용하여 두피, 모발을 관리하는 이유로 가장 적합한 것은?

① 두피·모발의 산성도와 알칼리도를 정확하게 확인하기 위해
② 온열작용으로 두피 제품의 흡수를 높여 주기 위해
③ 미립자의 수증기를 이용하여 부족한 수분을 공급하기 위해
④ 각질, 노폐물, 미세먼지 등을 효과적으로 제거하기 위해

24 공중보건영업의 개업 시 필요한 서류가 <u>아닌</u> 것은?

① 주민등록등본
② 미용사면허증
③ 영업신고서
④ 설비개요서

25 가위와 같은 금속제품의 소독에 적합한 소독제로 올바른 것은?

① 에탄올
② 승홍수
③ 석탄산
④ 생석회

26 이·미용업자의 변경 신고사항에 해당하지 <u>않는</u> 것은?

① 영업소의 주소가 변경됐을 경우
② 대표자의 성명 또는 생년월일이 변경됐을 경우
③ 영업소의 간판이 변경됐을 경우
④ 영업장 면적이 3분의 1이상이 변경됐을 경우

27 퍼머넌트 웨이브의 설명으로 올바르지 <u>않은</u> 것은?

① 오버프로세싱을 하면 두발이 젖어 있을 때에만 웨이브가 나와 보인다.
② 펌 시술 전에 원하는 스타일보다 1~2㎝ 길게 커트한다.
③ 펌을 한 후 세척할 때는 반드시 샴푸를 해야 한다.
④ 와인딩을 한 상태에서 미온수로 헹구는 것을 중간 린스라고 부른다.

28 채소와 과일의 소독으로 올바른 것은?

① 일광 소독
② 열탕 소독
③ 알코올 소독
④ 염소 소독

29 인구 증가에 대한 내용으로 옳은 것은?

① 전입인구 - 전출인구
② 자연 증가 + 사회 증가
③ 출생인구 - 사망인구
④ 유입인구 - 유출인구

30 염색 시 일반적으로 많이 사용하는 과산화수소의 농도는 몇 %인가?

① 3%
② 6%
③ 9%
④ 12%

31 지역사회의 보건 수준을 나타내는 가장 대표적인 지표는?

① 영아사망률
② 인구당 의사 수
③ 평균수명
④ 인구증가율

32 세정제에 대한 설명으로 옳지 <u>않은</u> 것은?

① 일반적인 비누는 알칼리성으로 피부의 산도(pH 4.5~5.5)에 영향을 미치게 된다.
② 피부노화의 원인인 활성산소로부터 피부를 보호하기 위해서는 비타민 E가 첨가된 기능성 세정제를 사용한다.
③ 세정 및 청결을 위해 사용하는 것으로 피부의 생리적 균형에 영향을 미치지 않는 제품으로 사용해야 한다.
④ 세정제는 피지선에서 분비되는 피지와 피부장벽의 구성 요소인 지질 성분을 제거하기 위해 사용된다.

33 다음 질병 중 미생물의 크기가 가장 작은 것에 속하지 <u>않는</u> 것은?

① 발진티푸스
② 일본뇌염
③ 폴리오
④ 광견병

34 전체적으로 두상 시술각을 90°로 들어올려 커트하는 것은?

① 유니폼 레이어
② 하이 레이어
③ 인크리스 레이어
④ 디크리싱 그래듀에이션

35 원발진에 해당하지 <u>않는</u> 것은?

① 반점
② 티눈
③ 면포
④ 결절

36 향수 원액에 알코올이 많이 들어간 순서대로 나열한 것은?

① 오 드 퍼퓸 〉 오 드 콜롱 〉 퍼퓸 〉 오 드 투알렛
② 퍼퓸 〉 오 드 투알렛 〉 오 드 콜롱 〉 오 드 퍼퓸
③ 퍼퓸 〉 오 드 퍼퓸 〉 오 드 투알렛 〉 오 드 콜롱
④ 오 드 투알렛 〉 퍼퓸 〉 오 드 콜롱 〉 오 드 퍼퓸

37 고객과 상담 시 주의사항으로 옳은 것은?

① 고객이 말하기 전에 문제점을 예측하여 고객을 편안하게 한다.
② 시술이 끝나면 고객이 스타일을 유지하기 위한 모발관리, 손상 방지 등 고객이 알아야 하는 사항 등을 조언해 준다.
③ 고객은 미용 시술에 대한 전과정을 알고 있을 필요가 없기 때문에 시술자의 판단에 따라 중요하다고 생각하는 부분만 설명한다.
④ 고객이 자신의 문제를 말하는 것이 부끄러울 수 있으므로 고객의 표정을 보면서 예측한다.

38 수용성 비타민의 명칭이 옳은 것은?

① 비타민 B12 - 나이아신(Niacin)
② 비타민 B6 - 피리독신(Pyridoxine)
③ 비타민 B2 - 티아민(Thiamine)
④ 비타민 B1 - 리보플라빈(Riboflavin)

39 플라스틱과 고무장갑의 소독으로 가장 적합한 것은?

① E.O가스 멸균법
② 고압 증기 멸균법
③ 자비 소독법
④ 오존

40 산화염모제와 6% 산화제를 사용하여 염색을 할 때 이에 대한 설명으로 옳지 않은 것은?

① 모발의 명도를 1~2레벨 올린다.
② 모발 손상이 있다.
③ 모발 색을 밝게 하지 못한다.
④ 시간적 제약을 받는다.

41 피부유형에 따른 화장품 사용이 옳지 않은 것은?

① 민감성 피부 – 진정효과가 있는 무색, 무취, 무알코올 화장품을 사용한다.
② 건성 피부 – 피부에 유·수분을 공급할 수 있는 화장품을 사용한다.
③ 여드름 피부 – 티로시나아제를 억제하는 비타민 C가 함유된 화장품을 사용한다.
④ 복합성 피부 – T존과 U존에 각각 다른 화장품을 사용한다.

42 면허를 이중 취득한 자에 대한 행정처분으로 옳은 것은?

① 영업장 폐쇄
② 영업정지
③ 나중에 발급받은 면허의 정지
④ 나중에 발급받은 면허의 취소

43 피부의 각화주기로 옳은 것은?

① 4주
② 6주
③ 8주
④ 12주

44 천연보습인자에 해당하지 않는 것은?

① 글리세린
② 아미노산
③ 우레아
④ 소듐PCA

45 국가의 건강 수준을 나타내는 대표적인 지표는?

① 조기검진률
② 영아사망률
③ 건강검진률
④ 평균수명률

46 세계보건기구의 약자로 옳은 것은?

① COD
② BOD
③ MPO
④ WHO

47 핀컬펌을 할 때 사용하지 않는 방향은?

① 클락와이즈 와인드 컬(Clockwise Wind Curl)
② 카운터 클락와이즈 와인드 컬(Counter Clockwise Wind Curl)
③ 포워드 컬(Forward Curl)
④ 호리존탈 컬(Horizontal Curl)

48 미용업 신고증 및 면허증 원본을 게시하지 <u>않은</u> 경우의 2차 위반 행정처분은?

① 개선명령
② 영업정지 5일
③ 영업정지 10일
④ 면허정지

49 다음 그림 중 이사도라 커트의 형태로 옳은 것은?

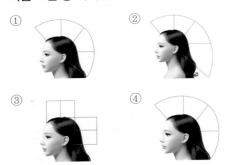

50 청문을 실시하는 사항이 <u>아닌</u> 것은?

① 공중위생업의 폐쇄처분 후 그 기간이 끝난 경우에 실시한다.
② 공중위생영업소의 영업정지 명령처분이 있는 경우에 실시한다.
③ 일부시설의 사용중지 명령처분이 있는 경우에 실시한다.
④ 미용사의 면허를 취소할 경우에 실시한다.

51 피부노화의 원인인 활성산소를 억제하는 작용이 있는 항산화 비타민이 <u>아닌</u> 것은?

① 비타민 A
② 비타민 C
③ 비타민 D
④ 비타민 E

52 파장이 길며 홍반을 유발하지 않으므로 선탠 시 활용되는 자외선은?

① UVA
② UVB
③ UVC
④ UVD

53 블런트 커트 기법에 해당하는 것은?

① 테이퍼링
② 스트로크 커트
③ 레이어드 커트
④ 틴닝

54 얼굴형에 따른 헤어스타일 연출방법으로 올바른 것은?

① 장방형 – 전두부를 낮게 하고 양 사이드의 볼륨을 높임
② 사각형 – 전두부의 뱅을 높게 하고 양 사이드의 볼륨을 낮춤
③ 삼각형 – 전두부의 뱅을 넓게 하고 상부와 하부에 볼륨감을 줌
④ 마름모형 – 전두부의 뱅을 크게 하고 센터 파트를 함

55 샴푸에 음이온 계면활성제를 사용하는 이유로 올바르지 <u>않은</u> 것은?

① 세정작용이 우수하기 때문이다.
② 기포형성 작용이 우수하기 때문이다.
③ 살균·소독작용이 우수하기 때문이다.
④ 유화작용이 우수하기 때문이다.

56 노화의 가설이 <u>아닌</u> 것은?

① 유리기설
② 유전자설
③ 자기중독설
④ 산소부족설

57 청문의 사유로 올바르지 <u>않은</u> 것은?

① 성매매알선 등의 행위로 영업장 폐쇄명령을 받은 경우
② 공중위생영업의 시설 및 설비기준을 위반하여 개선명령을 받은 경우
③ 영업신고를 하지 않는 경우
④ 불법 카메라나 기계장치를 설치한 경우

58 슬리더링 커트에 대한 설명으로 옳은 것은?

① 슬리더링 커트는 샤기 헤어스타일에 적합하다.
② 틴닝 가위를 이용한 질감 처리 커트 방법이다.
③ 가위를 모근부에서 닫고 두발 끝쪽으로 갈 때 벌리도록 한다.
④ 슬리더링 커트 시 두발의 길이가 점차 짧아진다.

59 두피 손상의 원인이 <u>아닌</u> 것은?

① 수면 부족
② 브러싱
③ 잦은 염색과 탈색
④ 강한 자외선

60 셰이핑 레이저의 장점으로 옳은 것은?

① 덧날이 있어 초보자가 사용하기 적당하다.
② 많은 모발을 한 번에 커트할 수 있다.
③ 드라이 커트 시 모발 손상을 줄일 수 있다.
④ 블런트 커트 시 활용도가 높다.

정답과 해설 357p

01 두발의 구조 중 퍼머넌트 웨이브 또는 염색이 주로 이루어지는 부분은?

① 모표피
② 모수질
③ 모근
④ 모피질

02 행정처분이 확정된 공중위생영업자에 대한 처분과 관련한 영업 정보는 누가 정하는 바에 따라 공표하는가?

① 대통령령
② 시장 · 군수 · 구청장
③ 보건복지부장관
④ 동장

03 플랫 컬(Flat Curl)에 대한 설명으로 옳은 것은?

① 두발의 끝에서부터 루프 중심으로 말아온 컬을 말한다.
② 루프가 두피에 90°로 세워진 컬로 볼륨을 내기 위한 헤어스타일 연출로 사용한다.
③ 루프가 두피에 0°로 납작하게 눕힌 컬을 말한다.
④ 핀 컬(Pin Curl)이라고도 부른다.

04 블로 드라이를 하기 위한 적당한 온도는?

① 60~90℃
② 70~100℃
③ 90~120℃
④ 120~150℃

05 위생서비스평가 결과에 따른 위생관리등급은 누구에게 통보하여야 하는가?

① 보건복지부장관
② 시장 · 군수 · 구청장
③ 시 · 도지사
④ 해당 공중위생영업자

06 고압 증기 멸균법에 관한 설명으로 옳은 것은?

① 아포를 포함한 모든 미생물을 완전히 사멸시킬 수 있다.
② 포자는 사멸되지 않는다.
③ 90~100℃의 수증기를 사용한다.
④ 식기, 조리기구, 행주 등에 사용한다.

07 색소침착작용을 이용하여 인공 선탠에 사용되는 광선은?

① UVA
② UVB
③ UVC
④ UVD

08 페이스(Face) 파우더의 주요 사용 목적은?

① 파운데이션의 번들거림을 낮추기 위해
② 파운데이션 대용으로 사용하기 위해
③ 주름살을 감추고 탄력을 주기 위해
④ 주근깨, 기미와 같은 피부 잡티를 감추기 위해

09 면허정지 처분을 받고도 그 정지 기간 중 업무를 한 경우 1차 위반 행정처분은?

① 영업정지 1개월
② 영업정지 3개월
③ 영업정지 6개월
④ 면허취소

10 피부의 층 중 특히 손바닥과 발바닥에 분포하는 층은?

① 투명층
② 각질층
③ 과립층
④ 유극층

11 크레졸의 소독력은 석탄산의 몇 배 인가?

① 2배
② 3배
③ 4~5배
④ 8~10배

12 질병관리를 위한 역학의 역할로 적절하지 <u>않은</u> 것은?

① 질병의 원인 규명
② 질병의 발생과 유행 감시
③ 질병의 예방과 치료
④ 지역사회의 질병 규모 파악

13 모기에 의한 감염병이 <u>아닌</u> 것은?

① 일본뇌염
② 말라리아
③ 장티푸스
④ 뎅기열

14 불법카메라나 기계장치를 설치한 경우 1차 위반 행정처분은?

① 경고
② 영업정지 1개월
③ 영업정지 2개월
④ 영업정지 3개월

15 이·미용업 영업신고를 할 때 필요한 서류가 <u>아닌</u> 것은?

① 영업시설 및 설비개요서
② 교육수료증
③ 면허증 원본
④ 이·미용사 이력서

16 소독 시 주의사항으로 옳지 <u>않은</u> 것은?

① 소독액은 미리 만들어 놓고 필요한 만큼 소량씩 사용한다.
② 미생물의 종류와 소독, 살균 또는 멸균 목적과 방법, 시간을 고려하여 사용한다.
③ 소독제는 서늘하고 햇빛이 들지 않는 곳에 밀폐하여 보관한다.
④ 소독제는 유통기한 내에 사용한다.

17 대소변, 토사물 등 배설물의 소독방법으로 옳지 <u>않은</u> 것은?

① 크레졸수
② 석탄산수
③ 소각법
④ 자비 소독법

18 독성이 강하여 0.1% 수용액을 사용하고, 금속에 부식성이 강하여 금속제 기구 및 식기류, 상처가 있는 피부에 부적합한 소독제는?

① 에탄올
② 과산화수소
③ 승홍수
④ 크레졸

19 두발의 길이를 짧게 하지 않으며 전체적으로 두발 숱을 감소시키는 방법은?

① 틴닝
② 클리핑
③ 트리밍
④ 싱글링

20 여드름 진정효과가 있는 성분으로 올바른 것은?

① 레티놀
② 토코페롤
③ 티트리
④ 콜라겐

21 메이크업에 사용되는 안료의 종류가 아닌 것은?

① 마이카
② 구연산
③ 산화철
④ 카올린

22 피부의 면역 과민반응으로 어린아이에게서 많이 생기는 피부질환은?

① 건선
② 아토피
③ 대상포진
④ 열성홍반

23 화장수에 대한 설명으로 올바르지 않은 것은?

① 아스트린젠트는 알코올이 주성분이다.
② 지성 피부에는 수렴화장수를 사용하면 좋다.
③ 건성 피부에는 유연화장수를 사용해야 한다.
④ 유연화장수는 모공을 수축시켜 준다.

24 건강보험에 관한 설명으로 틀린 것은?

① 1989년에 전 국민에게 적용되었다.
② 저소득층 암환자는 의료비를 지원받을 수 있다.
③ 건강보험 가입자는 의료비 전액을 지원받을 수 있다.
④ 국내에 거주하는 국민은 건강보험의 가입자가 된다.

25 가위의 각도를 45~90°로 하여 두발을 많이 자를 때 사용하는 것은?

① 쇼트 스트로크
② 미디엄 스트로크
③ 딥 스트로크
④ 롱 스트로크

26 미용도구의 소독 방법으로 옳은 것은?

① 커트 빗은 세척 후 자외선 소독기를 사용한다.
② 롤 브러시는 고압 증기 멸균기를 사용하여 소독한다.
③ 클리퍼는 사용 후 머리카락을 제거한 다음 승홍수로 소독한다.
④ 면도날은 재사용해도 되므로 여러 번 사용 후 버린다.

27 면역력을 높이는 비타민이 아닌 것은?

① 비타민 C
② 비타민 D
③ 비타민 E
④ 비타민 K

28 드라이 스캘프 트리트먼트와 관련이 없는 것은?

① 글리세린
② 벤젠
③ 아미노산
④ 히알루로닉 애시드

29 다공성모에 대한 설명으로 옳지 않은 것은?

① 다공성모는 수분을 밀어내는 성질을 가지고 있다.
② 모발 손상의 척도가 된다.
③ 퍼머넌트 웨이브 시 과연화되기 쉽다.
④ 다공성모는 쉽게 건조된다.

30 속발진에 해당하지 않는 것은?

① 미란
② 반흔
③ 태선화
④ 대수포

31 미용업소의 쓰레기통, 바닥, 화장실 등의 소독에 가장 적합한 것은?

① 염소
② 에탄올
③ 포르말린
④ 생석회

32 이·미용의 시설 및 설비의 개선명령을 위반한 자의 과태료 기준은?

① 100만원 이하의 과태료
② 200만원 이하의 과태료
③ 300만원 이하의 과태료
④ 500만원 이하의 과태료

33 공중위생관리법상 위생관리등급의 구분이 아닌 것은?

① 녹색 등급
② 적색 등급
③ 백색 등급
④ 황색 등급

34 T존 부위나 코 주위에 산화된 피지가 쌓여 번들거림이 쉽게 눈에 띄어 세안에 신경 써야 하는 계절은?

① 봄
② 여름
③ 가을
④ 겨울

35 미용의 특수성과 거리가 먼 것은?

① 미용은 부용예술이다.
② 고객의 요구가 반영된다.
③ 소재를 자유롭게 선택하여 미용사 자신의 독특한 구상을 표현한다.
④ 미용은 정적 예술로 미적 효과를 나타낸다.

36 레이어 커트의 특징으로 옳은 것은?

① 두발 절단면의 외형선이 수평으로 나타난다.
② 전체적으로 층이 골고루 나타난다.
③ 슬라이스는 사선 45°로 한다.
④ 블로킹은 주로 4등분으로 한다.

37 보디용 화장품에 해당하지 않는 것은?

① 샤워젤
② 배스 오일
③ 데오드란트
④ 헤어에센스

38 바이러스에 대한 설명으로 옳지 않은 것은?

① 모양은 대체적으로 동그랗다.
② 단백질 유전자인 RNA 또는 DNA를 가지고 있다.
③ 전자현미경으로 관찰할 수 있다.
④ 스스로 번식할 수 없고, 살아 있는 세포에서 증식한다.

39 퍼머넌트 웨이브의 원리를 설명한 내용으로 틀린 것은?

① 1액은 환원작용으로 수소(H)가 시스틴 결합을 절단한다.
② 2액은 산화작용으로 황(S)이 시스틴 결합을 재결합한다.
③ 1액의 주성분인 알칼리제가 모표피를 팽윤시킨다.
④ 2액의 주성분인 과산화수소가 산소(O_2)를 발생시킨다.

40 소독용으로 사용하는 승홍수의 적합한 농도는?

① 0.1~0.4%
② 2~4%
③ 5~7%
④ 70%

41 중온성 세균이 관찰되는 온도는?

① 10~15℃
② 25~40℃
③ 50~60℃
④ 65~75℃

42 화장품을 사용하는 이유로 올바르지 <u>않은</u> 것은?

① 피부 트러블을 예방하고 치료하기 위함이다.
② 용모의 단점을 가리고 장점을 증가시키기 위함이다.
③ 피부의 건강을 유지 또는 증진시키기 위함이다.
④ 노화를 예방하기 위함이다.

43 재생가치가 없는 오염된 가운, 수건, 쓰레기, 환자의 배설물 등에 사용하는 소독법으로 병원체를 태워 멸균하는 방법은?

① 화염 멸균법
② 소각 소독법
③ 고압 증기 멸균법
④ 방사선 살균법

44 출생 후 4주 이내에 예방접종을 실시하는 감염병은?

① 홍역
② 결핵
③ 일본뇌염
④ 유행성 이하선염

45 고무제품, 의류, 가구 등의 소독에 사용하는 석탄산 수용액의 적절한 농도는?

① 0.3%
② 1%
③ 3%
④ 6%

46 저온 멸균법, 고압 증기 멸균법 등을 고안하고 광견병 백신, 탄저병 예방법 등을 개발한 사람은?

① 로버트 코흐(Rovert Koch)
② 루이 파스퇴르(Louis Pasteur)
③ 커트 쉬멜부시(Curt Schimmelbusch)
④ 언더우드(W. Underwood)

47 물리적인 소독 방법이 <u>아닌</u> 것은?

① 생석회 소독법
② 소각 소독법
③ 자비 소독법
④ 유통 증기 소독법

48 보건복지부령이 정하는 특별한 사유로 영업소 외의 장소에서 행할 수 있는 경우에 해당하지 <u>않</u>는 것은?

① 질병, 고령, 장애나 그 밖의 사유로 영업소에 나올 수 없는 자에 대하여 이용 또는 미용을 하는 경우
② 방송 등의 촬영에 참여하는 사람에 대하여 그 촬영 직전에 이용 또는 미용을 하는 경우
③ 혼례나 그 밖의 의식에 참여하는 자에 대하여 그 의식 직전에 이용 또는 미용을 하는 경우
④ 특별한 사정이 있다고 세무서장이 인정하는 경우

49 계면활성제 중 살균력이 있는 것은?

① 양이온성 계면활성제
② 음이온성 계면활성제
③ 비이온성 계면활성제
④ 양쪽성 계면활성제

50 모발을 여러 가닥으로 땋아 만든 헤어피스의 명칭은?

① 위그
② 웨프트
③ 스위치
④ 위글렛

51 공중위생영업에 해당하지 않는 것은?

① 세탁업
② 미용업
③ 의료용구판매업
④ 숙박업

52 다음 중 성격이 다른 하나는?

① 화이트닝 크림
② 나이트 크림
③ 염모제
④ 화이트 태닝 크림

53 빗이나 브러시 등의 소독 방법으로 가장 적합한 것은?

① 세제를 풀어 세척한 후 자외선 소독기에 넣는다.
② 5%의 크레졸로 닦는다.
③ 자비소독법으로 소독한다.
④ 70% 알코올로 닦는다.

54 샴푸에 대한 설명으로 옳지 않은 것은?

① 미용시술을 하기 위한 기초적인 작업이다.
② 두피를 자극하여 혈액순환을 좋게 하며 모근을 강화시켜 준다.
③ 두피 및 두발의 더러움을 씻어 청결하게 한다.
④ 두발을 윤기 있고 엉키지 않게 한다.

55 스캘프 트리트먼트에 관한 설명으로 옳지 않은 것은?

① 두발에 유분 및 수분을 부여한다.
② 두피의 생리기능을 높인다.
③ 두발을 깨끗하게 한다.
④ 두발의 성장을 촉진한다.

56 스킵 웨이브(Skip Wave)의 특징과 가장 거리가 먼 것은?

① 폭이 넓고 부드럽게 흐르는 웨이브를 만들 때 사용한다.

② 퍼머넌트로 인하여 웨이브가 지나치게 나온 머리에는 효과가 없다.

③ 펌 웨이브가 과도하게 나와 수정할 때 많이 사용한다.

④ 웨이브가 웨이브 사이에 핀컬을 교차하면서 만드는 컬이다.

57 소독에 대한 설명으로 옳은 것은?

① 미생물을 사멸하여 무균 상태로 만드는 것을 말한다.

② 병원성 미생물의 생활력과 파괴 또는 제거하여 감염의 위험성을 없애는 것이다.

③ 모든 미생물을 전부 사멸시키는 것을 말한다.

④ 미생물의 발육과 작용을 억제시켜 부패 및 발효를 방지시키는 것이다.

58 아이론의 열을 이용하여 웨이브를 형성하는 것은?

① 마셀 웨이브

② 스파이럴 웨이브

③ 섀도 웨이브

④ 크로키놀식 웨이브

59 신생아가 태어나서 처음 접하는 예방접종은?

① DPT

② MMR

③ PPD

④ BCG

60 리프트 컬(Lift Curl)에 대한 설명으로 옳은 것은?

① 두피에 0°로 눕힌 컬

② 두피에 45°로 눕힌 컬

③ 두피에 90°로 눕힌 컬

④ 모발 끝이 루프의 중심이 되는 컬

01 미용업을 하는 자는 보건복지부령이 정하는 중 요사항 변경이 있을 때 변경신고를 하여야 하는데, 변경신고를 하지 않았을 때의 벌칙 기준은?

① 1개월 이하의 징역 또는 100만원 이하의 벌금
② 3개월 이하의 징역 또는 300만원 이하의 벌금
③ 6개월 이하의 징역 또는 500만원 이하의 벌금
④ 1년 이하의 징역 또는 1천원 이하의 벌금

02 다양한 크기를 지닌 부종성 융기로 수 분 내 갑자기 생성되었다가 사라지는 것은?

① 비립종
② 두드러기
③ 주사
④ 한관종

03 소독력의 세기로 옳은 것은?

① 소독 〉 살균 〉 멸균 〉 방부
② 멸균 〉 살균 〉 소독 〉 방부
③ 멸균 〉 소독 〉 살균 〉 방부
④ 방부 〉 살균 〉 소독 〉 멸균

04 석탄산 계수 3.0이 의미하는 바는?

① 살균력이 석탄산과 같다.
② 살균력이 석탄산의 0.3배이다.
③ 살균력이 석탄산의 3분의 2이다.
④ 살균력이 석탄산의 3배이다.

05 퍼머넌트 웨이브 시술 시 웨이브의 크기를 결정하는 가장 큰 요소는?

① 환원제
② 밴드
③ 로드
④ 엔드 페이퍼

06 우리나라의 옛 여인의 머리 모양 중 앞머리를 양쪽으로 틀어 올린 머리형은?

① 대수머리
② 쌍계머리
③ 새앙머리
④ 얹은머리

07 산화칼슘을 98% 이상 함유한 백색의 분말로 하수, 오수, 오물, 토사물, 분변, 화장실 등에 사용하며, 포자형성 세균에는 효과가 없는 것은?

① 생석회
② 머큐로크롬
③ 석탄산
④ 폼알데하이드

08 건강 보균자에 대한 설명으로 옳은 것은?

① 질병에 걸린 후 치료가 되었으나 몸 안에 병원균이 남아 있는 사람
② 병원체에 감염되었으나 질병의 증상이 전혀 없는 사람
③ 감염된 증상이 있고 병원체를 배출하는 사람
④ 감염은 되었으나 자각증상이 미미한 사람

09 하수의 오염지표로 주로 이용하는 것은?

① COD
② BOD
③ DO
④ 대장균총

10 대표적인 대기오염의 측정지표는?

① 아황산가스
② 질소산화물
③ 오존
④ 일산화탄소

11 감염형 식중독에 속하는 것은?

① 보툴리누스 식중독
② 웰치균 식중독
③ 황색포도상구균 식중독
④ 살모넬라균 식중독

12 뱅과 플러프에 대한 설명으로 옳은 것은?

① 페이지 보이 플러프 : 모발 끝이 갈고리 모양으로 한 번 구부러졌다가 다시 원형으로 끝나는 형태
② 라운드 플러프 : 모발 끝이 오리의 꼬리처럼 위로 구부러진 형태
③ 플러프 뱅 : 가르마 가까이 작게 낸 뱅
④ 프렌치 뱅 : 컬이 부드럽고 자연스러운 볼륨을 주는 뱅

13 두발 끝이 컬의 중심이 되는 컬은?

① 메이폴 컬
② 스컬프처 컬
③ 리프트 컬
④ 스탠드 업 컬

14 혈청이나 백신, 약제 등에 열에 불안정한 액체의 멸균에 주로 사용하는 멸균법은?

① 방사선 멸균법
② 초음파 멸균법
③ 여과 멸균법
④ 자외선 멸균법

15 펌 시술시 제1제를 도포한 다음 화학반응을 위해 방치하는 프로세싱 타임은?

① 5~15분
② 10~15분
③ 20~25분
④ 20~30분

16 공중위생관리법상 이·미용기구의 소독기준 및 방법으로 옳지 않은 것은?

① 크레졸 소독 : 크레졸 3% 수용액에 10분 이상 담가 둔다.
② 열탕 소독 : 섭씨 100℃ 이상의 물속에 10분 이상 끓여 준다.
③ 석탄산수 소독 : 석탄산 3%, 물 97%의 수용액에 10분 이상 담가 둔다.
④ 건열 멸균소독 : 섭씨 100℃ 이상의 건조한 열에 10분 이상 쐬어 준다.

17 가족계획사업과 가장 관계가 깊은 지표는?

① 인구증가율
② 평균수명
③ 조출생률
④ 예방접종률

18 화장품 제조 기술에 대한 설명으로 옳지 <u>않은</u> 것은?

① 유화 : 물에 오일이 계면활성제에 의해 우윳빛으로 백탁화된 상태
② 분산 : 물 또는 오일에 미세한 고체 입자가 계면활성제에 의해 균일하게 혼합된 상태
③ 유용화 : 물에 다량의 오일이 계면활성제에 의해 현탁하게 혼합된 상태
④ 가용화 : 물에 소량의 오일이 계면활성제에 의해 투명하게 용해되어 있는 상태

19 비말전염과 관련 있는 것은?

① 모기
② 피로
③ 상처
④ 광밀집

20 고객이 원하는 염색을 위해 컬러 차트를 보면서 사전 작업을 할 때 고려해야 하는 것으로 옳지 <u>않은</u> 것은?

① 두발의 길이
② 두발의 질
③ 두발의 손상 정도
④ 자연모발의 색

21 공중위생감시원의 자격으로 옳은 것은?

① 이용사 또는 미용사 자격증이 있는 사람
② 위생사 또는 환경기사 2급 이상의 자격증이 있는 사람
③ 소비자단체, 공중위생관련 협회 또는 단체의 소속직원 중에서 당해 단체 등의 장이 추천하는 자
④ 공중위생에 대한 지식과 관심이 있는 자

22 캐리어 오일에 해당하지 <u>않는</u> 것은?

① 로즈힙 오일
② 실리콘 오일
③ 올리브 오일
④ 칼렌듈라 오일

23 영업자의 지위를 승계한 경우 누구에게 신고하여야 하는가?

① 세무서
② 보건복지부
③ 시 · 도지사
④ 시장 · 군수 · 구청장

24 세균의 포자까지 사멸시킬 수 있는 것은?

① 음이온 계면활성제
② 포르말린
③ 역성비누
④ 에탄올

25 컬의 줄기 부분으로 베이스(Base)에서 피벗 (Pivot) 포인트까지의 부분에 해당하는 것은?

① 스템
② 루프
③ 융기점
④ 엔드 오브 컬

26 오리지널 세트의 주요한 요소에 해당하지 <u>않는</u> 것은?

① 콤 아웃
② 파팅
③ 셰이핑
④ 컬링

27 소화기계의 감염을 일으키는 병원체가 <u>아닌</u> 것은?

① 바이러스
② 세균
③ 리케차
④ 진균

28 캐리어 오일에 속하지 <u>않는</u> 것은?

① 호호바 오일
② 아보카도 오일
③ 코코넛 오일
④ 라벤더 오일

29 머리카락을 뒤에서 앞으로 감아올려 끝을 전두부 가운데에서 맺은 머리는?

① 첩지머리
② 트레머리
③ 큰머리
④ 대수머리

30 모발 끝에서부터 루프 중심으로 동그랗게 말아가는 컬은?

① 플랫 컬
② 리프트 컬
③ 스컬프쳐 컬
④ 롱 스템 컬

31 퍼머넌트 웨이브시 특수 활성제가 필요한 모발은?

① 손상모
② 발수성모
③ 염색모
④ 연모

32 모발의 기능이 <u>아닌</u> 것은?

① 배출
② 저장
③ 보호
④ 감각

33 루프가 두피에 45° 각도로 세워진 컬로 적당한 볼륨을 낼 때 사용하는 것은?

① 포워드 컬
② 스탠드 업 컬
③ 리버스 컬
④ 리프트 컬

34 과립형으로 모발의 흑색, 갈색, 적갈색 등을 나타내는 것은?

① 페오멜라닌
② 유멜라닌
③ 티로신
④ 티로시나아제

35 음용수(상수)의 일반적인 오염지표로 사용하는 것은?

① 수소이온농도
② 대장균군
③ 용존산소량
④ 부유물질

36 보건위생, 방역, 의정, 약정, 생활보호, 여성복지, 장애인 및 사회보장에 관한 사무를 관장하는 행정조직은?

① 보건복지부
② 식품의약품안전처
③ 보건소
④ 시청

37 표피의 구조에 관한 설명으로 옳지 <u>않은</u> 것은?

① 투명층은 손바닥이나 발바닥에 존재하며, 투명하게 보이는 반유동성 물질인 세라마이드가 존재한다.
② 각질층에는 건조를 막아주는 수용성 물질인 NMF가 존재한다.
③ 과립층에는 케라토히알린이 존재한다.
④ 기저층은 핵이 존재하며 세포분열을 한다.

38 알칼리성 샴푸제의 pH로 가장 적합한 것은?

① pH 3.5~4.5
② pH 5.5~6.5
③ pH 7.5~8.5
④ pH 10.5~11.5

39 탈색 작업에 사용되는 2제(산화제)의 과산화수소에 대한 설명으로 옳은 것은?

① 3% 산화제는 주로 멋내기 작업에 사용한다.
② 6% 산화제는 모발의 명도를 2~3레벨 올릴 수 있다.
③ 9% 과산화수소의 산호 방출량은 30볼륨이다.
④ 12% 과산화수소의 산소 방출량은 50볼륨이다.

40 수은 중독으로 생기는 질환은?

① 미나마타병
② 탄저병
③ 파상풍
④ 이타이이타이병

41 질병에 걸린 후 증상이 회복되거나 치료가 되었어도 몸 안에 병원체를 지니고 있는 경우는?

① 비활성 보균자
② 건강 보균자
③ 잠복기 보균자
③ 회복기 보균자

42 오염된 면도날, 주사기 등으로 인해 감염이 잘되는 만성 감염병은?

① B형 간염
② 행네일
③ 퍼로우
④ 오니코크립토시스

43 블리치 파우더의 구성 성분 중 1제에 관한 설명으로 옳은 것은?

① 모표피를 팽윤시킨다.
② 산소를 발생시켜 멜라닌 색소를 파괴한다.
③ 농도를 맞춰 발림성이 좋게 한다.
④ 두발에 색을 입힌다.

44 공중위생영업소의 위생관리수준을 향상시키기 위하여 위생서비스 평가 계획을 수립하는 자는?

① 대통령
② 보건복지부장관
③ 시 · 도지사
④ 공중위생관련협회 또는 단체

45 공중위생업소를 개설하고자 할 경우 원칙상 위생교육은 언제 받아야 하는가?

① 영업신고 전에 미리 받는다.
② 영업 후 3개월 이내
③ 영업 후 6개월 이내
④ 영업 후 1년 이내

46 공중보건 사업의 최소 단위는?

① 지역사회
② 직장 단위
③ 가족 단위
④ 노약자 및 소외계층

47 아이론 시술에 관한 설명으로 옳은 것은?

① 아이론이 뜨거울 때 두 개의 손잡이를 잡고 회전시켜 식힌다.
② 아이론의 온도는 160~180℃가 적당하다.
③ 프롱은 위쪽, 그루브는 아래쪽을 향하게 하고 작업한다.
④ 프롱은 아래쪽, 그루브는 위쪽을 향하게 하고 잡는다.

48 영업소의 폐쇄명령을 받고도 계속하여 영업을 하는 때 영업소를 폐쇄하기 위해 관계 공무원이 행할 수 있는 조치가 **아닌** 것은?

① 위법한 영업소의 간판 기타 영업표지물의 제거
② 위법한 영업소임을 알리는 게시물의 부착
③ 영업을 위한 시설물을 사용할 수 없게 하는 봉인
④ 영업정지 명령

49 미용업소가 아닌 장소에서 미용시술을 할 수 있는 경우에 해당하지 <u>않는</u> 것은?

① 병원에 입원하여 영업소에 나올 수 없는 경우
② 방송 등의 촬영에 참여하는 경우
③ 시장 · 군수 · 구청장이 인정하는 경우
④ 고객의 간곡한 부탁이 있는 경우

50 피부암을 발생시키는 자외선은?

① UVA
② UVB
③ UVC
④ UVD

51 산화염료의 1제의 구성 성분 중 알칼리제의 역할은?

① 명도에 영향을 줌
② 채도에 영향을 줌
③ 멜라닌 색소 파괴
④ 팽윤 작용

52 미생물의 크기가 작은 순서대로 나열한 것은?

① 바이러스-리케차-세균
② 세균-바이러스-리케차
③ 리케차-세균-바이러스
④ 세균-리케차-바이러스

53 바이러스성 피부질환이 <u>아닌</u> 것은?

① 사마귀
② 수두
③ 백선
④ 단순포진

54 화장품법상 기능성 화장품에 해당하지 <u>않는</u> 것은?

① 미백에 도움을 주는 제품
② 주름개선에 도움을 주는 제품
③ 여드름 치료에 도움을 주는 제품
④ 자외선으로부터 피부를 보호하는 데 도움을 주는 제품

55 손상모에 매직스트레이트 헤어펌을 하려고 할 때 아이론기의 적당한 온도는?

① 60~90℃
② 160~180℃
③ 120~140℃
④ 180~200℃

56 이 · 미용업소의 시설 및 설비 기준으로 적합한 것은?

① 소독한 기구와 소독하지 않은 기구는 구분하여 보관한다.
② 자외선 살균기와 같은 소독기구의 설치는 필수 사항이 아니다.
③ 밀폐된 별실을 2개 이상 둘 수 있다.
④ 영업장과 영업 외의 용도로 사용되는 시설은 반드시 벽으로 구분되어야 한다.

57 위생교육에 대한 설명으로 옳지 <u>않은</u> 것은?

① 공중위생영업자는 매년 위생교육을 받아야
한다.

② 위생교육 시간은 3시간으로 한다.

③ 위생교육에 관한 기록을 1년 이상 보관해야
한다.

④ 위생교육을 받지 아니한자는 200만원 이하
의 과태료에 처한다.

58 공중위생관리법상 미용업의 신체 범위를 가장
잘 나타낸 것은?

① 손, 얼굴, 머리

② 얼굴, 피부, 머리

③ 얼굴, 손, 발, 머리

④ 피부, 머리

59 염색을 해서 다공성이 된 두발에 퍼머넌트를 했
을 때 주의해야 할 것은?

① 콜드퍼머넌트 1제를 차가운 것으로 선택한다.

② 2제를 따뜻하게 데워 이용한다.

③ 정상모보다 1제의 프로세싱 타임을 짧게 둔다.

④ 정상모보다 2제의 처리 시간을 길게 둔다.

60 수돗물을 사용하여 소독제를 희석할 경우 주의
해야 할 사항은?

① 물의 온도

② 물의 취도

③ 물의 탁도

④ 물의 경도

01 수용성 비타민에 해당하는 것은?

① 비타민 A
② 비타민 K
③ 비타민 C
④ 비타민 E

02 7~9월에 주로 발생되며, 어패류가 주요 원인이 되는 감염형 식중독균은?

① 황색포도상구균
② 장염비브리오균
③ 장구균
④ 웰치균

03 위생교육에 대한 설명으로 옳지 <u>않은</u> 것은?

① 공중위생영업자는 매년 위생교육을 받아야 한다.
② 영업신고를 하고자 하는 자는 미리 위생교육을 받아야 한다.
③ 부득이한 사유로 미리 교육을 받을 수 없는 경우에는 영업개시 후 3개월 이내에 위생교육을 받을 수 있다.
④ 위생교육의 방법, 절차 등에 관하여 필요한 사항은 보건복지부령으로 정한다.

04 화학 약품을 이용한 콜드 웨이브를 창안한 사람은?

① 찰스 네슬러
② J.B 스피크먼
③ 조셉 메이어
④ 마셀 그라토

05 장티푸스에 대한 설명으로 옳은 것은?

① 주로 파리에 의해 전파된다.
② 제1급 법정 감염병으로 분류된다.
③ 세계적으로 가장 많이 이환되는 질병이다.
④ 호흡기계 감염병으로 일종의 열병이다.

06 톱(Top) 부분에 특별한 효과를 줄 때 사용하는 헤어피스는?

① 폴
② 캐스케이드
③ 스위치
④ 위글렛

07 헤어 업스타일을 결정하는 요인이 <u>아닌</u> 것은?

① 버진 헤어
② 짧은 목
③ 오목한 얼굴 측면
④ 삼각형의 얼굴형

08 사업장에 필수로 비치해야 하는 서류로 올바른 것은?

① 메뉴와 가격표
② 주민등록등본
③ 영어시설 설비개요서
④ 미용사면허증

09 염색 후 새로 자라난 모발을 염색모 색상에 맞춰 재염색하는 것은?

① 블리치 터치 다운
② 블리치 터치 업
③ 다이 터치 다운
④ 다이 터치 업

10 퍼머넌트 웨이브제의 설명으로 옳지 <u>않은</u> 것은?

① 2액은 산화작용에 의해 시스틴 재결합을 한다.
② 1액은 환원작용을 하는 알칼리제이다.
③ 1액은 멜라닌 색소를 밝게 만들 수 있다.
④ 1액과 2액을 사용하는 것은 2욕식 퍼머넌트이다.

11 모발 손상이 심해 잘 엉킬 때 사용하며 가장 일반적인 린스는?

① 플레인 린스
② 약용 린스
③ 크림 린스
④ 컬러 린스

12 투베르쿨린 반응검사에서 양성반응이 나오는 감염병은?

① 탄저
② 결핵
③ 인플루엔자
④ 간염

13 모발 탈색 시 멜라닌이 파괴되면서 보이는 색을 순서대로 나열한 것은?

① 검정−적갈색−빨강−노랑
② 갈색−빨강−검정−오렌지
③ 검정−빨강−파랑−회색
④ 검정−갈색−오렌지−파랑

14 퍼머넌트 웨이브가 잘 나오지 않는 경우가 <u>아닌</u> 것은?

① 오버 프로세싱을 한 경우
② 두발이 경모이거나 저항성모인 경우
③ 펌을 하기 전에 비누로 샴푸를 하여 두발에 금속염이 형성된 경우
④ 와인딩을 할 때 텐션을 주어 말았을 경우

15 탈색한 두발이나 염색시술로 인해 건조해진 두발에 사용하는 샴푸는?

① 플레인 샴푸
② 약용 샴푸
③ 에그 샴푸
④ 드라이 샴푸

16 미용 역사의 설명으로 옳지 <u>않은</u> 것은?

① 중국에서는 연지를 덧바르는 홍장을 하였다.
② 고대 이집트의 가발 유행은 대표적인 1명의 인물에서 시작되었다.
③ 당 현종 때 미의 기준은 열 종류의 눈썹 모양인 십미도로 하였다.
④ 고려시대의 안면용 화장품의 일종인 면약을 사용하였다.

17 고열과 구역질을 동반한 감염병으로 바퀴벌레와 파리에 의해 전파되기도 하며 경구로 전염되는 감염병이 <u>아닌</u> 것은?

① 이질
② 콜레라
③ 장티푸스
④ 말라리아

18 미용사가 받아야 하는 위생교육의 시간은?

① 1시간
② 2시간
③ 3시간
④ 4시간

19 미디엄 스트로크 커트 동작 시 올바른 가위의 각도에 해당하는 것은?

① 10~45°
② 0~5°
③ 55~95°
④ 100~135°

20 인간이 온도를 느낄 수 있는 이유가 <u>아닌</u> 것은?

① 기체
② 기온
③ 기류
④ 기습

21 유화의 설명으로 올바르지 <u>않은</u> 것은?

① O/W는 수중유형으로 물에 오일이 분산되어 있는 형태이다.
② W/O는 유중수형으로 오일에 물이 분산되어 있는 형태이다.
③ W/O는 다중유화로 유화 입자 속에 또 다른 입자가 있는 상태이다.
④ 계면활성제의 막대 모양은 물과 친한 성질을 가지고 있다.

22 에드워드 윈슬로우가 주장한 공중보건학의 정의가 <u>아닌</u> 것은?

① 질병 치료
② 수면 연장
③ 신체적 효율 증진
④ 정신적 효율 증진

23 퍼머넌트 웨이브를 하기 위해 사용하는 시스테인의 설명으로 <u>틀린</u> 것은?

① 비휘발성으로 두발에 잔류할 수 있다.
② 공기에 장시간 노출되면 시스틴으로 변화된다.
③ 단백질을 구성하는 아미노산이 들어 있다.
④ 시스테인의 주성분은 티오글리콜산이다.

24 보건사업의 범위에 속하지 <u>않는</u> 것은?

① 산업발전
② 모자보건
③ 감염병 관리
④ 식품위생

25 그라데이션 커트의 설명으로 올바르지 않은 것은?

① 자연 시술각도와 두상 시술각도 모두 사용하여 커트할 수 있다.
② 층이 없이 일정하게 자른 커트이다.
③ 네이프에서 백으로 올라가며 점점 길어지게 커트한다.
④ 두발의 길이에 변화를 주어 무게감이 점차 증가한다.

26 페놀 소독력의 2배 효과가 있으며 주로 미용실 실내나 바닥 소독에 사용하는 것은?

① 석탄산
② 에탄올
③ 크레졸
④ 생석회

27 살균력을 다른 소독제와 비교할 수 있는 기준으로 사용하는 것은?

① 염소 계수
② 석탄산 계수
③ 오존 계수
④ 크레졸 계수

28 미생물의 크기 순서가 올바르게 나열된 것은?

① 바이러스 〉 리케차 〉 세균 〉 효모
② 바이러스 〉 세균 〉 스피로헤타 〉 곰팡이
③ 곰팡이 〉 세균 〉 리케차 〉 바이러스
④ 세균 〉 효모 〉 리케차 〉 바이러스

29 와인딩 기법의 명칭과 설명이 올바르지 <u>않은</u> 것은?

① 쿠션 와인딩 – 층이 많은 모발을 와인딩 시 페이퍼를 패널 위에 올려 놓고 와인딩하는 방법
② 스파이럴 와인딩 – 두발이 겹치지 않게 회전하면서 와인딩하는 방법
③ 인 컬 와인딩 – 얼굴 안쪽으로 컬이 형성되게 와인딩하는 방법
④ 크로키놀 와인딩 – 로드가 섹션 베이스의 절반에 위치하게 와인딩하는 방법

30 자신 무게의 100~1,000배 이상의 수분을 함유할 수 있어 보습작용으로 뛰어난 효과가 있는 화장품의 원료로 사용되는 것은?

① 레이크
② 하이알루론산
③ 아하
④ 아줄렌

31 원발진에 속하지 <u>않는</u> 것은?

① 농포
② 홍반
③ 결절
④ 균열

32 센터 파트 핑거 웨이브 시술 시 적절한 뱅의 수는?

① 2개
② 3개
③ 4개
④ 5개

33 조선시대에 사람의 머리카락으로 만든 가체를 사용하지 않는 머리는?

① 쪽진머리
② 큰머리
③ 얹은머리
④ 조집머리

34 헤어 컬링 시 1개의 컬을 만들 양만큼 두발을 얇게 갈라 잡은 것은?

① 롤링
② 슬라이싱
③ 와인딩
④ 세팅

35 남녀 모두가 외모에 관심이 많아 화장을 하였고, 향수, 향료 등 화장품을 제조하여 사용하였으며, 여성의 경우 가체를 사용하는 장발 처리 기술이 뛰어나 주채 장식 머리를 하거나 쪽을 틀었던 시대는?

① 삼한시대
② 신라시대
③ 백제시대
④ 고구려시대

36 프레 커트에 대한 설명으로 옳지 <u>않은</u> 것은?

① 펌 시술에서의 프레 커트는 와인딩하기 편하게 커트한다.
② 퍼머넌트 웨이브 시술 전에 손상된 모발 끝을 커트한다.
③ 퍼머넌트 웨이브 시술 전에 원하는 스타일보다 1~2㎝ 길게 커트한다.
④ 두발의 길이를 디자인할 길이에 맞추어 커트한다.

37 다음 질병 중 병원소의 성격이 <u>다른</u> 것은?

① 보툴리눔독소증
② 발진티푸스
③ 야토병
④ 살모넬라증

38 시스틴 함량이 적고 기계적 작용에 약한 큐티클 층은?

① 에피큐티클(Epicuticle)
② 엑소큐티클(Exocuticle)
③ 엔도큐티클(Endocuticle)
④ A 큐티클(A-cuticle)

39 퍼머넌트 위에 시술 시 테스트 컬(Test Curl)을 하는 목적으로 가장 적합한 것은?

① 2액의 작용 여부를 확인하기 위해
② 로드가 제대로 선택되었는지 확인하기 위해
③ 애프터 커트를 결정하기 위해
④ 웨이브의 형성 정도를 조사하기 위해

40 린스제를 사용하지 않고 미지근한 물로 헹구어 내는 것은?

① 컬러 린싱
② 산성 린싱
③ 플레인 린싱
④ 알칼리 린싱

41 레이어 커트(Layer Cut) 시술의 특징으로 옳은 것은?

① 네이프에서 톱 부분으로 올라가면서 모발의 길이가 점점 길어진다.
② 두발이 겹치는 부분이 있어 무게감이 있다.
③ 전체적으로 층이 골고루 나타난다.
④ 90° 이하의 낮은 시술 각도로 커트한다.

42 물리적인 힘에 영향을 받는 결합으로 수분에 의해 절단되었다가 건조하면 재결합되는 성질을 이용하여 드라이나 아이론의 컬을 만드는 결합은?

① 수소 결합
② 시스틴 결합
③ 염 결합
④ 펩타이드 결합

43 피지에 대한 설명으로 옳지 <u>않은</u> 것은?

① 모발에 정전기를 방지한다.
② 천연보호막 역할을 한다.
③ 모발에 윤기를 준다.
④ 남성보다 여성의 피지분비가 활발하다.

44 수은 중독에 의한 질환으로 메틸수은에 오염된 조개 및 어패류 섭취 시 발생되는 질환은?

① 장구균 식중독
② 장염비브리오균 식중독
③ 미나마타병
④ 이타이이타이병

45 하수에서 용존산소가 매우 낮음이 의미하는 바는?

① 물의 오염도가 높다.
② 수생식물이 잘 자란다.
③ 음용수로 섭취가 가능하다.
④ 하수의 BOD가 낮다.

46 생산인구가 유입되는 도시형으로, 생산인구가 전체 인구의 50% 이상을 차지하는 인구 구성 형태는?

① 피라미드형
② 항아리형
③ 종형
④ 별형

47 살균에 대한 설명으로 옳은 것은?

① 포자까지 전부 제거한다.
② 멸균보다 소독력의 세기가 세다.
③ 미생물의 발육을 정지시켜 부패를 방지한다.
④ 미생물을 물리적, 화학적 방법으로 제거하여 감염력을 없앤다.

48 건열 멸균기를 사용하는 소독 시 올바른 방법은?

① 170℃에서 1~2시간 멸균
② 170℃에서 3~4시간 멸균
③ 270℃에서 1~2시간 멸균
④ 270℃에서 3~4시간 멸균

49 진피에 해당하는 것은?

① 기저층
② 유두층
③ 육극층
④ 과립층

50 머켈 세포에 관한 설명으로 옳은 것은?

① 주로 과립층에 존재한다.
② 면역을 담당하는 세포이다.
③ 자외선을 받으면 활성화된다.
④ 신경섬유의 말단과 연결되어 있다.

51 피부관리를 위한 피부분석 후 고객카드를 적는 방법으로 옳은 것은?

① 피부유형은 수시로 변하므로 매회 피부관리 전에 피부분석을 하고 기록을 한다.
② 첫 방문 시 한 번만 문진법, 시진법, 촉진법, 기기를 이용하여 세심하게 피부분석을 한다.
③ 첫 번째 관리 전 상담을 통한 분석을 하고 마지막 관리 후 다시 한번 피부분석을 한다.
④ 첫 번째 관리 전, 관리 중간 그리고 마지막 관리 후 피부분석을 하면서 개선된 상태를 보여 준다.

52 아포크린선에 관한 설명으로 옳지 <u>않은</u> 것은?

① 약선성의 맑은 액체로 혈액에서 만들어져 배출된다.
② 개인의 체취를 만들며 단백질 함유량이 많아 부패하면 악취가 발생한다.
③ 사춘기 이후에 주로 발달한다.
④ 겨드랑이, 항문 주위, 생식기 등 특정 부위에만 존재한다.

53 표피 수분 부족 피부에 관한 설명으로 옳지 <u>않은</u> 것은?

① 수분 유지 기능이 저하되어 수분 손실량이 증가하는 피부이다.
② 수분과 유분 부족이 원인이므로 영양공급 제품 위주로 사용해 준다.
③ 연령에 관계없이 발생할 수 있는 피부이다.
④ 표피성 잔주름의 형성이 특징이다.

54 미용업소에서 성매매 알선 또는 제공 시 영업소에 대한 1차 위반 행정처분은?

① 영업정지 1개월
② 영업정지 3개월
③ 영업정지 6개월
④ 영업장 폐쇄명령

55 1년 이하의 징역 또는 1천만원 이하의 벌금에 처하는 자는?

① 다른 사람에게 이용사 또는 미용사의 면허증을 빌려주거나 빌린 사람

② 영업 신고를 하지 아니한 자

③ 면허의 취소 또는 정지 중에 이용업 또는 미용업을 한 사람

④ 면허를 받지 아니하고 이용업 또는 미용업을 개설하거나 그 업무에 종사한 사람

56 퍼머넌트 웨이브 형성이 가장 어려운 모발은?

① 버진 헤어

② 손상모

③ 저항성모

④ 파상모

57 핫 오일 샴푸에 대한 설명으로 옳은 것은?

① 염색 후 사용하는 샴푸방법으로 컬러의 지속력을 높인다.

② 염색 후 두피에 남아 있는 염모제를 제거하기 위해 따뜻한 오일을 사용하여 샴푸한다.

③ 식물성 오일을 따뜻하게 데워 두피와 두발에 충분히 침투시킨 후 플레인 샴푸로 세척하는 방법이다.

④ 동물성 오일을 따뜻하게 데워 두피를 2~3분간 마사지하고 알칼리성 샴푸로 세척하는 방법이다.

58 핑거 웨이브(Finger Wave)의 주요 3대 요소에 해당하지 <u>않는</u> 것은?

① 크레스트

② 밴딩

③ 리지

④ 트로프

59 두피 상태에 따른 스캘프 트리트먼트 방법으로 옳지 <u>않은</u> 것은?

① 지성 비듬성 두피 : 2~3일에 한 번 건성 두피용 샴푸로 샴푸한다.

② 지성 두피 : 매일 샴푸를 하며 세정에 중점을 두고 관리해야 한다.

③ 민감성 두피 : 두피 진정용 토닉을 사용한다.

④ 탈모 두피 : 토닉과 영양 앰플을 사용하여 두피에 영양 공급을 한다.

60 신징 커트에 대한 설명으로 옳은 것은?

① 젖은 두발에 커트하는 방법이다.

② 퍼머넌트 웨이브 시술 전에 하는 커트 방법이다.

③ 모발을 태워 커트하는 방법이다.

④ 가위 끝을 45° 정도로 비스듬히 하여 커트하는 방법이다.

01 미용사의 개인위생에 유의하여야 할 사항과 관련이 없는 것은?

① 비만관리
② 구강위생
③ 복장
④ 청결

02 국내 암 중 사망률이 가장 높은 암은?

① 위암
② 췌장암
③ 폐암
④ 간암

03 고압 환경에서 빠른 시간 안에 보통 기압으로 돌아오면서 생기는 장애로 잠수부나 해녀들에게 많이 발생하는 것은?

① 잠합병
② 고혈압
③ 부종
④ 군집독

04 호흡기계 감염병 중 볼거리라고 부르고, 주로 어린이에게 발생하며, 비말·직접 접촉을 통해 감염되는 것은?

① 유행성 이하선염
② 디프테리아
③ 결핵
④ 백일해

05 후천성면역결핍증(AIDS)은 감염병 예방법상 어디에 속하는 법정 감염병인가?

① 제1급 법정 감염병
② 제2급 법정 감염병
③ 제3급 법정 감염병
④ 제4급 법정 감염병

06 습열 멸균과 건열 멸균에 대한 설명으로 옳은 것은?

① 건열 멸균은 습열 멸균보다 아포 소독에 효과적이다.
② 건열 멸균은 저온에서 효과적이다.
③ 습열 멸균이 건열 멸균보다 능률적이고 효과적이다.
④ 습열 멸균은 저온에서 고온까지 소독효과가 높다.

07 자외선 파장 중 가장 짧지만 강하고 위험한 파장은?

① UVA
② UVB
③ UVC
④ UVD

08 아포크린선에 대한 설명으로 옳지 <u>않은</u> 것은?

① 단백질 함유량이 많아 박테리아균에 의해 부패되면 악취가 발생한다.
② 피지선과 함께 개인의 체취를 만들어 낸다.
③ 입술과 생식기를 제외한 전신에 분포되어 있다.
④ 사춘기 이후에 주로 발달하며, 갱년기 이후는 퇴화되어 분비가 감소한다.

09 영업소에서 점빼기, 귓볼뚫기, 문신 등 이와 유사한 의료행위를 한 경우 2차 위반 행정처분은?

① 면허취소
② 영업정지 3개월
③ 영업정지 6개월
④ 영업장 폐쇄명령

10 고려시대 미용의 특징으로 옳지 <u>않은</u> 것은?

① 장식용 빗이 성행하여 전대모빗, 자개장식 빗 등을 사용하였다.
② 모다발을 심홍색 갑사로 만든 댕기로 묶거나 작은 비녀를 꽂아 쪽진 머리와 비슷한 모양을 하였다.
③ 면약을 사용하고 두발 염색을 하였다.
④ 귀부녀들은 쓰개와 족두리, 화관으로 머리장식을 하였다.

11 이 · 미용영업소가 영업정지명령 기간에 영업을 한 때의 벌칙사항은?

① 1년 이하의 징역 또는 1천원 이하의 벌금
② 1년 이하의 징역 또는 3백만원 이하의 벌금
③ 3년 이하의 징역 또는 1천원 이하의 벌금
④ 3년 이하의 징역 또는 5백만원 이하의 벌금

12 공중위생영업에 해당하지 <u>않는</u> 것은?

① 세탁업
② 위생관리업
③ 미용업
④ 숙박업

13 미용작업 시 자세로 옳지 <u>않은</u> 것은?

① 앉아서 작업할 때에는 어깨와 등을 구부리지 않는다.
② 정상 시력을 가진 사람의 작업 명시 거리는 25㎝ 정도가 적당하다.
③ 서서 작업하는 경우 근육의 부담을 줄일 수 있게 전체적인 신체 밸런스를 고려한다.
④ 시술자의 심장 높이보다 작업 대상이 낮게 있어야 작업하기 편하다.

14 공중위생관리를 지도하거나 계몽하기 위해 소비자 단체 등의 전문 인력을 활용한 명예공중위생 감시원의 위촉대상자가 <u>아닌</u> 것은?

① 공중위생에 대한 지식과 관심이 있는 자
② 공중위생 행정 관련 공무원
③ 공중위생 관련 협회의 직원 중 공중위생에 대한 관심과 지식을 보유한 자
④ 소비자단체장이 추천하는 자

15 이·미용업소의 시설 및 설비 기준으로 적합한 것은?

① 자외선 살균기와 같은 소독 장비를 갖추어야 한다.
② 응접장소와 작업장소를 구획하는 경우에는 반드시 칸막이가 있어야 하며, 전체 면적의 3분의 2이상을 불투명하게 해야 한다.
③ 탈의실, 욕실 및 샤워기를 설치해야 한다.
④ 영업소 안에 분리된 별실을 설치하면 안 된다.

16 외부 충격으로부터 완충작용을 하여 피부를 보호하는 것은?

① 멜라닌 수
② 모공과 한선
③ 피하지방
④ 각질층의 두께

17 예방접종으로 획득되면 면역의 종류는?

① 인공수동면역
② 인공능동면역
③ 자연수동면역
④ 자연능동면역

18 이·미용사의 면허증을 분실하였을 때 재발급 신청은 누구에게 하는가?

① 시장·군수·구청장
② 시·도지사
③ 보건복지부장관
④ 협회장

19 석탄산의 소독작용과 관련 <u>없는</u> 것은?

① 균체 단백질 응고작용
② 균체 효소의 불활성화 작용
③ 가수분해 작용
④ 세포막의 삼투성 변화작용

20 포르말린, 석탄산, 크레졸과 같은 소독제의 주요 원리는?

① 단백질 변성
② 수분 변성
③ 탄수화물 변성
④ 지방질 변성

21 화장품의 피부 흡수에 대한 설명으로 옳지 <u>않은</u> 것은?

① 분자량이 큰 것보다 작은 것이 흡수가 잘된다.
② 지용성 성분이 수용성 성분보다 흡수율이 높다.
③ 분자량 800 이하의 지용성 성분이 흡수가 잘 된다.
④ 분자량 800 이하의 수용성 고분자가 흡수가 잘 된다.

22 핑거 웨이브(Finger Wave) 모양에 대한 설명으로 옳지 <u>않은</u> 것은?

① 스월 웨이브 : 물결이 소용돌이 치는 듯한 웨이브
② 덜 웨이브 : 리지가 뚜렷하기 않고 느슨한 웨이브
③ 로우 웨이브 : 리지가 낮은 웨이브
④ 올 웨이브 : 센터 파트형의 가르마가 있는 웨이브

23 공중위생감시원을 둘 수 있는 곳을 모두 고른 것은?

> ㉠ 특별시
> ㉡ 광역시
> ㉢ 도
> ㉣ 읍·면·동

① ㉠, ㉣
② ㉠, ㉡, ㉢
③ ㉡, ㉢
④ ㉠, ㉡, ㉢, ㉣

24 다음 빈칸에 들어갈 내용을 순서대로 나열한 것은?

> 세계보건기구(WHO)는 전세계에 6개 지역사무처와 150개 국가사무소를 두고 있다. 그중 우리나라는 (   )지역, 북한은 (   )지역에 소속되어 있다.

① 서태평양, 동남아시아
② 서태평양, 서태평양
③ 아메리카, 동지중해
④ 동남아시아, 아메리카

25 미생물 중 크기가 가장 작은 것은?

① 세균
② 곰팡이
③ 리케차
④ 바이러스

26 특수머리의 종류에 해당하지 않은 것은?

① 콘로우
② 브레이즈
③ 드레드 락
④ 웨프트

27 비교적 다른 소독에 비해 약한 소독으로 물체의 노출된 겉면만 소독되는 것은?

① UVC 소독
② 알코올 소독
③ 고압 증기
④ 건열 멸균법

28 영업장에 걸어 두어야 할 것이 아닌 것은?

① 영업자의 건강진단서
② 가격표
③ 미용업 신고증
④ 영업자의 면허증 원본

29 커트 시 커팅 포인트보다 벗어나게 끌어당겨 그 모양이 삼각형이 되는 것은?

① 온 더 베이스
② 사이드 베이스
③ 오프 더 베이스
④ 프리 베이스

30 다음 중 화장품 인체사용 범위가 다양한 것은?

① 헤어에센스
② 파운데이션
③ 데오드란트
④ 클렌징 오일

31 염색에서 사용하는 용어에 대한 설명으로 옳지 않은 것은?

① 리터치 – 염색 후 새로 자란 부분을 염색하는 것
② 버진 염색 – 처음 염색을 하는 두발
③ 버진 헤어 – 화학적 시술을 하지 않은 자연 그대로의 두발
④ 보색 중화 – 모발의 기존 색을 색상환의 반대쪽 색으로 만드는 작업

32 한국미용의 역사에서 면약을 사용하고 두발 염색을 최초로 했던 시대는?

① 삼한시대
② 삼국시대
③ 고려시대
④ 조선시대

33 다음 그림과 같은 모양의 커트 명칭은?

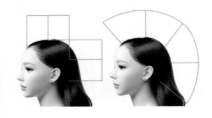

① 인크리스 레이어
② 원랭스
③ 유니폼 레이어
④ 스퀘어 레이어

34 O/W 타입의 제품으로 가장 적합한 것은?

① 콜드 크림
② 클렌징 크림
③ 클렌징 오일
④ 클렌징 로션

35 두발이 손상되어 다공성이 되었을 때 사용하기 적절한 케라틴 단백질로 된 샴푸제는?

① 플레인 샴푸제
② 약산성 샴푸제
③ 프로테인 샴푸제
④ 약용 샴푸제

36 대기오염 물질이 아닌 것은?

① 일산화탄소(CO)
② 황산화물(SO_x)
③ 이산화탄소(CO_2)
④ 질소산화물(NO_x)

37 아이들에게 잘 생기는 피부질환은?

① 아토피 피부염
② 여드름
③ 대상포진
④ 켈로이드

38 보건적 실내온도와 습도는?

① 병실 : 19℃, 70%
② 병실 : 25℃, 70%
③ 침실 : 18℃, 80%
④ 거실 : 21℃, 80%

39 사용한 가위와 레이저에 대한 소독으로 적당한 것은?

① 3% 크레졸 비누액
② 70~80%의 알코올
③ 100~200배 희석 역성비누
④ 70% 과산화수소

40 우리나라 근로기준법상 보건상 유해하거나 위험한 사업에 종사하지 <u>못하는</u> 대상은?

① 임산부와 18세 미만인 자
② 산후 1년 6개월이 지나지 않은 여성
③ 13세 미만의 어린이
④ 18세 미만의 여성

41 컬(Curl)을 만드는 데 필요한 요소가 <u>아닌</u> 것은?

① 루프의 크기
② 스템
③ 헤어 셰이핑
④ 헤어파팅

42 화장품의 사용 목적에 대한 설명으로 옳지 <u>않은</u> 것은?

① 인체를 청결하게 하고 용모를 변화시키기 위해 사용한다.
② 인체의 매력을 증진시킨다.
③ 인체에 약리작용을 하여 피부치료에 효과적이다.
④ 피부와 두발을 보호하고 건강하게 유지하기 위해 사용한다.

43 이 · 미용실의 실내 소독으로 가장 적절한 것은?

① 크레졸 비누액
② 포르말린
③ 70% 에탄올
④ 승홍수

44 테트로도톡신 독소가 들어 있는 것은?

① 버섯
② 감자
③ 복어
④ 고등

45 군집독의 가장 큰 원인은?

① 기온 하강
② 공기의 이화학적 조성 변화
③ 대기오염
④ 질소의 증가

46 다음 빈칸에 들어갈 커트 명칭이 순서대로 나열된 것은?

( )는 주로 스타일링 전에 머리카락의 길이를 대략적으로 정리하는 커트 방법을 말하며, ( )은 머리카락의 무게를 줄이고 자연스러운 질감을 주기 위해 사용하는 커트 기술이다.

① 애프터 커트(After-cut), 슬라이싱(Slicing)
② 애프터 커트(After-cut), 테이퍼링(Tapering)
③ 프레 커트(Pre-cut), 트리밍(Trimming)
④ 프레 커트(Pre-cut), 틴닝(Thinning)

47 퍼머넌트 웨이브 시 작용하는 주요 결합은?

① 염 결합
② 펩타이드 결합
③ 수소 결합
④ 시스틴 결합

48 스캘프 트리트먼트의 목적과 관련 <u>없는</u> 것은?

① 두피질환을 개선하고 치료한다.
② 혈액순환을 도와 두피의 생리기능을 높인다.
③ 두피나 두발에 유·수분을 공급한다.
④ 두발의 성장을 촉진한다.

49 공중위생영업을 하고자 하는 자는 시설 및 설비를 갖추고 누구에게 신고해야 하는가?

① 시장·군수·구청장
② 시·도지사
③ 보건복지부장관
④ 관련 전문기관 및 단체장

50 모발을 물에 적셔 빗과 손가락으로 만드는 웨이브는?

① 마셀 웨이브
② 섀도 웨이브
③ 와이드 웨이브
④ 핑거 웨이브

51 자외선의 파장 길이가 짧은 순서대로 나열한 것은?

① UVA-UVC-UVB
② UVC-UVB-UVA
③ UVA-UVB-UVA
④ UVB-UVC-UVA

52 산소의 유무와 상관없이 생육과 번식이 가능한 세균은?

① 혐기성 세균
② 호기성 세균
③ 편성호기성 세균
④ 통성혐기성 세균

53 미용작업시 올바른 자세로 거리가 <u>먼</u> 것은?

① 샴푸 시 발을 약 6인치 정도 벌린다.
② 작업 대상이 심장 높이보다 높게 있어야 한다.
③ 작업 명시 거리는 눈에서 25㎝ 정도로 유지한다.
④ 몸의 체중을 양다리에 골고루 분산시켜 안정된 자세로 한다.

54 보건 상태의 측정지표로 Index값에 대한 설명으로 옳은 것은?

① 0.1에 가까울수록 보건 수준이 높다.
② 0.3에 가까울수록 보건 수준이 높다.
③ 1.0에 가까울수록 보건 수준이 높다.
④ 10에 가까울수록 보건 수준이 높다.

55 멸균에 대한 설명으로 옳은 것은?

① 포자와 아포를 포함한 모든 미생물을 제거
하는 것을 말한다.

② 포자까지는 제거하지 못하지만 인체에 유
해한 병원성 미생물을 죽이거나 약화시켜
감염력이나 증식력을 줄인다.

③ 미생물을 물리적, 화학적 방법으로 제거하
여 감염력을 없애는 것으로 포자는 남아 있
을 수 있다.

④ 병원성 미생물의 발육을 제거하거나 정지
시키는 것으로 음식의 부패나 발효를 방지
한다.

56 물속에 존재하는 금속이온이 화장품을 변색, 침
전시키는 것을 막기 위해 첨가하는 물질은?

① 금속이온봉쇄제
② 가용화제
③ 증점제
④ pH조절제

57 산성 린스에 해당하지 않는 것은?

① 비니거 린스
② 레몬 린스
③ 오일 린스
④ 구연산 린스

58 건성피부의 특징으로 옳지 않은 것은?

① 피부 조직이 얇으므로 색소침착이 쉽게 생
긴다.

② 각질층의 수분이 20% 이하로 부족하다.

③ 피부가 얇아 피부결이 섬세하게 보이고 모
공이 작다.

④ 주름이 생기기 쉽다.

59 우리나라 고대 미용사에 대한 설명으로 옳지 않
은 것은?

① 고구려 시대 여인은 여러 가지의 두발 형태
가 있었다.

② 두발 형태가 계급에 상관없이 자유로웠다.

③ 신라시대의 여인들은 금, 은, 옥, 비단으로
꾸민 가체를 사용하였다.

④ 백제시대의 기혼녀는 두발을 틀어 올리고,
미혼자는 땋아 늘어뜨려 댕기로 묶었다.

60 화장품의 4대 품질 조건에 대한 설명으로 옳지
않은 것은?

① 안전성 – 피부나 두발 등 인체에 대한 자극
알레르기 반응, 독성이 없어야 한다.

② 사용성 – 사용이 편리하고, 피부에 매끄럽
게 잘 발리고 스며들어야 한다.

③ 안정성 – 변질, 변색, 변취 등 오염이 없어
야 한다.

④ 유효성 – 질병 치료 및 진단에 사용할 수
있어야 한다.

01 보건적 실내온도와 습도는?

	장소	실내온도	실내습도
①	병실	19℃	19℃
②	병실	19℃	19℃
③	침실	19℃	19℃
④	거실	19℃	19℃

02 식중독균 중 호염성 성질을 가지고 있는 것은?

① 장염비브리오균
② 황색포도상구균
③ 병원성 대장균
④ 살모넬라

03 이 · 미용사가 같은 면허를 이중으로 취득했을 경우 법적 행정처분 사항은?

① 6개월 이내의 면허정지
② 처음에 발급받은 면허취소
③ 나중에 발급받은 면허취소
④ 300만원 이하의 벌금

04 BCG 백신은 어떤 질병을 예방하기 위해 접종하는가?

① 백일해
② 결핵
③ 폴리오
④ 홍역

05 핑거 웨이브 모양에 대한 설명으로 옳지 않은 것은?

① 스월 웨이브 : 물결이 소용돌이 치는 듯한 웨이브
② 로우 웨이브 : 리지가 낮은 웨이브
③ 덜 웨이브 : 리지가 뚜렷하지 않고 느슨한 웨이브
④ 하이 웨이브 : 큰 움직임을 보는 듯한 웨이브

06 마셀 아이론으로 만든 마셀 웨이브가 시작된 연도는?

① 1905년　　　② 1830년
③ 1875년　　　④ 1925년

07 레이어 커트를 만들기 위해 사용하는 각도는?

① 45°　② 90°　③ 0°　④ 60°

08 실내 공기 오염지표로 사용하는 것은?

① SO_2　② CO　③ CO_2　④ O_2

09 레이어 커트의 특징으로 옳지 않은 것은?

① 톱 길이가 길고 네이프 길이가 짧다.
② 두발이 겹치는 부분이 없어 무게감이 가볍다.
③ 전체적으로 층이 골고루 나타난다.
④ 90도 이상 높은 시술 각도로 커트한다.

10 법인 대표자 또는 법인 및 개인의 대리인, 사용인 기타 종업원이 그 법인 또는 개인의 업무에 과한 벌금형에 행하는 위반행위를 하였을 때 행위자를 처벌하는 외에 그 법인 또는 개인에 대하여도 해당 조문의 벌금형을 과하는 것은?

① 과징금
② 과태료
③ 벌금
④ 양벌규정

11 콤 아웃에 대한 설명으로 옳은 것은?

① 빗을 이용해 원하는 모양의 헤어스타일로 매만지는 기법이다.
② 빗을 베이스(모근)쪽을 향해 빗질하여 모발을 세우는 기법이다.
③ 브러시로 표현되지 않은 부분을 빗으로 마무리하는 기법이다.
④ 브러시를 이용하여 모발을 가지런히 빗어 마무리하는 기법이다.

12 산성 린스에 관한 설명으로 옳은 것은?

① 퍼머넌트 웨이브 전에 사용한다.
② 탈색이 되므로 장기간 사용을 금한다.
③ 퍼머넌트 웨이브 제 1제를 씻어 내기 위해 사용한다.
④ 살균과 소독작용이 있다.

13 군집독의 해결 방안으로 가장 적절한 것은?

① 습도 조절
② 환기
③ 실내온도 조절
④ 이산화탄소 공급

14 빠른 시간에 커트를 할 수 있는 레이저(Razor)에 대한 설명으로 옳지 않은 것은?

① 레이저의 날 등과 날 끝이 균일한 것이 좋다.
② 레이저 어깨의 두께가 일정한 것이 좋다.
③ 날은 약간 비틀어 있는 것이 좋다.
④ 날 선이 대체로 둥근 곡선으로 된 것이 좋다.

15 위그와 헤어피스에 대한 설명으로 옳지 않은 것은?

① 헤어스타일의 다양한 변화를 위해서는 헤어피스를 사용한다.
② 인모는 물로 세척하지 않는다.
③ 위그는 전체 가발, 헤어피스는 부분 가발을 말한다.
④ 헤어피스는 자주 샴푸하여 청결을 유지한다.

16 조선시대 머리 형태가 아닌 것은?

① 대수머리   ② 쪽머리
③ 높은 머리   ④ 쌍상투머리

17 표피에 있으며 면역 기능에 관여하고 있는 세포는?

① 멜라닌형성 세포   ② 랑게르한스 세포
③ 각질형성 세포   ④ 머켈 세포

18 공중위생영업소의 위생서비스 수준 평가주기는?

① 1년   ② 2년
③ 5년   ④ 6년

19 헤어토닉의 사용 방법으로 적절한 것은?

① 헤어토닉 사용 후에 4시간 정도는 샴푸를 하지 않는다.
② 손상된 모발에 영양이 공급될 수 있도록 두발 끝에 꼼꼼히 바른다.
③ 두피에 과다하게 묻었을 경우 모공이 막힐 수 있으므로 주의해서 도포한다.
④ 적당량을 손바닥 위에 덜어 두발 표면에 고르게 바른다.

20 이 · 미용 소독 중 습열 멸균법에 해당하지 <u>않는</u> 것은?

① 열탕 소독법
② 저온 소독법
③ 자외선 소독법
④ 고압 증기 멸균법

21 퍼머넌트 웨이브 제2제의 명칭이 <u>아닌</u> 것은?

① 산화제
② 중화제
③ 정착제
④ 프로세싱 솔루션

22 영업소 폐쇄명령을 받은 후 영업을 계속하였을 때 이에 대한 조치 내용으로 옳은 것은?

① 출입자 통제
② 강제 폐쇄집행
③ 간판이나 기타 영업표지물의 제거
④ 출입금지구역 표시

23 두발 염색 후 원하는 색으로 나오지 않아 중화시키는 것을 무엇이라고 하는가?

① 리터치
② 보색 중화
③ 중화 작업
④ 유화

24 승홍에 대한 설명으로 옳지 <u>않은</u> 것은?

① 독성이 없어 손 소독에 적합하다.
② 금속을 부식시키는 성질이 있다.
③ 피부소독에는 0.1% 수용액을 사용한다
④ 유리, 사기, 에나멜 그릇 등의 소독에 적합하다.

25 약산성으로 되어있어 피부에 사용하기 적합한 비누의 pH는?

① pH 7
② pH 4
③ pH 9
④ pH 2

26 신징(Singeing)의 목적으로 옳지 <u>않은</u> 것은?

① 갈라진 두발로부터 영양물질이 흘러나오는 것을 막는다.
② 온열 자극으로 두부의 혈액순환을 돕는다.
③ 한꺼번에 많은 양을 잘라낸다.
④ 불필요한 두발을 제거한다.

27 머리카락의 색이 노란색이나 밝은 적색이 되기 위해 필요한 것은?

① 멜라노사이트
② 시스틴 결합
③ 유멜라닌
④ 페오멜라닌

28 세정 및 케어 제품에 해당하지 <u>않는</u> 것은?

① 헤어샴푸
② 헤어린스
③ 헤어트리트먼트
④ 헤어토닉

29 공중위생관리법에서 규정하고 있는 미용업자의 준수사항으로 옳은 것은?

① 1회용 도구를 사용한 후에는 소독을 한 다음 재사용한다.
② 면허증 원본을 영업소 안에 걸어 둔다.
③ 소독제는 많이 만들어 놓고 사용할 때마다 덜어 사용한다.
④ 손님이 사용하는 수건에서는 냄새가 나야 한다.

30 다음 빈칸 ㉠~㉣에 들어갈 내용으로 옳지 <u>않은</u> 것은?

> 공중위생영업소의 (㉠) 관리 수준을 향상하여 서비스의 질적 향상 도모 및 (㉡)와/과 삶의 질 향상에 기여하기 위해 공중위생서비스평가를 (㉢)이/가 수립하고 이에 필요한 모든 사항은 (㉣)(으)로 정한다.

① ㉠ – 공중위생
② ㉡ – 국민건강
③ ㉢ – 시장
④ ㉣ – 보건복지부령

31 자외선 살균에 대한 설명으로 옳은 것은?

① 노출된 부위만 소독된다.
② 짧은 시간에 소독된다.
③ 액체의 표면은 통과하지 못한다.
④ 투과력이 매우 강해 효과적인 살균법이다.

32 미용의 의의로 옳지 <u>않은</u> 것은?

① 항상 아름다움을 유지해야 한다.
② 인간의 심리적인 욕구를 충족시켜 준다.
③ 복식과 함께 용모에 물리적, 화학적 행위를 한다.
④ 시대의 흐름에 맞춰 개발한다.

33 화장품의 경피흡수와 관계없는 것은?

① 모공과 한공을 통해 흡수한다.
② 각질세포를 통해 직접 흡수하지 못한다.
③ 각질층의 세포 사이사이를 통과해서 흡수한다.
④ 피부 부속기관은 피부 표면적의 0.1%를 차지하므로 이를 통한 피부 흡수량은 매우 적다.

34 탄수화물의 최종 분해 단위는?

① 아미노산
② 포도당
③ 글리세롤
④ 지방산

35 향수의 부향률이 낮은 것부터 순서대로 나열한 것은?

① 오드 콜롱 〈 오드 투알렛 〈 오드 퍼퓸 〈 퍼퓸
② 오드 콜롱 〈 퍼퓸 〈 오드 퍼퓸 〈 오드 투알렛
③ 오드 콜롱 〈 오드 투알렛 〈 퍼퓸 〈 오드 퍼퓸
④ 오드 콜롱 〈 오드 퍼퓸 〈 오드 투알렛 〈 퍼퓸

36 핑거 웨이브의 3대 요소가 <u>아닌</u> 것은?

① 크레스트   ② 리지
③ 트로프   ④ 루프

37 소독제의 평가 기준으로 사용되는 것은?

① 승홍
② 알코올
③ 석탄산
④ 과산화수소

38 시대적으로 가장 늦게 발표된 미용 기술은?

① 마셀 그라토의 마셀 웨이브
② 찰스 네슬러의 스파이럴식 퍼머넌트 웨이브
③ 조셉 메이어의 크로키놀식 히트 퍼머넌트 웨이브
④ J.B 스피크먼의 콜드 웨이브

39 바이러스에 대한 설명으로 옳은 것은?

① 스스로 번식할 수 없고, 살아 있는 세포에서 증식한다.
② 단백질 유전자인 RNA와 DNA를 모두 가지고 있다.
③ 크기는 리케차보다 크고 세균보다 작다.
④ 광학현미경으로 관찰할 수 있다.

40 각질세포에 관한 설명으로 옳지 <u>않은</u> 것은?

① 점차 편평해진다.
② 수분이 없어진다.
③ 기저층에서 만들어진다.
④ 지질 성분과 연결되어 피부보호를 한다.

41 두발을 전체적으로 진한 녹색으로 염색한 후 새로 자란 두발에 염색을 하는 것은?

① 리터치
② 영구적 염색
③ 스트랜드 테스트
④ 패치 테스트

42 좋은 가위의 선택 방법으로 옳은 것은?

① 만곡도가 큰 것이 좋다.
② 날이 두껍고 협신 부위가 무거운 것이 커트 시 안정적이다.
③ 협신에서 날 끝이 내곡선상으로 된 것이 좋다.
④ 양날의 견고함이 동일하지 않아도 된다.

43 위법사항이 가장 무거운 벌칙에 해당하는 것은?

① 면허정지중에 영업을 할 경우
② 신고를 하지 않고 영업을 할 경우
③ 건전한 영업질서를 위하여 공중위생영업자가 준수하여야 할 사항을 준수하지 않았을 경우
④ 면허를 받지 않고 미용업을 개설할 경우

44 식품을 보관할 경우 저장방법의 온도로 적당한 것은?

① 냉동 : −5~0℃
② 저온 : 0~5℃
③ 중온 : 60~70℃
④ 고온 : 70~95℃

45 신진대사를 촉진하기 위해 베이퍼라이저(Vapori-zer)를 사용하고 청소하지 않았을 때 생기는 물때(석회)를 방지하기 위해 사용하는 것은?

① 식초
② 소금
③ 염소
④ 정제수

46 UVA의 파장 범위로 알맞은 것은?

① 290~320㎚
② 320~400㎚
③ 400~700㎚
④ 200~290㎚

47 스트랜드 끝에서 ⅔ 지점을 테이퍼링(Tapering)하는 것은?

① 딥 테이퍼링
② 노멀 테이퍼링
③ 엔드 테이퍼링
④ 미디움 테이퍼링

48 200만원 이하의 과태료에 해당하지 않는 것은?

① 관계공무원의 출입, 검사 기타 조치를 거부, 방해 또는 기피한 자
② 이·미용업소의 위생관리 의무를 지키지 아니한 자
③ 영업소 외의 장소에서 이용 또는 미용업무를 행한 자
④ 위생교육을 받지 아니한 자

49 남성형 탈모증의 주요 원인이 되는 호르몬은?

① 코티손(Cortisone)
② 에스트라디올(Estradiol)
③ 안드로겐(Androgen)
④ 에스트로겐(Estrogen)

50 플러프 뱅(Fluff Bang)에 관한 설명으로 옳은 것은?

① 포워드롤을 이용하여 둥글게 굴린 뱅이다.
② 컬이 부드럽고 자연스러운 볼륨을 주는 뱅이다.
③ 뱅 부분의 모발을 위로 업해서 모발 끝을 부풀린 뱅이다.
④ 가르마 가까이에 작게 낸 뱅이다.

51 이·미용업소에 출입하여 공중위생관리에 대한 필요한 보고 등을 검사할 수 있는 자가 아닌 것은?

① 시·도지사
② 구청장
③ 시장
④ 보건복지부장관

52 세포의 성장과 신경안정, 면역기능을 강화하는 역할을 하는 영양소로 가장 적합한 것은?

① 비타민
② 단백질
③ 탄수화물
④ 무기질

53 블런트 커트(Blunt Cut)의 특징으로 옳지 <u>않은</u> 것은?

① 두발의 끝이 가볍다.
② 입체감을 내기 쉽다.
③ 잘린 부분이 선명하다.
④ 길이만 제거한다.

54 한선에 관한 설명으로 옳지 <u>않은</u> 것은?

① 에크린선과 아포크린선이 있다.
② 아포크린선은 입술과 손바닥에 있다.
③ 체온조절을 한다.
④ 산도의 붕괴 시 심한 냄새를 동반할 수 있다.

55 생화학적 산소요구량을 측정하는 것으로 수질오염의 지표로 사용하는 것은?

① CO_2
② 대장균수
③ DO
④ BOD

56 미백작용과 관련있는 비타민은?

① 비타민 A
② 비타민 D
③ 비타민 C
④ 비타민 E

57 지역사회 보건수준을 비교할 때 사용되는 지표가 <u>아닌</u> 것은?

① 질병치료율
② 영아사망률
③ 평균수명
④ 조사망률

58 이ㆍ미용업소에서 공기 중 비말전염으로 가장 쉽게 옮겨질 수 있는 감염병은?

① 장티푸스
② 트라코마
③ 인플루엔자
④ B형 간염

59 용질 5g이 수용액 400mL에 녹았을 때 약 몇 %의 용액이 되는가?

① 1.25%
② 20%
③ 2.5%
④ 2%

60 시대적 순서대로 옳게 나열한 것은?

① 찰스 네슬러 – 조셉 메이어 – J.B.스피크먼 – 마셀 그라토
② 마셀 그라토 – 찰스 네슬러 – 조셉 메이어 – J.B.스피크먼
③ 조셉 메이어 – J.B.스피크먼 – 마셀 그라토 – 찰스 네슬러
④ J.B.스피크먼 – 마셀 그라토 – 조셉 메이어 – 찰스 네슬러

최신 기출문제
정답 & 해설

정답 & 해설

최신 기출문제 | **정답 & 해설**

최신 기출문제 01회

306p

01 ②	02 ②	03 ③	04 ①	05 ①
06 ②	07 ③	08 ①	09 ③	10 ②
11 ③	12 ④	13 ①	14 ③	15 ④
16 ④	17 ①	18 ①	19 ④	20 ①
21 ①	22 ①	23 ④	24 ①	25 ①
26 ③	27 ③	28 ④	29 ②	30 ②
31 ①	32 ④	33 ①	34 ①	35 ②
36 ③	37 ②	38 ②	39 ①	40 ③
41 ①	42 ④	43 ①	44 ①	45 ②
46 ④	47 ①	48 ②	49 ④	50 ①
51 ③	52 ①	53 ③	54 ①	55 ③
56 ④	57 ②	58 ①	59 ②	60 ①

01 ②

지성피부는 피지분비가 많아 번들거리고 모공이 넓어지는 경향이 있지만, 표피 각질층의 두께와 진피의 두께가 변화하는 것은 지성피부의 특징과는 직접적인 관련이 없다.

02 ②

좋은 아이론을 선택하기 위해서는 프롱과 그루브의 크기가 같고, 접촉면 사이가 잘 맞물려 있으며, 표면이 거칠지 않아야 한다. 그러나 프롱과 그루브가 구부러져 있을 필요는 없다.

03 ③

헤어 셰이핑 브러시는 주로 머리카락을 정리하고 스타일링할 때 사용된다.

04 ①

블런트 커트는 특정한 가위의 종류와 상관없이 모든 가위로 할 수 있는 커트 기법이지만, 틴닝 가위는 주로 내구성과 날카로움이 필요한 작업에 적합하다.

05 ①

위생교육은 보통 매년 받아야 하는 것으로 규정되어 있으며, 3년 이내에 받은 교육을 인정하는 경우는 없다.

06 ②

폴리오(소아마비)는 폴리오 바이러스에 의해 발생하는 질병이다. 나머지는 세균에 의해 발생하는데 각각 결핵은 '결핵균', 발진열은 '리케차', 파상풍은 '클로스트리듐 테타니'라는 세균에 의해 발생한다.

07 ③

지성피부는 피지분비가 많아 모공이 크고, 피부결이 거칠어 보이는 경우가 많다.

08 ①

폐디스토마는 물벼룩을 중간숙주로 하는 기생충으로, 잉어나 피라미와의 관계는 정확하지 않다.

09 ③

소르비톨은 수분을 끌어당겨 피부를 촉촉하게 유지하는 보습제로 사용되며, 일반적으로 여드름을 유발하지 않는 성분이다. 다른 성분들인 올렌산, 미네랄 오일, 세타릴 알코올은 일부 사람들에게 여드름을 유발할 수 있다.

10 ②

논 스트리핑 샴푸제는 두발의 색을 유지하면서 세정할 수 있도록 만들어진 샴푸로, 염색 후에도 색이 오래 유지될 수 있도록 도와준다.

11 ③

프렌치 뱅은 모발을 들어올려 플러프하는 뱅을 말한다.

12 ④

미용실에서 사용하는 펌 1제를 사용한 용기는 화학적 용품이 묻었기 때문에 재활용할 수 없다.

13 ①

갈고리(鉤)가 있는(有) 조충(條蟲)이라고 해서 유구조충(有鉤條蟲, 갈고리촌충)이라고도 한다. 돼지와 인간에 기생하는 조충이다. 유구조충은 인간이 최종 숙주고 돼지가 중간 숙주이다.

14 ③

미용사가 정기적으로 받아야 하는 위생교육을 이수하지 않을 경우, 관련 법령에 따라 200만원 이하의 과태료가 부과된다.

15 ④

광노화는 자외선(UV) 노출로 인해 발생하는 피부 노화 현상으로, 멜라닌세포의 증가로 인해 색소침착이 나타나는 것이 주요 특징 중 하나이다.

16 ④

에탄올은 빠르게 증발하여 잔여물이 남지 않기 때문에 가위와 같은 금속 도구의 소독에 적합하다. 플라스틱과 고무는 에탄올에 의해 손상될 수 있으며, 쓰레기통은 에탄올 소독의 효율성이 떨어질 수 있다.

17 ①

하이알루론산은 진피층에서 주요한 보습 성분으로, 수분을 끌어당겨 피부를 촉촉하게 유지하는 데 중요한 역할을 한다.

오답 피하기

② 섬유아세포는 진피층에서 콜라겐과 엘라스틴을 생성하는 세포이다.
③ 엘라이딘은 표피층의 물질이다.
④ 세라마이드는 주로 표피층에서 발견되는 지질 성분이다.

18 ①

석탄산(페놀)은 금속을 부식시키기 때문에 금속 소독에는 사용하지 않는다.

19 ④

틴닝 가위는 머리카락의 양을 줄이거나 질감을 부드럽게 만드는 데 사용되며, 샤기 커트 스타일을 만들 때 효율적으로 사용할 수 있다.

20 ①

고대 이집트에서는 헤나를 사용하여 머리카락과 손톱을 염색하고, 피부에 문신을 하였다.

21 ①

명예공중위생감시원의 업무는 다음과 같다.
1. 공중위생감시원이 행하는 검사대상물의 수거 지원
2. 법령 위반행위에 대한 신고 및 자료 제공
3. 그 밖에 공중위생에 관한 홍보 · 계몽 등 공중위생관리업무와 관련하여 시 · 도지사가 따로 정하여 부여하는 업무

22 ①

건강한 손톱은 매끄럽고 광택이 나며 단단하고 탄력이 있으며, 뿌리와 끝부분이 강하게 부착되어 있고 둥근 아치 모양을 형성한다. 색은 투명하거나 연한 분홍빛이어야 하며, 노란빛을 띠는 것은 건강하지 않은 상태를 나타낼 수 있다.

23 ④

스캘프펀치(워터펀치)는 강한 물줄기를 이용하여 두피와 모발을 세정하는 도구로, 두피와 모발에 쌓인 각질, 노폐물, 미세먼지 등을 효과적으로 제거하는 데 사용된다.

24 ①

일반적으로 공중보건영업의 개업을 위해 필요한 서류는 미용사면허증, 영업신고서, 설비개요서 등이 포함되며, 주민등록등본은 필수 서류가 아니다.

25 ①

에탄올은 금속 제품 소독에 널리 사용되는 소독제로, 빠르게 증발하며 금속을 부식시키지 않는다. 승홍수는 독성이 강하고, 석탄산과 생석회는 금속에 적합하지 않다.

26 ③

일반적으로 이 · 미용업자의 변경 신고사항에는 영업소의 주소 변경, 대표자의 성명 또는 생년월일 변경, 영업장 면적의 큰 변경 등이 포함된다. 그러나 영업소의 간판 변경은 변경 신고사항에 해당하지 않는다.

27 ③

펌 시술 후에는 보통 바로 샴푸를 하지 않는다. 퍼머넌트 웨이브 시술 후에 화학 약품이 모발에 충분히 작용할 수 있도록 일정 시간 동안 샴푸를 피하는 것이 일반적이다. 다만 미온수로 헹구어 내는 중간 린스를 통해 약품을 제거하고, 일정 시간이 지난 후에 샴푸를 사용하는 것이 좋다.

28 ④

채소와 과일의 소독에 가장 적합한 방법은 염소 소독이다. 염소 소독은 살균 효과가 뛰어나며, 일반적으로 가정에서 사용할 수 있는 염소계 소독제(예) 희석된 락스)를 사용하여 채소와 과일을 소독할 수 있다.

29 ②

인구 증가는 크게 자연 증가와 사회 증가로 나눌 수 있다. 자연 증가는 출생인구에서 사망인구를 뺀 값이고, 사회 증가는 전입인구에서 전출인구를 뺀 값을 의미한다. 따라서 인구 증가는 자연 증가와 사회 증가를 합한 값으로 나타낼 수 있다.

30 ②

헤어 염색에서 과산화수소는 색소를 탈색하거나 염색약이 모발에 잘 흡수되도록 도와주는 역할을 한다. 일반적으로 6% 농도의 과산화수소가 많이 사용된다.

31 ①

영아사망률은 출생 후 1년 이내에 사망하는 영아의 비율을 나타내며, 이는 해당 지역의 보건 수준, 의료 서비스의 질, 위생 상태 등을 종합적으로 반영하는 중요한 지표이다.

32 ④

세정제는 피부 표면의 오염물과 과도한 피지와 땀 등을 제거하기 위해 사용하는데, pH가 너무 높은 세정제를 사용하여 피부장벽의 주요 구성 요소인 지질 성분을 과도하게 제거하는 것은 바람직하지 않다. 피부장벽의 지질 성분은 피부의 보호 기능을 유지하는 데 중요한 역할을 하므로, 이를 적절히 유지하면서 청결을 유지하는 것이 중요하다.

33 ①

발진티푸스는 리케차라는 세균에 의해 발생하는 반면, 일본뇌염 · 폴리오 · 광견병은 모두 바이러스에 의해 발생한다. 한편 발진티푸스를 일으키는 리케차는 세균보다는 작고 바이러스보다는 상대적으로 크기가 크다.

34 ①

유니폼 레이어 커트는 머리 전체를 동일한 길이로 자르는 기법으로, 머리카락을 두상에 대해 90° 각도로 들어올려 커트한다. 이 방법은 균일한 층을 만들어 자연스럽고 균형 잡힌 스타일을 연출한다.

35 ②

원발진은 피부에 처음 나타나는 병변으로, 반점 · 면포 · 결절 등이 이에 해당한다. 반면 티눈은 피부에 가해지는 지속적인 압력이나 마찰로 인해 피부가 두꺼워지는 현상으로, 원발진에 해당하지 않는다.

36 ③

일반적으로 향수의 알코올 함유량은 퍼퓸(Parfum)이 가장 많고, 그 다음으로 오 드 퍼퓸(Eau de Parfum), 오 드 투알렛(Eau de Toilette), 오 드 콜롱(Eau de Cologne) 순서로 많다. 일반적으로 판매되는 향수의 알코올 도수는 70~90도인데, 만약 알코올 도수를 이 수준보다 낮추면 휘발성 향취가 줄어들어 향수 역할을 제대로 하지 못하게 된다.

37 ②

고객과의 상담 시 고객의 요구와 기대를 잘 듣고 이해하며, 시술 후에도 고객이 스타일을 잘 유지할 수 있도록 필요한 정보를 제공해야 한다. 이는 고객의 만족도를 높이고, 신뢰를 쌓는 데 도움이 된다.

38 ②

수용성 비타민 중 비타민 B군의 정확한 명칭은 아래와 같다.
① 나이아신(Niacin) : 비타민 B3
③ 티아민(Thiamine) : 비타민 B1
④ 리보플라빈(Riboflavin) : 비타민 B2, 코발라민(Cobalamin) : 비타민 B12

39 ①

에틸렌옥사이드(Ethylene Oxide ; EO) 가스 멸균법은 저온에서 멸균이 가능한 방법이며, 열이나 습기에 민감한 의료기기나 플라스틱, 고무 제품의 멸균에 적합하다.

> **오답 피하기**
> ② · ③ 고압 증기 멸균법과 자비 소독법은 고온을 사용하기 때문에 열에 민감한 재료에는 적합하지 않다.
> ④ 오존은 주로 물과 공기의 소독에 사용된다.

40 ③

6% 산화제는 모발의 색을 밝히는 작용을 한다. 보통 1~2레벨 정도 모발의 명도를 올릴 수 있으며, 이 과정에서 모발이 손상될 수 있다. 또한, 염색 과정에는 일정한 시간이 필요하므로 시간적 제약도 받는다.

41 ③

여드름 피부에는 티로시나아제의 작용을 억제하는 비타민 C가 함유된 화장품보다는, 피지 조절과 항염 효과가 있는 성분을 함유한 화장품이 더 적합하다.

> **권쌤의 노하우**
> 비타민 C는 주로 피부 미백이나 항산화를 위해 사용됩니다. 여드름 피부와 같이 트러블이 많이 생기는 피부에는 살리실산, 벤조일 퍼옥사이드, 티트리 오일 등의 성분이 포함된 제품이 더 효과적입니다.

42 ④

이중 면허 취득은 법적으로 허용되지 않으며, 이러한 경우 일반적으로 나중에 발급받은 면허가 취소된다. 이는 면허의 신뢰성과 공정성을 유지하기 위한 조치이다.

43 ①

일반적으로 피부의 각화주기(또는 턴오버 주기)는 약 28일, 즉 4주 정도로 알려져 있다. 이 주기는 나이, 피부 상태, 건강 상태 등에 따라 달라질 수 있지만, 평균적으로 4주가 표준이다.

44 ①

천연보습인자는 피부의 자연적인 보습 기능을 유지하는 물질들로, 주로 아미노산, 우레아, 소듐PCA(Sodium Pyrrolidone Carboxylic Acid) 등이 포함된다. 글리세린은 매우 효과적인 보습제이지만, 화학적 보습제이다.

45 ②

영아사망률(Infant Mortality Rate)은 1세 미만의 영아 사망 수를 1,000명당 비율로 나타낸 지표로, 한 국가의 보건 및 의료 수준을 평가하는 데 중요한 기준 중 하나이다. 이는 그 국가의 보건 시스템, 사회경제적 조건, 위생 상태 등을 반영한다.

46 ④

WHO는 World Health Organization의 약자로, 전 세계 공중 보건을 담당하는 국제 기구입니다.

47 ④

핀컬펌에서 주로 사용하는 방향에는 클락와이즈 와인드 컬(Clockwise Wind Curl), 카운터 클락와이즈 와인드 컬(Counter Clockwise Wind Curl), 포워드 컬(Forward Curl) 등이 있다. 호리즌탈 컬(Horizontal Curl)은 핀컬펌에서 일반적으로 사용되지 않는 방향이다.

48 ②

보통 이런 종류의 위반에 대한 행정처분은 점진적으로 강화되며, 1차 위반 시에는 개선명령이나 경고, 2차 위반 시에는 영업정지 5일, 3차 위반 시에는 영업정지 10일, 4차 위반 시에는 영업장 폐쇄명령이 내려진다.

49 ④

선지에 제시된 커트의 이름은 아래와 같다.
① 유니폼 레이어
② 인그리스 레이어
③ 스파니엘 커트
④ 이사도라 커트

50 ①

청문은 보통 행정처분을 하기 전에 당사자의 의견을 듣기 위해 실시하는 절차이다. 폐쇄처분 후 그 기간이 끝난 경우에는 청문을 실시하지 않는다.

51 ③

비타민 D는 주로 뼈 건강과 면역 기능에 관련된 비타민으로 항산화 작용과는 관련이 적다.

> **오답 피하기**
> ① · ② · ④ 비타민 A, 비타민 C, 비타민 E는 항산화 작용이 있어 활성산소를 억제하는 역할을 한다.

52 ①

UVA는 파장이 길며, 피부 깊숙이 침투할 수 있지만, 즉각적인 홍반을 유발하지 않기 때문에 선탠 시 주로 활용된다.

> **오답 피하기**
> ② UVB는 피부 표면에 영향을 주어 홍반과 화상을 유발할 수 있다.
> ③ UVC는 대부분 지구 대기권에 의해 차단된다.
> ④ UVD는 존재하지 않는 자외선이다.

53 ③

'레이어드 커트'는 층을 내는 커트 방식으로 블런트 커트이다.

> **오답 피하기**
> 블런트 커트 기법은 주로 머리카락을 일직선으로 자르는 방식으로, 층을 내지 않고 무겁고 깔끔한 느낌을 주는 커트이다. 블런트 커트의 종류는 원랭스 커트, 그래듀에이션 커트, 레이어 커트가 있다.

54 ①

장방형 얼굴형은 세로로 길쭉한 얼굴형으로, 전두부를 낮게 하고 양 사이드의 볼륨을 높여 얼굴의 길이를 시각적으로 줄이는 것이 좋다.

55 ③

살균 소독 작용은 양이온 계면활성제의 특징이다. 살균 및 소독작용은 양이온 계면활성제에서 더 자주 나타나는 특성이다. 음이온 계면활성제는 주로 세정 작용, 기포형성 작용, 유화 작용이 우수하여 샴푸에 사용된다.

56 ④

산소부족설은 암의 발생이 산소 부족에서 온다는 가설이다.

> **오답 피하기**
> ① 유리기설(Free Radical Theory)은 활성산소가 세포를 손상시켜 노화를 촉진한다는 가설이다.
> ② 유전자설은 유전자가 노화에 영향을 미친다는 가설이다.
> ③ 자기중독설은 신체 내에서 발생하는 독소가 노화를 촉진한다는 가설이다.

57 ②

공중위생영업의 시설 및 설비기준을 위반하여 개선명령을 받은 경우는 청문 사유에 해당하지 않는다. 이는 개선명령이 행정처분 중 비교적 경미한 처분이기 때문이다.

오답 피하기

청문은 주로 중대한 행정처분을 하기 전에 당사자의 의견을 듣기 위해 실시하는 절차이다. 성매매알선 등의 행위로 영업장 폐쇄명령을 받은 경우, 영업신고를 하지 않은 경우, 불법 카메라나 기계장치를 설치한 경우 등은 청문 사유에 해당될 수 있다.

58 ①

슬리더링 커트는 가위를 사용하여 머리카락을 슬라이드하면서 커트하는 기법으로, 샤기 헤어스타일과 같은 가벼운 질감의 스타일을 만드는 데 적합하다.

59 ②

브러싱 자체는 일반적으로 두피 손상의 원인이 되지 않는다. 오히려 적절한 브러싱은 두피의 혈액 순환을 촉진하고 건강한 두피를 유지하는 데 도움이 될 수 있다. 그러나 수면 부족, 잦은 염색과 탈색, 강한 자외선은 모두 두피에 손상을 줄 수 있는 요인이다.

60 ①

세이핑 레이저는 안전 가드가 있어 초보자가 사용하기 좋다.

최신 기출문제 02회
314p

01 ④	02 ①	03 ③	04 ①	05 ④
06 ①	07 ①	08 ①	09 ④	10 ①
11 ①	12 ③	13 ③	14 ②	15 ④
16 ①	17 ④	18 ③	19 ①	20 ③
21 ②	22 ②	23 ④	24 ③	25 ④
26 ①	27 ④	28 ②	29 ①	30 ④
31 ①	32 ②	33 ②	34 ②	35 ④
36 ②	37 ④	38 ①	39 ②	40 ①
41 ②	42 ①	43 ②	44 ②	45 ③
46 ②	47 ①	48 ④	49 ①	50 ③
51 ③	52 ②	53 ①	54 ④	55 ③
56 ②	57 ②	58 ④	59 ④	60 ④

01 ④

퍼머넌트 웨이브나 염색은 주로 두발의 모피질(Cortex)에서 이루어진다. 모피질은 모발의 주요 구조로, 색소와 케라틴 섬유가 있어 모발의 색상과 강도, 탄력성을 좌우한다.

오답 피하기

① 모표피(Cuticle)는 모발의 가장 바깥쪽 층으로 보호 역할을 한다.
② 모수질(Medulla)은 모발의 중심부로 모든 모발에 존재하지 않을 수 있다.
③ 모근(Root)은 모발이 피부에서 자라나는 부분이다.

02 ①

행정처분이 확정된 공중위생영업자에 대한 처분과 관련한 영업 정보는 대통령령으로 정하는 바에 따라 공표된다.

03 ③

플랫 컬(Flat Curl)은 루프가 두피에 평평하게, 즉 0°로 눕힌 컬이다. 이는 주로 볼륨을 최소화하고 자연스러운 웨이브를 만들기 위해 사용된다. 다른 선택지는 플랫 컬에 대한 올바른 설명이 아니다.

04 ①

블로 드라이를 하기 위한 적당한 온도는 60~90℃이다. 이 온도 범위는 모발을 건조하기에 충분히 따뜻하면서도, 모발과 두피를 손상시키지 않도록 안전한 범위이다. 너무 높은 온도는 모발을 손상시킬 수 있으므로 주의가 필요하다.

05 ④

위생서비스평가 결과에 따른 위생관리등급은 해당 공중위생영업자에게 통보하여야 한다. 이는 영업자가 자신의 위생 상태를 파악하고 개선할 수 있도록 하기 위함이다.

06 ①

고압 증기 멸균법(오토클레이브)은 고온과 고압의 증기를 사용하여 아포를 포함한 모든 미생물을 완전히 사멸시킬 수 있는 방법이다. 일반적으로 121℃에서 15분 동안 멸균이 이루어진다.

07 ①

인공 태닝에 사용되는 광선은 주로 UVA이다. UVA 광선은 피부 깊숙이 침투하여 멜라닌 색소를 산화시켜 색소침착을 일으켜 태닝 효과를 낸다.

08 ①

페이스 파우더는 주로 파운데이션의 번들거림을 줄이고, 메이크업이 오래 지속되도록 하기 위해 사용된다. 또한, 피부의 유분을 조절하고 매트한 마무리감을 제공하는 역할을 한다.

09 ④

면허정지처분을 받고도 그 정지 기간에 업무를 한 경우, 이는 중대한 법규 위반으로 간주되며, 1차 위반 시에도 면허취소 처분을 받을 수 있다.

10 ①

피부의 층 중에서 특히 손바닥과 발바닥에 분포하는 층은 투명층이다. 투명층은 각질층과 과립층 사이에 위치하며, 손바닥과 발바닥처럼 두꺼운 피부에만 존재한다. 투명층은 피부를 보호하고 두꺼운 각질층을 형성하는 데 중요한 역할을 한다.

11 ①

크레졸의 소독력은 석탄산(페놀)의 약 2배 정도로 알려져 있다.

권쌤의 노하우

페놀은 석탄에서 최초로 추출한 물질이기 때문에 '석탄산'이라는 이름이 붙었답니다.

12 ③

역학은 주로 질병의 원인 규명, 질병의 발생과 유행 감시, 그리고 지역사회의 질병 규모 파악에 중점을 둔다. 하지만 질병의 예방과 치료는 주로 '의학'과 '보건학'에서 다루는 부분이다. 역학은 예방을 위한 데이터를 제공할 수 있지만, 직접적인 예방과 치료 방법을 실행하는 역할은 아니다.

13 ③

장티푸스는 주로 오염된 음식이나 물을 통해 전파되는 세균성 감염병이다.

오답 피하기

① 일본뇌염, ② 말라리아, ④ 뎅기열은 모두 모기에 의해 전파되는 감염병이다. 해당 병원체에 감염된 모기에 물려 감염될 수 있다.

14 ②

공중위생관리법 시행규칙 별표7의 기준에 따라 1차 위반 시 영업정지 1월, 2차 위반 시 2월, 3차 위반 시 영업장 폐쇄명령에 처한다.

15 ④

이·미용업 영업신고를 할 때 필요한 서류에는 영업시설 및 설비개요서, 교육수료증, 면허증 원본 등이 포함되지만, 이·미용사 이력서는 필요 없다.

16 ①

소독액은 사용 직전에 필요한 양만큼 준비하는 것이 좋다. 미리 만들어 놓으면 산화, 병원체의 침입 등으로 소독액의 효과가 떨어진다.

17 ④

대소변, 토사물 등 배설물의 소독방법으로는 크레졸수, 석탄산수, 소각법이 적절하다. 자비소독법은 100℃의 끓는 물에 10~15분간 소독하는 방법이므로 대소변과 토사물에는 적합하지 않다.

18 ③

승홍(HgCl₂ ; 염화제2수은)은 독성과 부식성이 강하여 금속제 기구 및 식기류, 상처가 있는 피부에 부적합한 소독제이다. 0.1% 수용액으로 사용되며, 매우 조심해서 다뤄야 한다.

19 ①

틴닝(Thinning)은 두발의 길이를 짧게 하지 않으면서 전체적으로 두발의 숱을 줄이는 방법이다. 이 방법은 주로 가위나 전용 틴닝 가위를 사용하여 머리카락의 밀도를 줄이는 데 사용된다.

20 ③

티트리(Tea Tree) 오일은 항염 및 항균 특성으로 인해 여드름 진정 효과가 있는 것으로 알려져 있다. 레티놀, 토코페롤, 콜라겐도 피부에 좋은 성분이지만, 특히 티트리 오일이 여드름 관리에 효과적이다.

21 ②

마이카, 산화철, 카올린은 모두 메이크업에 사용되는 안료의 종류이다. 반면 구연산은 주로 산도 조절제이자 방부제로 사용되며, 메이크업 안료로 사용되지 않는다.

22 ②

아토피 피부염은 면역 과민반응으로 인해 발생하며, 특히 어린아이들에게서 많이 나타나는 피부질환이다. 건선·대상포진·열성홍반도 피부질환이지만, 아토피가 어린아이들에게 좀 더 흔히 발생하는 질환이다.

23 ④

유연화장수는 주로 건성 피부에 사용되며 피부를 촉촉하고 유연하게 하는 역할을 한다. 반면, 모공을 수축시키는 역할은 아스트린젠트와 같은 수렴화장수가 한다.

24 ③

국민건강보험 가입자는 의료비의 일부를 본인이 부담해야 한다. 건강보험은 의료비의 일정 부분을 지원해 주는 제도이며, 전액을 지원받는 것은 아니다.

25 ④

롱스트로크는 시술 시 두발과 가위의 각도가 45~90°를 이루어 머리를 커트하는 기법 중 하나이다. 모발 길이가 길고 부드러운 실루엣을 연출하는 데 적합하다.

26 ①

오답 피하기

② 롤 브러시는 일반적으로 플라스틱이나 목재로 만들어지므로 고압 증기 멸균기를 사용하여 소독하면 변형되어 사용할 수 없게 된다.
③ 클리퍼(바리캉)는 일반적으로 금속으로 만들어지므로 부식성이 있는 승홍수로 소독해서는 안 된다.
④ 감염병 예방을 위해 면도날은 재사용하지 않는다.

27 ④

비타민 K는 주로 혈액 응고와 관련된 기능을 한다.

오답 피하기

① 비타민 C, ② 비타민 D, ③ 비타민 E는 면역력을 높이는 데 도움을 주는 비타민이다.

28 ②

드라이 스캘프 트리트먼트(건조 두피 치료)와 관련이 없는 것은 벤젠이다. 벤젠은 화학물질로, 두피 치료에 사용되지 않으며 건강에 해로울 수 있다.

29 ①

다공성모는 수분을 잘 흡수하고 보유하는 성질을 가지고 있다. 이는 모발이 손상되면서 큐티클이 열려 수분과 화학물질이 쉽게 침투할 수 있기 때문이다. 나머지 선택지들은 다공성모에 대한 올바른 설명이다.

30 ④

대수포(Bulla)는 1차적으로 나타나는 병변으로, 속발진에 해당하지 않는다.

오답 피하기

속발진은 피부질환에서 1차적으로 나타나는 병변이 진전되거나 변형되어 나타나는 2차적인 병변을 말한다. ① 미란(Erosion), ② 반흔(Scar), ③ 태선화(Lichenification)는 모두 속발진에 해당된다.

31 ①

염소계 소독제(특히 락스)는 쓰레기통, 바닥, 화장실 등의 소독에 효과적이며 널리 사용된다.

오답 피하기

② 에탄올은 주로 손 소독이나 작은 표면 소독에 사용된다.
③ 포르말린은 강력한 소독제이지만 인체에 유해할 수 있어 제한적으로 사용된다.
④ 생석회는 주로 위생 처리에 사용되지만, 소독 용도로는 염소계 소독제가 더 적합하다.

32 ③

이·미용 관련 법규에 따르면 시설 및 설비의 개선명령을 위반한 경우 300만원 이하의 과태료가 부과될 수 있다.

권쌤의 노하우

그 외에도 300만원 이하의 과태료 처분이 내려지는 경우는 다음과 같습니다.
• 규정에 의한 보고를 하지 아니하거나 관계공무원의 출입·검사 기타 조치를 거부·방해 또는 기피한 자
• 이용업 신고를 하지 아니하고 이용업소표시등을 설치한 자

33 ②

공중위생관리법상 위생관리등급의 구분에는 녹색등급, 황색등급, 백색등급이 포함되지만 적색등급은 포함되지 않는다.

34 ②

여름철에는 기온이 높아지고 땀과 피지분비가 증가하여 T존이나 코 주위에 산화된 피지가 쌓이기 쉽다. 피지가 쌓이면 피부가 많이 번들거리므로 각별한 주의·관리가 필요하다.

35 ④

미용은 동적 예술로 간주되며, 이는 시간이 지남에 따라 변화하고 유지 관리를 필요로 하는 특성이 있다.

권쌤의 노하우

정적 예술은 조각이나 회화같이 고정된 형태로 존재하며 시간이 지나도 변화하지 않는 예술 형태입니다.

36 ②

레이어 커트는 머리카락의 길이를 다르게 하여 전체적으로 층을 만들어내는 커트 방식이다. 이로써 머리카락에 볼륨과 움직임을 줄 수 있다.

37 ④

헤어에센스는 머리카락을 관리하는 제품으로, 보디용 화장품에 해당하지 않는다. 샤워젤, 배스 오일, 데오드란트가 몸을 관리하는 보디용 화장품에 해당한다.

38 ①

바이러스는 모양은 다양하며, 꼭 동그랗다고 할 수는 없다. 바이러스의 모양은 공모양(구상), 막대형(간상), 나선형, 복합형 등 다양하다.

39 ②

퍼머넌트 웨이브의 원리에서 2액(중화제)은 산화작용을 통해 시스틴 결합을 다시 형성하지만, 황(S)이 아니라 수소(H)가 관련된다. 산화작용을 통해 끊어진 시스틴 결합의 수소 원자가 다시 결합하게 된다.

40 ①

승홍수를 소독용으로 사용할 때 적절한 농도는 0.1%이다. 이 농도는 미생물을 효과적으로 제거하면서도 안전하게 사용할 수 있는 범위이다.

41 ②

중온성 세균은 일반적으로 10~45℃ 사이의 온도에서 가장 잘 자란다. 이 온도 범위는 대부분의 환경에서 흔히 볼 수 있으며, 인간의 체온과도 유사하여 인체 내에서도 쉽게 증식할 수 있다.

42 ①

화장품의 주요 목적은 피부를 아름답게 하고, 용모의 단점을 가리며 장점을 부각하고, 피부의 건강을 유지·증진하는 것, 그리고 노화를 예방하는 것이다. 피부 트러블의 치료는 일반적으로 화장품이 아닌 의약품의 영역에 속한다.

43 ②

소각 소독법은 재생가치가 없는 오염된 물품을 고온에서 태워 병원체를 제거하는 방법이다. 이 방법은 가운, 수건, 쓰레기, 환자의 배설물 등과 같은 물품을 처리할 때 사용된다.

44 ②

출생 후 4주 이내에 예방접종을 실시하는 감염병은 결핵이다. 결핵 예방접종은 BCG(Bacillus Calmette-Guérin) 백신을 사용하며, 신생아에게 결핵 감염을 예방하기 위해 조기에 실시한다. 홍역, 일본뇌염, 유행성 이하선염 등의 예방접종은 더 나이가 든 후에 실시한다.

45 ③

고무제품, 의류, 가구 등의 소독에 사용하는 석탄산 수용액의 적절한 농도는 3%이다.

46 ②

루이 파스퇴르는 저온 멸균법(파스퇴르법)과 고압 증기 멸균법 등을 고안하고, 광견병 백신과 탄저병 예방법 등을 개발한 과학자이다. 그는 미생물학과 백신 개발에 큰 기여를 한 인물로 잘 알려져 있다.

47 ①

생석회 소독법은 화학적인 소독법에 해당한다. 물리적인 소독법은 소각 소독법, 자비 소독법, 유통 증기 소독법과 같이 열이나 물리적 작용을 이용한 방법을 포함한다. 반면, 생석회 소독법은 화학물질을 사용하여 소독하는 방법이다.

48 ④

보건복지부령이 정하는 특별한 사유로 영업소 외의 장소에서 이용 또는 미용을 행할 수 있는 경우는 주로 질병·고령·장애 등의 사유로 영업소에 나올 수 없는 자, 방송 촬영 직전, 혼례나 그 밖의 의식 직전에 해당하는 경우이다. 세무서장이 인정하는 경우는 해당하지 않는다.

49 ①

양이온성 계면활성제는 살균력이 있는 계면활성제로, 세균의 세포막에 작용하여 살균 효과를 발휘한다. 음이온성 · 비이온성 · 양쪽성 계면활성제는 주로 세정력을 위해 사용되며, 살균력은 상대적으로 낮다.

50 ③

스위치(Switch)는 모발을 여러 가닥으로 땋아 만든 헤어피스의 명칭이다.

① 위그(Wig)는 전체 가발. ② 웨프트(Weft)는 가로로 연결된 모발 조각. ④ 위글렛(Wiglet)은 부분 가발이다.

51 ③

공중위생영업은 일반 대중을 대상으로 위생과 관련된 서비스를 제공하는 업종을 의미하며, 세탁업, 미용업, 숙박업 등이 이에 해당한다. 하지만 의료용구판매업은 공중위생영업에 포함되지 않는다.

52 ③

화이트닝 크림, 나이트 크림, 화이트 태닝 크림은 모두 피부에 사용하는 화장품이다. 염모제는 모발의 색을 바꾸기 위해 사용하는 제품으로 성격이 다르다.

53 ①

빗이나 브러시 등은 세제를 사용해 세척한 후 자외선 소독기에 넣어 소독하는 것이 가장 적합하다. 자외선 소독은 물리적으로 소독하는 방법으로, 빗이나 브러시의 재질을 손상시키지 않으면서 효과적으로 미생물을 제거할 수 있다.

54 ④

두발을 윤기 있게 하고 엉키지 않게 하는 역할은 컨디셔너나 트리트먼트가 수행하는 기능이다.

55 ③

두발을 깨끗하게 하는 주된 역할은 샴푸가 수행하는 기능이다.

56 ②

스킵 웨이브(Skip Wave)는 폭이 넓고 부드럽게 흐르는 웨이브를 만들 때 사용하며, 펌 웨이브가 과도하게 나왔을 때 이를 수정하는 데 많이 사용된다. 또한, 웨이브 사이에 핀컬을 교차하면서 만드는 컬이다. 따라서 '퍼머넌트로 인하여 웨이브가 지나치게 나온 머리에는 효과가 없다'는 설명은 스킵 웨이브의 특징과 거리가 멀다.

57 ②

소독은 병원성 미생물의 생활력을 파괴하거나 제거하여 감염의 위험성을 줄이는 것이다.

① · ③ 무균 상태로 만드는 것은 멸균(Sterilization)이며, 모든 미생물을 전부 사멸시키는 것도 멸균에 해당한다.
④ 미생물의 발육과 작용을 억제시켜 부패 및 발효를 방지하는 것은 방부의 개념에 가깝다.

58 ④

크로키놀식 웨이브는 아이론의 열을 이용하여 웨이브를 형성하는 방법이다. 이 방식은 열을 사용하여 모발에 웨이브를 만들어주는 것이 특징이다.

59 ④

신생아가 태어나서 처음 접하는 예방접종은 BCG(결핵 예방접종)이다. BCG는 결핵을 예방하기 위해 출생 후 빠른 시일 내에 접종하는 것이 일반적이다.

60 ④

리프트 컬(Lift Curl)은 모발 끝이 루프의 중심이 되도록 컬을 만드는 방식이다. 이 방식은 모발 끝을 중심으로 둥글게 말아 올리며, 일반적으로 볼륨을 더하고 자연스러운 컬을 형성하는 데 사용된다.

01 ③	02 ②	03 ②	04 ④	05 ③
06 ②	07 ①	08 ②	09 ②	10 ①
11 ④	12 ②	13 ②	14 ③	15 ②
16 ④	17 ③	18 ③	19 ④	20 ①
21 ②	22 ②	23 ④	24 ②	25 ①
26 ①	27 ④	28 ④	29 ①	30 ③
31 ②	32 ②	33 ②	34 ②	35 ②
36 ①	37 ①	38 ③	39 ②	40 ①
41 ④	42 ①	43 ②	44 ④	45 ①
46 ③	47 ③	48 ④	49 ④	50 ②
51 ④	52 ①	53 ③	54 ③	55 ③
56 ①	57 ③	58 ③	59 ③	60 ③

01 ③

미용업을 하는 자가 보건복지부령이 정하는 중요사항 변경이 있을 때 변경 신고를 하지 않았을 경우의 벌칙 기준은 6개월 이하의 징역 또는 500만원 이하의 벌금이다.

02 ②

두드러기(Urticaria)는 크기가 다양한 부종성 융기로, 수분 내에 갑자기 생성되었다가 사라지는 것이 특징이다. 이는 알레르기 반응이나 기타 자극에 의해 발생할 수 있다.

03 ②

소독력의 세기는 멸균 〉 살균 〉 소독 〉 방부의 순서이다.
- 멸균 : 모든 미생물을 전부 사멸시키는 것
- 살균 : 병원성 미생물을 포함한 대부분의 미생물을 죽이는 것
- 소독 : 병원성 미생물을 제거하거나 파괴하여 감염의 위험성을 줄이는 것
- 방부 : 미생물의 발육과 작용을 억제하여 부패 및 발효를 방지하는 것

04 ④

석탄산 계수(Phenol Coefficient)는 특정 소독제의 살균력을 석탄산과 비교하여 나타낸 값이다. 석탄산 계수가 3.0이라는 것은 해당 소독제의 살균력이 석탄산의 3배에 해당함을 의미한다.

05 ③

퍼머넌트 웨이브 시술 시 웨이브의 크기를 결정하는 가장 큰 요소는 로드(Rod)이다. 로드의 크기와 굵기에 따라 웨이브의 크기와 모양이 결정된다. 작은 로드를 사용하면 작은 웨이브가, 큰 로드를 사용하면 큰 웨이브가 형성된다.

06 ②

쌍계머리는 우리나라의 옛 여인들이 앞머리를 양쪽으로 틀어 올린 머리형을 말한다.

07 ①

생석회(산화칼슘, CaO)는 98% 이상의 산화칼슘을 함유한 백색의 분말로, 하수와 오/폐수·오물·토사물·분변·화장실 등의 소독에 사용된다. 그러나 포자형성 세균에는 효과가 없다.

08 ②

건강 보균자(Carrier)는 병원체에 감염되었지만, 질병의 증상이 전혀 나타나지 않는 사람이다. 이들은 자신은 증상이 없지만 다른 사람에게 병원체를 전파할 수 있는 잠재적인 위험을 가지고 있다.

09 ②

BOD(Biochemical Oxygen Demand, 생화학적 산소 요구량)는 하수의 오염지표로 주로 이용된다. BOD는 미생물이 유기물을 분해하는 과정에서 소비하는 산소의 양을 측정하여 물의 오염 정도를 나타내는 지표이다.

10 ①

아황산가스는 화석 연료의 연소 과정에서 주로 배출되며, 대기오염의 중요한 지표로 사용된다.

11 ④

감염형 식중독은 병원체가 체내에 들어와 증식하면서 독소를 생산해 발생하는 식중독을 말한다. 살모넬라균 식중독은 이러한 감염형 식중독에 속한다.

12 ②

모발 끝이 오리의 꼬리처럼 위로 구부러진 형태는 덕 테일 플러프이다.

13 ②

두발 끝이 컬의 중심이 되는 컬은 스컬프쳐 컬이다.

14 ③

여과 멸균법은 열에 불안정한 액체(예 혈청이나 백신, 약제 등)에 사용되는 멸균 방법이다. 이 방법은 물리적으로 미생물을 제거하기 위해 액체를 미세한 필터를 통해 여과하는 방식이다.

15 ②

펌 시술 시 제1제를 도포한 다음 화학반응을 위해 방치하는 프로세싱 타임은 일반적으로 10~15분이다. 이 시간 동안 제1제가 모발에 작용하여 원하는 웨이브나 컬을 형성할 수 있도록 한다.

16 ④

건열 멸균 소독 시 170~180℃에서 1~2시간 처리한다.

17 ③

가족계획사업은 출산을 조절하기 위한 다양한 방법과 프로그램을 포함하는데, 이는 주로 출생률에 직접적인 영향을 미친다. 따라서 조출생률(일정 기간 동안 인구 1,000명당 출생하는 출생아 수)이 가족계획사업과 가장 관계가 깊은 지표이다.

18 ③

화장품 제조 기술 3가지는 유화, 분산, 가용화이다.

19 ④

비말전염은 감염된 사람의 기침이나 재채기 등을 통해 발생하는 작은 침방울(비말)에 의해 전파되는 전염 방식이다. 사람들이 밀집된 공간에 많이 모여 있을 때 비말전염의 위험이 증가한다. 따라서 광밀집이 비말전염과 관련이 있는 것이다.

20 ①

염색할 때 컬러 차트를 보며 사전 작업을 할 때 고려해야 하는 요소는 두발의 질, 두발의 손상 정도, 자연모발의 색 등이다. 두발의 길이는 염색 작업에서 고려해야 할 사항이지만, 컬러 차트를 이용한 색상 선택과는 직접적인 관련이 없다. 따라서 두발의 길이는 염색을 위해 컬러 차트를 보면서 고려해야 하는 요소로는 적합하지 않다.

21 ②

공중위생감시원의 자격은 아래와 같다.
• 위생사 또는 환경기사 2급 이상의 자격증이 있는 사람
• 「고등교육법」에 따른 대학에서 화학 · 화공학 · 환경공학 또는 위생학 분야를 전공하고 졸업한 사람 또는 법령에 따라 이와 같은 수준 이상의 학력이 있다고 인정되는 사람
• 외국에서 위생사 또는 환경기사의 면허를 받은 사람
• 1년 이상 공중위생 행정에 종사한 경력이 있는 사람

22 ②

실리콘 오일은 합성 물질로서 캐리어 오일로 사용되지 않는다.

오답 피하기

캐리어 오일(Carrier Oil)은 에센셜 오일을 희석하는 데 사용되는 식물성 오일이다. 로즈힙 오일, 올리브 오일, 칼렌듈라 오일은 모두 캐리어 오일에 해당한다.

23 ④

영업자의 지위를 승계한 경우, 해당 지역의 관할 행정기관인 시장 · 군수 · 구청장에게 신고해야 한다. 이는 영업자의 지위 승계 절차를 관리하고 확인하기 위함이다.

24 ④

포르말린(폼알데하이드)은 강력한 살균제로, 세균의 포자까지 사멸시킬 수 있는 능력이 있다. 음이온 계면활성제 · 역성비누 · 에탄올은 일반적인 세균과 바이러스에 효과적일 수 있지만, 세균의 포자를 완전히 사멸시키는 데는 충분하지 않다.

25 ①

컬의 줄기 부분, 즉 베이스(Base)에서 피벗(Pivot) 포인트까지의 부분에 해당하는 것은 스템(Stem)이다. 스템은 컬의 방향과 이동을 결정하는 중요한 부분이다.

26 ①

콤아웃은 오리지널 세팅이 끝난 후 다시 손질하는 리세트 과정에 포함된다.

27 ④

진균은 주로 피부와 호흡기계로 감염된다.

28 ④

라벤더 오일은 에센셜 오일에 속하며, 주로 향기 요법이나 피부 치료에 사용된다. 한편, 호호바 오일 · 아보카도 오일 · 코코넛 오일은 모두 캐리어 오일로 사용되며, 에센셜 오일을 희석하는 데 사용된다.

29 ①

첩지머리는 머리카락을 뒤에서 앞으로 감아올려 끝을 전두부 가운데에서 맺는 전통적인 한국의 머리 스타일 중 하나이다.

30 ③

스컬프처 컬(Sculpture Curl)은 모발 끝에서부터 루프 중심으로 동그랗게 말아가는 컬을 의미하며, 이는 조각하듯이 정교하게 컬을 만드는 기술이다.

31 ②

발수성모(撥水性毛, Hydrophobic Hair)는 물이나 화학 용액이 잘 스며들지 않는 모발을 의미한다. 퍼머넌트 웨이브 시 이 모발 타입은 특수한 활성제가 필요하다. 손상모 · 염색모 · 연모는 일반적인 퍼머넌트 웨이브 과정에서도 처리할 수 있지만, 발수성모는 특별한 처리가 필요하다.

32 ②

모발의 주요 기능에는 배출, 보호, 감각 등이 있다. 모발은 체온 조절, 외부 자극으로부터 두피 보호, 그리고 감각 기능을 수행한다. 그러나 모발은 물질을 신체 내에 저장하는 기능을 하지 않는다.

33 ②

스탠드 업 컬(Stand-up Curl)은 루프가 두피에 90°로 세워져 있어 적당한 볼륨을 내는 데 사용된다. 이 컬은 머리카락을 두피에서 들어 올려 볼륨감 있는 스타일을 만드는 데 적합하다.

34 ②

유멜라닌(Eumelanin)은 과립형 색소로, 모발의 흑색 · 갈색 · 적갈색 등을 나타내는 주요 색소이다.

오답 피하기

① 페오멜라닌(Pheomelanin)은 황색과 적색을 띠는 색소이고, ③ 티로신(Tyrosine)과 ④ 티로시나아제(Tyrosinase)는 멜라닌 생성 과정에 관여하는 아미노산과 효소이다.

35 ②

음용수의 오염지표로 일반적으로 대장균군(Coliform Group)이 사용된다. 대장균군은 물이 병원성 미생물에 오염되었는지를 판단하는 중요한 지표이다. 수소이온농도(pH), 용존산소량(DO), 부유물질(SS)은 각각 물의 산도, 산소 포화도, 부유하는 입자 물질의 양을 나타내지만, 음용수의 오염 여부를 직접적으로 판단하는 지표로는 대장균군이 가장 많이 사용된다.

36 ①

보건위생, 방역, 의정, 약정, 생활보호, 여성복지, 장애인 및 사회보장에 관한 사무를 관장하는 행정조직은 보건복지부이다. 보건복지부는 국민의 건강과 복지를 책임지는 중앙행정기관으로서, 다양한 보건 및 복지 정책을 수립하고 시행한다.

37 ①

투명층은 손바닥이나 발바닥에 존재하며, 투명하게 보이는 층이지만, 세라마이드가 아니라 엘라이딘이라는 물질이 존재한다. 세라마이드는 주로 각질층에서 발견되는 지질 성분으로, 피부의 수분 유지와 장벽 기능을 돕는다.

38 ③

알칼리성 샴푸제는 일반적으로 pH 7.5~8.5 범위가 가장 적합하다. 알칼리성 샴푸는 모발의 큐티클을 열어 세정력을 높이는 역할을 한다.

오답 피하기

① pH 3.5~4.5는 산성, ② pH 5.5~6.5는 약산성, ④ pH 10.5~11.5는 강알칼리성이다.

39 ②

과산화수소(산화제)는 탈색 작업에서 중요한 역할을 하며, 다양한 농도로 사용된다.

① 3% 과산화수소(10볼륨)은 주로 약간의 색소 제거나 색상 조정에 사용된다.
③ 9% 과산화수소(30볼륨)는 중간 정도의 탈색과 강한 염색에 사용한다.
④ 12% 과산화수소(40볼륨)은 강한 탈색력이 있지만 실제로 잘 사용하진 않는다.

40 ①

미나마타병은 수은 중독으로 인해 발생하는 질환이다. 주로 산업 폐수에 포함된 메틸수은이 해양 생물에 축적되고, 이를 섭취한 사람들에게 중독 증상을 일으켜 발생한다.

41 ④

회복기 보균자란 질병에 걸린 후 증상이 회복되거나 치료가 되었음에도 불구하고 몸 안에 병원체를 여전히 지니고 있는 사람이. 이들은 외견상 건강해 보이지만, 병원체를 보유하고 있어 다른 사람에게 전염시킬 가능성이 있다.

42 ①

B형 간염은 주로 오염된 면도날, 주사기 등을 통해 혈액이나 체액을 통해 전파되는 만성 감염병이다. B형 간염 바이러스(HBV)는 간에 염증을 일으키며, 만성화될 경우 간경변이나 간암으로 진행될 수 있다.

43 ②

블리치 파우더의 1제는 일반적으로 과산화수소와 같은 산화제를 포함한다. 이 성분은 산소를 발생시켜 모발 속의 멜라닌 색소를 산화시켜 탈색 효과를 낸다.

44 ③

공중위생영업소의 위생관리수준을 향상하기 위해 위생서비스 평가 계획을 수립하는 자는 시·도지사이다. 시·도지사는 해당 지역의 공중위생 영업소에 대한 평가 계획을 수립하고 실행하여 위생 수준을 관리하고 개선할 책임이 있다.

45 ①

공중위생업소를 개설하고자 하는 경우, 원칙적으로 영업신고 전에 미리 위생교육을 받아야 한다. 이는 영업자가 위생에 대한 기본적인 지식과 요건을 숙지하고, 이를 바탕으로 영업을 시작할 수 있도록 하기 위함이다.

46 ③

공중보건 사업의 최소단위는 가족단위이다. 가족은 개인이 속한 가장 기본적인 사회 단위로, 공중보건 사업에서는 가족의 건강을 증진하고 질병을 예방하는 것이 중요한 목표이다. 가족 단위의 접근은 개개인의 건강뿐만 아니라 전체 지역사회의 건강 증진에도 기여할 수 있다.

47 ③

아이론 시술 시 프롱(프레스 부분)은 위쪽을, 그루브(홈 부분)는 아래쪽을 향하게 하여 작업하는 것이 일반적이다. 이는 모발을 아이론으로 잡고 열을 가할 때 균일하게 열이 전달되도록 하기 위함이다.

48 ④

영업정지명령(④)은 이미 폐쇄명령을 받은 상태에서 추가로 행할 수 있는 조치가 아니며, 폐쇄명령을 받은 경우에는 영업을 아예 중단해야 한다. 따라서 영업소를 폐쇄하기 위해 행할 수 있는 조치가 아니다.

영업소의 폐쇄명령을 받고도 계속하여 영업을 하는 경우, 관계 공무원이 행할 수 있는 조치로는 다음이 포함된다.
① 위법한 영업소의 간판 기타 영업표지물의 제거
② 위법한 영업소임을 알리는 게시물의 부착
③ 영업을 위한 시설물을 사용할 수 없게 하는 봉인

49 ④

미용업소가 아닌 장소에서 미용시술을 할 수 있는 경우는 다음과 같이 법적으로 제한되어 있다.
① 병원에 입원하여 영업소에 나올 수 없는 경우
② 방송 등의 촬영에 참여하는 경우
③ 시장·군수·구청장이 인정하는 경우
그러나 단순히 ④ 고객의 간곡한 부탁이 있는 경우는 법적으로 허용되지 않는다.

50 ②

피부암을 발생시키는 주요 자외선은 UVB이다. UVB는 피부의 표피층에 도달하여 피부 세포의 DNA를 손상시켜 피부암을 유발할 수 있다. UVA도 피부 노화와 일부 피부암의 원인이 될 수 있지만, 피부암 발생에 가장 큰 영향을 미치는 것은 UVB이다.

51 ④

산화염료의 1제는 일반적으로 염모제(염색약)의 구성 요소 중 하나로, 알칼리제는 모발의 큐티클을 열어 모발을 팽윤시키는 역할을 한다. 이를 통해 색소가 모발 내부에 쉽게 침투할 수 있도록 도와준다.

52 ①

미생물의 크기를 작은 순서대로 나열하면 다음과 같다.
- 바이러스 : 가장 작은 미생물로, 일반적으로 수십 나노미터(nm) 크기
- 리케차 : 바이러스보다 크지만 세균보다 작다. 일반적으로 몇백 나노미터에서 1마이크로미터(μm) 정도이다.
- 세균 : 리케차보다 크며, 일반적으로 1~10 마이크로미터(μm) 크기이다.

53 ③

백선은 피부에 발생하는 곰팡이(진균) 감염으로, 바이러스성 피부질환이 아니다. 나머지 선택지들은 모두 바이러스에 의해 발생하는 피부질환이다.

54 ③

여드름 치료에 도움을 주는 제품은 의약외품 또는 의약품으로 분류될 가능성이 높다. 따라서 기능성 화장품에 해당하지 않는다.

55 ③

손상모에 매직스트레이트 헤어펌을 할 때는 적당한 온도를 선택하는 것은 매우 중요하다. 너무 높은 온도는 모발 손상을 더 악화시킬 수 있으므로, 비교적 낮은 온도 범위인 120~140℃가 적당하다. 이 온도 범위는 손상된 모발에 대한 추가 손상을 최소화하면서도 효과적으로 스타일을 할 수 있게 도와준다.

56 ①

소독한 기구와 소독하지 않은 기구는 반드시 구분하여 보관해야 한다. 이는 위생과 안전을 유지하기 위한 중요한 기준이다.

57 ③

위생교육에 관한 기록을 2년 이상 보관해야 한다.

58 ③

공중위생관리법상 미용업은 얼굴, 머리, 피부 및 손톱 · 발톱 등을 대상으로 하는 다양한 미용 서비스를 제공하는 것이다.

59 ③

염색으로 인해 다공성이 된 두발에 퍼머넌트를 할 때는 모발의 손상도를 고려하여 주의 깊게 처리해야 한다. 다공성이 된 모발은 화학 처리에 더 민감하기 때문에, 퍼머넌트 1제(웨이브 로션)의 처리 시간을 정상 모발보다 짧게 두어야 한다. 이렇게 하면 모발 손상을 최소화할 수 있다.

60 ③

수돗물을 사용하여 소독제를 희석할 때는 물의 탁도가 중요한 요소이다. 물의 탁도가 높으면 소독제의 효과가 떨어질 수 있으며, 소독이 제대로 이루어지지 않을 가능성이 있다. 탁도가 낮은, 즉 깨끗한 물을 사용하는 것이 소독제의 효과를 최대로 발휘하는 데 중요하다.

최신 기출문제 04회

330p

01 ③	02 ②	03 ③	04 ④	05 ①
06 ④	07 ①	08 ④	09 ④	10 ③
11 ③	12 ②	13 ①	14 ④	15 ③
16 ②	17 ④	18 ③	19 ①	20 ①
21 ④	22 ①	23 ④	24 ①	25 ②
26 ④	27 ②	28 ③	29 ④	30 ②
31 ④	32 ②	33 ④	34 ②	35 ④
36 ④	37 ①	38 ①	39 ④	40 ④
41 ④	42 ①	43 ④	44 ③	45 ①
46 ④	47 ④	48 ①	49 ③	50 ④
51 ①	52 ①	53 ②	54 ②	55 ②
56 ③	57 ③	58 ②	59 ①	60 ③

01 ③

수용성 비타민은 물에 잘 녹는 비타민으로, 체내에 저장되지 않고 필요 이상의 양은 소변으로 배출된다. 수용성 비타민에는 비타민 C와 비타민 B군(비타민 B1, B2, B3, B5, B6, B7, B9, B12)이 포함된다.

오답 피하기

비타민 A, 비타민 D, 비타민 E, 비타민 K는 지용성 비타민이다.

02 ②

장염비브리오균(Vibrio Parahaemolyticus)은 주로 여름철인 7~9월에 발생하며, 해산물, 특히 어패류가 주원인이 되는 감염형 식중독균이다. 이 균은 따뜻한 해양 환경에서 잘 번식하며, 오염된 어패류를 섭취할 경우 식중독을 일으킬 수 있다.

03 ③

부득이한 사유로 미리 교육을 받을 수 없는 경우에는 영업개시 후 6개월 이내에 위생교육을 받을 수 있다.

04 ④

마셀 그라토는 1938년에 화학 약품을 이용한 콜드 웨이브(Cold Wave) 퍼머넌트 웨이브 방식을 창안하였다. 이 방식은 열을 사용하지 않고 화학 약품을 이용하여 머리카락을 곱슬거리게 만드는 방법으로, 기존의 열을 사용하는 핫 웨이브(Hot Wave) 방식보다 더 안전하고 편리하게 사용될 수 있었다.

05 ①

장티푸스는 제2급 법정 감염병으로 분류되며 주로 오염된 음식물이나 물을 통해 전파된다. 집파리의 털과 발, 먹은 병원체와 함께 먹은 음식을 토하는 습성이 전파의 원인이 된다. 감염자에 의한 침과 같은 타액에 의해서도 전파된다.

06 ④

톱(Top)부분에 특별한 효과를 줄 때 사용하는 헤어피스는 위글렛이다.

오답 피하기

① 폴 : 일반적으로 길게 늘어뜨리는 헤어피스
② 캐스케이드 : 폭포처럼 여러 층으로 된 헤어피스
③ 스위치 : 머리를 꼬아서 만드는 헤어피스

07 ①

버진 헤어는 화학적 처리가 되지 않은 자연 상태의 머리카락을 의미하며, 업스타일의 결정 요인과는 직접적인 관련이 없다.

08 ④

미용사면허증은 미용 관련 사업장에서 필수로 비치해야 하는 서류이다.

09 ④

염색 후 새로 자라난 모발을 기존의 염색모 색상에 맞춰 재염색하는 것은 '다이 터치 업'이다.

10 ③

1액은 모발의 구조를 변화시키는 역할을 하지만, 멜라닌 색소를 밝게 하지는 않는다. 멜라닌 색소를 밝게 하는 것은 주로 탈색제의 역할이다.

11 ③

크림 린스는 일반적으로 모발에 더 많은 수분과 영양을 제공하여 손상된 모발을 부드럽게 하고 엉킴을 방지하는 데 효과적이다.

12 ②

투베르쿨린 반응검사에서 양성반응이 나오는 감염병에는 결핵이 있다. ① 탄저, ③ 인플루엔자, ④ 간염은 투베르쿨린 반응검사로는 감염 여부를 알 수 없다.

13 ①

모발 탈색 시 멜라닌이 파괴되면서 검정-적갈색-빨강-노랑 순서로 나타난다.

14 ④

텐션을 주어 와인딩하면 오히려 웨이브가 더 잘 형성된다.

15 ③

에그 샴푸는 단백질과 영양 성분이 풍부하여 일반적으로 탈색이나 염색 시술로 인해 건조해진 두발에 사용하기 좋다.

16 ②

이집트 시대의 가발 유행은 특정 1명의 인물에서 시작된 것이 아니라, 사회ㆍ문화적 요인에 의해 널리 퍼진 것이다.

17 ④

말라리아는 모기에 의해 전파되며, 경구로(입을 통하여) 전염되지 않는다. 반면, 이질ㆍ콜레라ㆍ장티푸스는 경구로 전염될 수 있는 감염병이다.

18 ③

미용사는 매년 3시간의 위생교육을 받아야 한다.

19 ①

미디엄 스트로크 커트 동작 시 가위의 올바른 각도는 10~45°이다.

20 ①

온도를 느끼는 것은 주로 기온, 기류, 기습과 관련이 있다. 기체는 온도를 느끼는 직접적인 이유가 아니다.

21 ④

계면활성제는 주로 두 부분으로 구성되는데, 하나는 물과 친한 친수성 부분(보통 머리 부분)이고, 다른 하나는 기름과 친한 소수성 부분(보통 꼬리 부분)이다. 막대 모양의 부분은 소수성 부분으로, 물과 친하지 않다.

22 ①

에드워드 윈슬로우가 주장한 공중보건학의 정의는 질병의 예방, 수명 연장, 신체적 및 정신적 효율 증진을 포함한다. 질병 치료는 공중보건학의 주된 목표가 아니라, 예방과 건강 증진에 더 중점을 둔다.

23 ④

시스테인과 티오글리콜산은 서로 다른 화합물이다. 시스테인은 단백질을 구성하는 아미노산 중 하나이며, 퍼머넌트 웨이브 과정에서 환원제로 사용될 수 있다. 반면, 티오글리콜산은 퍼머넌트 웨이브와 관련된 화학적 처리에서 흔히 사용되는 환원제이다.

24 ①

보건사업의 범위에는 모자보건, 감염병 관리, 식품위생 등이 포함되지만, 산업발전은 보건사업의 범위에 속하지 않는다.

25 ②

그러데이션 커트는 층을 주어 길이의 변화를 만드는 커트 방법으로, 무게감이 점차 증가하는 형태를 가진다. 따라서 층이 없이 일정하게 자른 커트는 그러데이션 커트의 설명으로 올바르지 않다.

26 ③

크레졸은 페놀 소독력의 2배 효과가 있으며, 주로 미용실 실내나 바닥 소독에 사용된다.

27 ②

석탄산 계수(Phenol Coefficient)는 살균력을 다른 소독제와 비교할 수 있는 기준으로 사용된다. 이는 특정 소독제의 살균력을 표준 소독제인 석탄산(페놀)과 비교하여 나타낸 값이다.

28 ③

미생물을 크기순으로 나열하면 '곰팡이 〉 세균 〉 리케차 〉 바이러스' 순이 된다.

29 ④

크로키놀 와인딩(Croquignole Winding)은 모발을 끝에서부터 시작하여 뿌리 쪽으로 감아올리는 와인딩 방법으로, 로드가 섹션 베이스의 절반에 위치하는 것이 아니라 모발 전체를 감싸는 형태이다.

30 ②

하이알루론산은 자신의 무게의 100~1,000배 이상의 수분을 함유할 수 있어 보습작용에 뛰어난 효과를 가지고 있으며, 화장품의 원료로 널리 사용된다.

31 ④

원발진은 피부에 처음으로 나타나는 병변을 의미하며, 농포ㆍ홍반ㆍ결절 등이 이에 속한다. 균열은 피부가 갈라지는 2차 병변으로 원발진이 아니라 속발진에 속한다.

32 ②

센터 파트 핑커 웨이브 시술 시 적절한 뱅의 수는 3개이다. 이는 자연스럽고 균형 잡힌 웨이브를 형성하기 위해 일반적으로 사용되는 수이다.

33 ④

조선시대에 사람의 머리카락으로 만든 가체를 사용하지 않는 머리는 조짐머리이다. 조짐머리는 간단하게 머리를 틀어 올린 형태로, 가체를 사용하지 않고 자연 머리카락만으로 만드는 스타일이다.

34 ②

헤어 컬링 시 1개의 컬을 만들 양만큼 두발을 얇게 갈라 잡는 것을 슬라이싱(Slicing)이라고 하는데, 슬라이싱은 정밀한 컬을 만들 때 사용한다.

35 ④

삼국시대 때, 고구려인들은 남녀 모두 외모에 많은 관심을 가졌으며, 화장을 하고 향수와 향료 등 화장품을 제조하여 사용했다. 또한, 여성들은 가체를 사용하는 장발 처리 기술이 뛰어나 주채장식머리나 쪽진 머리를 하기도 했다.

36 ④

프레 커트 시 최종 디자인 길이에 맞추어 커트하는 것이 아니라, 시술 후의 변화를 고려하여 약간 더 길게 커트해야 한다.

37 ①

보툴리눔독소증은 클로스트리디움 보툴리눔(Clostridium Botulinum)이라는 세균이 생성하는 독소에 의해 발생하는 질병이다.

38 ①

에피큐티클(Epicuticle)은 큐티클의 가장 외부층으로, 시스틴 함량이 적고 기계적 작용에 약하다. 이 층은 주로 모발을 보호하고 수분 손실을 방지하는 역할을 한다.

39 ④

퍼머넌트 웨이브 시술 시 테스트 컬(Test Curl)은 시술 중 웨이브가 원하는 형태로 형성되고 있는지 확인하기 위해 수행된다. 이를 통해 화학약품이 모발에 제대로 작용하고 있는지, 충분한 시간이 경과했는지 등을 판단할 수 있다.

40 ④

린스제를 사용하고 있지 않고 미지근한 물로 헹구어 내는 것을 '플레인 린싱'이라 한다.

41 ③

레이어 커트(Layer Cut)는 모발에 층을 내어 전체적으로 균일한 층이 나타나도록 하는 커트 방식이다. 이 방식은 모발의 무게를 줄이고, 자연스러운 움직임과 볼륨을 부여하는 데 효과적이다. 다른 선택지들은 레이어 커트의 특징과는 맞지 않다.

42 ①

수소 결합은 물리적인 힘에 영향을 받으며, 수분에 의해 절단되었다가 건조하면 재결합되는 성질이 있다. 이 성질을 이용하여 드라이어나 아이론을 사용하여 모발에 컬을 만들 수 있다. 수소 결합은 모발의 형태를 일시적으로 변경하는 데 중요한 역할을 한다.

43 ④

피지분비는 일반적으로 남성 호르몬(특히 안드로겐)의 영향을 받기 때문에 남성의 피지분비가 여성보다 더 활발하다.

44 ③

미나마타병은 메틸수은에 오염된 어패류를 섭취함으로써 발생하는 수은 중독 질환이다. 미나마타병은 중추신경계에 심각한 영향을 미쳐 감각 이상, 운동 장애, 시각 및 청각 장애 등을 유발한다. 참고로 우리나라에서도 이와 유사하게 중금속 중독증인 '온산병'이 있었다.

45 ①

하수의 용존산소(DO ; Dissolved Oxygen)가 매우 낮다는 것은 물의 오염도가 매우 높다는 것을 의미한다. 용존산소는 수질의 중요한 지표로, 산소가 부족하면 유기물의 분해가 제대로 이루어지지 않아 수생 생물이 살기 부적합하게 된다.

46 ④

별형 인구 구성 형태는 15~49세 인구가 전체 인구의 50%를 초과하는 형태로 인구유입형 또는 도시형이라고 한다.

47 ④

① 살균은 일반적으로 모든 미생물을 제거하는 멸균과는 다르며, 포자를 포함한 모든 미생물을 제거하지는 않는다.
② 살균은 멸균보다 소독력의 세기가 약하다.
③ 방부에 대한 설명이다.

48 ①

건열 멸균기는 고온의 건조한 공기를 이용하여 미생물을 제거하는 장비이다. 일반적으로 170℃에서 1~2시간 동안 멸균하는 것이 올바른 방법이다. 이 온도와 시간은 대부분의 미생물과 그 포자를 효과적으로 제거할 수 있다. 270℃는 너무 높은 온도로, 일반적인 건열 멸균에서 사용되지 않는다.

49 ②

진피는 피부의 두 번째 층으로, 표피 바로 아래에 있다. 진피는 두 개의 주요 층으로 나뉘며, 그중 하나가 유두층이다. 나머지 선택지인 기저층, 유극층, 과립층은 모두 표피에 속한다.

50 ④

머켈세포(Merkel Cell)는 주로 기저층에 위치하며, 감각 수용체 역할을 한다. 이 세포들은 신경섬유의 말단과 연결되어 촉각을 감지하는 역할을 한다.

51 ①

피부는 다양한 요인에 의해 변할 수 있기 때문에, 매회 피부관리 전에 피부 분석을 하고 기록하는 것이 중요하다. 이를 통해 고객의 피부 상태를 정확히 파악하고, 그에 옳은 관리 방법을 적용할 수 있다.

52 ①

아포크린선에서 분비되는 땀은 혈액에서 직접 만들어지는 것이 아니라, 아포크린선 자체에서 만들어지는 분비물이다.

53 ②

표피 수분 부족 피부는 주로 수분 유지 기능이 저하되거나, 수분 공급량이 줄어들어 수분 손실량이 증가한 상태이므로, 영양 공급보다는 수분 공급에 중점을 두어야 한다.

54 ②

미용업소에서 성매매를 알선하거나 제공하면, 1차 위반 시에는 3월 영업정지, 2차 위반시에는 영업장 폐쇄명령이 내려질 수 있다.

55 ②

미용업을 하고자 하는 자는 공중위생영업의 종류별로 보건복지부령이 정하는 시설 및 설비를 갖추고 시장·군수·구청장(자치구의 구청장에 한한다. 이하 같다)에게 신고하여야 하며 이를 위반할 시 1년 이하의 징역 또는 1천만원 이하의 벌금에 처한다.

오답 피하기

①·③·④ 모두 300만원 이하의 벌금에 처한다.

56 ③

저항성모는 화학적 처리에 잘 반응하지 않는 모발로, 퍼머넌트 웨이브 형성이 가장 어려운 유형의 모발이다. 이러한 모발은 큐티클층이 단단하게 닫혀 있어서 화학 약품이 내부로 침투하기 어렵기 때문에 웨이브가 잘 형성되지 않는다.

57 ③

핫오일 샴푸는 식물성 오일을 따뜻하게 데워 두피와 모발에 충분히 침투시킨 후, 플레인 샴푸로 세척하는 방법이다. 이 방법은 모발과 두피에 영양을 공급하고 보습하는 역할을 한다.

58 ②

핑거 웨이브의 주요 3대 요소는 크레스트(Crest), 리지(Ridge), 트로프(Trough)이다. 크레스트는 웨이브의 가장 높은 부분, 리지는 웨이브의 윗부분을 따라 형성되는 선, 트로프는 웨이브의 가장 낮은 부분이다. 밴딩은 핑거 웨이브의 주요 요소에 해당하지 않는다.

59 ①

지성 비듬성 두피는 피지분비가 많고 비듬이 생기는 상태이다. 이러한 두피는 자주 세정하는 것이 중요하며, 건성 두피용 샴푸보다는 지성 두피용 샴푸를 사용하여 피지와 비듬을 효과적으로 제거하는 것이 바람직하다.

60 ③

신징 커트(Singeing Cut)는 전통적인 커트 방법 중 하나로, 불꽃으로 모발을 태워 커트하는 방법이다.

최신 기출문제 05회

01 ①	02 ③	03 ①	04 ①	05 ④
06 ③	07 ③	08 ③	09 ③	10 ④
11 ①	12 ②	13 ④	14 ②	15 ①
16 ③	17 ②	18 ①	19 ③	20 ①
21 ④	22 ④	23 ②	24 ④	25 ④
26 ④	27 ①	28 ①	29 ③	30 ③
31 ④	32 ②	33 ④	34 ④	35 ③
36 ③	37 ①	38 ①	39 ②	40 ①
41 ④	42 ③	43 ③	44 ③	45 ③
46 ④	47 ④	48 ①	49 ①	50 ④
51 ②	52 ④	53 ②	54 ①	55 ①
56 ①	57 ③	58 ①	59 ②	60 ④

01 ①

미용사의 개인위생에 유의해야 할 사항으로는 구강위생, 복장, 청결 등이 포함된다. 이는 고객과의 직접적인 접촉이 많은 직업 특성상 위생과 관련된 요소들이 매우 중요하기 때문이다. 비만관리는 개인 건강과 관련된 사항일 수는 있지만, 직접적인 개인위생과는 관련이 없다.

02 ③

국내에서 폐암은 사망률이 가장 높은 암으로 알려져 있다. 폐암은 조기 발견이 어려우며, 진행된 후에 발견되는 경우가 많아 치료가 어렵기 때문에 사망률이 높다는 특징이 있다.

03 ①

감압병(Decompression Sickness, 잠함병·잠수병)은 고압 환경에서 짧은 시간에 보통 기압으로 돌아오면서 발생하는 장애로, 잠수부나 해녀들에게 많이 발생한다. 이는 압력이 급격히 낮아질 때 몸속에 용해된 기체가 기포로 변하면서 혈관이나 조직을 막아 다양한 증상을 일으키는 질환이다.

04 ①

유행성 이하선염(Mumps)은 흔히 '볼거리'라고 불리며, 주로 어린이에게 발생하는 호흡기계 감염병이다. 이 병은 비말이나 직접 접촉을 통해 감염된다. 볼거리 바이러스는 침샘, 특히 이하선에 염증을 일으켜 얼굴이 부어오르는 증상을 나타낸다.

05 ④

후천성면역결핍증(AIDS)은 감염병 예방법상 제4급 법정 감염병에 속한다. 제4급 감염병은 국내에 유입될 가능성이 있거나 발생했을 때 그 예방 및 관리가 필요하다고 인정되는 감염병으로, 지속적인 감시와 관리가 요구된다.

06 ③

습열 멸균(Autoclaving)은 고온 고압의 증기를 이용하여 미생물과 아포를 효과적으로 제거하는 방법으로, 건열 멸균(Dry Heat Sterilization)보다 더 빠르고 효율적이다. 건열 멸균은 고온에서 오랜 시간 동안 열을 가해 미생물을 제거하는 방식으로, 습열 멸균에 비해 시간이 더 오래 걸리고 효율이 낮다.

최신 기출문제 정답 & 해설 367

07 ③

자외선 중 UVC은 파장이 가장 짧고 진동수가 커 에너지가 가장 강하며, 생물체에 매우 위험한 자외선이다. 다행히도 지구의 대기층, 특히 오존층에 의해 대부분 차단되기 때문에 지표면에 거의 도달하지 않는다. 반면, UVA와 UVB는 지표면에 도달하며, 특히 UVB는 피부에 화상을 입히거나 피부암을 유발할 수 있다.

08 ③

아포크린선은 입술과 생식기를 제외한 전신에 분포되어 있는 것이 아니라, 주로 겨드랑이 · 유방 · 항문 · 생식기 등에 국한되어 있다.

09 ③

영업소에서 점빼기, 귓볼뚫기, 문신 등과 같은 의료행위를 한 경우, 이는 불법 의료행위에 해당한다. 2차 위반 시 행정처분은 영업정지 6개월이다. 이는 관련 법규와 규제에 따라 해당 행위를 반복하는 것을 방지하기 위해 강력한 제재가 필요하기 때문이다.

10 ④

고려시대 귀부녀들은 쓰개와 족두리, 화관을 사용하지 않았다. 이러한 머리장식은 주로 조선시대에 사용되었다.

11 ①

업소가 영업정지 명령 기간에 영업을 하는 것은 법률 위반으로, 이에 대한 벌칙은 1년 이하의 징역 또는 1천만원 이하의 벌금이다. 이는 관련 법규에 따라 불법 영업을 방지하고 준법을 촉구하기 위한 조치이다.

12 ②

공중위생영업에는 세탁업 · 미용업 · 숙박업 등이 포함되지만, 위생관리업은 공중위생영업에 해당하지 않는다. 공중위생영업은 주로 대중에게 직접적인 서비스를 제공하는 업종을 의미한다.

13 ④

미용 작업 시 올바른 자세는 작업 효율을 높이고 신체에 무리를 줄이기 위해 중요하다. 작업 대상의 위치가 시술자의 심장 높이보다 낮으면 허리와 어깨에 부담이 증가할 수 있다. 작업 대상이 시술자의 위치가 심장 높이와 비슷하거나 약간 높아야 작업하기 편하고, 신체에 무리가 덜 간다.

14 ②

명예공중위생감시원의 위촉대상자는 공중위생에 대한 지식과 관심이 있는 자, 공중위생 관련 협회의 직원 중 공중위생에 대한 관심과 지식을 보유한 자, 그리고 소비자단체장이 추천하는 자 등이 포함된다. 그러나 공중위생 행정 관련 공무원은 이미 공중위생 관리 및 지도 역할을 수행하는 직책에 있기 때문에 명예공중위생감시원의 위촉대상자가 아니다.

15 ①

이 · 미용업소의 시설 및 설비 기준에 따르면, 자외선 살균기와 같은 소독장비를 갖추어야 한다. 이는 위생과 안전을 유지하기 위한 필수적인 설비이다.

16 ③

피하지방은 피부의 가장 아래층에 위치하며, 완충작용을 하여 외부 충격으로부터 피부를 보호하는 역할을 한다. 또한, 체온을 유지하고 에너지를 저장하는 기능도 한다.

17 ②

예방접종으로 얻는 면역은 인공적으로 항원을 투여하여 몸이 스스로 항체를 생성하게 함으로써 획득하는 면역이다. 따라서 이를 인공능동면역이라고 한다.

18 ①

이 · 미용사의 면허증을 분실한 경우 재발급 신청은 해당 지역의 시장 · 군수 · 구청장에게 해야 한다. 이들은 지역 내에서 면허증 발급 및 재발급을 담당하는 권한이 있다.

19 ③

가수분해 작용은 석탄산(페놀)의 소독작용과 관련이 없다.

20 ①

포르말린, 석탄산, 크레졸과 같은 소독제는 주로 단백질 변성을 통해 미생물을 사멸시킨다. 이러한 소독제들은 미생물의 단백질을 변성시켜 그 기능을 상실하게 만든다. 이로 인해 미생물의 생명 활동이 중단되어 소독 효과가 나타난다.

21 ④

화장품 성분의 분자량이 낮고 지용성이면, 피부에 잘 흡수되는 경향이 있다. 수용성 고분자는 분자량이 낮더라도 피부 장벽을 통과하기 어려워 흡수율이 낮다. 따라서 분자량 800 이하의 수용성 고분자가 흡수가 잘 된다는 설명은 옳지 않다.

22 ④

올 웨이브(All Wave)는 핑거 웨이브 기술을 사용하여 머리 전체에 균일한 물결 모양을 만드는 스타일을 의미한다. 이는 특정한 가르마의 형태와는 관련이 없다.

23 ②

공중위생감시원은 ㉠ 특별시, ㉡ 광역시, ㉢ 도에 둘 수 있다. 읍 · 면 · 동은 공중위생감시원을 두는 곳에 해당하지 않는다.

24 ②

세계보건기구(WHO)에서 우리나라는 서태평양 지역 사무처(WPRO)에 속해 있으며, 북한도 동일하게 서태평양 지역 사무처에 속해 있다.

25 ④

미생물 중에서 크기가 가장 작은 것은 바이러스이다. 세균, 곰팡이, 리케차는 바이러스보다 크기가 크다. 바이러스는 일반적으로 전자현미경으로만 관찰할 수 있을 정도로 매우 작다.

26 ④

콘로우, 브레이즈, 드레드 락은 모두 특수머리(특수 헤어스타일)의 종류에 속한다. 웨프트는 일반적으로 머리카락을 엮어서 만든 헤어 익스텐션의 형태를 의미하며, 특수머리의 종류로 분류되지 않는다.

27 ①

UVC 소독은 자외선C(UVC)를 이용한 소독법으로, 주로 표면 소독에 사용된다. UVC 광선은 물체의 표면에만 작용하여 노출된 부분만 소독할 수 있으며, 투과력이 없어 물체 내부나 그늘진 부분은 소독되지 않는다.

28 ①

영업장에는 건강진단서는 걸어 두지 않는다.

29 ③

오프 더 베이스 커팅은 커팅 포인트보다 벗어나게 끌어당겨서 자르는 방법으로, 이로 인해 커트된 모양이 삼각형이 된다. 이는 주로 볼륨을 줄이거나 특정한 형태를 만들기 위해 사용되는 기법이다.

30 ③

데오드란트는 인체의 다양한 부위에 사용할 수 있는 화장품으로, 주로 겨드랑이, 발, 몸통 등 여러 부위에 사용되어 체취를 줄이거나 방지하는 역할을 한다.

31 ④

보색 중화는 모발의 기존 색을 색상환의 반대쪽(맞은편)의 색으로 '만드는' 작업이 아니라, 기존 색상의 반대쪽 색을 사용해서 색을 '중화하는' 작업이다. 예를 들어, 노란색을 중화하기 위해 보라색을 사용하거나, 붉은색을 중화하기 위해 녹색을 사용하는 것이 보색 중화이다.

32 ②

한국 미용의 역사에서 면약을 사용하고 두발 염색을 최초로 했던 시대는 삼국시대이다. 삼국시대에는 이미 다양한 화장품과 머리 염색 기술이 사용되었으며, 면약과 같은 미용 제품도 사용되었다.

33 ④

도해도에서 보이는 커트는 스퀘어 레이어이다.

34 ④

O/W(Oil-in-water) 타입의 제품은 물에 오일이 분산된 형태로, 주로 수분감이 많고 가벼운 느낌을 주는 제품이다. 클렌징 로션은 이러한 O/W 타입의 대표적인 제품으로, 보통 가벼운 메이크업을 제거하거나 피부를 깨끗하게 하는 데 사용된다.

35 ③

두발이 손상되어 다공성 두발이 되었을 때는 손상된 모발을 복구하고 강화하기 위해 케라틴 단백질이 포함된 샴푸를 사용하는 것이 좋다. 특히 프로틴 샴푸제는 단백질의 일종인 케라틴을 함유하고 있어 손상된 모발을 보강하고 건강하게 유지하는 데 도움이 된다.

36 ③

이산화탄소(CO_2)는 대기 중에 자연적으로 존재하는 기체로, 온실가스 중 하나이며 기후 변화에 영향을 미치는 주된 요인 중 하나이다. 그러나 보통 일상적인 의미에서 대기오염 물질로 분류되지는 않는다. 반면, 일산화탄소(CO), 황산화물(SO_x), 질소산화물(NO_x)은 모두 대기오염 물질로 분류되며, 인체 건강과 환경에 해로운 영향을 미친다.

37 ①

아토피 피부염은 주로 어린이들에게 많이 발생하는 만성 피부질환으로, 피부가 가렵고 붉어지며 염증이 생기는 증상이 나타난다.

38 ①

보건적 실내 온도와 실내 습도는 쾌적하고 건강한 생활 환경을 유지하는 데 매우 중요하다.

• 장소별 보건적 온도

장소	보건적 온도
병실	19~23℃
침실	14~16℃
거실	16~20℃

• 온도별 보건적 습도

온도	보건적 온도
15℃	70%
18~20℃	60%
21~23℃	50%
24℃ 이상	40%

39 ②

알코올은 세균, 바이러스, 곰팡이 등을 빠르게 죽일 수 있어 의료기구나 미용 도구의 소독에 널리 사용된다. 특히 70~80%의 알코올은 흔히 소독제로 사용되며, 가위와 같은 금속 도구나 레이저 장비의 표면 소독에 효과적이다.

40 ①

우리나라 근로기준법에 따르면, 임산부와 18세 미만인 자는 보건상 유해하거나 위험한 사업에 종사할 수 없다.

41 ④

컬(Curl)을 만드는 데 필요한 요소는 루프의 크기, 스템, 헤어 셰이핑 등이 있다. 루프의 크기는 컬의 크기와 모양을 결정하고, 스템은 컬의 높이와 위치를 결정하며, 헤어 셰이핑은 컬의 방향과 형태를 만드는 데 중요하다. 반면, 헤어파팅은 머리를 나누는 부분으로 컬을 만드는 직접적인 요소는 아니다.

42 ③

화장품은 기본적으로 약리작용을 통해 피부치료를 목적으로 하지 않는다. 피부치료를 목적으로 하는 제품은 의약품에 해당하며, 이는 화장품과 구분된다.

43 ③

70% 에탄올은 살균력이 강하고 빠르게 증발하여 잔여물이 없기 때문에 미용실의 실내 소독에 적합하다. 크레졸 비누액·포르말린·승홍수는 독성이 있거나 사용이 까다로울 수 있으며, 실내 소독에 일반적으로 사용되지 않는다.

44 ③

테트로도톡신(Tetrodotoxin)은 주로 복어에 들어 있는 강력한 신경 독소이다. 이 독소는 복어의 간·난소·피부 등에 많으며, 인체에 매우 유해하다.

45 ①

군집독은 대기오염으로 인해 발생하는 현상으로, 많은 사람이 밀집된 공간에서 오염된 공기를 마시게 되면서 발생하는 건강 문제이다.

46 ④

'프레 커트(Pre-cut)'는 주로 스타일링 전에 머리카락의 길이를 대략적으로 정리하는 커트 방법을 말하며, '티닝(Thinning)'은 머리카락의 무게를 줄이고 자연스러운 질감을 주기 위해 사용하는 커트 기술이다.

47 ④

퍼머넌트 웨이브(퍼머)를 할 때 주로 작용하는 결합은 시스틴 결합(이황화 결합)이다. 이 결합은 머리카락의 케라틴 단백질 내에서 두 개의 시스테인 아미노산이 형성하는 이황화 결합으로, 화학적 처리에 의해 끊어진 후 다시 형성되면서 머리카락의 모양을 변화시킨다. 염 결합·펩타이드 결합·수소 결합도 머리카락의 구조에 영향을 주지만, 퍼머넌트 웨이브 시 주로 작용하는 결합은 시스틴 결합이다.

48 ①

스캘프 트리트먼트는 주로 두피와 두발의 건강을 유지하고 개선하기 위해 시행된다. 이 과정은 혈액순환을 도와 두피의 생리기능을 향상하고, 두피나 두발에 유·수분을 공급하며, 두발의 성장을 촉진하는 데 도움이 된다. 그러나 두피질환을 직접적으로 개선하고 치료하려면 의학적 처치가 필요하며, 이는 일반적인 스캘프 트리트먼트의 목적과는 다르다.

49 ①

공중위생관리법에 따라 지역 내 공중위생 영업의 관리를 담당하는 지방자치단체의 장에게 신고하도록 규정되어 있다. 공중위생영업을 하고자 하는 자는 해당 지역의 시장·군수·구청장에게 시설 및 설비를 갖추고 신고해야 한다.

50 ④

핑거 웨이브(Finger Wave)는 모발을 물에 적신 후 빗과 손가락을 사용하여 물결 모양의 웨이브를 만드는 스타일링 기법이다. 이 기법은 주로 1920년대와 1930년대에 유행했으며, 현재도 클래식하고 우아한 스타일을 연출할 때 사용된다.

51 ②

자외선(UV)은 파장 길이에 따라 UVC, UVB, UVA로 나눌 수 있다. 가장 파장이 짧은 것은 UVC, 그 다음이 UVB, 가장 파장이 긴 것이 UVA이다.

> **관쌤의 노하우**
> - 빛(광선)은 파장과 진동수라는 특성을 띠는데 그 특성에 따라 영향력이 달라집니다. 빛은 파장이 짧을수록 진동수가 많아 그 에너지가 커지고, 이동거리가 짧아집니다.
> - UVB가 UVA보다는 파장이 짧고 진동수가 많아 표피에 즉각적으로 화상을 입히지만 진피까지 깊숙이 들어가진 못합니다.
> - 반대로 UVA는 UVB보다 파장이 길고 진동수가 적어 피부에 해를 주는 정도가 덜하지만, 진피까지 깊숙이 들어가 영향을 줄 수 있어 노화의 원인이 됩니다.
> - 한편, UVC는 파장도 가장 짧고, 진동수도 가장 많아서 에너지가 가장 강하므로 피부에 큰 영향을 줄 법도 하지만, 오존층에서 대부분 흡수되어 피부에 큰 영향을 주지는 않습니다. 대신 인공적으로 만들어서 소독을 위한 자외선 살균 램프에 쓰입니다.

52 ④

통성혐기성 세균은 산소의 유무와 관계없이 생육과 번식이 가능하다. 산소가 있을 때는 산소를 이용해 에너지를 생산하고, 산소가 없을 때는 발효나 다른 무산소 호흡 과정을 통해 에너지를 생산할 수 있다.

> **오답 피하기**
> ① 혐기성 세균은 산소가 없는 환경에서만 생존한다.
> ② 호기성 세균과 ③ 편성호기성 세균은 산소가 있는 환경에서만 생육과 번식이 가능하다.

53 ②

미용 작업 시 올바른 자세는 작업 대상의 위치가 작업자의 심장 높이보다 높지 않도록 유지하는 것이다. 작업 대상의 위치가 작업자의 심장 높이보다 높으면 어깨와 팔에 무리가 갈 수 있고 낮으면 허리에 무리가 갈 수 있다.

54 ①

일반적으로 보건 상태의 지표는 값이 낮을수록 건강 상태가 더 좋다는 의미로 해석되는 경우가 많다.

55 ①

멸균(Sterilization)은 포자와 아포를 포함한 모든 형태의 미생물을 완전히 제거하는 과정이다. 이는 의료기구나 실험실 환경 등에서 무균 상태를 유지하기 위해 필수적인 과정이다.

56 ①

금속이온봉쇄제(또는 킬레이트제)는 물속에 존재하는 금속이온을 화학적으로 결합하여 화장품의 변색이나 침전을 방지하는 역할을 한다. 금속이온봉쇄제는 금속이온과 결합하여 불용성 복합체를 형성해 금속이온이 화장품의 다른 성분과 반응하지 못하게 한다.

57 ③

비니거(식초) 린스, 레몬 린스, 구연산 린스는 모두 산성을 띠는 린스이다. 반면, 오일 린스는 주로 머리카락에 영양을 공급하고 보습 효과를 주기 위해 사용되며, 산성 린스로 분류되지 않는다.

58 ①

건성피부는 보통 색소침착이 쉽게 생기는 피부 타입과는 관련이 없다. 색소침착은 주로 자외선 노출이나 염증 반응, 흉터 등과 관련이 있다.

59 ②

한국의 미용사 중, 고대에는 두발 형태는 계급과 신분에 따라 일정한 규제가 있었다. 두발 형태는 신분과 지위를 나타내는 중요한 요소였기 때문에 자유롭게 선택할 수 없었다.

60 ④

화장품의 4대 품질 조건 중 유효성은 화장품이 질병 치료 및 진단에 사용할 수 있어야 한다는 것이 아니다. 화장품의 유효성은 제품이 표적으로 하는 문제점(예 보습, 미백, 잡티, 주름 등)에 효과가 있다는 것을 의미한다. 질병 치료 및 진단은 의약품의 조건이나 성질이다.

최신 기출문제 06회

346p

01 ①	02 ①	03 ③	04 ②	05 ④
06 ④	07 ②	08 ③	09 ①	10 ④
11 ①	12 ③	13 ②	14 ③	15 ②
16 ④	17 ②	18 ②	19 ①	20 ③
21 ④	22 ③	23 ②	24 ①	25 ②
26 ③	27 ④	28 ④	29 ①	30 ③
31 ④	32 ③	33 ④	34 ②	35 ①
36 ③	37 ②	38 ④	39 ①	40 ③
41 ①	42 ②	43 ④	44 ②	45 ①
46 ②	47 ①	48 ①	49 ③	50 ④
51 ④	52 ②	53 ①	54 ②	55 ④
56 ③	57 ④	58 ③	59 ①	60 ①

01 ①

병실의 보건적 온도는 19℃, 보건적 습도는 70%이다. 비록 선지에 제시된 습도가 약간 높지만, 제시된 선택지 중에서 가장 보건적 실내 온도와 습도에 가까운 조건이며, 일반적으로 권장되는 실내 온도는 18~22℃, 습도는 40~60%이다.

• 장소별 보건적 온도

장소	보건적 온도
병실	19~23℃
침실	14~16℃
거실	16~20℃

• 온도별 보건적 습도

온도	보건적 온도
15℃	70%
18~20℃	60%
21~23℃	50%
24℃ 이상	40%

02 ①

장염비브리오균(Vibrio Parahaemolyticus)은 호염성 세균으로, 염분이 있는 환경에서 잘 자란다. 이는 주로 해산물에서 발견되며, 해산물을 충분히 조리하지 않고 섭취할 경우 식중독을 일으킬 수 있다.

03 ③

이·미용사가 같은 면허를 이중으로 취득한 경우, 법적으로 나중에 발급받은 면허가 취소된다. 이는 면허의 중복 발급을 방지하고 면허 체계를 유지하기 위한 조치이다.

04 ②

BCG 백신은 결핵(Tuberculosis)을 예방하기 위해 접종하는 백신이다. BCG(Bacillus Calmette–Guérin) 백신은 주로 결핵의 중증 형태, 특히 소아에서 발생할 수 있는 결핵성 뇌막염과 전신 결핵을 예방하는 데 사용된다.

05 ④

하이 웨이브는 큰 움직임을 보는 듯한 웨이브가 아니라, 리지가 높은 웨이브이다. 하이 웨이브는 핑거 웨이브 중에서도 리지가 뚜렷하고 높게 형성된 웨이브를 가리킨다.

06 ④

마셀 웨이브는 1920년대에 유행한 헤어스타일로, 마셀 아이론(Marcel Iron)을 사용하여 만든 웨이브 스타일이다. 이 스타일은 프랑스의 헤어 디자이너인 마셀 그라토(Marcel Grateau)에 의해 개발되었다. 1925년 무렵에 이 스타일이 인기를 끌기 시작했다.

07 ②

레이어 커트를 만들 때 일반적으로 사용하는 각도는 90°이다. 90°로 머리카락을 들어 올려 자르면 층이 균일하게 생기며, 자연스럽고 부드러운 레이어가 형성된다.

08 ③

이산화탄소(CO₂)는 실내 공기 오염 지표로 자주 사용된다. CO_2 농도는 실내 공기 질의 중요한 지표로, 환기 상태를 평가하는 데 사용된다.

09 ①

레이어 커트는 머리카락 전체에 걸쳐 층을 만들어 자연스럽고 균일한 길이 변화를 주는 스타일이다.

10 ④

양벌규정은 법인의 대표자 또는 개인의 대리인, 사용인 기타 종업원이 그 법인 또는 개인의 업무와 관련하여 위반 행위를 하였을 때, 그 행위자를 처벌하는 것 외에도 그 법인 또는 개인에 대해서도 벌금형을 과하는 규정을 의미한다.

11 ①

콤 아웃(Comb Out)은 빗을 이용하여 모발을 원하는 모양으로 매만지고 스타일링하는 기법을 말한다. 이 기법은 헤어스타일을 정돈하고 원하는 형태로 만들기 위해 사용된다.

12 ③

산성 린스는 퍼머넌트 웨이브 후에 모발의 pH 균형을 맞추고, 제1제를 씻어내기 위해 사용된다. 퍼머넌트 웨이브 과정에서 사용되는 화학 약품은 모발의 pH를 알칼리성으로 변화시키는데, 산성 린스를 사용하면 모발을 다시 산성 상태로 돌려주어 모발의 큐티클을 닫고 건강한 상태를 유지하게 한다.

13 ②

군집독은 밀폐된 공간에서 여러 사람이 모여 있을 때 발생하는 공기 오염 문제로, 주로 이산화탄소 농도가 높아져 생기는 현상이다. 이를 해결하기 위해서는 신선한 공기를 공급하고 내부의 오염된 공기를 배출하는 환기(Ventilation)가 가장 효과적이다.

14 ③

날이 비틀어져 있으면 모발이 잘 잘리지 않을뿐더러 커트 시 모발이 일정하게 잘리지 않을 수 있다.

15 ②

인모(사람의 머리카락으로 만든 가발 또는 헤어피스)는 물로 세척할 수 있다. 인모는 자연 모와 성질이 유사해서, 적절한 방법으로 관리하면 오랜 시간 동안 사용할 수 있다.

16 ④

쌍상투머리는 삼국시대 특히, 고구려인들이 하던 머리이다. 조선시대의 머리 형태로는 대수머리, 쪽머리, 높은 머리 등이 있다.

17 ②

랑게르한스 세포는 표피에 존재하며, 면역 기능에 중요한 역할을 하는 세포이다. 이 세포들은 항원을 인식하고 면역 반응을 유도하는 역할을 한다.

18 ②

공중위생영업소의 위생서비스 수준 평가는 일반적으로 2년에 한 번씩 이루어진다. 이는 공중위생의 수준을 지속적으로 유지하고 개선하기 위해 정기적으로 평가를 실시하는 주기이다.

19 ①

헤어토닉이 두피에 충분히 흡수되도록 하기 위해 일정 시간 동안 샴푸를 하지 않는 것이 좋다.

20 ③

습열 멸균법은 습기를 이용한 열을 사용하여 미생물을 제거하는 방법이다. 자외선 소독법은 습기를 사용하지 않고, 자외선을 이용하여 미생물을 제거하는 방법이다.

21 ④

퍼머넌트 웨이브에서 제2제는 일반적으로 산화제, 중화제, 정착제라고 부른다. 이는 퍼머넌트 웨이브를 고정시키고 모발의 구조를 안정화하는 역할을 한다.

22 ③

영업소 폐쇄명령을 받고도 영업을 계속하면, 간판이나 기타 영업표지물을 제거하는 조치를 취하게 된다.

23 ②

염색 후 원하는 색이 나오지 않았을 때, 이를 중화하는 것을 보색 중화라 한다.

24 ①

승홍(수은화합물)은 독성이 있는 물질로, 손 소독에 사용하기에는 적합하지 않다.

25 ②

약산성은 보통 pH 4.5에서 6.5 사이를 말하며, 이는 피부의 자연적인 pH 범위와 비슷하여 피부에 자극이 적다.

① pH 7은 중성, ③ pH 9는 염기성, ④ pH 2는 강산성이다.

26 ③

신징(Singeing)은 주로 불로써 갈라진 두발을 보호하고, 혈액순환을 촉진하며, 불필요한 두발을 제거하는 것을 목적으로 한다. 하지만 한꺼번에 많은 양을 작업하는 것은 신징의 목적과는 거리가 멀다.

27 ④

페오멜라닌은 머리카락이 노랑색이나 밝은 적색을 띠게 하는 색소이다. 유멜라닌은 주로 갈색이나 검은색을 띠게 하는 색소고, 멜라노사이트는 이러한 색소를 만들어내는 세포이다. 시스틴결합은 단백질의 결합이며, 색상과는 직접적인 관계가 없다.

28 ④

헤어토닉은 주로 두피 건강을 위해 사용되는 제품이며, 세정 및 케어 제품에 해당하지 않는다. 반면, 헤어샴푸, 헤어린스, 헤어트리트먼트는 모두 세정 및 케어 제품에 해당한다.

29 ②

① 1회용 도구는 한 번 사용 후 재사용하지 말고 폐기해야 한다.
③ 소독제는 정확한 농도와 방법에 따라 사용되어야 하며, 미리 만들어 놓고 사용하는 것은 규정에 어긋날 수 있다.
④ 수건은 청결하고 위생적인 상태를 유지해야 하며, 악취가 나지 않도록 관리되어야 한다.

30 ③

공중위생영업소의 ㉠ 공중위생 관리 수준을 향상하여 서비스의 질적 향상 도모 및 ㉡ 국민건강과 삶의 질 향상에 기여하기 위해 공중위생서비스평가를 ㉢ 보건복지부가 수립하고 이에 필요한 모든 사항은 ㉣ 보건복지부령으로 정한다.

※ 출제 당시의 법령과 현행법령이 달라 출간일 기준으로는 '④ 보건복지부령'이 정답이며, 보기를 현행법령에 따라 고치면 다음과 같다.

공중위생영업소의 ㉠ 위생 관리 수준을 향상시키기 위하여 위생서비스평가계획을 ㉢ 시 · 도지사가 수립하고 이에 필요한 모든 사항은 ㉣ 보건복지부령으로 정한다.

31 ④

자외선(특히 UVC)은 투과력이 높아, 물체의 표면이나 공기 속의 미생물까지 효과적으로 살균할 수 있다.

32 ③

미용은 주로 개인의 외모를 관리하고 아름답게 만드는 과정을 의미하며, 화장이나 피부 관리와 같은 물리적 처리는 일반적으로 복식과 분리된 개념이다.

33 ④

피부 부속기관(모낭, 땀샘 등)은 전체 피부 면적 중 매우 작은 부분을 차지하며, 이들을 통한 화장품 성분의 흡수량은 일반적으로 매우 적은 것은 맞으나, 경피 흡수와는 관련이 없다.

34 ④

탄수화물은 우리 식품 속에서 다양한 형태로 존재하지만, 최종적으로 소화 및 흡수되어 혈중으로 들어가는 형태는 주로 포도당이다. 포도당은 혈액 속에서 주요 에너지원으로 사용되며, 물질대사와 운동에서 중요한 역할을 한다.

35 ①

- 오 드 콜롱(Eau de Cologne) : 향수의 농도가 가장 낮으며, 일반적으로 약 2~4%의 향료가 포함되며, 부향률이 가장 낮다.
- 오 드 투알렛(Eau de Toilette) : 오 드 콜롱보다는 향료 농도가 더 높으며, 약 5~15% 정도의 향료가 포함된다.
- 오 드 퍼퓸(Eau de Parfum) : 향료 농도가 더 높아 약 15~20% 정도의 향료가 포함된다.
- 퍼퓸(Parfum) : 가장 높은 향료 농도를 가지며, 약 20~30% 이상의 향료가 포함된다. 부향률이 가장 높다.

36 ④

루프(Loop)는 스템(Stem), 베이스(Base)와 함께 핀컬을 구성하는 요소이다.

오답 피하기

핑거 웨이브는 머리카락을 특정한 형태로 구부리는 스타일링 기술로, 크레스트(Crest)-리지(Ridge)-트로프(Trough)로 구성된다.
① 크레스트 : 웨이브의 가장 높은 지점
② 리지 : 크레스트와 리지를 연결하는 경사면
③ 트로프 : 웨이브의 가장 낮은 지점

37 ②

알코올(에탄올 또는 이소프로필 알코올)은 많은 종류의 세균과 바이러스를 살균하는 데 효과적이며, 소독제로 널리 사용된다.

38 ④

① 마셀 웨이브는 1875년.
② 스파이럴식 퍼머넌트 웨이브는 1905년.
③ 크로키놀식 퍼머넌트 웨이브는 1925년.
④ 콜드 웨이브는 1936년에 발표되었다.

39 ①

바이러스는 활물기생(活物寄生)이라 하여, 스스로 번식할 수 없고, 살아 있는 세포 안에서만 증식할 수 있다.

40 ③

각질세포는 기저층에서 만들어지지 않고, 기저층에서 생성된 세포가 점차 위로 올라가면서 각질세포로 변한다.

41 ①

리터치는 이미 염색된 머리카락의 뿌리 부분에 새로 자란 머리카락을 염색하여 기존 색상과 일치시키는 작업이다.

42 ③

가위의 날 끝이 내곡선으로 되어 있어야 더 정교하고 부드럽게 커팅할 수 있다.

43 ②

신고를 하지 않고 영업을 할 경우 1년 이하의 징역 또는 1천만원 이하의 벌금에 처해질 수 있다.

오답 피하기

① · ④ 300만원 이하의 벌금
③ 6월 이하의 징역 또는 500만원 이하의 벌금

44 ②

저온 0~5°C는 냉장 보관의 범위에 해당하며, 대부분의 신선 식품을 안전하게 보관할 수 있는 온도 범위이다.

45 ①

베이퍼라이저를 청소하지 않았을 때 생기는 물때(석회)를 방지하기 위해 사용하는 것은 식초이다. 산성인 식초는 알칼리성(염기성)인 석회질을 중화하여 효과적으로 제거하는 데 도움이 된다.

46 ②

UVA의 파장 범위는 320~400nm이다.

47 ①

딥 테이퍼링은 스트랜드 끝에서 ⅔ 지점을 테이퍼링하는 방법이다.

48 ①

공중위생관리법 제22조 제1항 제4호에 의거하여, 관계공무원의 출입 · 검사 기타 조치를 거부 · 방해 또는 기피하면 300만원 이하의 과태료(150만원) 처분을 받는다.

49 ③

남성형 탈모증의 주요 원인이 되는 호르몬은 안드로겐(Androgen)이다. 남성형 탈모증은 주로 남성 호르몬인 안드로겐이 헤어포러(모발 뿌리)에 작용하여 모발이 가늘어지고, 최종적으로 탈모가 발생하는 질환이다.

50 ③

플러프 뱅은 일반적으로 뱅 부분의 모발을 위로 분리하여 부풀리고, 자연스럽게 볼륨을 주는 스타일이다.

51 ④

보건복지부장관은 전국적인 보건 및 복지 정책을 총괄하며, 보건 관련 사항에 대한 중앙 관리를 담당하므로 지역 미용업소의 일반적인 관리에 직접 투입되어 행정적인 작용을 하지는 않는다.

52 ②

단백질은 세포의 구조적 요소로서 중요하며, 다양한 생리적 기능을 담당한다. 세포의 성장과 수명 유지, 대사 활동 등에 필수적이며, 면역 기능을 강화하고 신경 전달 물질을 합성하는 등 신경 안정에도 기여한다.

53 ①

블런트 커트는 두발 끝선상이 한곳에 모이는 커트로 두발의 끝이 무겁다.

54 ②

아포크린선은 주로 피부의 특정 부위에 존재하는 큰 땀샘이며, 주로 겨드랑이나 생식기, 눈꺼풀 주위 등에 분포한다. 한편 손바닥에는 에크린선이 분포하고, 입술에는 땀샘이 없다.

55 ④

BOD는 물속에 있는 유기물이 산소를 이용하여 분해되는 양을 나타내며, 이는 물의 오염 정도를 평가하는 중요한 지표이다. 수질오염의 정도를 평가하고 감시하는 데 사용된다.

56 ③

비타민 C는 멜라닌 생성을 억제하고, 항산화 작용을 하여 피부를 밝게 하는 데 도움을 준다.

57 ④

지역사회 보건수준을 비교할 때 사용되는 지표 중에서 조사망률은 사용되지 않는 지표이다.

58 ③

인플루엔자는 호흡기를 통해 바이러스가 전파되는 전염병으로, 비말(입 밖으로 튕겨 나간 침방울)을 통해 쉽게 전파될 수 있다. 특히, 미용업소와 같은 밀집된 장소에서 고객과 직원 간에 전파될 가능성이 높을 수 있다.

59 ①

용액의 농도를 계산하려면 다음 공식을 사용한다.

$$농도(\%) = \left(\frac{용질의\ 질량}{용액의\ 부피} \right) \times 100$$

여기서 용질의 질량은 5g이고, 수용액의 부피(용질과 용매의 부피를 합한 값)는 400mL이다.

$$농도(\%) = \left(\frac{5g}{400ml} \right) \times 100 = 1.25\%$$

따라서 1.25%가 된다.

60 ①

순서는 다음과 같다.

- 찰스 네슬러 : 1905년, 스파이럴식 퍼머넌트 웨이브 시초 창안.
- 조셉 메이어 : 1925년, 크로키놀식 히트 퍼머넌트 웨이브 창안
- J.B. 스피크먼 : 1936년, 화학 약품을 이용한 콜드 웨이브 창안
- 마셀 그라토 : 1875년, 마셀 아이론 발명

MEMO

자격증은
이기적